2019法律硕士联考（法学、非法学）
通关必备系列Ⅰ Ⅱ Ⅲ Ⅳ

韩祥波民法精讲

——通关必读

韩祥波　著

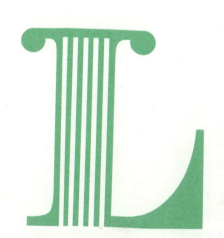

北京师范大学出版集团
BEIJING NORMAL UNIVERSITY PUBLISHING GROUP
北京师范大学出版社

图书在版编目（CIP）数据

韩祥波民法精讲：通关必读／韩祥波著. —北京：北京师范大学
出版社，2018.4
2019法律硕士联考（法学、非法学）通关必备系列ⅠⅡⅢⅣ
ISBN 978-7-303-23629-9

Ⅰ. ①韩…　Ⅱ. ①韩…　Ⅲ. ①民法－中国－资格考试－自学参考
资料　Ⅳ. ① D923

中国版本图书馆 CIP 数据核字（2018）第 070756 号

营 销 中 心 电 话　010-62978190　62979006
北师大出版社科技与经管分社　www.jsws.book.com
电 子 信 箱　jswsbook@163.com

HANXIANGBO MINFA JINGJIANG TONGGUAN BIDU

出版发行：北京师范大学出版社　www.bnup.com
北京市海淀区新街口外大街 19 号
邮政编码：100875

印　　刷：保定市中画美凯印刷有限公司
经　　销：全国新华书店
开　　本：787 mm×1092 mm　1/16
印　　张：31.75
字　　数：626 千字
版　　次：2018 年 4 月第 1 版
印　　次：2018 年 4 月第 1 次印刷
定　　价：89.00 元

策划编辑：李红芳　　　　　责任编辑：李红芳
美术编辑：刘　超　　　　　装帧设计：刘　超
责任校对：赵非非　杨　姝　责任印制：赵非非

目录
CONTENTS

第一部分　民法总则

第二部分　物权法

第六部分　知识产权法

PART I

第一部分

民法总则

第一讲

民法知识体系与学习方法

阅读提示

　　本讲内容虽不涉及具体考点，但是，对于民法的学习来说却至关重要。因为本讲的内容不但关系到民法体系的把握、具体知识点的理解，还关系到读者对于民法知识的应用，或许还可以培养读者对于民法的感情。

一、民法组成部分及其内在逻辑关系

民法组成部分及其内在逻辑关系如图 1-1 所示。

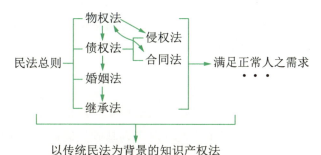

图 1-1　民法组成部分及其内在逻辑关系

理解民法的各组成部分及内在逻辑关系，需要借助正常人的生活感受与生命体验。

（一）作为逻辑起点的物权法

　　立足于正常人的生命感受，解释民法的总体构成，应当以物权法为逻辑起点。为何如此呢？这由物权法的内容决定。在物权法部分，所要解决的基本问题如下：

　　第一，确定一个在一定时空条件下的人可以拥有什么样的财产；

　　第二，确立一个人如何去拥有一定的财产以及拥有之后如何利用财产；

　　第三，有时只利用自己的财产（民法上叫享有所有权）尚不能满足自己的需要，还要利用他人的（比如，在我国，个体没有土地所有权但又要建房子在土地上），物权法创设制度确立利用他人财产的方式以满足自己的生活需求。

试想一下，一个正常人在这个世界上生活着，如果要想获得一些安全感、尊严感或者幸福感的话，是不是需要拥有并可以自由地利用一些财产呢？答案当然是肯定的，除非作答者非属正常人之列！

（二）作为"保镖"和"顾问"的债权法

有了物权法之后，正常人拥有了财产并且通过自由利用满足自己的需要，当然很好。但接下来，需要进入第二个层次，即债权法。构成债权法最为核心的部分为侵权法与合同法。如图1-1所示，本书将侵权法放在合同法之先，又是为何呢？

原因依然是正常人之生活需求。物权法确立了财产的归属与利用方式之后，必然面对一个可能受到来自外在侵害的问题，人性毕竟都是自私的嘛。试想，作为一个正常人，能够做到在任何情况下，都靠自己的力量来保护自己的人身和财产安全吗？难呢！咋办？民法说：我来保护你！此侵权法之由生也！形象一点，可以将侵权法叫作正常人之"保镖"！

侵权法保护正常人不受侵害，固然有利于正常生活之维护。但是，物权法确定财产的归属与利用毕竟只是一种静态的财产归属状态。如读者所知，静态财产要实现价值的最大化，需要流转起来才能实现！

一个人，也只有以财产为基础，建立起一系列的与他人之关系，才能不断拓展自己的生活空间，实现自己价值追求的最大化。当然，这种最大化，既包括物质的（大部分合同关系如是），也包括精神的（如赠予等无偿合同）。合同法正是为了满足人的这种需求而存在。难道这不类似于生活与理财之"顾问"吗？

（三）助人寻找人生伴侣的婚姻法

物权法，解决了财产拥有及利用问题，这很重要！债权法中，侵权法作为保镖保护了人之人身、财产之安全；合同法之存在让人以财产为基础拓展自己的生活空间，实现自己的价值追求最大化，也很重要！接下来，就要婚姻法登场了。为什么呢？

试想，一个正常人，无论拥有多少财产，无论法律保护得多么周全，无论通过合同法多么自由地拓展了自己的生活空间，但毕竟一个人的生活，对于正常的人生来说，是不完整的呀！正所谓漫漫长夜，孤枕难眠呢！

咋办呢？找个伴侣吧！

对此，婚姻法首先做出一些善意的提醒，比如要达到一定的年龄（这在不同国家、不同时代会有不同），近亲不能结婚等。如果你注意到了这些提醒，就可以建立一个自己期待的婚姻了，此乃结婚制度。

但是，如果在建立自己婚姻的过程中，出现了"重大误解"，婚后发现，原来的白马王子也只不过是一头黑驴嘛！

郁闷！咋办？

婚姻法说，离婚呗！其实整个婚姻法，就是围绕着结婚和离婚而设计的一系列关于人身关系和财产关系的制度，以满足正常人之需求。

试想，如果上帝造人时，造成了雌雄同体，这世界上大概是不会有婚姻法的吧。

（四）关照在天之灵的继承法

婚姻法解决了伴侣问题，在物权法、债权法之上进一步满足了正常人之需求。为何还要继承法呢？这源于一对至今人类不能解决的矛盾：财产存在的相对恒久与人生命的相对有限。既然如此，就会存在一个问题，引用本山大叔的话说就是"人死了，钱没花完"，咋办？在一个正常人的百年之后，将身后财产给予谁，才能让一个人的在天之灵得以安息呢？

可能有人会想，我好不容易挣下的财产，我想给谁就给谁！这种想法很好，民法早就预料到了。这种想法，翻译成民法的语言就是遗嘱继承优先。如果立下遗嘱，撒手归西，只要没有违反法律的强制性规定，就按照遗嘱继承。通俗地讲，就是照你说的办！

但遗憾的是，多数情况下，突然间，死神来了，没有来得及写下遗嘱该当如何呢？

民法说，兄弟，放心去吧，我都给你安排好了！

民法怎么安排的呢？确定了法定继承人，并且排了顺序。首先，配偶、父母和子女这三类人作为第一顺位继承人来平分财产。如果这些人都没有，则由兄弟姐妹、祖父母、外祖父母来分得遗产。

试想，作为正常人，在一般情况下，是不是通常都会这样安排呢？

（五）鼓励创新的知识产权法

知识产权法是一个相对较新的民法组成部分。以传统民法为背景，其存在的价值在于鼓励创新。创新，是人类认识自我，认识世界，提高生活质量的关键。但并不是每个人都具有创新能力的。试想，一个人，皓首穷经、殚精竭虑终于创作了一部优秀的作品，大受欢迎，或者发明一项技术大大提高了生产效率，普通人作为作品享受者或者技术利用者，直接享受了他人的智力劳动成果，总该掏掏兜吧！

当普通人不愿意为这样的成果掏兜的时候，一种卑劣的事情就会发生，那就是直接拷贝他人的成果来牟利。这种行为，难道不应该给那位皓首穷经的创造者一个说法吗？知识产权法应运而生！

（六）作为民法各部分总纲的民法总则

民法总则部分的存在，更多的是一种立法技术的选择。何以如此呢？因为，上面所有的部分中，均会涉及一些共通的问题。比如，都会有主体，都会有权利和义务，都会有法律行为，都会有权利保护的时间限度等问题。既然每个部分都会涉及，为了简化起见，将这些共通的内容提出来，放在最前面，这就有了民法总则。这就好比数学中的提取公因式，$ab+bc=b(a+c)$，民法总则就是这里的 b。

这部分对于民法的学习最为关键，一定要下足功夫！

鸟瞰了民法学之后，具体而言，又当如何来学习呢？

最关键的是要学好民法总则。因为这部分，不仅关系到民法体系的建立和具体知识的学习，而且关系到民法知识的具体应用（这主要体现在案例分析之中）。

二、进入民法世界：从总则开始

民法总则应当如何来学习呢？

从搭建自己的知识框架入手，在框架的背景下理解一个具体的制度和概念，在理解制度和概念的时候，一定要追问其背后的法理基础，即为什么是这样！

为何叫搭建框架呢？因为民法的概念成千上万，如果没有框架的指导，一头扎进具体概念的汪洋大海当中，怎么会不产生迷茫之感呢！框架的意义就在于，提供一个方向性指导，仿若是海上之灯塔！

将框架比作城市交通图或许更有利于读者理解民法知识框架的意义。试想，如果一个人初到一个陌生的城市，是不是会感到茫然呢？有个地图就好了！因为，你可以在地图上找到自己的位置，由此判断自己身在何处，知道了身在何处，自然就会发现路在何方了。下面在讲述民法之时，会详细给诸位演示框架图的独特意义。

先看民法总则的知识结构图（见图1-2）。

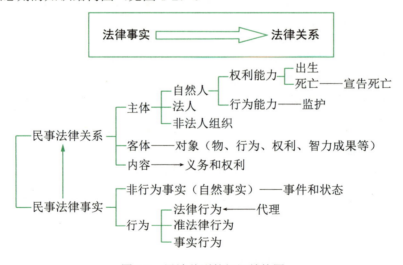

图1-2　民法总则的知识结构图

研习民法，需从两个概念开始，即民事法律关系和法律事实。这两个概念之间是因果关系。法律事实是法律关系产生、变更和消灭的原因，法律关系是法律事实的结果。

举例：结婚之事实，导致婚姻法律关系的产生；离婚之事实，导致婚姻法律关系的消灭。

学习法律关系，要通过理解其三个方面的构成要素来把握。理解任何一个法律关系，均需要明确主体是谁、客体何在、主体有什么样的权利义务这三个方面。只有知道了这三个方面，才能够彻底理解法律关系是什么这一问题。那么为什么要从这三个方面来把握法律关系呢？

按照常人的逻辑思维，其过程是这样的：

其一，既然提到了法律关系，首先要弄明白的是，谁和谁的关系呢？人与金鱼？小猫与小狗？人与人？答案当然是人与人之间的关系。既然是人与人之间的关系，那就必须回答，什么是人！当然这里是指法律上的人，和一般人心目中的"人"，是大不相同的。具体包括自然人、法人和其他非法人组织。这些法律上的人，在民法中被叫作主体。

其二，知道了法律关系是谁与谁的关系，接下来要接着追问：两个或两个以上的人之间有了法律关系意味着什么呢？换言之，有法律关系与没有法律关系相比，有什么不同呢？请看下例：

A. 小王（男）去大学报到，认识了新同学小张（女，小王的师姐）。此时，有法律关系吗？

B. 接下来，小王与小张性情相投，相处中彼此欣赏，因此，成了无话不谈的朋友。此时，有法律关系吗？

C. 再接下来，有一天小王公开向师姐小张表达了爱慕之情，小张表示接受，两人确立了恋爱关系。此时，有法律关系吗？

D. 又接下来，两人毕业了同城就业，谈婚论嫁，携手步入了婚姻殿堂，并办理了结婚登记。此时，有法律关系吗？

前三种情形，显然没有法律关系，为何呢？因为在这样的关系中，任何一方不得要求另一方必须做出某种行为，被要求的一方如果不做，没有任何法律上的责任。可是，在第四种情形中，显然是婚姻法律关系成立了，夫妻之间从财产到人身均产生了一系列法律上的权利和义务。比如，婚后收入，如果没有约定的话，为共有财产；又比如，夫妻之间无须授权均享有彼此日常事务的代理权等。

原来，有法律关系与没有法律关系相比，<u>法律关系的成立意味着人与人之间具有了法律上的权利和义务关系，权利与义务就构成了法律关系的内容。</u>

其三，知道了法律关系是谁与谁的关系，也知道了法律关系是权利义务的关系之后，仍然需要追问：如果一个人在一个法律关系中享有权利并且这个权利要得以实现的话，<u>总要找到一个附着的载体，那么，这个载体是什么呢？这个载体，在民法上被叫作客体，也被称为对象或标的。</u>说得通俗一点，这里所谓的客体就是指一个人有了权利之后可以直接作用的那个对象。

比如，你买了一部手机。你就是主体，手机就是你享有的所有权直接附着的对象，即所有权的客体。这是民法中客体最简单的情形，更为复杂的内容，后文再来详述。

面对一个法律关系，知道了谁与谁的关系，即明确主体；也知道了有法律关系意味着什么，即明确内容为法律上的权利与义务；又知道了实现这里的权利所要附着的载体，即明确客体。三个方面均明确之后，大家对一个法律关系就有了全面的把握和认识了，三个方面缺少任何一个方面也不可能存在法律关系。到此，法律关系是什么，已经有了初步的面目。

知道了<u>法律关系是什么</u>之后，为了更为透彻地理解法律关系，必然要追问，**为什么会有**

韩祥波民法精讲——通关必读

法律关系呢？正如没有无缘无故的爱，也没有无缘无故的恨一样，一定也没有无缘无故的法律关系。换言之，法律关系的产生、变更与消灭，一定是有原因的，这个原因民法学中的叫法就是法律事实。

大致而言，法律事实又包括事件和行为两大类。

事件是与法律关系中当事人的意志没有关系的，其发生与否不以当事人的意志为转移。比如，地震，一旦发生房屋毁损灭失的情况，对于享有房屋所有权的主体来说，此所有权法律关系就消灭了，因为法律关系中的客体即所有权权利附着的载体不再存在了。

行为，总是人在行动。比如，签订合同的行为，导致合同法律关系的产生；侵权的行为，导致侵权法律关系的产生；结婚的行为，导致婚姻法律关系的产生等。在理论上，根据行为的不同，又有更为细致的分类。这些内容，我们放在后面再来详细讲述。

理解了法律事实，就意味着对于法律关系有了进一步的认识，即知道了法律关系产生、变更和消灭的原因。

简要总结一下，民法总则部分，其实一共需要学习两个核心问题：

第一，什么是民事法律关系，即主体、客体、权利义务等内容；

第二，为什么会有法律关系，即法律事实，具体包括行为、事件及两者的综合。

那么，民法总则要讲述的这两大问题在进行民法案例进行分析时，又该如何应用呢？在此，先做一个简要的方法提示，希望读者能够在研习民法过程中有意识地加以应用。具体分为三个步骤：

首先，确定案例中可能承担责任的主体，即找主体；

其次，确定主体后，再分别考查各主体之间发生了什么。所谓"发生了什么"是指各主体之间出现了什么样的法律事实。例如，如果是合同，则可考查合同之成立与生效、效力瑕疵、合同履行、抗辩权、解除权、违约责任等；如果是侵权，则可考查侵权的类型、归责原则、责任主体、免责事由等。案例题，至少有70%的可能是考查对具体法律事实的分析能力。

最后，明确了法律事实，自然可以知道会导致什么法律关系的产生、变更或消灭。在一个法律关系中一定有人应该享有相应的权利，也一定有人应该履行相应的义务，若义务人不履行，必然导致权利不能实现或者受到侵害。此时，为了救济权利，使得权利能够真正转化为主体期待的外在利益，必然会对侵犯他人权利者或不履行义务者追究相应的民事责任。

三、要树立体系意识与规范意识

（一）体系意识及其意义

研习民法，若要迅速得其要诀，实现事半功倍，务必要先从体系入手。在体系的背景下，再来理解具体的概念与制度，方可避免一些不必要的困惑。缺少体系意识，常见困惑有两个：其一，弄不清民法各制度之间的内在逻辑关系，感觉民法知识杂乱无章；其二，对于民法概

8

念的理解出现偏差，导致对于某些制度理解的根本性错误。欲克服此困惑，除却体系意识，别无他途。

比如，"交付标的物"在民法中的使用，有时交付标的物是为了让债权合同本身成立生效，如自然人之间的借款合同；有时交付标的物是为了让物权发生变动，是否交付都与债权合同的效力无关，如动产的买卖。要准确理解，就要看"交付标的物"在民法知识体系中出现的位置。

（二）规范意识及其意义

民法的世界，是一个规范世界。研习民法的过程，就是一个人试图走进规范世界的过程。学民法，首先就要理解规范与事实之间的差异。事实，是芸芸众生的现实生活；规范，是人们立足于现实生活，为了实现一定的价值追求而创造出来的一个新世界。在这个新世界中，任何一个名词或者概念，一被创造出来，就获得了全新的生命。基于这种差异，研习民法，最要避免的就是将自己在生活中对于某种表达的理解，直接当作民法规范世界的含义。此种望文生义，乃研习民法之大忌。规范意识之确立，旨在消除此种错误的思维。

比如，"法定"一词。债权法中"法定之债"对应的是"意定之债"，此时"法定"相对的概念就是"意定"，"意定"以当事人之间的约定为典型代表。物权法中"法定孳息"对应的是"天然孳息"，此时"法定"相对的概念就是"天然"。即在孳息中，只要不是天然的，就是法定的，如约定的租金就是法定孳息的典型代表。

02 | 第二讲
民法概述

一、民法的概念

（一）含义

《中华人民共和国民法总则》第2条 民法调整平等主体的自然人、法人和非法人组织之间的人身关系和财产关系。

民法是调整平等主体之间发生的人身关系和财产关系的法律规范的总和。我国采用广义的民法概念，将民法定位为调整民事关系的法律规范的总和，其外延包括《中华人民共和国民法总则》（以下简称《民法总则》）《中华人民共和国合同法》（以下简称《合同法》）《中华人民共和国物权法》（以下简称《物权法》）《中华人民共和国侵权责任法》（以下简称《侵权责任法》）《中华人民共和国婚姻法》（以下简称《婚姻法》）《中华人民共和国继承法》（以下简称《继承法》）等。

民法所调整的平等主体之间的财产关系和人身关系即为民事法律关系。民法调整的内容如表2-1所示。

表2-1　民法调整的内容

是否平等主体	是否民法调整	财 产 关 系	人 身 关 系
有管理、隶属关系的不是平等主体关系	民法不调整平等主体之间的所有关系	基于财产而形成的关系	基于人格或身份而形成的关系
例：因某共享单车运营公司不按规定投放单车被城管部门处罚，此为行政法律关系	例：好意施惠、友谊关系、请人吃饭等均非民事法律关系	例：买卖、租赁、损害赔偿等	例：监护、收养、配偶权关系
注意：损害赔偿关系无论是侵犯财产还是人身，均为财产关系			

[例题]（2017—法专—11，2017—法专—21）[①] 下列事实中，能引起甲、乙之间民事法律关系的是：

A. 甲向乙问路，乙因疏忽指错方向

B. 甲赌博输给乙2万元并当场给付

---

① 【答案】D。A项属于法律不调整的生活关系，错误；B项属于非法债务法律不予保护，因此不能产生民事法律关系，错误；C项甲、乙尚未开始谈判，也未因此而导致任何一方的损失，没有民事法律关系，错误；D项是典型的侵权行为，导致侵权法律关系的产生，故正确。

C. 甲、乙约定某日商谈"互联网＋创意"合作合同

D. 甲开车撞断乙公司输电线，造成 3 000 元损失

（二）民法理论类型

民法的理论类型如表 2-2 所示。

表 2-2　民法的理论类型

表现形式不同	形式民法	《民法典》，起源于罗马法，并为大陆法系国家所采用，英美法系国家没有形式民法
	实质民法	具备民法实质内容的民事法律规范体系，包括《民法典》和其他民事法律、法规，所有国家均有
外延差异	广义民法	一切调整平等主体之间人身关系和财产关系的民事法律、法规
	狭义民法	民法典

二、民法的调整对象详解

（一）人身关系

1. 含义

人身关系是指与民事主体的人身不可分离，以特定精神利益为内容的社会关系。民法调整的人身关系，是指平等主体之间基于人格或身份而发生的，与人身不可分离，不具有<u>直接</u>财产内容的权利义务关系。包括人格关系与身份关系。

人格关系是指民事主体为实现人格利益而发生的权利义务关系，包括民事主体的生命权、健康权、名誉权、隐私权、肖像权等。

身份关系是指民事主体基于身份利益而发生的权利义务关系，在民法上表现为配偶权等。

2. 特征

（1）主体地位平等

在民法所调整的人身关系中，主体之间虽然存在性别、年龄职业、职务上的差别，但在民事法律关系中的法律地位是平等的，任何人都不得把自己的意志强加于他人。

（2）与人身不可分离

人身关系与人身不可分离，离开了人身就不会发生人身关系。

（3）不具有直接的财产内容，但间接来说与财产利益也密切相关

① 某些人身关系是财产关系产生的前提条件，如亲属间的身份权是亲属间取得财产继承权的前提条件。

② 对民事主体的人身权进行侵害会导致民事主体的财产损失。

③ 由上述两方面决定，对于人身权进行法律保护的责任方式既有停止侵害、赔礼道歉、恢复名誉等非财产性的责任方式，也有赔偿损失的财产性责任方式。

（二）财产关系

1. 含义

财产关系，是指人们在物质资料的生产、分配、交换、消费的过程中形成的具有经济内容的社会关系。民法调整的财产关系，是平等主体之间以财产归属和财产流转为主要内容的权利义务关系。

2. 特征

（1）主体地位平等。民事主体具有独立的法律人格，其法律地位平等，互不隶属，不存在领导与被领导、管理与被管理的关系。

（2）主体意思表示自由。民法所调整的财产关系的产生、变更或消灭都是在民事主体自愿的基础上进行的，一方不得将自己的意志强加于另一方。

（3）民法所调整的财产关系的基本内容是财产归属关系和财产流转关系。财产归属关系是指民事主体因占有、使用、收益、处分财产而形成的权利义务关系。财产流转关系是指民事主体为获取利益而相互交换财产所形成的权利义务关系，如债权债务关系。财产归属关系与财产流转关系之间有着密切的联系，财产归属关系是财产流转关系的前提，财产流转关系又常常是财产归属关系发生的根据。

（4）民法所调整的财产关系在利益实现方面大多具有有偿性特点。原则上，在法律法规允许的范围内，民事主体可以合理谋求利益最大化，不需要遵循过高的道德标准。民事主体取得财产利益应当支付相应的对价，这一特点是市场经济条件下民事主体对于财产利益实现的基本要求。

例外情形下，民事主体只要坚持平等、自愿的原则，也可以建立赠予、借用等无偿的民事法律关系。

三、民法的性质

民法的性质表现为以下五个方面（见表2-3）。

表2-3 民法的性质表现

私　　法	调整私人利益；发生在平等主体之间；强调尊重当事人意思自治
市场关系基本法	以市场经济制度为背景；调整的财产归属关系与财产流转关系是市场基础
市民社会基本法	无涉国家政治，关注私人利益；重在保护市民私权，维护个人自由权利
权　利　法	基本职能在于确认和保护权利；权利是民法体系形成的核心基点；所有制度均围绕权利展开
实　体　法	确认当事人的实体权利义务，而不是程序性规定；作为行为规则具有确立交易规则和生活规则的功能；作为裁判规则是司法机关正确处理民事纠纷所要依循的准则

四、民法的渊源

民法的具体表现形式，即当事人作为行为根据和法院具有裁判的根据。

民法的渊源包括制定法和非制定法（如表2-4）。

表 2-4　民法的渊源

制　定　法	具有立法权或准立法权的国家机关，以条款形式加以编纂，制定的成文的法律或法规
	1. 宪法，我国的根本法，具有最高的法律效力
	2. 民事法律，各种民事单行法，未来主要指《民法典》
	3. 行政法规，国务院制定的规范性文件中调整民事法律关系的规范
	4. 地方性法规，由地方人大制定的规范性文件中的民法规范
	5. 规章，部门规章和地方政府规章中的民事规范
	6. 最高法院的指导性文件，主要是指最高人民法院发布的司法解释、案件批复意见等
	7. 国际条约，国际条约中涉及民事关系的规范
非 制 定 法	主要包括民事习惯，根据《民法总则》规定，不违反公序良俗的习惯才可以作为民法渊源

五、民法的解释

（一）含义及解释的必要性

民法的解释是指当民法规范不明确时，特定的解释主体运用一定的方法和原则并遵循法定的权限和程序探求民事法律规范含义的活动。民法解释的必要性体现在：

第一，法律必须通过解释才能适用；

第二，梳理法条的内在结构和逻辑关系从而弥补法律漏洞；

第三，法律解释也是法官创造性的适用法律，充分实现司法公正的要求。

（二）解释方法

民法的解释方法表现在以下几个方面，如表 2-5 所示。

表 2-5　民法的解释方法

文 义 解 释	含义：	根据民法规范所使用文字的字面意义进行解释的方法，又称文理解释
	重点：	民法解释的出发点；其他解释原则上不得超出文义可能的范围
	举例：	过错，按照民法的规范含义，一般均包括故意和过失；损害，无特别情况，通常包括财产损害与人身伤害
体 系 解 释	含义：	根据民法规范在法律体系中的位置，即与其他法律规范的关联，确定其含义和内容的解释方法
	举例：	《侵权责任法》第 26 条规定："被侵权人对损害的发生也有过错的，可以减轻侵权人的责任。"从字面看，本条中"过错"，应包括故意和过失。但是该法第 27 条规定："损害是因受害人故意造成的，行为人不承担责任。"既然"故意"有了专门规定，26 条中的"过错"的解释就应限制为只包括过失，亦有限缩解释的意味
历 史 解 释	含义：	立法解释或法意解释，是通过探求立法者在制定民事法律规范时的立法意图进行民法解释的方法
	主要依据：	立法过程中相关的立法资料，如法律草案、立法理由书等
	举例：	《侵权责任法》第 41 条，"因产品存在缺陷造成他人损害的，生产者应当承担侵权责任。"关于他人"损害"，在立法中删除了原《产品质量法》中将损害界定为"缺陷产品之外的其他损害"之表述，故应解释为包括产品在内的全部损害

续表

目 的 解 释	含义：不拘泥于民事法律规范的字面含义以及立法者制定法律时的立法意图，从现实的社会关系发展的要求出发，依据合理的目的进行法律解释	
	举例：《物权法》第212条规定"质权自出质人交付质押财产时设立"根据质权的目的，即通过控制出质人财产，防止出质人处分财产给出质人带来压力，进而促进债务人履行债务。故此处的"交付"不应包括占有改定的交付方式	
扩 张 解 释	含义：当民事法律规范的条文中所使用的文字、词语的文义过于狭窄，不足以涵盖立法者所欲调整的范围时，为符合立法本意，对文义进行扩张，将排除在适用范围之外的案件纳入调整范围的解释方法	
	举例：若支付了房款并得到房屋出卖人交付了的房屋，但尚未办理过户登记的房屋买受人，是不是"业主"？虽不满足登记的要求，但通过扩张可解释为是业主	
限 缩 解 释	含义：当民事法律规范的条文中所使用的文字、词语的文义过于宽泛，包含了本应排除在调整范围之外的案件时，为符合立法本意，对文义进行限制，将不应适用的案件排除在外的解释方法	
	举例：子女对父母有赡养的义务中，"子女"限于成年子女；父母对子女有抚养教育的义务中，"子女"限于未成年子女	
当 然 解 释	含义：虽然法律没有明文规定，但依据规范目的，某一事实比法律所规定的事实更有适用的理由时，直接将法律规定适用于该事实的法律解释方法	
	表现：举重以明轻，举轻以明重	
	举例：1.《婚姻法》规定，家庭暴力可以在离婚时主张赔偿，如果一方企图杀害另一方未遂的，离婚时也应当可以主张损害赔偿，此为举轻以明重 2.按份共有中，无特别约定时法律规定2/3以上共有人同意时可以处分整个共有物，如果2/3以上共有人同意出租共有物的当然有效，此为举重以明轻	
其 他 解 释	1.合宪性解释：有几种解释可能时，做出符合宪法的解释 2.比较法解释：上述方法不能找到规范依据时参照其他国家立法规范进行解释 3.社会学解释：考虑社会效果进行解释	

六、民法的适用

民法的适用也称民法的效力，是指民事法律规范在何时、何地，对何人发生法律效力。民法的效力包括时间效力、空间效力和对人效力，具体内容如表2-6所示。

表2-6 民法的效力的内容

时间效力	从什么时间开始生效，到什么时间效力终止	
	生效时间	1.从通过或公布之日起开始生效 2.条文中单独说明该规范在公布后的具体时间才开始生效,给人了解该法的时间。比如，《民法总则》是2017年3月通过，10月1日生效
	失效时间	1.自然失效，当某一民事法规规定的任务已经完成后，该法规的效力自然终止 2.在公布新法时，明确宣布以前同类法规与其相抵触的部分效力终止 3.修改并重新公布实施新的法律的同时宣布原法律的效力终止
	溯及力	原则：无溯及力，新的民事法律只适用于该法生效后所发生的民事关系。例外：民法也可以具有溯及力，例如，《民法总则》时效2年改为3年，对于生效前未过时效的，再起算时效时则按照新法计算

空间效力	在何地域内适用。以属地法为原则，在中国领域内发生的活动，原则上都适用
	1. 由全国人民代表大会及其常委会、国务院及其各部委等中央机关制定并颁布的民事法规，适用于我国的领土、领空、领水及根据国际法和国际惯例应当视为我国领域的一切领域。例如，我国的驻外使馆、领馆，我国在境外的船舶、飞机等
	2. 凡是地方各级政权机关所颁布的法规，只在该地区内发生法律效力，在其他地区不发生效力
对人效力	民法对哪些人有法律效力。民法上的人包括自然人、法人和非法人组织
	1. 居住在我国境内的中国籍自然人和设立在中国境内的中国法人
	2. 居留在我国境内的外国人、无国籍人和经我国政府准许设立在中国境内的外国法人（依法享有外交豁免权的人除外），我国民法中某些专门由中国公民、法人享有的权利，对外国人无效力，如土地承包经营权
	3. 居住在外国的我国公民，原则上适用居住国的民法。但依照我国法律以及我国与其他国家缔结的双边协定或我国参加的国际条约、认可的国际惯例，应当适用我国民法的，仍然适用我国民法，此为国际私法问题

七、民法的基本原则

（一）民法基本原则的概念和功能

民法基本原则，是指效力贯穿于民法始终的基本准则，是对民事立法、民事行为和民事司法具有普遍指导意义的基本准则。

民法基本原则的功能主要表现为以下三个方面：

1. 指导功能

民法基本原则的功能突出表现在它的指导性。民法基本原则对民事立法、民事行为和民事司法均有指导意义。

2. 约束功能

民法基本原则对民法立法、民事行为和民事司法有约束力。

3. 补充功能

民法基本原则在民事法律规范中处于指导和统帅的地位，但是通常在民事法律规范有具体规定的情况下，必须适用具体规定，不能直接适用民法基本原则。

（二）主要原则如下

1. 平等原则

《民法总则》第4条　民事主体在民事活动中的法律地位一律平等。

平等原则集中反映了民事法律关系的本质特征，是民事法律关系区别于其他法律关系的主要标志。

我国民法明文规定这一原则，强调在民事活动中一切当事人的法律地位平等。任何一方不得把自己的意志强加给对方，意在以我国特殊的历史条件为背景，突出强调民法应反映社会主义市场经济的本质要求。

主要表现：

（1）公民的民事权利能力一律平等。任何公民在法律上不分尊卑贵贱、财富多寡、种族差异、性别差异，其抽象人格都是平等的。

（2）不同民事主体参与民事法律关系适用同一法律，处于平等的地位。

（3）民事主体在民事法律关系中必须平等协商。任何一方当事人不得将自己的意志强加给另一方当事人。

（4）对权利予以平等的保护。在法律上，无论具体的人具有何种事实上的差异，当其权利受到侵害时，法律都给予平等保护。

2．自愿原则

自愿原则，是指法律确认民事主体能自由地基于其意志去进行民事活动的基本准则。

《民法总则》第5条 民事主体从事民事活动,应当遵循自愿原则,按照自己的意思设立、变更、终止民事法律关系。

自愿原则的存在和实现，以平等原则的存在和实现为前提。只有在地位独立、平等的基础上，才能保障当事人从事民事活动时的意志自由。

自愿原则同样也是市场经济对法律所提出的要求。在市场上，准入的当事人被假定为自身利益的最佳判断者。因此，民事主体自愿进行的各项自由选择，应当受到法律的保障，并排除国家和他人的非法干预。肯定自愿原则（意思自治）必然导致承认私法自治。权利人自由行使权利、法律行为自由（契约自由）、自己责任、过失责任等均体现了自治的精神。自愿原则具体表现概括如下：

（1）民事主体有权自主决定是否参加民事活动以及如何参加民事活动。

（2）民事主体应当以平等协商的方式从事民事活动，就民事法律关系的设立、变更、终止达成合意。

（3）在法律允许的范围内民事主体有权依其意愿自主做出决定，并对其自由表达的真实意愿负责，任何组织和个人不得非法干预。

3．公平原则

公平原则是指民事主体应依据社会公认的公平观念从事民事活动，以维持当事人之间的利益均衡。

《民法总则》第6条 民事主体从事民事活动,应当遵循公平原则,合理确定各方的权利和义务。

公平原则是进步和正义的道德观在法律上的体现。它对民事主体从事民事活动和国家处理民事纠纷起着指导作用，特别是在立法尚不健全的领域赋予审判机关一定的自由裁量权；它对于弥补法律规定的不足和纠正贯彻自愿原则过程中可能出现的一些弊端有着重要意义。

公平原则与自愿原则有着密切的关系。公平原则是自愿原则的必要补充，并为诚实信用原则和显失公平原则树立了判断标准。公平原则的适用需要以自愿原则的运用为前提和基础，即使当事人之间利益关系不符合等价有偿原则，只要是当事人自愿的结果，就不能认为违背了公平原则。

总之，平等是基本前提，自愿是平等的保障，公平又是对于自愿结果的监督，以实现民法上假设的真正平等。这作为一个完整的逻辑整体，最终指向人们期待的正义状态！

4. 诚实信用原则

在民法上，诚实信用原则是指民事主体进行民事活动必须意图诚实、善意，行使权利不侵害他人与社会的利益，履行义务信守承诺和法律规定，所有获取民事利益的活动，不仅应使当事人之间的利益得到平衡，而且也必须使当事人与社会之间的利益得到平衡的基本原则。

《民法总则》第7条　民事主体从事民事活动，应当遵循诚信原则，秉持诚实，恪守承诺。

诚实信用原则是市场伦理道德准则在民法上的反映。我国《民法总则》将诚实信用原则规定为民法的一项基本原则，不难看出，诚实信用原则在我国法律上有适用于全部民法领域的效力。诚实信用原则常被奉为"帝王条款"，有"君临法域"的效力。

诚实信用原则具体表现在以下三个方面：

（1）民事主体在从事民事活动时，必须将有关事项和真实情况如实告知对方，禁止隐瞒事实真相和欺骗对方当事人。

（2）民事主体之间一旦做出意思表示并且达成合意，就必须重合同、守信用，正当行使权利和履行义务。法律禁止当事人有背信弃义、擅自毁约的行为。

（3）在民事活动过程中发生损害情况时，民事主体双方均应及时采取合理的补救措施，避免和减少损失。

［例题］无权代理与继承

小王瞒着父亲老王，自称是老王的代理人，将老王所有的房子以老王的名义签订了买卖合同，约定价金150万元，合同履行期限到来之前，老王去世，小王作为唯一的继承人继承了老王包括上述房子在内的全部财产和权利。问题：小王可否继承老王享有的对于无权代理合同的追认权？[①]

5. 公序良俗原则

公序良俗原则是现代民法一项重要的法律原则，是指一切民事活动应当遵守公共秩序及善良风俗。

---

① ［答案］无权继承。此例题中出现了具体规范的冲突。首先，小王以老王的名义订立合同，老王享有追认权；其次，老王死后，小王原则上可以继承老王的一切合法财产和权利。老王在世时，对于此合同，可以追认，也可以不追认。但是，既然小王真实意思是要卖房，当其获得房屋所有权后，依据诚信原则，小王就应当去履行合同了，不能以通过继承权获得追认权为由拒绝追认合同，以逃避合同债务。

《民法总则》第 8 条 民事主体从事民事活动，不得违反法律，不得违背公序良俗。

公序良俗即公共秩序和善良风俗。在现代市场经济社会，它有维护国家社会一般利益及一般道德观念的重要功能。<u>民法规范的禁止性规定不可能涵盖一切损害社会公共利益和道德秩序的行为，因而需要依据公序良俗原则授予法官自由裁量权以处理民事案件。</u>

公序包括政治的公序和经济的公序。政治的公序主要是保护国家和家庭的公共秩序，经济的公序包括指导的公序和保护的公序。在现代社会，指导的公序日渐式微，保护的公序逐渐占据重要地位。

良俗即善良风俗，是指一国或地区在一定时期占主导地位的一般道德或基本伦理要求。公序良俗原则，是指民事主体从事民事活动的内容和目的不得违反公共秩序和善良风俗。

学者在理论上将违反公序良俗行为类型归纳为：危害国家公序的行为类型、危害家庭关系的行为类型、违反两性道德准则的行为类型、射幸的行为类型、违反人权和人格尊严的行为类型、限制营业自由的行为类型、违反公共竞争的行为类型、违反消费者保护的行为类型、违反劳动者保护的行为类型、暴利的行为类型等。

例如，代孕合同、对于婚外情人的遗赠行为等被认定为无效的法律行为，都是基于其对于公序良俗的违反。

6. 合法原则

《民法总则》第 8 条 民事主体从事民事活动，不得违反法律，不得违背公序良俗。

其中，还蕴含着合法性原则。此原则是否是独立原则，立法中存有争议，但是从第 8 条表述看，应该将违反法律与违背公序良俗进行区分。[①] 法硕联考的《考试大纲》将其单独列出作为独立原则。

合法性原则是指，民事主体从事民事活动，应当符合法律尤其是公法规范的要求。其主要意义如下：

（1）作为判断法律行为效力的依据。由于公法规范关系到社会基本秩序，民事活动必须在其秩序框架内进行，此种要求对于法律行为的判断具有重要意义，违反效力性强制规定，法律行为即为无效。

> **特别提醒**
>
> 效力性强制规定与管理性强制规定的区分。前者旨在限制主体之间法律行为的效力，只要违反则进行的法律行为为无效，如《民法总则》第 197 条第 2 款规定："当事人对诉讼时效利益的预先放弃，无效。"即为效力性规定；后者旨在对于某种活动进行管理，虽违反但不影响合同效力，如公司均有注册登记的经营范围，超出经营范围订立的合同照样有效，不过公司会受到有关部门处罚。

（2）作为行使权利的界限。民事主体行使民事权利的自由要受到法律的约束和限制，以实现个人利益与社会利益的平衡，使得社会秩序维持在正常的范围之内。

[①] 杨立新．民法总则背后的故事与难题 [M]．北京：法律出版社，2017：30.

7. 绿色原则

将绿色原则确立为民法的基本原则具有鲜明的时代特征。《民法总则》第 9 条规定："民事主体从事民事活动，应当有利于节约资源，保护生态环境。"绿色原则，是宪法关于环境保护的要求（《宪法》第 9 条第 2 款）在民法中的体现。在民事立法、司法以及民事活动中，贯彻此项原则，有利于构建生态时代下人与自然的新型关系。作为一项民法基本原则，其可能发挥作用的表现如下：

其一，为国家立法规范民事活动提供价值导向，即进行规范设立要把节约资源，保护生态环境作为重要的参考因素。

其二，要求民事主体本着有利于节约资源，保护生态环境的理念从事民事活动，树立可持续发展的理念。

其三，司法机关在审理民事案件及适用民法规范裁判案件时，要加强对于节约资源，保护生态环境的民事法律行为的保护。

03 | 第三讲
民事法律关系

 阅读提示

　　由于要素中的主体内容的知识较多，本书将在第四讲和第五讲中分别讲述。本讲内容首先简要介绍法律关系三要素，然后就相对内容较少的客体进行详细讲解。

一、民事法律关系的含义与特征

　　民事法律关系是由民事法律规范所确立的以民事权利和民事义务为主要内容的法律关系。特征如下：

　　第一，是平等主体之间的人身关系和财产关系，大多取决于民事主体的意思。只有充分尊重和保护当事人的真实意思，才能切实保护当事人的合法权益。同时，当事人的意思自由也要受到一定的限制，如不得违反公序良俗等；

　　第二，民事法律关系的保障措施具有补偿性。主要是赋予遭受损害的一方当事人以请求权。通过行使请求权，弥补该方当事人所遭受的损失。民事法律关系的保障措施具有补偿性，以弥补损失为主要目的，惩罚性的赔偿责任不是主要的民事责任形式。

二、民事法律关系的构成要素

　　民事法律关系主要由主体、客体及内容三方面要素构成。

（一）民事法律关系的主体

　　民事法律关系的主体指参加民事法律关系，享有民事权利和承担民事义务的人，又称民事主体。我国民法中，包括自然人、法人和非法人组织。此外，国家也可以成为民事主体，参与民事法律关系。民事法律关系主体中，享有权利的一方是权利人，负有义务的一方是义务人。

　　法律关系中主体的内容较多，本书将在第四讲中专门讲述。

（二）民事法律关系的内容——民事权利和义务

　　在权利和义务中，民法通常被认为是权利法，故对于权利一词，需要深入理解。由于权利问题的内容较多，本书将在第五讲中专门讲述。

（三）民事法律关系的客体

民事法律关系的客体指民事法律关系的主体享有的民事权利和负有的民事义务所指向的事物。《民法通则》认为，民事法律关系的客体主要有四类，即物、行为、智力成果、人身利益和权利。

三、民事法律关系的客体

（一）客体的有关概念

与客体有关的概念有四个：客体、对象、标的、标的物。

客体、对象和标的，三个概念在民事法律关系中可以互换适用，均指主体有了权利之后，可以直接作用的对象。

标的不等于标的物。

在有的法律关系中，标的与标的物会发生重合，如物权关系，小明对于自己的电脑享有所有权，此时就所有权而言，其标的即是电脑，电脑当然是通常而言的标的物。

在有的法律关系中，标的与标的物各自独立，如债权关系，小明将一台电脑卖给小花，合同成立生效后，小花基于债权只能请求小明做出交付电脑的行为，即给付行为，不能基于债权直接获得买卖关系中标的物即电脑的权利。此关系中，标的为交付电脑的给付行为，标的物是电脑本身。

（二）客体的主要类型

1．物——物权的客体

（1）特征：具有可支配性、非人格性

［例题］下列选项中能成为物权法上的物的有：[①]

A．假肢厂刚刚生产出来的假肢　　　　　B．空气

C．镶在人嘴里的假牙　　　　　　　　　D．放在地上的假牙

（2）主要分类

① 主物与从物

这一区分标准，需要同时满足三个条件，如下：

两者都必须是独立的物；从物对主物发挥辅助效用；两者为同一主体所有。

［例题］根据物的分类，下列物与物的关系中，属于主物与从物关系的是：[②]

A．房屋与门窗　　　　　　B．桌子与椅子　　　　　　C．球与球拍

---

① 【答案】AD。解析：空气不具有可支配性，假牙镶在嘴里是人体的有机组成部分，均不可为客体。
② 【答案】D。解析：AE 是整体和部分的关系，BCF 中没有一物对于另一物的辅助效用。

D．电视机与遥控器　　　　　E．轮胎与汽车　　　F．鞋子与袜子

　　② 原物与孳息

　　孳息的类型：天然孳息与法定孳息

　　天然孳息，必须与原物分离尚为孳息，分离之前只是原物的组成部分，不能叫孳息。

　　法定孳息，此概念的关键在于对"法定"二字的理解，注意规范意识，不可望文生义。此处的"法定"，不是相对于约定或意定而言，而是指法定情形。法定情形主要包括利息、租金、购买明信片或彩票偶得之奖金等。

　　[例题] 下列各选项中，哪些属于民法上的孳息？[①]

　　A．出租柜台所得租金　　　　　B．果树上已成熟的果实

　　C．动物腹中的胎儿　　　　　　D．彩票中奖所得奖金

　　③ 种类物与特定物

　　区分标准：是否具有可替代性。种类物可替代；特定物不可替代。

　　不可替代的特定物主要有两种类型：

　　其一，天然的特定，即由于自身的稀缺性决定其不可替代，如土地。

　　其二，人为的特定，即由于人的行为而导致的不可替代。可以是具体主体的特别约定，如买卖电脑时，就要特定的某一台。也可以是特定人物的原因导致的特定，如名人故居等。

　　④ 动产和不动产

　　不动产：土地及其附着物。

　　动产：不动产之外的财产。

　　⑤ 可分物与不可分物

　　区分标准：物能否被分割。

　　可分物：可以分割，并且不因分割而损害其价值或性能的物，如一桶水、一袋面粉等。

　　不可分物：分割后会改变其价值或性能的物，如一台电脑、一辆汽车等。

　　⑥ 消耗物与不可消耗物

　　区分标准：是否能重复使用。

　　消耗物：仅一次性有效使用后就灭失或品质发生变化的物，如货币、食品等。

　　不可消耗物：可反复使用，通过使用后，效用逐渐消耗、折旧、磨损的物，如机器设备、房屋、衣服等。

　　⑦ 货币与有价证券

　　两者均为特殊的物：

　　货币是典型的消耗物、种类物，具有一般等价物的作用。作为一般等价物，相对于其他物，货币有独特的效力，体现在两个方面：

　　其一，自物权角度而言，货币有"占有即所有"的特征。如借用关系中，若借其他物，

――――――――――――――

[①]【答案】AD。解析：BC 两项作为天然孳息，均未与原物分离，故不能作为孳息。

则借用的是使用权；若借的是钱，一旦借来，借用人借来的则是所有权。即便是用偷来的钱去超市购买东西，超市认为盗窃人对于货币享有所有权也是完全正当的。

其二，自债权角度而言，货币之债不存在履行不能的问题。

有价证券，是指设定并证明持券人有权取得一定财产权利的书面凭证。有价证券主要包括票据（汇票、本票和支票）、债券、股票、存单、仓单、提单等。彻底理解有价证券的概念需要在系统学习票据法等有关法律之后方可做到。

2．行为

债权法律关系的客体，包括作为和不作为：

（1）作为：以买卖合同之债为例，买卖哈巴狗一只，合同成立生效后，双方都有债权，买方的债权可以请求卖方交付小狗；卖方的债权可以请求买方支付价款。两者都是请求对方做出某种行为，而不能直接基于债权获得小狗或者价款的权利。

（2）不作为：请求对方不作为，比如，竞业禁止之约定。

3．智力成果

知识产权关系的客体：作品、专利、商标等。

4．人身利益

人身法律关系的客体：健康、肖像、名誉、隐私等。

5．权利

权利作为法律关系的客体，意味着一个权利作为另一个权利的客体。

首先，权利概念的相对性理解，"权利"二字出现在不同场合具有不同含义。

其次，举例（见图3-1）说明：

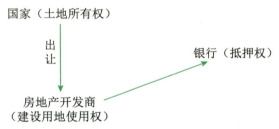

图3-1　"权利"二字在不同场合的不同含义

在图3-1中，开发商通过出让方式获得的建设用地使用权抵押给银行之后，银行因此而享有的抵押权就是以建设用地使用权作为其客体或者对象的。

04 第四讲
民事法律关系主体

阅读提示

本讲属于必考内容。在自然人部分，监护制度和宣告死亡制度最重要；在法人部分，法人的责任问题和法人的类型最重要。

一、主体的范围

根据《民法总则》，民事主体包括自然人、法人和非法人组织。无论理解任何一种主体，均要意识到其作为民法上的主体，均是一个规范概念，是特定时空条件下法律选择的结果。因此，民事主体是一个历史的范畴。当民法中的主体参与到具体的民事法律关系中时，就成为民事法律关系的主体。

自然人，是以生理意义上的人为基础而构造的民事主体。

法人或非法人组织，是以一定的社会组织为基础而构造的民事主体。

二、自然人

（一）自然人的权利能力

《民法总则》第13条 自然人从出生时起到死亡时止，具有民事权利能力，依法享有民事权利，承担民事义务。

1. 含义与特征

民事权利能力是指民事法律赋予民事主体从事民事活动，从而享有民事权利和承担民事义务的资格。赋予自然人的资格，即是自然人的权利能力。其特征主要表现为以下四个方面：

（1）民事权利能力是一种资格，而不是实际的权利。民事权利能力是法律赋予民事主体享有民事权利和承担民事义务的一种可能性，还没有为民事主体带来实际的利益，但是它是民事主体获得民事权利的前提。

（2）民事权利能力的内容既包括民事主体取得民事权利的资格，也包括民事主体承担民事义务的资格。

自然人享有民事权利和承担民事义务的前提都是自然人必须具有民事权利能力，所以它既可以称为民事权利能力，也可以称为民事义务能力。

（3）民事权利能力的内容和范围具有法定性。民事权利能力的内容和范围都是由法律加以规定，与民事主体的个人意志无关。法律所赋予公民的民事权利能力一律平等，不因民族、性别、年龄、职业、健康状况、教育程度、财产状况、宗教信仰等而有任何差别，任何公民不能以自己的意思改变民事权利能力的内容和范围。

（4）民事权利能力具有与民事主体人身的不可分离性。民事权利能力是一种资格，这种资格是由法律赋予的，不能转让或者放弃，除非法律有特别规定，任何民事主体的民事权利能力不受限制和剥夺。

民事权利能力和民事权利是两个不同的概念，民事权利是一种依法可以获得的实际权利，主体可以依法根据自己的意志确定权利的具体内容和实现方法，并且可以转让、放弃自己的民事权利。

2．细节要点总结

民事权利能力的细节要点如表 4-1 所示。

表 4-1　民事权利能力的细节要点总结

制度目的	解决是不是主体的问题，有权利能力就是主体，无权利能力就不是主体
性　　质	所有人一律平等，不得转让、不得抛弃
时间的规范界定	出生时起，死亡时止（包括自然死亡、宣告死亡、推定死亡） 出生与死亡时间的认定标准： （1）参考出生证明和死亡证明 （2）没有上述证明的，以户籍登记或者其他有效身份登记记载的时间为准 （3）若有证据能证明出生和死亡时间的，以证明的时间为准
胎儿权利能力的特别规定	涉及遗产继承、接受赠予等胎儿利益保护的，胎儿被视为具有民事权利能力。但是胎儿娩出时为死体的，其民事权利能力自始不存在
死者人格利益保护的特别规定	侵害英雄烈士等的姓名权、肖像权、名誉权、荣誉权，损害社会公共利益的，应当承担民事责任。例如，网上对于革命烈士发表侮辱性言论的行为等

（二）自然人的行为能力

 特别提醒

自然人的民事权利能力只是一种资格，要想以自己的行为独立参加民事法律关系，还应当具有民事行为能力。自然人具有权利能力是具有行为能力的前提，具有行为能力则是独立实现权利能力内容的必要条件。行为能力的基础就必须具有正确识别事物、判断事物的能力，即具有意思能力。具有意思能力必须满足两个方面的法律要求：其一，要达到一定的年龄，有一定的社会活动经验；其二，要有健康正常的精神状态，能够理智从事民事活动。

1．含义与特征

自然人的民事行为能力是指法律确认的自然人通过自己的行为从事民事活动，参加民事法律关系，取得民事权利和承担民事义务的能力。其特征主要体现在以下三个方面：

（1）民事行为能力的法定性。自然人是否具有民事行为能力是由国家法律确认的，与自然人自己的意志无关。国家法律规定了自然人具备民事行为能力应当满足的基本条件，这些条件不能通过私人的约定加以更改。

（2）民事行为能力与自然人的年龄和精神状况直接相联系。年龄决定了自然人从事民事行为的一般社会认知程度；精神状况则决定了自然人是否能够正确理解和理智从事民事行为。这两个方面的具体要求都由法律直接加以规定。

（3）民事行为能力非依法定条件和程序不受限制或被取消。任何组织或个人都不得非法限制或取消自然人的民事行为能力，除非法律有明确规定。

2．行为能力要点总结

行为能力要点总结如表4-2所示。

表4-2　行为能力要点总结

制度目的	解决主体"脑袋是否清楚"的问题
完全行为能力人	"脑袋完全清楚"
	年满18周岁；16~18周岁的以自己劳动收入作为主要生活来源的人
限制行为能力人	"脑袋不完全清楚"
	8周岁以上不满18周岁的未成年人；18周岁以上不能完全辨认自己行为的成年人
无行为能力人	"脑袋完全不清楚"
	不满8周岁的未成年人；8周岁以上但完全不能辨认自己行为的人
成年人行为能力不足的认定与恢复	（1）认定能力不足的申请人：不能辨认或者不能完全辨认自己行为的成年人的利害关系人或者有关组织 （2）恢复能力的申请人：本人、利害关系人或者有关组织． （3）决定机关：人民法院 （4）有关组织的范围：居民委员会、村民委员会、学校、医疗机构、妇女联合会、残疾人联合会、依法设立的老年人组织、民政部门等
民事法律行为的效力	（1）完全行为能力人可独立进行民事法律行为 （2）限制行为能力人可进行与其年龄智力相适应的或纯获利益的民事法律行为，超出能力的法律行为，效力待定【注意：民法分则中有特别规定限制行为能力人法律行为效力的，适用分则特别规定，如限制行为能力人订立遗嘱的，无效】 （3）无行为能力人进行的民事法律行为，无效

[例题]肖特有音乐天赋，16岁便不再上学，以演出收入为主要生活来源。肖特成长过程中，多有长辈馈赠：7岁时受赠口琴1把，9岁时受赠钢琴1架，15岁时受赠名贵小提琴1把。对肖特行为能力及其受赠行为效力的判断，根据《民法总则》相关规定，下列哪一选项是正确的？①

---

①【答案】B．解析：肖特16岁，以自己的劳动收入作为主要生活来源，视为完全行为能力人，故A错误；受赠口琴时7岁，为无行为能力人，应由法定代理人代为进行，故无效，B正确；9岁和15岁时均为限制行为能力人，受赠钢琴和小提琴均为纯获利行为，均为有效，故CD错误。

A．肖特尚不具备完全的民事行为能力

B．受赠口琴的行为无效，应由其法定代理人代理实施

C．受赠钢琴的行为无效，因与其当时的年龄智力不相当

D．受赠小提琴的行为无效，因与其当时的年龄智力不相当

（三）监护

监护制度，主要为弥补行为能力的不足而设定。民法上的监护是为了监督和保护无民事行为能力人和限制民事行为能力人的合法权益而设置的一项民事法律制度。履行监督和保护职责的人就是监护人；被监护人监督、保护的人是被监护人。

1．监护人的类型

依据监护的设立方式，可以分为法定监护与意定监护，具体内容如表4-3所示。

表 4-3　法定监护与意定监护的内容

法定监护及其延伸	未成年人监护	1. 父母是未成年子女的监护人 父母是当然监护人，即便离婚监护人的身份也不变，不过离婚时双方可以协商确定监护义务的履行 2. 未成年人的父母已经死亡或者没有监护能力的，由下列有监护能力的人按顺序担任监护人：（1）祖父母、外祖父母；（2）兄、姐；（3）其他愿意担任监护人的个人或者组织，但是须经未成年人住所地的居民委员会、村民委员会或者民政部门同意
	成年人监护	无民事行为能力或者限制民事行为能力的成年人，由下列有监护能力的人按顺序担任监护人：（1）配偶；（2）父母、子女；（3）其他近亲属；（4）其他愿意担任监护人的个人或者组织，但是须经被监护人住所地的居民委员会、村民委员会或者民政部门同意 注意：近亲属是指配偶、父母、子女、兄弟姐妹、祖父母、外祖父母、孙子女、外孙子女
	延伸问题	1. 遗嘱监护 被监护人的父母担任监护人的，可以通过遗嘱指定监护人 【特别提醒】 只有父母担任监护人时才能通过遗嘱指定监护人 2. 协议监护与指定监护 ① 依法具有监护资格的人之间可以协议确定监护人。协议确定监护人应当尊重被监护人的真实意愿 ② 不能达成协议的，可由村委会、居委会或者民政部门指定，对于指定不服的，可向法院起诉。不能达成协议的，当事人也可以直接向法院起诉 ③ 一旦制定，不得擅自变更，擅自变更的，不影响被指定人的责任 3. 临时监护 在没有指定监护之前，被监护人的人身权利、财产权利以及其他合法权益处于无人保护状态的，由被监护人住所地的居民委员会、村民委员会、法律规定的有关组织或者民政部门担任临时监护人 4. 兜底监护 没有依法具有监护资格的人的，监护人由民政部门担任，也可以由具备履行监护职责条件的被监护人住所地的居民委员会、村民委员会担任

续表

意定监护	1. 一般的委托监护及责任承担 原则上被监护人发生了侵权，仍由监护人承担责任；受托人有过错的，应负连带责任 2. 附条件的委托监护 具有完全民事行为能力的成年人，可以与其近亲属、其他愿意担任监护人的个人或者组织事先协商，以书面形式确定自己的监护人。协商确定的监护人在该成年人丧失或者部分丧失民事行为能力时，履行监护职责

2. 监护的其他问题

监护的其他问题如表 4-4 所示。

表 4-4　监护的其他问题

监护人的职责	（1）应当做什么 监护人应当按照最有利于被监护人的原则履行监护职责 （2）不得做什么 监护人除为维护被监护人利益外，不得处分被监护人的财产 注意：公益性的捐赠也无效，如果处分被监护人的人身利益一律无效 （3）相关问题 有财产的无民事行为能力人、限制民事行为能力人造成他人损害的，从本人财产中支付赔偿费用。不足部分，由监护人赔偿
监护人的撤销	（1）撤销的申请人：有关个人或者有关组织。主要包括：其他依法具有监护资格的人，居民委员会、村民委员会、学校、医疗机构、妇女联合会、残疾人联合会、未成年人保护组织、依法设立的老年人组织、民政部门等 如果前述个人和民政部门以外的组织未及时向人民法院申请撤销监护人资格的，民政部门应当向人民法院申请 （2）撤销的原因： ①实施严重损害被监护人身心健康行为的 ②怠于履行监护职责，或者无法履行监护职责并且拒绝将监护职责部分或者全部委托给他人，导致被监护人处于危困状态的 ③实施严重侵害被监护人合法权益的其他行为 （3）撤销之后的责任：依法负担被监护人抚养费、赡养费、扶养费的父母、子女、配偶等，被人民法院撤销监护人资格后，应当继续履行负担的义务
监护人的恢复	只有被监护人的父母或者子女被人民法院撤销监护资格后才可能恢复 例外：对被监护人实施故意犯罪的除外
监护的终止	（1）被监护人取得或者恢复完全民事行为能力 （2）监护人丧失监护能力 （3）被监护人或者监护人死亡 （4）人民法院认定监护关系终止的其他情形 掌握技巧：要么没必要继续监护，要么没可能继续监护

[例题1]余某与其妻婚后不育，依法收养了孤儿小翠。不久后余某与妻子离婚，小翠由余某抚养。现余某身患重病，为自己和幼女小翠的未来担忧，欲作相应安排。下列哪些选项是正确的？①

_____

① 【答案】ABC。解析：父母做监护人时可以通过遗嘱指定监护人，故A正确；离婚后双方就子女抚养和财产分割达成协议，双方离婚不影响监护人资格，故余某可以与其前妻协议由前妻担任监护人，故B正确；具有完全行为能力的成年人通过书面形式确定自己未来的监护人，是一种附条件的委托监护，故C正确；余某若病故，依法应由余某的妻子担任监护人，因为父母是当然的监护人，故D错误。

A．余某可通过遗嘱指定其父亲在其身故后担任小翠的监护人

B．余某可与前妻协议确定由前妻担任小翠的监护人

C．余某可与其堂兄事先协商以书面形式确定堂兄为自己的监护人

D．如余某病故，应由余某父母担任小翠的监护人

[例题2] 关于监护，下列哪一表述是正确的？①

A．甲委托医院照料其患精神病的配偶乙，医院是委托监护人

B．甲的幼子乙在寄宿制幼儿园期间，甲的监护职责全部转移给幼儿园

C．甲丧夫后携幼子乙改嫁，乙的爷爷有权要求法院确定自己为乙的法定监护人

D．市民甲、乙之子丙5周岁，甲乙离婚后对谁担任丙的监护人发生争议，丙住所地的居民委员会有权指定

（四）宣告死亡与宣告失踪

宣告死亡是指经利害关系人申请，由法院依照法律规定的条件和程序，判决宣告下落不明满法定期限的公民死亡的民事法律制度。

宣告失踪是指经利害关系人申请，由法院依照法定条件和程序，宣告下落不明满法定期限的公民为失踪人的民事法律制度。两者的不同如表 4-5 所示。

表 4-5　宣告死亡与宣告失踪的比较

标　准	宣　告　死　亡	宣　告　失　踪
申请条件 （以日为单位计算期间，均从次日起算）	1．下落不明满四年 2．因意外事件，下落不明满二年 注意例外：因意外事件下落不明，经有关机关证明该自然人不可能生存的，申请宣告死亡不受二年时间的限制	1．自然人下落不明满二年的，利害关系人可以向人民法院申请 2．自然人下落不明的时间从其失去音信之日起计算 3．战争期间下落不明的，下落不明的时间自战争结束之日或者有关机关确定的下落不明之日起计算
申请人	利害关系人：配偶；父母、子女；兄弟姐妹、祖父母、外祖父母、孙子女、外孙子女；其他有民事权利义务关系的人①	与申请宣告死亡同
法律后果	1．人格消灭 （1）人民法院宣告死亡的判决做出之日视为其死亡的日期；（2）因意外事件下落不明宣告死亡的，意外事件发生之日视为其死亡的日期 2．事实未死的行为效力 自然人被宣告死亡但是并未死亡的，不影响该自然人在被宣告死亡期间实施的民事法律行为的效力 3．婚姻关系解除 被宣告死亡的人的婚姻关系自死亡宣告之日起消灭 4．继承发生：通常为法定继承 5．单方可以决定送养子女	1．代管人的确定 （1）一般由配偶、成年子女、父母或者其他愿意担任财产代管人的人代管 （2）无前述代管人或有争议的，由法院指定代管人 2．代管人的职责 （1）妥善管理失踪人的财产 （2）失踪人所欠税款、债务和应付的其他费用，由财产代管人从失踪人的财产中支付 （3）财产代管人因故意或者重大过失造成失踪人财产损失的，应当承担赔偿责任 3．代管人的变更 不适当履行职责或丧失代管能力的，利害关系人可申请变更；代管人也可以主动申请变更

---

① 【答案】A。解析：医院作为受托人是委托监护人，故 A 正确；未成年人的教育机构不是监护人，孩子去学校，监护人不变，故 B 错误；甲为母亲是当然监护人，故乙的爷爷此时无权，故 C 错误；离婚中若有监护争议，不存在居委会指定问题，达不成协议的，由法院直接判决，故 D 错误。

续表

标　　准	宣　告　死　亡	宣　告　失　踪
撤销及后果（本人和利害关系人均可申请撤销）	1. 婚姻关系 （1）被宣告死亡的人的婚姻关系，自死亡宣告之日起消灭 （2）死亡宣告被撤销的，婚姻关系自撤销死亡宣告之日起自行恢复，但是其配偶再婚或者向婚姻登记机关书面声明不愿意恢复的除外 【特别提醒】即使申请宣告死亡后配偶没有结婚的，也不一定恢复婚姻关系 2. 收养关系依然有效 3. 财产关系 （1）依据继承法获得财产，应予返还。这里包括所有的继承方式，法定继承、代位继承、转继承等。通常认为，继承人基于所继承的财产进行的经营所得不返还，因为经营所得应视为继承人的劳动收入 （2）恶意利害关系人获得财产的，除返还财产外，还应当赔偿损失 （3）财产已经被第三人合法取得的，第三人可不返还，由继承人给予适当补偿	1. 移交代管财产 失踪人重新出现，有权要求财产代管人及时移交有关财产并报告财产代管情况 2. 失踪人配偶处分财产的效果 宣告失踪后，失踪人的配偶处分夫妻共同财产的为无权处分，若受让人不知情则可能构成善意取得，如果知情则不能 3. 婚姻关系 （1）原则上不影响婚姻关系 （2）宣告失踪后，失踪人的配偶提起了离婚诉讼并经法院判决离婚，则婚姻关系消灭
两者竞合时的处理规则	对同一自然人，有的利害关系人申请宣告死亡，有的利害关系人申请宣告失踪，符合本法规定的宣告死亡条件的，人民法院应当宣告死亡	

[例题] 甲离家出走下落不明逾五年，甲家中有甲的配偶、母亲乙，儿子丙和弟弟丁，则下列说法中正确的是：①

A. 若丙欲申请宣告甲死亡，必须先申请宣告甲失踪

B. 若丙申请宣告甲失踪，法院可以判决宣告甲死亡

C. 若丁申请宣告甲失踪，而丙不同意，则法院不能宣告失踪

D. 若丙申请宣告甲死亡，而乙和甲的配偶申请宣告甲失踪，则法院应当宣告死亡

（五）自然人的其他问题

1. 自然人的住所问题

（1）自然人以户籍登记或者其他有效身份登记记载的居所为住所；经常居所与住所不一致的，经常居所视为住所。

（2）自然人离开住所地最后连续居住 1 年以上的地方，为经常居住地。但住医院治疗的除外。自然人由其户籍所在地迁出后至迁入另一地之前，无经常居住地的，仍以其原户籍所在地为住所。

2. 个体工商户

（1）经济性质是私人所有制。

---

① 【答案】D。解析：宣告失踪不是宣告死亡的必经程序，故 A 错误；法院应当按照利害关系人的申请进行判决，故 B 错误；宣告失踪没有顺序先后的限制，故 C 错误；对于同一自然人，有的利害关系人申请宣告失踪，有的利害关系人申请宣告死亡的，则应当宣告死亡，故 D 正确。

（2）经营范围必须符合法律规定。

（3）必须履行一定的核准登记手续方可成立。

（4）以户的名义独立进行民事活动，可以依法起字号，刻图章、在银行开立账户，依法进行生产经营活动。

（5）个体工商户以其全部的个人财产对外承担无限清偿责任，家庭经营的以家庭财产承担，无法区分的，以家庭财产承担责任。

3．农村承包经营户

（1）农村承包经营是我国农村劳动群众集体所有制经济的分散经营方式的法律形式。农村承包经营户是农村集体经济组织的成员，不属于个体经济的范围。

（2）农村承包经营户从事的是商品经营活动。农村承包经营户进行生产的目的是进行商品交换，而不是为了满足家庭消费的需要。

（3）农村承包经营户存在的基础是承包合同。农村承包经营户依据法律和承包合同经营集体所有的土地、森林、草原、荒地、滩涂、水面等生产资料，从事商品经营，不得违反法律和承包合同的规定。

（4）农村承包经营户以户的名义独立从事民事活动，对外承担无限责任。事实上由农户部分成员经营的，以该部分成员的财产承担责任。

4．个人合伙

个人合伙，虽然《民法总则》没有规定，但依然是值得关注的考点。

（1）含义

个人合伙是指两个以上公民按照协议，各自提供资金、实物、技术等，合伙经营、共同劳动。

个人合伙，在法律上有两种含义：一是合伙合同，只是契约关系，无经济实体；二是合伙人与财产结合组成的经济实体，此乃合伙合同可能的法律效果之一。民法上的个人合伙，主要侧重后者。

（2）合伙的内外关系

择其要点，个人合伙的内外关系如图 4-1 所示。

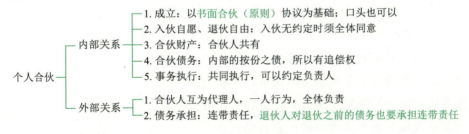

图 4-1　个人合伙的内外关系

（3）个人合伙其他要点

① 合伙人的判定。出资但不参与经营，只要约定盈余分配，应认定为合伙人。

② 字号问题。可以起字号，并以字号名义对外活动。诉讼中，字号可作为当事人。未起

字号的，以全体合伙人为当事人或任选一个合伙人作为当事人。

③ 退伙的财产范围。退伙人退伙而转让出资份额时，其他合伙人有优先受让权，所退份额既包括合伙时投入的，也包括经营期间累计的财产。

④ 个人合伙中个人财产与家庭财产的关系：

A. 合伙人以个人财产出资的，以合伙人的个人财产承担；

B. 合伙人以其家庭共有财产出资的，以其家庭共有财产承担；

C. 合伙人以个人财产出资，合伙的盈余分配所得用于其家庭成员生活的，应先以合伙人的个人财产承担，不足部分以合伙人的家庭共有财产承担。

[例题] 甲、乙、丙三人各自出资 10 万元、6 万元、4 万元合伙从事汽车零配件经营，期间因经营管理不善，对丁负债 10 万元，丙遂退出合伙，并拿出 1 万元由甲、乙代为偿还对丁债务。现在丁应如何追偿其债权？[①]

A. 可以分别向甲、乙、丙三人要求偿还 5 万元、3 万元、2 万元

B. 只能要求丙偿还 1 万元，其余部分向甲、乙追偿

C. 可以只向甲或只向乙要求偿还全部 10 万元，但不能要求丙单独偿还 10 万元

D. 可以向甲、乙、丙中任何一人要求偿 10 万元

三、法人

法人，是指具有民事权利能力和民事行为能力，依法独立享有民事权利和承担民事义务的组织。法人是以一定的社会组织为基础而构造的民事主体。

（一）法人的"出生"与"死亡"

一般情形，始于设立登记，终于注销登记（依法不需要注销登记的，清算完成时终止）。由此可知，法人的民事权利能力与行为能力具有同一性。

《民法总则》第 59 条　法人的民事权利能力和民事行为能力，从法人成立时产生，到法人终止时消灭。

考点：清算中，法人的能力问题，即不得从事与清算无关的活动。

[例题] 依民法原理和现行民事法律，下列选项中，哪一表述是正确的？[②]

A. 清算法人不具有民事行为能力

B. 清算法人具有与原法人相同的民事行为能力

C. 清算法人仅具有清算范围内的民事行为能力

D. 清算法人仅具有资产清理的民事行为能力

（二）法人的独立性

作为具有民事权利能力和民事行为能力，依法独立享有民事权利和承担民事义务的组织，

---

① 【答案】AD。解析：合伙人退伙后依然需要对退伙之前的债务承担连带责任，故 AD 正确。
② 【答案】D。解析：AB 是两个极端，显然错误。资产清理是清算的一项内容，故 D 错误，C 正确。

32

法人的独立性体现在以下三个方面：

1．独立人格

这不同于分支机构（分公司、营业机构等），分支机构只是法人的组成部分。

2．独立财产

法人的财产独立于出资人，这不同于合伙和分支机构。合伙财产属于合伙人的个人财产，而分支机构的财产属于总公司财产的组成部分。

3．独立责任

（1）由于法人的责任完全独立，独立于出资人，因此法人的出资人（股东）才可能承担有限责任。换言之，法人的独立责任，是出资人有限责任的前提。一般合伙人之所以不能承担有限责任，恰恰是因为合伙本身的财产不是独立的，而是由合伙人共有的。

（2）法人以其所有财产（包括分支机构财产）对外承担独立责任。

（3）分支机构可以承担相对的独立责任，在经济活动中，分支机构无法承担的，仍需由法人承担。

> **特别提醒**
>
> 公司法人与分公司之间是一体的关系，分公司责任由法人承担；公司法人与子公司之间是独立的关系，子公司责任由子公司独立承担。

（4）法人独立责任的例外情况：法人人格否认。

法人人格否认是指在特定财产法律关系中，由于特定原因将义务与责任转由行为人负担，法人独立人格被否认的情形。法人人格被否认，意味着出资人将与法人一起就此法律关系中的债务承担无限连带责任。

法人人格否认的制度价值就是要遏制出资人或其他人滥用法人独立责任，利用法人规避自身责任，使权利义务的分配符合公平正义的要求。法人人格否认不是对法人人格的永久剥夺，而只是在某一特定的法律关系中，否认法人的独立性。

在我国，法人人格否认首先在《公司法》《最高人民法院的司法解释》中获得承认。2017 年通过的《民法总则》中，在民事主体营利法人部分，也规定了此制度，这将意味着所有的营利法人，无论是否具有公司的形态，均可适用此制度来保护债权人的利益。[①]

[例题]甲与乙手表厂共同出资，组建了特色篮球有限公司，聘请丙担任总经理。问：谁承担有限责任？[②]

---

① 《公司法》第 20 条第 3 款规定："公司股东滥用公司法人独立地位和股东有限责任，逃避债务，严重损害公司债权人利益的，应当对公司债务承担连带责任。"《民法总则》第 83 条第 2 款规定："营利法人的出资人不得滥用法人独立地位和出资人有限责任损害法人的债权人利益。滥用法人独立地位和出资人有限责任，逃避债务，严重损害法人的债权人利益的，应当对法人债务承担连带责任。"

② 【答案】甲与乙手表厂，因为他们是出资人。

（三）法人的能力

1．民事权利能力与自然人不同

法人的民事权利能力是指法人作为民事主体，享有民事权利、承担民事义务的资格。相对于自然人，有如下特征：

（1）法人不能享有某些属于自然人固有的，如因年龄、亲属关系等产生的权利义务。

法人可以享有名称权、名誉权，但不能享有以身体为前提的人格权，如肖像权、生命权、身体权、健康权等，法人虽可以通过受遗赠取得死者的遗产，但不能像自然人那样享有继承权。

 特别提醒

既然专属于自然人人身性质的权利法人不能享有，那么就可以得出结论：<u>当法人权利受到侵害时，不能主张精神损害赔偿。</u>

（2）法人的民事权利能力受法律、行政命令和法人章程、目的的限制，而自然人的民事权利能力则具有一般性，他可以享有不违反法律的任何权利和承担任何义务。

法人的活动范围受到其设立目的的限制，设立的目的不同，决定了不同法人的民事权利能力也不同，比如公益法人就不能做保证人，而自然人的民事权利能力都是相同的。

特别提醒

受目的事业限制的法人，超出经营范围订立的合同，效力如何呢？

如果没有违反其他法律法规的强制性规定，合同不会仅仅因为超出经营范围就无效。这意味着，通常而言，超出经营范围订立的合同是有效的。

此种观点背后的法理基础体现了政府对于市场的干预与市场主体自由之间的妥协。企业法人的目的是营利，应在其经营范围内订立合同，超出此范围订立合同的，政府可以处罚法人本身，但是不影响法人与其他市场主体签订的合同的效力。

2．民事行为能力

法人的民事行为能力是指法人以自己的意思独立进行民事活动，取得民事权利并承担民事义务的能力。法人的民事行为能力具有如下特征：

（1）开始、结束和范围与权利能力一致，这与自然人不同。

（2）由代表机构实现，法定代表人以法人名义进行活动时，其人格完全被法人吸收。<u>法人章程或者法人权力机构对法定代表人代表权的限制，不得对抗善意相对人。</u>

3．法人的责任问题

（1）对法定代表人的行为负责，包括越权行为。

（2）对工作人员的职务行为负责，包括侵权行为。

（3）法人的实际情况与登记的事项不一致的，不得对抗善意相对人。

（4）<u>法人分立与合并时关于债务约定的效力。</u>

① 法人合并

创设式合并：两个以上的法人合并为一个法人，原法人均归于消灭。

吸收式合并：一个或两个以上的法人归并于其他法人，被归并的法人消灭，其他法人依然存续。

② 法人分立

创设式分立：解散原法人，分立为两个新法人。

存续式分立：原法人继续存在，从原法人中派生出一个或多个新法人。

《民法总则》第 67 条　法人合并的，其权利和义务由合并后的法人享有和承担。法人分立的，其权利和义务由分立后的法人享有连带债权，承担连带债务，但是债权人和债务人另有约定的除外。

[例题] 甲公司分立为乙、丙两公司，约定由乙公司承担甲公司全部债务的清偿责任，丙公司继受甲公司全部债权。关于该协议的效力，下列哪一选项是正确的？①

A. 该协议仅对乙、丙两公司具有约束力，对甲公司的债权人并非当然有效

B. 该协议无效，应当由乙、丙两公司对甲公司的债务承担连带清偿责任

C. 该协议有效，甲公司的债权人只能请求乙公司对甲公司的债务承担清偿责任

D. 该协议效力待定，应当由甲公司的债权人选择分立后的公司清偿债务

（5）法人决议不合法时的责任

对内可撤销；对外不影响法人依据决议与善意相对人法律关系的效力。规范依据如下：

《民法总则》第 85 条　营利法人的权力机构、执行机构做出决议的会议召集程序、表决方式违反法律、行政法规、法人章程，或者决议内容违反法人章程的，营利法人的出资人可以请求人民法院撤销该决议，但是营利法人依据该决议与善意相对人形成的民事法律关系不受影响。

《民法总则》第 94 条第 2 款　捐助法人的决策机构、执行机构或者法定代表人做出决定的程序违反法律、行政法规、法人章程，或者决定内容违反法人章程的，捐助人等利害关系人或者主管机关可以请求人民法院撤销该决定，但是捐助法人依据该决定与善意相对人形成的民事法律关系不受影响。

法理基础：在内部，利害关系人或主管机关在撤销之后，可以请求做出决策的主体赔偿损失；在外部，考虑到交易秩序的维护，决议的撤销，不影响法人根据决议与善意相对人形成的法律关系的效力。这是一种均衡保护内外利害关系人的制度设计。

（四）法人的机关

1. 法人机关的种类

法人机关
　　权力机关
　　　　意思机关（由"出资人"组成；或由"出资人"授权；财团法人无）
　　　　执行机关——法定代表人（代表机关）【必设】
　　　　监督机关【非必设】

---

① 【答案】A。解析：法人分立的，分立后的法人关于债务承担的约定，经债权人同意的，可约束债权人，未经债权人同意的，则不能约束债权人，故 A 正确，其他均错误。

考点：法人机关的性质是法人的组成部分，不独立于法人。

[例题] 下列关于法人机关的表述哪些是正确的？①

A．法人机关无独立人格

B．财团法人没有自己的意思机关

C．法人的分支机构为法人机关的一种

D．监督机关不是法人的必设机关

2．法人机关负责人及出资人责任

（1）法定代表人责任

法定代表人因执行职务造成他人损害的，由法人承担民事责任。法人承担民事责任后，依照法律或者法人章程的规定，可以向有过错的法定代表人追偿。

（2）出资人责任

营利法人的出资人不得滥用出资人权利损害法人或者其他出资人的利益。滥用出资人权利给法人或者其他出资人造成损失的，应当依法承担民事责任。

滥用法人格给债权人带来损害的，应当与法人一起向债权人承担连带责任。

（3）关联交易可能带来的责任

营利法人的控股出资人、实际控制人、董事、监事、高级管理人员不得利用其关联关系损害法人的利益。利用关联关系给法人造成损失的，应当承担赔偿责任。

（五）法人的分类

1．我国法人的分类

（1）营利法人，以取得利润并分配给股东等出资人为目的成立的法人。

（2）非营利法人，为公益目的或者其他非营利目的成立，不向出资人、设立人或者会员分配所取得利润的法人。

（3）特别法人，是指民法总则中规定的机关法人、农村集体经济组织法人、城镇农村的合作经济组织法人、基层群众性自治组织法人。

①机关法人

有独立经费的机关和承担行政职能的法定机构从成立之日起，具有机关法人资格。机关法人被撤销的，法人终止，其民事权利和义务由继任的机关法人享有和承担；没有继任的机关法人的，由做出撤销决定的机关法人享有和承担。

②集体经济组织法人

包括农村集体经济组织和城镇农村的合作经济组织，两者均可依法取得法人资格。未设立村集体经济组织的，村民委员会可以依法代行村集体经济组织的职能。

③基层群众性自治组织法人，包括居民委员会和村民委员会。

①【答案】ABD。解析：法人机关是法人的组成部分，无独立人格，A 正确；财团法人无成员，故无意思机关，B 正确；法人分支机构不是机关，是法人的分部，C 错误；监督机关不是所有法人均需要设立，故非必设机关，D 正确。

（4）要点总结

民法总则中的法人分类如表 4-6 所示。

表 4-6　民法总则中的法人分类

民法总则中的法人分类		
营利法人	营利法人包括有限责任公司、股份有限公司和其他企业法人等	
	应当设权力机构和执行机构；出资人不得滥用独立法人人格侵害债权人利益	
非营利法人	捐助法人	1. 具备法人条件，为公益目的以捐助财产设立的基金会、社会服务机构等非营利法人 2. 依法设立的宗教活动场所，具备法人条件的，可以申请法人登记，取得捐助法人资格 3. 应当依法制定章程、应当设立理事会、应当设立监事会
	事业单位法人	1. 为社会公益目的，从事教科文卫体等公益事业的单位 2. 不需要办理法人登记的，成立时即获得法人资格；需要办理法人登记的，经核准登记获得法人资格 3. 经费主要由国家拨款，但有自负盈亏的部分 4. 对于其财产可以占有、使用，但收益和处分要受制于其目的，故不是典型的所有权
	社会团体法人	1. 具备法人条件，基于会员共同意愿，为公益目的或者会员共同利益等非营利目的设立的非营利法人。例如：中国律师协会 2. 不需要办理法人登记的，成立时即获得法人资格；需要办理法人登记的，经核准登记获得法人资格 3. 应当制定章程、应当设立权力机构、应当设立理事会等执行机构
	终止的后果	1. 不得向出资人、设立人或者会员分配剩余财产 2. 剩余财产按章程规定或权力机构决议用于公益目的 3. 无法按章程规定或者权力机构决议处理的，由主管机关主持转给宗旨相同或者相近的法人，并向社会公告
特别法人	机关法人、农村集体经济组织法人、城镇农村的合作经济组织法人、基层群众性自治组织法人	

2. 传统民法理论对于法人的分类

传统民法 { 公法人 / 私法人 { 社团法人 { 公益法人　如中国法学会 / 营利法人　如公司 } / 财团法人——公益法人　如基金会、捐赠而成的寺院、图书馆 } }

（1）公法人与私法人

公法人是指，依国家意思设立，目的、事业由法律直接规定，在加入上有强制性规定，人事由国家任免，不得擅自设立和解散的法人。

私法人是指，由私人设立，内部关系平等，经营私法事业，可以由社员大会决定解散的法人。

（2）社团法人与财团法人的区别

社团法人与财团法人的区别如表 4-7 所示。

表 4-7　社团法人与财团法人的区别

项　　目	社 团 法 人	财 团 法 人
成立基础	以人的集合为基础	以捐赠的财产为基础
设立人地位	出资者为其成员	出资者不能为其成员
是否有营利性	营利性、公益性	公益性
是否有意思机关	有	无
设立行为不同	合同行为、生前行为	单方行为、可通过遗嘱设定
解散原因	多种原因且可协议解散	期限届满、财产不足
解散后果	剩余财产分给成员	依据章程处理，无规定归国家

[例题] 关于法人，下列哪一表述是正确的？①

A．社团法人均属于营利法人

B．基金会法人均属于公益法人

C．社团法人均属于公益法人

D．社团法人即是社会团体法人

（六）法人的设立、变更与终止

1．设立

法人的设立是指依照法律规定的条件和程序使社会组织获得法律上人格的整个过程，即创设法人的一系列行为的总称。

（1）法人的成立必须具备以下条件：

① 依法成立

一是指法人的目的、成立宗旨、组织机构、经营范围、方式等合法，不得违反宪法和其他法律的规定；二是指其成立的审核和登记程序要合法，需要有关部门批准的必须依法取得批准后才能成立。

② 有必要的财产或经费。

③ 有自己的名称、组织机构和场所。

名称是一法人区别于另一法人的标志，在社会交往中，法人以自己的名称进行活动。法人对已经注册登记的名称享有专用权。

组织机构是对内管理法人事务，对外代表法人从事民事活动的机构。法人的组织机构包括权力机构（股东大会、社员大会），执行机构（法定代表人、董事会），监督机构等，这些统称为法人的机关。

场所是法人从事生产经营活动的地方。法人可以同时有多个场所且可以在不同的地点。法人的住所（主要办事机构所在地）只能有一个，其住所的意义与自然人住所的意义相同。

---

① 【答案】B。解析：社团法人既有公益的也有营利的，故 AC 错误；基金会作为财团法人、捐助法人只能是公益法人，故 B 正确；两者是不同的概念，社团法人对应的是财团法人，社会团体法人是我国非营利法人的一种，D 错误。

（2）法人设立中的责任承担

① 设立人为设立法人从事的民事活动，其法律后果由法人承受。

② 法人未成立的，其法律后果由设立人承担，设立人为二人以上的，享有连带债权，承担连带债务。

③ 设立人设立法人以自己的名义从事民事活动产生的民事责任，第三人有权选择请求法人或者设立人承担。

2．变更

（1）因法人的分立与合并带来的变更。

（2）组织性质变更，如由有限责任变为无限责任。

（3）其他变更，如名称、住所、注册资金、经营范围等。

《民法总则》第 64 条　法人存续期间登记事项发生变化的，应当依法向登记机关申请变更登记。

《民法总则》第 65 条　法人的实际情况与登记的事项不一致的，不得对抗善意相对人。

3．终止

（1）终止原因

法人解散；法人被宣告破产；法律规定的其他原因。法人终止，法律、行政法规规定须经有关机关批准的，依照其规定。

（2）法人解散的情形

法人章程规定的存续期间届满或者法人章程规定的其他解散事由出现；法人的权力机构决议解散；因法人合并或者分立需要解散；法人依法被吊销营业执照、登记证书，被责令关闭或者被撤销；法律规定的其他情形。

（3）解散后的清算

① 清算义务人应当及时组成清算组进行清算。除非另有规定，法人的董事、理事等执行机构或者决策机构的成员为清算义务人。

② 清算义务人未及时履行清算义务，造成损害的，应当承担民事责任；主管机关或者利害关系人可以申请人民法院指定有关人员组成清算组进行清算。

四、非法人组织

（一）《民法总则》中关于非法人组织的规定

1. 含义

非法人组织是不具有法人资格，但是能够依法以自己的名义从事民事活动的组织。非法人组织包括<u>个人独资企业、合伙企业、不具有法人资格的专业服务机构</u>等。非法人组织的特征如下：

（1）非法人组织是具有稳定性的人合组织。

（2）非法人组织具有相应的民事权利能力和民事行为能力，但不具有一般意义上的民事权利能力和民事行为能力。

（3）非法人组织不能完全独立承担民事责任。

2．设立、责任与代表人

（1）设立。非法人组织应当依照法律的规定登记。设立非法人组织，法律、行政法规规定须经有关机关批准的，依照其规定。

（2）责任承担。非法人组织的财产不足以清偿债务的，其出资人或者设立人承担无限责任。

（3）代表人。非法人组织可以确定一人或者数人代表该组织从事民事活动。

3．解散与清算

（1）解散的情形。章程规定的存续期间届满或者章程规定的其他解散事由出现；出资人或者设立人决定解散；法律规定的其他情形。

（2）强制清算。非法人组织解散的，应当依法进行清算。

（二）合伙企业问题

1．含义

合伙人企业是指民事主体依法设立的，由各合伙人订立合伙协议，共同出资、合伙经营、共享收益、共担风险的营利性组织。根据《合伙企业法》的规定，合伙人可以是自然人，也可以是法人和其他组织。

2．类型

合伙企业的类型如表4-8所示。

表4-8　合伙企业的类型

普通合伙企业	一般普通合伙	对外：所有合伙人承担连带责任 对内：承担责任超过自己份额可向其他合伙人追偿
	特殊普通合伙	1．以专业知识、技能为客户提供服务 2．一个合伙人或者数个合伙人在执业活动中因故意或者重大过失造成合伙企业债务的，应当承担无限责任或者无限连带责任，其他合伙人以其在合伙企业中的财产份额为限承担责任
有限合伙企业	1．普通合伙人与有限合伙人共同组成 2．有限合伙人在出资范围内承担有限责任	

3．普通合伙企业

普通合伙企业的内容如表4-9所示。

表 4-9　普通合伙企业的内容

设立条件	1. 有两个以上合伙人 【特别提醒】合伙人为自然人，应具有完全民事行为能力 2. 有书面合伙协议 3. 有合伙人认缴或者实际缴付的出资 【特别提醒】合伙人可以用货币、实物、知识产权、土地使用权或者其他财产权利出资，也可以用劳务出资 4. 有合伙企业的名称和生产经营场所 5. 法律、行政法规规定的其他条件，如普通合伙企业名称中应当标明"普通合伙"字样
事务执行	1. 可约定委托一人或数人执行合伙事务；无约定，则合伙人执行事务的权利平等 2. 对执行人及对外代表权利的限制，不得对抗善意第三人 3. 事项决议与表决无约定的，一人一票，过半数通过即可 4. 无特别约定的，下列事项需全体同意： （1）改变合伙企业的名称 （2）改变合伙企业的经营范围、主要经营场所的地点 （3）处分合伙企业的不动产 （4）转让或者处分合伙企业的知识产权和其他财产权利 （5）以合伙企业名义为他人提供担保 （6）聘任合伙人以外的人担任合伙企业的经营管理人员
入　伙	1. 入伙人接受原合伙协议的基本内容并经其他合伙人一致同意 2. 新合伙人与其他合伙人享有一致的权利和义务，按各自出资的比例获取盈余和负担亏损，并共享合伙现存的全部债权 3. 新合伙人应与其他合伙人一起对合伙原有的债务承担连带责任

退　伙	声明	出于合伙人自己的意思而退伙 1. 情形：约定退伙事由出现、全体合伙人同意、合伙人难以继续合伙等 2. 程序：未约定的，提前 30 日通知其他合伙人且未对合伙事务有不利，否则给合伙企业造成损失，需要赔偿
	法定	根据法律规定的条件退伙，也叫当然退伙 1. 情形：自然人合伙人死亡、丧失行为能力、丧失偿债能力等；法人合伙人依法被吊销执照、责令关闭、撤销或被宣告破产；合伙人在合伙企业中的财产被法院强制执行 2. 合伙人被认定行为能力不足，经其他合伙人一致同意可转为有限合伙，未能一致同意的，该合伙人退伙
	除名	指当个别合伙人的行为危害了全体合伙人的合法权益时，其他合伙人通过协商一致强制将其清除出合伙的情况。如未履行出资义务、执行合伙事务不当等
	合伙人退伙时，应当对其参加合伙期间的全部债务承担连带责任	

4. 有限合伙企业

有限合伙企业的内容如表 4-10 所示。

表 4-10　有限合伙企业的内容

设立条件	首先，具备普通合伙的设立条件 其次，有如下特殊之处： （1）除法律另有规定外，合伙人为 2 个以上 50 个以下，且至少应当有一个普通合伙人 （2）国有独资公司、国有企业、上市公司以及公益性的事业单位、社会团体不得成为普通合伙人 （3）有限合伙人不得以劳务出资 （4）有限合伙企业名称中应当标明"有限合伙"字样
事务执行	1. 由普通合伙人执行合伙事务 2. 有限合伙人不执行合伙事务，不得对外代表有限合伙企业 【特别提醒】第三人有理由相信有限合伙人为普通合伙人并与其交易的，该有限合伙人对该笔交易承担与普通合伙人同样的责任
入伙退伙	首先，原则上适用普通合伙企业的规定 其次，要注意如下特殊之处： （1）新入伙的有限合伙人对于其入伙之前的债务以出资额为限承担有限责任，有限合伙人退伙的，对于退伙之前的债务，以退伙时取回的财产为限承担责任 （2）个人丧失偿债能力不是有限合伙的当然退伙事由 （3）自然人作为有限合伙人在合伙期间丧失行为能力的，其他合伙人不得要求其退伙 （4）有限合伙人死亡（自然人）或终止（法人或其他组织）时，继承人或权利承受人可依法取得该有限合伙人在合伙中的资格

05 第五讲
民事法律关系的内容：权利和义务

 阅读提示

在本讲的众多权利分类中，除原权与救济权、期待权与既得权之外的分类均是非常重要的，尤其是依据客体不同的分类和依据作用不同的分类，考试命题必然会有涉及，学习时，每一个细节均不能放过。由于权利实现需要义务的保障，而义务不履行又需要承担相应责任，故在完成权利的讲述后，对于义务和责任的相关概念，本讲也将加以讲述。

一、权利问题

民事权利是指民事主体为实现某种利益而依法为某种行为或不为某种行为的自由。

 特别提醒

理解权利的概念，可从如下三个角度把握：（1）权利人依法直接享有某种利益，或者实施一定行为的自由；（2）权利人可以请求义务人为一定行为或不为一定行为，以保证其享有实现某种利益的自由；（3）这种自由是有保障的自由，它表现为在权利受到侵犯时，具有请求有权国家机关予以保护的可能性。

民法是权利法，故在法律关系的内容中，处于核心地位的是权利。为增强体系性，笔者将《考试大纲》中"人身权"一章的内容纳入本讲之中。

 特别提醒

无论何种民事权利，在行使中均需要遵循以下原则：（1）民事权利的行使必须符合国家法律和社会公共利益的要求；（2）不得滥用权力造成他人的损害；（3）民事权利的行使必须符合诚实信用原则。

关于权利，内容繁多，其中权利的分类是最基础的内容，也是考试的重点。按照不同的标准，需要掌握的权利分类如下：

（一）依客体分类：财产权、人身权、综合性权利

权利依客体分类如表 5-1 所示。

表 5-1　权利的分类

财产权	物权	自物权	所有权
		他物权	用益物权：建设用地使用权、土地承包经营权、宅基地使用权和地役权
			担保物权：抵押权、质权和留置权
	债权		合同、侵权、不当得利、无因管理、缔约过失等均可引起债权的发生
人身权	人格权	一般人格权	人格尊严、人格自由、人格平等
		具体人格权	生命权、身体权、健康权、姓名权、名称权、肖像权、名誉权、荣誉权、隐私权、个人信息权
	身份权		亲权、配偶权、亲属权
综合性权利			具有人身与财产的双重性质，如著作权（署名属于人身权，复制属于财产权）

本分类中的常见考点归纳：

1. 人身权与财产权的区分（人身法律关系与财产法律关系）

需要掌握几点不同：

（1）两类权利的性质不同。财产权是权利人可以依其意志转让的权利。人身权，无论是人格权或身份权，权利与权利主体的人身通常不可分离，权利人一般不能将其转让给他人。但也有例外，如企业法人的名称权就可以转让。

（2）两种权利被侵害之后，承担责任的方式不同。无论根据《民法总则》第 179 条还是《侵权责任法》第 15 条之规定均有恢复名誉、消除影响、赔礼道歉三种责任方式，此种类型的责任方式，通常是在侵犯人身权的情况下才加以适用。

（3）当两种权利被侵害之后，是否包含精神损害将导致赔偿不同。关于此问题的核心法条如下：

《侵权责任法》第 22 条　侵害他人人身权益，造成他人严重精神损害的，被侵权人可以请求精神损害赔偿。

《最高人民法院关于精神损害赔偿的司法解释》第 4 条　具有人格象征意义的特定纪念物品，因侵权行为而永久性灭失或者毁损，物品所有人以侵权为由，向人民法院起诉请求赔偿精神损害的，人民法院应当依法予以受理。

《最高人民法院关于审理人身损害赔偿案件适用法律若干问题的解释》第 18 条第 2 款　精神损害抚慰金的请求权，不得让与或者继承。但赔偿义务人已经以书面方式承诺给予金钱赔偿，或者赔偿权利人已经向人民法院起诉的除外。

［要点总结］

①侵害人身权造成严重后果的，一般有精神损害赔偿，被侵权人死亡时，其近亲属有精神损害赔偿请求权。

②侵害财产权一般没有精神损害赔偿，但是如果侵害的是特殊财产，即有人格象征意义的财产，则有精神损害赔偿。何谓人格象征意义的财产？

通常认为，是正常人觉得有精神价值的财产。如考试中常出现过的结婚仪式纪念照、定情信物等。

③精神损害赔偿请求权能否继承或者让与？

原则上不能，但是赔偿义务人已经以书面方式承诺给予金钱赔偿，或者赔偿权利人已经向人民法院起诉的可以。

[例题1] 张某毕业要去外地工作，将自己贴身生活用品、私密照片及平板电脑等装箱交给甲快递公司运送。张某在箱外贴了"私人物品，严禁打开"的字条。张某到外地收到快递后察觉有异，经查实，甲公司工作人员李某曾翻看箱内物品，并损坏了平板电脑。本案中，张某可否主张精神损害赔偿？①

[例题2] 某广告公司在金某出差时，在金某房屋的院墙上刷写了一条妇女卫生巾广告。金某1个月后回来，受到他人耻笑，遂向广告公司交涉。该案应如何处理？②

A. 广告公司应恢复原状　　　　　　　　　B. 广告公司应赔偿其精神损害

C. 广告公司应向金某支付使用院墙1个月的费用　　D. 广告公司应为金某恢复名誉

2. 人格权与身份权的区分

人格权与身份权共同构成人身权。人身权是指民事主体依法享有的与其人身密不可分，而又没有直接财产内容的民事权利。

> **特别提醒一**
>
> 　　把握人身权的三项特征：（1）人身权具有非财产性，同时与财产权利又有着一定的关系；（2）人身权具有专属性，原则上不得转让，只有企业法人和其他社会组织的名称权可依法转让，属于例外；（3）人身权属于绝对权、支配权。

> **特别提醒二**
>
> 　　人格权与身份权的区别（见表5-2）。

表 5-2　人格权与身份权的区别

标　准	人　格　权	身　份　权
权利主体	自然人、法人或非法人组织均可	只有自然人
权利客体	人格要素	身份要素
权利内容	对于人格利益的支配和排他	对于身份利益的支配与排他
取得根据	主体的出生或设立	获得某种身份的法律事实
存续期间	终生享有	身份存续期间

---

① 【答案】不可以，因为没有造成严重后果。
② 【答案】AC。解析：金某作为所有权人，可以请求广告公司恢复原状，并请求支付使用1个月的费用，AC正确。但由于院墙是一般财产，没有人格象征意义，因此不能主张精神损害赔偿；公司没有侵犯金某的名誉权，不存在恢复名誉的问题，BD错误。

（1）人格权

人格权是以人格利益为内容，作为一个独立的法律人格所必须享有，并且与主体人身不可分割的权利。

特别提醒

人格权特征：人人平等、主体必备、经法律认可、以人格利益为客体。

人格权主要包括：

① 生命权：是指自然人享有的生命安全不受非法侵害的权利。

生命权是自然人作为权利主体的前提条件，也是其行使其他民事权利的基础，故为自然人最基本的人格权；生命权始于出生、终于死亡，不依赖其他权利而存在，故为独立的人格权。

生命权的基本内容主要指生命安全维护权，即维护生命的延续、保护生命不受外来非法侵害。至于生命权是否包括生命利益支配权，即处分自己的生命，在我国尚存有争议，但已经被许多国家认可。

② 身体权是指自然人享有的对其肢体、器官和其他组织进行支配并维护其安全与完满，从而享受一定利益的权利。

身体权的基本内容是：其一，保护自然人的身体完整性和完全性；其二，支配自己的肢体、器官和其他组织等身体组成部分。例如，擅自剪去他人的头发就是对身体权侵害的典型情形。

③ 健康权是指自然人依法享有的维护其健康，保持与利用其劳动能力并排除他人非法侵害的权利。

健康权包括三项基本内容：其一，健康维护；其二，劳动能力维护；其三，健康利益支配，如冒健康受损的危险进行人体试验，从事危险性极大的体育竞技活动，舍己救人，见义勇为等。

特别提醒

关于生命权、健康权与身体权的比较

比较一：健康权与生命权：

某一侵权行为侵犯的究竟是生命权还是健康权，以侵害的实际后果而不是侵权人的侵害目标为判断标准。

比较二：健康权与身体权：

侵害健康权并不当然侵犯身体权，如污染环境致人患病；侵害身体权也不当然侵害健康权，如非法剪人头发；有时两者会同时构成，如医生手术时误将健康的肾脏摘除。

④ 姓名权：是指自然人依法享有的决定、使用、改变自己姓名，并排除他人非法侵害如干涉、盗用、假冒的权利。

姓名权主要包括三方面内容：即姓名决定权；姓名使用权；姓名变更权。典型侵权：干涉命名自由、盗用或冒用他人姓名、不当使用他人姓名。

> ### 特别提醒
>
> 命名原则上是自由的，但是姓氏必须有正当来源。

2014 年新增关于姓名权的立法解释[①]　公民依法享有姓名权。公民行使姓名权，还应当尊重社会公德，不得损害社会公共利益。

公民原则上应当随父姓或者母姓。有下列情形之一的，可以在父姓和母姓之外选取姓氏：

（一）选取其他直系长辈血亲的姓氏；

（二）因由法定扶养人以外的人扶养而选取扶养人姓氏；

（三）有不违反公序良俗的其他正当理由。

少数民族公民的姓氏可以从本民族的文化传统和风俗习惯。

[例题] 王某（男）与李某结婚，生育一子一女。王某的母亲姓曾，李某的母亲姓夏。王某与李某共同喜欢当红艺人木子空。由于自己条件不好，将女儿送养给一位姓金的华侨收养，办理了收养手续。关于王某与李某子女姓氏的选择，下列说法正确的是：[②]

A．可以选择姓王或者李

B．可以选择姓曾或者夏

C．女儿被送养后，可选择姓金

D．可以选择王某李某自己以为有前途的复姓木子

⑤ 名称权是指法人及其他社会组织依法享有的决定、使用、改变其名称并排除他人非法干涉的权利。

名称权主要包括四个方面的内容：名称决定权、名称使用权、名称变更权、名称转让权。与自然人姓名权相比，多了一项转让权，因为法人或其他组织可以通过转让名称传递已经累计的市场信誉等价值。

⑥ 肖像权是指自然人依法制作、使用自己的肖像，借此享受一定利益并排除他人非法侵害的权利。

自权利功能角度而言，肖像权属于支配权，具体内容包括：肖像制作权、肖像使用权、肖像利益维护权。

《民法通则》及其解释曾经规定,侵犯肖像权必须是以营利为目的的使用肖像,《民法总则》

[①] 全国人民代表大会常务委员会关于《中华人民共和国民法通则》第 99 条第 1 款、《中华人民共和国婚姻法》第 22 条的解释，2014 年 11 月 1 日第十二届全国人民代表大会常务委员会第十一次会议通过，自 2014 年 11 月 1 日起实施。

[②] 【答案】ABC。姓木子没有正当来源，违背公序良俗。

则没有强调这一点。对于肖像权而言，营利性使用他人肖像，虽然是最典型的，但不再是唯一的侵权类型。如果未经许可非营利目的地使用或丑化、歪曲、侮辱他人肖像，造损害后果的，也会构成肖像权的侵犯。①

特别提醒一

"撞脸"在中国大陆不侵权。长的像明星，或者整容后像明星，拍广告不侵权。

特别提醒二

肖像权与表演者权的关系

《中华人民共和国著作权法》第38条第1款　表演者对其表演享有下列权利：（一）表明表演者身份；（二）保护表演形象不受歪曲；（三）许可他人从现场直播和公开传送其现场表演，并获得报酬；（四）许可他人录音录像，并获得报酬；（五）许可他人复制、发行录有其表演的录音录像制品，并获得报酬；（六）许可他人通过信息网络向公众传播其表演，并获得报酬。

据此规定，侵犯表演者权，通常是未经许可利用或者传播表演活动的行为。如果有人利用一个演员的剧照，用来做商业广告，不侵犯表演者权，而是侵犯演员本人的肖像权。

特别提醒三

以肖像权为中心的综合考查：以肖像权为中心，可以考查版权（著作权）、隐私权、姓名权、名誉权等。

[例题1]甲女委托乙公司为其拍摄一套艺术照。不久，甲女发现丙网站有其多张半裸照片，受到众人嘲讽和指责。经查，乙公司未经甲女同意将其照片上传到公司网站做宣传，丁男下载后将甲女头部移植至他人半裸照片，上传到丙网站。其中，乙公司侵犯了甲女的肖像权，丁男侵犯了乙公司的著作权，丁男侵犯了甲女的名誉权。

[例题2]摄影爱好者李某为好友丁某拍摄了一组生活照，并经丁某同意上传于某社交媒体群中。蔡某在社交媒体群中看到后，擅自将该组照片上传于某营利性摄影网站，获得报酬若干。其中，李某经丁同意将丁的照片上传的行为不侵权；蔡某未经同意将丁的照片上传于营利性的网站侵犯了丁的肖像权，侵犯了李某的著作权。

⑦ 名誉权是指自然人依法享有的维护其名誉，享受名誉给自己带来的利益并排除他人非法侵害的权利。名誉是指社会对民事主体的品行、才能、功绩等方面的综合评价。

名誉权的基本内容包括：名誉保有权、名誉维护权、名誉利益支配权。依据《民法通则》规定，名誉权不得抛弃，也不得转让和继承。

典型侵权行为：捏造虚假事实，造成他人外在社会评价降低。

⑧ 隐私权是指自然人享有的对自己的个人隐私进行支配并排除他人非法干涉的人格权。

---

① 梁慧星. 民法总论 [M]. 5 版. 北京：法律出版社，2017：95.

隐私是私人生活中不欲为他人所知的信息，也称私人信息、个人秘密。

隐私权的基本内容包括：隐私保密权、隐私保护权、隐私支配权。所谓的隐私支配意味着，隐私权人可以决定是否允许他人对自己个人生活和个人领域探知并可决定是否允许他人利用自己的隐私。同时，隐私的利用不得违反法律，不得损害社会公共利益和善良风俗。

 特别提醒

隐私权与名誉权的比较（见表5-3）。

表 5-3　隐私权与名誉权的比较

区分标准	隐　私　权	名　誉　权
权利主体	只有自然人	自然人、法人和非法人组织均可
侵权方式	披露或利用他人真实信息	捏造关于他人的真实信息
损害后果	造成受害人心灵深处伤害	导致外在社会评价降低

⑨ 荣誉权是指主体对荣誉享有的获得、保持、利用并享受其所生利益的权利。荣誉是特定人从特定组织获得的一种专门化和确定化的积极评价。

对荣誉权的性质，学界有人格权说与身份权说两种观点。《精神损害赔偿解释》第1条将荣誉权规定为人格权利。

荣誉权的基本内容包括：荣誉获得权、荣誉维护权、荣誉利用权（利用荣誉获得正当利益）。权利人利用荣誉必须遵守法律，不得损害社会公益。

⑩ 一般人格权是指民事主体基于人格平等、人格独立、人格自由以及人格尊严等根本人格利益而享有的人格权。一般人格权是难以找到具体人格权时的兜底救济。

 特别提醒

与具体人格权相比，一般人格权的特征表现为：权利主体具有普遍性、权利客体具有高度概括性、权利内容具有不确定性、所保护利益的根本性。

通常认为，一般人格权具有三项功能：产生具体人格权、解释具体人格权、补充具体人格权。

例如，卡西莫多一天去某剧院看演出，买票后正欲入场，剧院工作人员以其相貌丑陋为由禁止其入内。对于卡西莫多人格权的侵犯，只能通过一般人格权加以保护，具体而言，是侵犯了卡西莫多的人格尊严。

⑪ 个人信息权是指自然人依法对自己的个人资料信息所享有的支配并排除他人侵害的人格权。

个人信息权是民法总则规定的一项全新的人格权，其主要内容是：对个人信息的占有权，对信息是否使用和搜集的决定权，对个人信息的知情权、更正权等。

特别提醒

个人信息权与隐私权不同，表现在以下两个方面：

其一，隐私保护的内容通常是权利人不愿为他人所知的信息；个人信息权所保护的个人信息在必要时可以为他人所知，甚至需要主动提供，比如身份证信息、个人财产信息、家庭住址等。

其二，侵犯隐私权通常是对于自然人不愿为他人所知信息的披露；侵犯个人信息权往往是未经同意，擅自使用、搜集、加工、贩卖或非法公开个人信息资料，而这种资料权利人，在必要的时候，可以自主决定是否公开或向他人提供。

（2）身份权

《民法总则》第112条 自然人因婚姻、家庭关系等产生的人身权利受法律保护。

身份权是指民事主体基于在特定的社会关系中的地位和资格而依法享有的民事权利。相对于人格权，身份权是基于一定社会关系中的地位或资格而享有的，不直接体现财产内容的人身权，非人皆有之。

身份权具体包括：

① 配偶权：是指在合法有效的婚姻关系存续期间，夫妻之间互享的一种身份权。配偶权是绝对权。

② 亲属权：因婚姻、血缘、收养而形成的关系中主体之间彼此享有的权利。鉴于配偶权已经成为一项独立的身份权，故此处的亲属权是除配偶以外的其他近亲属之间的以特定身份利益为内容的身份权利。具体是指父母与成年子女、祖父母与孙子女、外祖父母与外孙子女以及兄弟姐妹之间的身份权。

③ 亲权：父母基于其身份对于未成年子女人身、财产进行管理和保护的权利。

［例题］下列行为中，属于侵害人身权的有：[①]

A．王将金口中种植的假牙打落

B．李干涉其已成年的儿子小李变更姓名

C．陆离婚后多次阻拦前妻齐探望孩子

D．记者赵将游客张不文明行为拍成照片

人格权与身份权的内容如表5-4所示。

表5-4　人格权与身份权的内容

人格权	生命权	必须造成死亡的结果才构成对生命权的侵犯
	身体权	破坏身体完整性，即使不影响健康也构成身体权侵犯 举例：擅自剪去他人头发或指甲等
	健康权	损害他人身体或精神健康 举例：撞伤他人；医生给病人开错药致损等

---

① 【答案】ABC。解析：A项侵犯身体权和健康权；B项侵犯姓名权；C项侵犯身份权；D项虽然涉及肖像问题，但是，考虑到公共利益的保护，此种情形不构成侵权。

续表

人格权	姓名权	1. 盗用：未经许可而使用他人姓名 举例：如擅自用某明星名义做广告 2. 冒用：冒名顶替，不但擅自使用姓名，而且有人冒充 举例：张某长相酷似明星薛某，故以薛某名义参加商演 3. 不当使用：使用被侵权人的姓名贬损他人人格 举例：同村的王一与张二素来不和，张二买驴一头，常当众呼之为王一 4. 命名、变更姓名自由，但是选择姓氏不能太任性。可以选择的姓氏有： （1）原则上随父姓或母姓 （2）选取其他直系长辈血亲的姓氏 （3）由法定扶养人以外的人扶养而选取扶养人的姓氏 （4）不违背公序良俗的其他正当理由
	名称权	1. 法人及其他社会组织依法享有的对名称决定、使用、变更、转让的人格权 2. 与自然人姓名权相比，多了一项转让权，因为法人或其他组织可以通过转让名称传递已经累计的市场信誉等价值
	肖像权	1. 营利性使用他人肖像是最典型的侵权类型 举例：用他人肖像在网络上宣传产品、做杂志的封面等 2. 未经许可非营利目的地使用或丑化、歪曲、侮辱他人肖像，造损害后果的，也会构成肖像权的侵犯 3. 不侵权的情形 （1）如果仅仅披露肖像或姓名的，不侵犯肖像或姓名权，侵犯隐私权 （2）"撞脸"不侵权：如甲酷似某明星，以自己的名义拍商业广告
	名誉权	捏造虚假事实造成外在社会评价降低，如受到嘲讽和指责等 举例：捏造某乒乓球运动员出轨的事实
	隐私权	披露他人真实信息造成精神痛苦 举例：偷看他人日记、披露他人恋爱史、偷窥他人卧室等
	荣誉权	获得、维护荣誉及利用荣誉获得正当利益的人格权
	婚姻自主权	婚姻关系建立时的自我决定权
	个人信息权	1. 自然人依法对于自己的个人资料信息所享有的支配并排除他人侵害的人格权 其主要内容是：对于个人信息的占有权，对于信息是否使用和搜集的决定权，对于个人信息的知情权、更正权等 2. 侵犯的方式：非法收集、使用、加工、传输他人个人信息，不得非法买卖、提供或者公开他人个人信息
	一般人格权	人格平等、人格独立、人格自由以及人格尊严等根本人格利益而享有的人格权，难以找到具体人格权时的兜底救济 举例：某超市保安怀疑甲女偷窃物品带到保安室强行搜身，最终没有发现任何物品
身份权	配偶权	夫妻之间互享的一种具有对偶性的身份权 侵权举例：宋某与王某之妻通奸，宋某侵犯王某配偶权
	亲权	父母基于其身份对于未成年子女人身、财产进行管理和保护的权利 侵权举例：医院失误导致甲乙孩子抱错，几年后发现真相
	亲属权	父母与成年子女、祖父母与孙子女、外祖父母与外孙子女以及兄弟姐妹之间的身份权 侵权举例：张某驾车将甲撞伤成了植物人，张某既侵犯了甲的健康权，也侵犯了甲近亲属的亲属权

（二）依相互关系分类：主权利与从权利（主法律关系和从法律关系）

1．主权利

含义：不依赖于其他权利而单独存在的权利。

2．从权利

含义：以其他权利为基础或者没有其他权利就没有存在的意义的权利。从权利的从属性体现在以下三个方面：

（1）成立的从属性；

（2）消灭的从属性；

（3）处分的从属性。

担保物权是从权利的典型代表。

[例题] 甲向银行借款100万元，用自己的房屋一栋做抵押。试回答：

A．银行享有哪些权利？【债权和抵押权】

B．这些权利关系如何？【主从关系】

C．一个权利消灭对于其他权利的存续是否有影响？如果有，是什么影响？如果没有，为什么？【债权消灭的，抵押权随之消灭；抵押权因独立原因消灭的，不影响债权存在】

（三）依义务主体的范围分类：绝对权、相对权

1．绝对权（绝对法律关系）

绝对权又称对世权，是指义务人不确定，权利人无须通过义务人实施一定的积极协助行为即可实现的权利，如所有权、人身权等。

2．相对权（相对法律关系）

相对权又称对人权，是指权利人和义务人均为特定人，权利人必须通过义务人的积极实施或者不实施一定行为才能实现的权利，如债权。

[例题] 甲被乙家的狗咬伤，要求乙赔偿。问题：甲请求乙赔偿的权利是相对权还是绝对权？【由于只能向乙主张，故义务人特定，是相对权】

（四）依权利的作用不同分类：支配权、请求权、抗辩权、形成权

1．形成权

（1）含义

形成权是指当事人一方可以以自己的行为使法律关系发生变动的权利，例如对可撤销合同的撤销权，合同解除权，对效力待定合同的追认权，选择之债中的选择权等。此种权利，单方决定法律关系的命运，因此效力极为强大。

（2）形成权的基本类型

追认权（《民法总则》第145、171条，《合同法》第47、48条）、选择权（《合同法》

第 403 条）、解除权（《合同法》第 94 条）、抵销权（《合同法》第 99 条）、撤销权（《合同法》第 47、48、54、186、192、193 条）、遗赠的接受与拒绝（《继承法》第 25 条）

（3）形成权的行使与限制

① 形成权必须行使才能产生相应的法律后果，不行使则没有法律后果。

② 形成权的行使方式：

【明示与默示】一般需要明确表示，法律有规定的情况下，默示亦可，如受遗赠人的沉默则视为拒绝接受。

【直接与间接】直接行使的，单方通知即可；间接行使的，需要通过法院或者仲裁机构，如因欺诈而产生的被欺诈人撤销权就需要通过诉讼或仲裁方式来实现。

③ 形成权行使的限制：

通常而言，形成权受除斥期间的限制，此期间一般为法定，当没有法定时，当事人也可以约定，如抵销权的行使，没有法定，当事人就可以约定。

2．支配权与请求权

（1）含义

支配权是指可以对标的物直接支配并排除他人干涉的权利。即人对于物或智力成果的支配权，例如所有权、知识产权。

请求权是指请求他人为或不为一定行为的权利。即人对于人的请求权，如债权人对于债务人的请求权。

（2）区别

① 支配权与请求权的权利义务主体范围不同：

支配权的义务人不特定，因此被称为对世权、绝对权。

请求权的权利义务主体都特定，因此被称为对人权、相对权。

② 是否具有排他性。支配权具有排他性，债权请求权具有相容性，不具有排他性。

3．抗辩权

（1）含义

抗辩权是指对抗请求权的权利，形象地说就是对于请求权说不的权利。

 特别提醒

抗辩权 VS 否认对方权利

否认对方的权利，理论上也称为不需要主张的抗辩。与真正的抗辩相比，区别在于是否承认对方的权利，真正的抗辩以承认对方权利的存在为前提。

（2）类型

① 永久性抗辩权，如诉讼时效的抗辩；

② 一时的抗辩权，如《合同法》中同时履行抗辩、先履行抗辩、不安抗辩、一般保证人

的先诉抗辩权。

[例题] 关于民事权利，下列哪些选项是正确的？①

A. 甲公司与乙银行签订借款合同，乙对甲享有的要求其还款的权利不具有排他性

B. 丙公司与丁公司协议，丙不在丁建筑的某楼前建造高于该楼的建筑，丁对丙享有的此项权利具有支配性

C. 债权人要求保证人履行，保证人以债权人未对主债务人提起诉讼或申请仲裁为由拒绝履行，保证人的此项权利是抗辩权

D. 债权人撤销债务人与第三人的赠予合同的权利不受诉讼时效的限制

（五）依据权利产生原因不同分类：原权、救济权、请求权

1. 概念

（1）原权是基于常态的法律事实引起的法律关系中的权利。如出生、合同等法律事实引起的法律关系中的权利就是属于正常状态下的权利。

（2）救济权是原权受到侵害后，法律赋予的进行救济的权利。这是对于原权的救济。通俗的理解是请求对方承担民事责任的权利。如有违约、侵权等行为时的请求权。

（3）请求权是原权还是救济权，关键看权利产生的原因。

① 基于合同而产生的，请求对方履行合同的请求权是原权。

② 甲的狗将乙咬伤，乙请求甲进行损害赔偿的请求权是救济权。

[例题] 试辨别 AB 两项表述中的权利是原权还是救济权？

A. 诉讼时效自知道或者应当知道权利被侵害之日起起算【此处的权利通常是指原权】

B. 权利不行使超过特定期间，则超过诉讼时效【此处的权利通常是指救济权】

2. 权利如何救济

权利救济的方式包括：公力救济和私力救济。在司考民法中，私力救济比较重要。

（1）私力救济的种类

① 自卫行为，如正当防卫、紧急避险。

② 自助行为。

（2）自助行为的构成要件

第一，为保护自己的请求权（主要是债权）；

第二，情况紧急，别无选择；

第三，在必要和相当的限度内强制侵害人的人身、财产；

第四，尽快纳入公力救济途径。

---

① 【答案】ABCD。解析：A 项属于债权，不具有排他性，故正确；B 项是地役权，作为物权具有支配性；C 项是一般保证人的先诉抗辩权，正确；D 项是债权人撤销权，由于此权利具有形成权的一面，故不受时效的限制，正确。

（六）依据权利成立要件是否齐全分类：既得权、期待权

1. 既得权

成立要件已经完全齐备的权利，如所有权。

2. 期待权

成立要件尚未齐备且将来有可能实现的权利。如动产买卖中交付后但由于买方尚未付清价款卖方保留所有权的情形下，此时买方对该动产的权利就是期待权；附延缓条件的合同中合同相对人的权利也是期待权。

二、义务问题

民事义务和民事权利相对应，是指义务人为满足权利人的利益而受到的为一定行为或不为一定行为的约束。<u>民事义务体现了主体行为的必要性</u>，而民事权利体现的是主体行为的可能性。

> **⬡ 特别提醒**
>
> 认识义务，要注意三个方面的特征：（1）表现为行为人<u>为一定的行为或不为一定的行为</u>，以便满足权利人的利益；（2）义务人只承担<u>法定的或约定的范围内的义务</u>，而不承担超出这些范围以外的义务；（3）义务人必须履行其义务，否则将依法承担法律责任。

常见义务分类如下：

（一）主义务与从义务

主义务决定行为目的，从义务辅助主义务实现。

在对方义务没有履行时的抗辩结构：

- 一方主义务没有履行VS另一方以不履行主义务进行抗辩
- 一方从义务没有履行VS另一方以不履行从义务进行抗辩
- 例外：除非从义务的不履行导致合同不能实现

[例题] 一条小狗的买卖中，如果是具有名贵血统的狗，则买方除了交付小狗之外，还应当提供狗的血统证明。尽管提供证明是从义务，但是由于从义务决定合同目的，若不提供，买方则可以通过不履行主要义务来进行抗辩。

（二）基本义务与附随义务

1. 含义

基本义务：根据合同约定或法律规定而产生的义务，包括<u>主义务与从义务</u>。

附随义务：合同当事人根据诚信原则而产生的<u>通知、协助、保密、照顾、告知</u>等义务。

2. 从义务与附随义务比较

从义务与附随义务的比较如表5-5所示。

表5-5　从义务与附随义务的比较

标　准	从 义 务	附 随 义 务
产生依据	法定、约定或交易习惯	诚信原则
违反后果	可请求对方继续履行	不可请求履行，只能请求损害赔偿
存在时间	履行阶段	全过程中皆有要求

[例题] 买卖一台微波炉，交付微波炉为主义务，交付使用说明书、质保书为从义务，告知相应的注意事项为附随义务。

（三）真正义务与不真正义务

1. 含义

真正义务：违反义务者向对方承担赔偿责任的义务。

不真正义务：相对人不得请求义务人履行，被违反的后果只是义务人的权利减损，无需向对方承担赔偿责任的义务。

《合同法》第119条　当事人一方违约后，对方应当采取适当措施防止损失的扩大；没有采取适当措施致使损失扩大的，不得就扩大的损失要求赔偿。

当事人因防止损失扩大而支出的合理费用，由违约方承担。

2. 比较

真正义务：对相对人的义务，违反向对方承担赔偿责任；

不真正义务：对以自身为代表的社会的义务，违反导致自己利益减少。

（四）法定义务与约定义务

1. 法定义务

法定义务是基于民事法律规范规定而产生的义务，如父母对子女的抚养、子女对于父母的赡养、对于他人人身与财产不得干涉的不作为义务等。

2. 约定义务

约定义务是按照当事人自己的意思而产生的义务，以合同义务为最典型的代表。但值得注意的是，当事人约定义务之时，以不违反法律的强制性规定为前提，如果违反了强制性规定，则约定将是无效的。

（五）作为义务与不作为义务

1. 作为义务

作为义务是指义务人应当做出一定积极行为的义务，又称为积极义务。例如，给付财产、完成工作等。

2．不作为义务

不作为义务是指义务人应为消极行为或者容忍他人的行为，又称为消极义务。例如，不侵害他人物权的义务等。

三、责任问题

《民法总则》第179条　承担民事责任的方式主要有：（一）停止侵害；（二）排除妨碍；（三）消除危险；（四）返还财产；（五）恢复原状；（六）修理、重作、更换；（七）继续履行；（八）赔偿损失；（九）支付违约金；（十）消除影响、恢复名誉；（十一）赔礼道歉。

法律规定惩罚性赔偿的，依照其规定。

本条规定的承担民事责任的方式，可以单独适用，也可以合并适用。

民事责任，是指民事主体违反民事义务应当承担的民事法律后果。民事责任是法律责任的一种类型。法律责任是指实施违法行为或者违约行为而应承受的某种不利法律后果。

> **特别提醒**
>
> 把握民事责任需注意四个方面的特征：（1）是民事主体一方对他方承担的责任；（2）目的是为了补偿权利人所受损失和恢复民事权利的圆满状态，因此，侧重于补偿，一般不具有惩罚性；（3）民事责任既有过错责任又有无过错责任；（4）民事责任的内容可以由民事主体在法律允许的范围内协商。

常见的民事责任理论类型如下：

（一）违约责任、侵权责任及竞合的处理

1．违约责任与侵权责任的区别

（1）适用前提不同：违反约定义务；侵权责任违反法定义务。

（2）构成要件不同：违约责任一般不要求过错；侵权责任一般要求过错。

（3）精神损害赔偿不同：违约责任不可主张；侵权责任可主张。

> **特别提醒**
>
> 违约责任一般不可主张精神损害赔偿，原因在于违约责任赔偿的范围是履行利益即合同正常履行完毕之后预期可以获得的利益，精神损害一般不在预期利益之中。

2．违约责任与侵权责任竞合处理

所谓竞合是指一个行为既构成违约也构成侵权，导致权利人拥有两种请求权。

两者竞合的处理规则：择一行使。

《民法总则》第 186 条　因当事人一方的违约行为，损害对方人身权益、财产权益的，受损害方有权选择请求其承担违约责任或者侵权责任。

（二）单独责任和共同责任

单独责任，是指由一个民事主体独立承担责任。

共同责任，是指两个以上的民事主体共同承担的责任。根据各责任主体的共同关系，还可将共同责任分为按份责任、连带责任、不真正连带责任和补充责任。

（三）按份责任、连带责任、不真正连带责任和补充责任

1. 按份责任

按份责任是指多数人按照法律规定或者合同约定，各自承担一定份额的民事责任。

① 法定按份责任：

《侵权责任法》第 12 条　二人以上分别实施侵权行为造成同一损害，能够确定责任大小的，各自承担相应的责任；难以确定责任大小的，平均承担赔偿责任。

此种侵权，特点有三：

其一，侵权人有两个以上；

其二，两个以上的人分别实施侵权行为；

其三，每个人的行为都不足以造成全部损害。

[例题] 一天夜晚，甲开车逆行迫使骑车人乙为躲避甲向右拐，跌入修路挖的坑里（负责修路的施工单位对该坑未设置保护措施），造成车毁人伤。对乙的损失应如何承担责任？①

A．只能由甲承担责任　　　　　　B．只能由施工单位承担责任

C．甲和施工单位各自承担责任　　D．甲和施工单位承担连带责任

② 约定按份责任：份额的约定必须有债权人的参与或者同意，如果仅仅是债务人内部关于份额的约定，则不能形成按份责任。

[例题] 甲、乙与丙签订了一份购销合同，约定丙供给甲、乙原油 3 000 吨，每吨价格为 2 500 元，原油运到甲、乙所在地车站后，甲和乙按 4：6 比例分配并按该比例付款。在甲、乙与丙的合同中，甲、乙若违约对丙承担按份责任还是连带责任？②

2. 连带责任

连带责任是指多数当事人按照法律规定或者合同约定，连带地向权利人承担责任。债权人可向任何一个债务人主张任何份额的责任，包括全部。

① 法定连带责任：

《侵权责任法》第 8 条　二人以上共同实施侵权行为，造成他人损害的，应当承担连带

---

① 【答案】C。
② 【答案】按份责任。

责任。

例如，熊大和熊二合谋将光头强揍了一顿。此为故意共同侵权，连带责任。

《侵权责任法》第 11 条　二人以上分别实施侵权行为造成同一损害，每个人的侵权行为都足以造成全部损害的，行为人承担连带责任。

此种侵权，特点有三：

其一，侵权人有两个以上；

其二，两个以上的人分别实施侵权行为；

其三，每个人的行为都足以造成全部损害。

例如，甲乙均向丙养鱼的湖水排污，甲乙任何一方的排污足以造成全部损害，则甲乙连带责任。

《侵权责任法》第 10 条　二人以上实施危及他人人身、财产安全的行为，其中一人或者数人的行为造成他人损害，能够确定具体侵权人的，由侵权人承担责任；不能确定具体侵权人的，行为人承担连带责任。

例如：三个小朋友站在一高处比赛扔砖头，看谁扔得远，结果有一块砖头将从附近经过的光头强砸伤，不能确定是谁扔的砖头伤人。此为共同危险，连带责任。

② 约定连带责任：债务人约定份额没有经过债权人同意，或者没有关于份额的约定，约定不明的，或者明确约定是连带的情形。

[例题] 甲、乙与丙签订了一份购销合同，约定丙供给甲、乙原油 3 000 吨，每吨价格为 2 500 元。原油运到甲、乙所在地车站后，甲和乙约定按 4：6 比例分配并按该比例付款。在甲、乙与丙的合同中，甲、乙若违约对丙承担按份责任还是连带责任？①

3. 不真正连带责任

不真正连带责任是指各债务人基于不同的发生原因而对于同一个债权人负有以同一给付为标的的数个债务，因一个债务人的履行而使得全体债务归于消灭。

典型法条：

《侵权责任法》第 68 条　因第三人的过错污染环境造成损害的，被侵权人可以向污染者请求赔偿，也可以向第三人请求赔偿。污染者赔偿后，有权向第三人追偿。

《侵权责任法》第 83 条　因第三人的过错致使动物造成他人损害的，被侵权人可以向动物饲养人或者管理人请求赔偿，也可以向第三人请求赔偿。动物饲养人或者管理人赔偿后，有权向第三人追偿。

[例题 1] 村民甲（18 周岁）路过村民乙家门口时，用一块石头向乙家所养且卧在乙家门口的狗打去，该狗立即扑向甲，甲迅速躲到了路人丙的后面，结果狗眼看错人，照准丙大腿狠狠地咬了一口。对于丙的损失，应如何承担？②

[例题 2] 甲委托乙保管一台彩电，乙在保管期间借给丙使用，在使用过程中，由于丙

---

① 【答案】连带责任。因为份额仅仅是甲、乙之间的约定。

② 【答案】可以找甲，也可以找乙，乙承担责任后可以向甲追偿。

的过错导致电视机的损害。对于甲的损失，应如何承担？①

 特别提醒

连带责任与不真正连带责任区别的关键点有二：

其一，多个债务人责任产生的原因不同；

其二，不真正连带责任，最终责任是由一个人承担；连带责任，最终是由两个以上的人分担责任，内部有约定按照约定分担；没有约定，平均分担。

4. 补充责任

补充责任主要发生在一个侵权行为造成的损害事实产生了两个相重合的侵权责任请求权。此情形中，法律规定被侵权人必须按照先后顺序行使请求权，只有排在后位的责任主体有过错的，才能请求排在后位的责任主体承担侵权责任，排在后位的责任主体所承担的侵权责任就是补充责任。

《侵权责任法》第 37 条　宾馆、商场、银行、车站、娱乐场所等公共场所的管理人或者群众性活动的组织者，未尽到安全保障义务，造成他人损害的，应当承担侵权责任。因第三人的行为造成他人损害的，由第三人承担侵权责任；管理人或者组织者未尽到安全保障义务的，承担相应的补充责任。

值得注意的是，补充责任的范围与责任主体的过错程度相适应，不是缺多少补多少。

（四）过错责任与无过错责任

理解过错责任与无过错责任的三层逻辑结构：

首先，依据在追究当事人民事责任时是否考虑过错为标准，区分为过错责任和无过错责任。

其次，如何考虑过错？依据考虑的方式不同，又分为一般过错责任和过错推定责任。受害人举证证明加害人有过错，不能证明则加害人无责。

两种考虑过错的方式 — 受害人举证证明加害人有过错，不能证明加害人无责
　　　　　　　　　　　　推定加害人有过错，加害人不能证明自己没有过错则有责

最后，何谓过错？即是否尽到了正常人应有的注意。

1. 关于过错责任的规定

《侵权责任法》第 6 条　行为人因过错侵害他人民事权益，应当承担侵权责任。

根据法律规定推定行为人有过错，行为人不能证明自己没有过错的，应当承担侵权责任。

2. 关于无过错责任的规定

《侵权责任法》第 7 条　行为人损害他人民事权益，不论行为人有无过错，法律规定应当承担侵权责任的，依照其规定。

《合同法》第 107 条　当事人一方不履行合同义务或者履行合同义务不符合约定的，应当承担继续履行、采取补救措施或者赔偿损失等违约责任。

---

① 【答案】可以向乙主张违约责任，也可以向丙主张侵权责任，其中乙承担责任后，可以向丙追偿。

（五）财产责任和非财产责任

财产责任，是指以一定的财产为内容的责任，例如赔偿损失等。

非财产责任，是指不具有财产内容的责任，如消除影响等。

（六）无限责任和有限责任

无限责任，是指责任主体以自己的全部财产承担责任。责任主体为两人以上时，为无限连带责任。

有限责任，是指责任主体以其有限的财产承担责任。

（七）自己责任和替代责任

自己责任，是指侵权责任由加害行为人自己承担的责任形式。这种责任形态的责任人与加害人是一致的。

替代责任，是指侵权责任由与加害行为人有特定关系的人承担，如监护人责任；或由与致人损害的物件具有管领关系的人承担的责任形式，如动物饲养人、管理人责任。

（八）单方责任和双方责任

单方责任，是由加害行为人一方承担责任的责任形式。

双方责任，是指对侵权行为所发生的后果，加害行为人和受害人都要承担责任的责任形式。如甲与乙打赌举重物，乙用力过猛导致身体伤害。

06 | 第六讲
民事法律行为

阅读提示

　　民事法律行为是最重要的法律事实。首先，要理解法律行为与事实行为的区分，法律行为的核心要素是意思表示；其次，要精确掌握法律行为的各种分类，这对于物权法、合同法等部分的学习具有基础意义；最后，要深入理解并掌握法律行为的成立和生效制度，其中法律行为的效力瑕疵问题属于必考点。

一、法律事实

（一）法律事实概述

　　民事法律事实，是指依法能够引起民事法律关系产生、变更和消灭的客观现象。

　　客观现象是否成为法律事实，取决于法律的规定。如时间的经过、严重自然灾害的发生、战争和封锁禁运，人的出生、死亡、成年、失踪、精神失常等，都能引起民事法律关系的发生、变更和消灭，因而属于法律事实。

　　有时，一个独立的法律事实就可以引起法律关系的产生、变更或消灭，如合同的订立，引起合同法律关系的产生。

　　有时，法律关系的产生、变更或消灭，需要综合的法律事实构成，如遗嘱继承法律关系，就需要立遗嘱的行为和遗嘱人死亡这两个法律事实才能够发生。

（二）法律事实的类型

　　法律事实的类型如表 6-1 所示。

表 6-1　法律事实的类型

自然事实（非行为事实）	事件	客观现象的发生：人的出生、死亡、地震、海啸、战争、罢工等	
	状态	客观现象的持续：人的下落不明、权利的持续不行使等	
行　为	法律行为（表意行为）	有效的	合同、婚姻、遗嘱、单方抛弃等
		有瑕疵的	效力待定、可撤销、无效

行　　为	准法律行为	1. 意思通知：如要约拒绝 2. 情感表示：如被继承人对于继承人的宽恕 3. 观念（事实）通知：如债权让与的通知
	事实行为（非表意行为）	无因管理、先占、创作、发明、发现埋藏物、拾得遗失物、侵权、违约等

1. 法律事实的分类

如表 6-1 所示，法律事实首先区分为自然事实和行为。

自然事实：与民事法律关系当事人意志无关的法律事实，包括事件和状态。

行为：与当事人的意志有关的法律事实，如订立合同、创作等。行为，<u>又可以分为法律行为与事实行为。</u>

2. 法律行为与事实行为的区分

（1）法律行为。是以意思表示为要素，依照意思表示内容发生法律效果为目的的行为。如合同、婚姻、遗嘱等行为。法律行为是表意行为。

《民法总则》第 133 条　民事法律行为是民事主体通过意思表示设立、变更、终止民事法律关系的行为。

> ✦ **特别提醒**
>
> 　　关于法律行为合法性难题的说明。《民法总则》第 133 条规定，立法之中，不再强调法律行为的合法性，那么，在理论上，将行为分为合法行为与不合法行为时，将法律行为、准法律行为和事实行为均放在合法行为之中，又当如何理解呢？这里理论界定与立法定义的差别。立法定义，强调法律行为的构成，以便于法律适用，若立法中强调合法，则只要不合法就一律不能认定为法律行为，由此就会产生无效法律行为是否是法律行为的难题，故《民法总则》第 133 条修正原来的规定，删掉合法性在立法中的界定，这是值得称道的。在理论上，基于合法与否认识行为时，将法律行为归于合法行为之列是因为理论的界定，考虑的是事物的共相本质，即对于正常状态下法律行为的描述。正如在理论上将人界定为"理性的动物"，并不排除幼童或疯子等不能理性思考的人作为人的存在一样。[①] 法律行为的正常状态，当然是合法的。

（2）事实行为。是指行为人不具有设立、变更或消灭民事法律关系的意图，但依照法律的规定能引起民事法律后果的行为，如创作行为、侵权行为等。事实行为是非表意行为。

> ✦ **特别提醒**
>
> 　　事实行为，无论是否合法，后果均由法律直接规定。考虑合法与否，意义不大。

（3）准法律行为。指的是行为人以法律规定的条件业已满足为前提，将一定的内心意思表示于外，从而根据法律规定引起一定法律效果的行为。主要有意思通知行为、观念（事实）

---

① 朱庆育 . 民法总论 [M]. 2 版，北京：北京大学出版社，2016：101-103.

通知行为和感情表示行为以及<u>原宥</u>。

如要约拒绝的通知（意思通知的典型代表）一旦到达就会立即产生要约失效的法定后果。

再如债权让与的协议达成后，债权让与的通知（观念通知的典型代表）就会立即产生债务人应当向新的债权人履行的法定后果。

又如继承人对于被继承人虐待遗弃情节严重的丧失继承权，若在被继承人生前继承人表示悔改，被继承人表示宽恕的（典型的情感表示行为），直接产生继承权恢复的法定后果。

 特别提醒一

　　理解准法律行为，应注意两方面内容。首先，准法律行为的发生，需要做出一定的表示，这方面像法律行为；其次，一旦表达出来，后果的产生不是依据当事人的意愿，而是直接基于法律规定而发生，这方面又像事实行为。因此，准法律行为是介于法律行为与事实行为之间的概念，分享这两者的部分特点。打个比方，如果说法律行为是个中国人，事实行为是个法国人，准法律行为就是一个中法混血儿。

特别提醒二

区分事实行为与法律行为的标准（见表6-2）：

表6-2　事实行为与法律行为的区别

法　律　行　为	事　实　行　为
以意思表示为中心	不强调意思表示
效果由行为人自己设定	效果由法律直接规定
要求行为人有相应的行为能力	后果产生与行为能力无关
可进行有效或无效的评价	有效或无效的评价无意义

[例题] 小Q、阿Q和老Q，年龄分别是6岁，16岁和66岁，分别进行下述行为，各自后果如何：

A. 购买价值5000元的项链一条，小Q无效，阿Q效力待定，老Q有效。

B. 订立遗嘱一份，小Q无效，阿Q无效，老Q有效。（单方行为要求完全行为能力）

C. 创作歌曲《恨死你了》一首，事实行为，Q们都可以获得著作权。

D. 结婚，小Q无效，阿Q无效，老Q有效。（法定婚龄，男不小于22，女不小于20）

E. 在垃圾桶里捡到旧T恤一件，事实行为，Q们都可以先占获得所有权。

F. 用弹弓将行人阿宝的左眼打伤，事实行为，Q们都应当承担侵权责任。

G. 发现邻居家中失火，用自家的灭火器去灭火，事实行为，Q们都可以请求必要费用。

H. 在路上发现一只迷途的羔羊，抱回家中，事实行为，Q们都应当返还。

二、意思表示：民事法律行为的核心要素

（一）意思表示的构成

意思表示是民事法律行为的要素，指向外部表明意欲发生一定私法上效果的意思的行为。意思表示的构成理论颇为复杂，结合我国民法理论通说，以及考试的要求，从以下两个方面讲述。

1. 内心的效果意思

（1）含义：发生一定的私法效果（合同、遗嘱、婚姻等）的意思。

（2）判断标准：法律行为区别于好意施惠。

好意施惠关系，指当事人之间无意设定法律上的权利义务关系，而由当事人一方基于良好的道德风尚实施的使另一方受恩惠的关系，是旨在增进情谊的行为。

一般认为以下情况为好意施惠：搭顺风车到某地、火车过站叫醒、顺路投寄信件、邀请参加宴会或郊游等。

好意施惠如何区别于法律行为，可从以下三个方面考量：

① 做出表示时，正常人在此种情况下是否有承担法律责任的意图。

[例题] 小龙女对杨过说，如果你考上研究生我就嫁给你。小龙女是否有承担法律责任的意图？

答案：没有。

② 从对当事人利益关系及公平原则的考虑。

[例题] 王一、王二、王三、王四、王五相约每周各出10元钱共同购买相同号码的彩票，钱都交给王五，由王五负责每周末购买。但某周末，由于王五疏忽，填错了号码，导致错过了百万大奖的机会。王一、王二、王三、王四请王五赔偿，可否？

答案：不可。因为自公平角度考虑，王五在做出表示负责购买彩票之际，应当没有承担法律责任的意图。

③ 结合生活常识、习俗考量。

（3）好意施惠不构成法律行为，但如果出现新的法律事实，有可能构成其他法律关系，比如构成侵权关系。对此，可以借助以下三个例子进行分析：

[例题1] 在北京工作李某过年自驾回老家过年，邀在同城工作的老乡王某搭车同行，后失约。

[例题2] 阿Q因有急事出门，隔壁邻居王阿姨主动表示愿意代为照顾3岁的小Q。

[例题3] 甲向乙说，如果今年能顺利晋升为正处级，就请乙喝酒。

上述三个例子都是属于典型的好意施惠关系。例题1中如果李某失约没有违约责任。例题2中如果王阿姨在表示后反悔，没有违约责任。例题3中如果晋升后没有请乙喝酒，甲也没有违约责任，反过来，如果甲邀请乙，乙答应赴宴，但是后来乙失约的，乙也没有违约责任。

但是，如果事情再往前推进一步，出现新的法律事实之时，可能导致其他法律关系的产生。

例题1中，如果李某让王某搭车后，违章驾车导致王某的伤害，李某需要向王某承担侵权责任。例题2中，如果王阿姨将小Q抱过去后在照看小孩时没有尽到正常人的注意义务造成孩子的伤害，应承担侵权责任。例题3中，如果甲请乙喝酒了，但在喝酒过程中强行劝酒，造成乙饮酒过量导致的伤害，则应向乙承担侵权责任。

 特别提醒

在构成侵权关系的情况下，一定分清是单方责任还是双方责任，不能认为受害人也有责任的情况下就不构成侵权。单方责任，是由加害行为人一方承担责任的责任形式。双方责任，是指对侵权行为所发生的后果，加害行为人和受害人都要承担责任的责任形式。

2. 外在的表示行为

（1）明示：口头、书面、<u>肢体语言</u>、视听资料、公证、审批、登记等。

其中，肢体语言要构成明示，<u>肢体语言的使用要符合正常人的理解</u>。

（2）默示：推定与沉默。

《民法总则》第140条 行为人可以明示或者默示做出意思表示。<u>沉默只有在有法律规定、当事人约定或者符合当事人之间的交易习惯时，才可以视为意思表示</u>。

法律有规定的情形，如试用买卖中，试用期满，买受人既不表示购买，也不表示不购买，法律规定，推定买受人同意购买。

约定的情形，如双方约定特定情况下的沉默视为接受义务。

 特别提醒

内在与外在，两者缺一，没有意思表示，也就没有法律行为（合同）。

（1）如果是单方行为，有效果意思及表示行为；

（2）如果是双方行为，除了双方都有效果意思及表示行为外，双方表示出来的意思还要达成合意，否则不能成立双方法律行为。

[例题]教授甲举办学术讲座时，在礼堂外的张贴栏中公告其一部新著的书名及价格，告知有意购买者在门口的签字簿上签名。<u>学生乙未留意该公告</u>，以为签字簿是为签到而设，遂在上面签名。乙的行为只有外在行为，没有内在意思，故不构成意思表示，甲、乙合同未成立。

（二）意思表示的生效时间与撤回

1. 生效时间

若无特别约定或法律规定，生效规则如下：

（1）以对话方式做出的意思表示，相对人知道其内容时生效。

（2）以非对话方式做出的意思表示，到达相对人时生效。

（3）无相对人的意思表示，表示完成时生效。法律另有规定的，依照其规定。

（4）以公告方式做出的意思表示，公告发布时生效。

2. 撤回

行为人可以撤回意思表示。撤回意思表示的通知应当在意思表示到达相对人前或者与意思表示同时到达相对人。

（三）意思表示的解释——主客观结合的解释（侧重客观）

有相对人的意思表示的解释，应当按照所使用的词句，结合相关条款、行为的性质和目的、习惯以及诚信原则，确定意思表示的含义。

无相对人的意思表示的解释，不能完全拘泥于所使用的词句，而应当结合相关条款、行为的性质和目的、习惯以及诚信原则，确定行为人的真实意思。

（四）意思表示的瑕疵

如果内心效果意思与外在表示行为出现不一致时就意味着意思表示存在瑕疵。导致瑕疵产生的原因多种多样，我国当前民事立法中规定了欺诈、胁迫、显失公平、重大误解等。对此，后文详述。

三、法律行为（合同）的分类

1. 单方法律行为、双方法律行为和共同法律行为

（1）单方法律行为。依一方当事人的意思表示而成立的法律行为。比如，订立遗嘱、放弃债权、抛弃所有权、无权代理的追认等。

（2）双方法律行为。双方当事人的意思表示一致而成立的法律行为。比如，合同、结婚等。

（3）共同法律行为。两个或两个以上当事人彼此的意思表示一致才能成立的法律行为。比如，合伙、公司章程等。

> ❂ **特别提醒**
>
> （1）赠予是单方还是双方法律行为？
> 答案：双方行为，一方表示赠予，另一方表示接受方可成立赠予。
> （2）双方和共同法律行为的本质区别：为了谁。
> 答案：双方是各自为了自己利益达成妥协的一致；共同行为是为了一个超越于具体个人利益之上的更高的目标而达成的一致，正所谓"我们来自五湖四海，为了共同的目标走到一起来"。

2. 财产行为与身份行为

区分两者的关键是以发生财产上的法律效果还是发生身份上的法律效果为目的。

（1）财产行为。以发生财产上的法律效果为目的的行为，如将自己的财产卖掉或者丢掉，解决的是钱的问题。

（2）身份行为。以发生身份上的法律效果为目的的行为，如结婚、离婚、收养等，往往事关伦理。

特别提醒一

订立遗嘱的行为是财产行为还是身份行为？答曰：财产行为，因为现代人订立遗嘱主要是处分财产，没有什么身份可以让继承人通过法律来继承。

特别提醒二

要学会从体系的角度理解这一对概念，将财产行为、财产法律关系与财产权当作一个整体，将身份行为、身份法律关系与身份权当作一个整体。其内在逻辑关系如下：

财产法律行为，作为一种法律事实，可以引起财产法律关系的产生、变更和消灭，而财产法律关系中主体的权利就是财产权。

身份法律行为，作为一种法律事实，可以引起身份法律关系的产生、变更和消灭，而身份法律关系中主体享有的权利就是身份权。

明确了这种逻辑关系，有助于民法研习者系统消化民法知识。

3．诺成性行为与实践性行为

（1）诺成性行为：又称不要物行为，只要行为人意思表示一致即可成立的法律行为。

（2）实践性行为：又称要物行为，除了行为人意思表示一致外还需要交付标的物才能有效成立的法律行为。

理解这一对概念，需要注意如下三个方面的问题：

A．典型的实践行为包括哪些？实践行为中所谓"交付标的物"意味着什么？

典型的实践行为如下：

保管合同、定金合同、自然人之间借款合同、借用合同等属于典型的实践行为。另外，依据民法通则中的规定，代物清偿协议，也认为是事件法律行为。

不论哪一种实践行为，所谓"交付标的物"都不是为引起物权变动，交付标的物是为了让合同本身成立生效。

B．为什么实践行为都需要交付标的物才能成立生效呢？

原因有以下两个方面：

第一，自然人之间的借款和借用，是基于道德的考虑将其设定为实践行为的。个人之间，作为出借人，无论是出借金钱给他人还是出借其他标的物给他人，出借人都是在帮助他人。这是一种值得鼓励的道德行为，不可通过法律义务来强制。如果达成协议即有效成立的话，意味着如果出借人欲反悔，借款人或借用人可以通过请求强制履行，这显然有违人之常情。作为实践行为，只有在出借人交付标的物之后才成立生效，这意味着出借人作为一个想做好事的人，不存在法律上的义务，只有借用人、借款人有到期返还的义务。

第二，对于保管合同和定金合同而言，交付标的物是合同履行的前提。定金合同的效力是收受定金者违约双倍返还定金，保管合同则意味着保管人保管寄存人的标的物，如果不交付标的物，根本不可能返还或者进行保管。这意味着，如果不交付标的物，即使让合同成立生效，也根本无法履行，因此将其设定为实践合同。最后，需要说明的是，运输、仓储等合同也是以交付作为履行的前提，在合同法的历史上一度都是实践合同，但是考虑到这些合同多存在于商事主体之间，为了效率，在当前各国的合同法中均将其作为诺成合同。

C．对于实践合同而言，交付标的物是成立还是生效呢？

先看我国民事立法中关于实践合同的规定：

《合同法》第 210 条　自然人之间的借款合同，自贷款人提供借款时<u>生效</u>。

《合同法》第 367 条　保管合同自保管物交付时<u>成立</u>，但当事人另有约定的除外。

《担保法》第 90 条　定金应当以书面形式约定。当事人在定金合同中应当约定交付定金的期限。定金合同从实际交付定金之日起<u>生效</u>。

从实践合同的原理看，这样的规定显然不够严谨，也容易引起研习民法者的困惑。有人基于这种规定，解释说实践合同有的交付标的物成立，有的交付标的物生效。其实，这是有悖于实践合同的原理的。<u>无论法条中表述为交付标的物成立还是生效，基于实践合同的原理都应当做出统一解释，即交付标的物，合同依法成立，而依法成立的合同，自成立时生效。</u>

4．单务行为与双务行为

双务行为与单务行为是对于双方法律行为的再分类：

（1）单务行为。是指一方当事人仅享受权利，而另一方仅负有义务的法律行为，如赠予行为等。

（2）双务行为。是指民事法律行为的当事人双方均享有权利，也均承担义务的行为。而且，在双务行为中，一方的权利与另一方的义务具有关联性，<u>一方履行义务就是为了满足另一方权利的需要。</u>

实际生活中，双务民事法律行为是普遍行为。双务民事法律行为中，可以产生同时履行抗辩权、不安抗辩权、先履行抗辩权等。

> **🔶 特别提醒**
>
> 　　无偿委托合同是单务还是双务合同？严格来讲是单务，即便在委托人承担费用的情况下依然如此。因为，委托人承担的费用，不是为了受托人权利的实现，只是为了让自己的事务能够得以完成。理论上，也有人称委托人承担费用的委托合同为不真正双务合同。

5．有偿法律行为与无偿法律行为

（1）有偿行为。指一方当事人为对方承担某种民事义务时，有权要求对方承担相应的义务的民事法律行为，即要求对方给予报酬。

现实生活中，大多数法律行为是有偿行为。

（2）无偿行为。指一方当事人为对方承担某种民事义务时，并不要求对方承担相应义务的民事法律行为。

典型的无偿法律行为：赠予、借用、保证。下面需要说明的是保证行为。

如果债务人为了让小明提供保证，向小明支付了1万元报酬，在支付报酬后，小明与债权人签订了保证合同。请问，此时的保证合同还是无偿吗？答曰：是的。因为判断合同的有偿与否首先要立足于合同的相对性，保证合同是保证人与债权人之间的合同，当然是无偿的。报酬问题是保证人与债务人之间的关系。

 特别提醒

单务是否一定意味着无偿？

答曰：否！一般是，但不是一一对应！尤其在一些实践合同中，表现明显。

[例题] 阿宝和阿涛是兄弟，阿宝借给阿涛人民币10万元，约定年息8 000元。问：阿宝和阿涛的借款合同是：①

A．有偿合同   B．无偿合同   C．单务合同   D．双务合同

6．处分行为与负担行为

这是根据民事法律行为所产生的效果的不同为标准进行的划分。

（1）负担行为。是指以发生债权债务为内容的民事法律行为，也称为债权行为。如，签订合同之行为。

（2）处分行为。是指直接使某种权利发生、变更或消灭的民事法律行为。如，交付标的物、设立抵押权、抛弃所有权。

负担行为与处分行为的区分对于物权法的学习意义尤其重大，是物权法中区分原则的理论基础。通常而言，签订合同后即完成了负担行为，但是如果处分行为没有发生，都不产生物权变动效力，作为负担行为的合同效力均不受影响。例如：动产买卖合同签订后，通常达成协议合同成立生效，但是，不交付标的物，物权不发生变动。对此，在物权法部分本书将会再次强调。

7．要式行为和不要式行为

这是以民事法律行为的成立是否必须依照某种特定的形式为标准进行的划分。

（1）要式行为。是指必须履行某种特定的形式才能成立的民事法律行为，如遗嘱须根据

①【答案】AC。解析：需要同时掌握单务与双务、有偿与无偿、诺成与实践三对概念。首先，因为是自然人之间的借款，所以是实践合同，交付之后才成立生效，因此，作为出借人的阿宝没有义务，只有阿涛有到期返还的义务，故为单务。其次，由于约定了利息，所以为有偿。

法律规定的方式订立方能成立。要式行为之所以强调其形式要件，目的是促使当事人谨慎行事，使法律关系明确具体，并在产生纠纷时有据可查。

（2）不要式行为。指不需要履行某种固定形式就能成立的民事法律行为，即行为人究竟采取何种形式，由其自由选定。

8．主行为和从行为

这是依据民事法律行为之间的相互依从关系为标准进行的划分。

主行为是指不需要以其他法律行为存在为前提的法律行为，如在当事人为担保债权实现而设定抵押权的情形下，债权合同是主行为，抵押合同是从行为。区分两者的意义主要在于：除非法律另有规定或当事人另有约定，从行为随着主行为的成立而成立，也随着主行为的无效而无效。

自体系角度而言，主行为与从行为的关系，与主从权利的关系完全相同。

9．有因行为和无因行为

这是根据民事法律行为与原因的关系为标准进行的划分。

（1）有因行为。是指行为与原因不可分离的行为。所谓原因就是民事行为的目的。

（2）无因行为。是指行为与原因可以分离，不以原因为要素的行为。例如票据行为就是无因行为。无因行为并非没有原因，而是在进行制度设定时，规定原因无效并不影响行为的效力。

区分两者的意义主要在于：有因行为若原因不存在，则行为无效；无因行为若原因不存在或者有瑕疵不影响行为的效力。

四、民事法律行为的成立与生效

（一）成立与生效的发生时间在一般情形下的同一性

《民法总则》第 143 条　具备下列条件的民事法律行为有效：

（一）行为人具有相应的民事行为能力；

（二）意思表示真实；

（三）不违反法律、行政法规的强制性规定，不违背公序良俗。

《合同法》第 44 条　依法成立的合同，自成立时生效。

法律、行政法规规定应当办理批准、登记等手续生效的，依照其规定。

《民法总则》第 158 条　民事法律行为可以附条件，但是按照其性质不得附条件的除外。附生效条件的民事法律行为，自条件成就时生效。附解除条件的民事法律行为，自条件成就时失效。

《民法总则》第 159 条　附条件的民事法律行为，当事人为自己的利益不正当地阻止条件成就的，视为条件已成就；不正当地促成条件成就的，视为条件不成就。

《民法总则》第 160 条 民事法律行为可以附期限，但是按照其性质不得附期限的除外。附生效期限的民事法律行为，自期限届至时生效。附终止期限的民事法律行为，自期限届满时失效。

[总结] 一般情况下，法律行为（合同）的成立和生效在时间上同一的，成立即生效。只有在附条件（延缓）、附期限（始期）或者需要审批的法律行为（合同）中，成立之后暂时尚不能生效。

（二）成立与生效的不同：含义与要件

1. 成立

民事法律行为的成立，是指符合民事法律行为的构成要素的客观情况。成立与否，属于事实判断的范围。

民事法律行为成立要件可分为一般成立要件和特别成立要件。

（1）一般成立要件：① 当事人；② 意思表示；③ 标的，指行为的内容，即行为人通过其行为所要达到的效果。

总而言之，相关当事人关于某种特定标的的意思表示一旦完成，法律行为即定告成立。

（2）特别成立要件。民事法律行为的特别成立要件，是指成立某一具体的民事法律行为，除需要具备一般成立要件外，还须具备的其他特殊事实要素。

例如，实践性行为以交付标的物为特别成立要件。

2. 生效

民事法律行为的生效，是指已经成立的民事行为因符合法定有效要件而取得认可的效力。民事法律行为的成立是民事法律行为生效的前提。

生效与否，属于价值判断的范围，不同时空条件下，人们会有不同的选择。

例如，枪支买卖协议达成后，在有的国家可以生效，有的国家则不能生效。

民事法律行为的生效要件包括实质要件和形式要件。

在绝大多数情况下，民事法律行为只要具备实质要件就发生法律效力，但在某些特殊的情况下，民事法律行为还须具备形式要件才发生效力。

对于要式的法律行为，如果没有采取相应的形式，该行为无效；对于不要式的法律行为，当事人应在法律允许的范围内选择适用口头形式或书面形式，也可以采取其他形式。

民事法律行为的实质生效要件包括：

（1）行为人合格；

（2）行为人意思表示真实；

（3）行为内容合法。

（三）法律行为的效力状态

法律行为的效力状态如表 6-3 所示。

表 6-3　法律行为的效力状态

	主　体	内　容	意思表示	法律效果
有效法律行为	有相应民事行为能力人	合法	真实	自始受法律约束
效力待定法律行为	限制民事行为能力人狭义的无权代理人	合法	真实	（被）代理人的追认权 相对人（第三人）的催告权 善意相对人（第三人）的撤销权
	无权处分人			权利人不追认则处分行为无效
可撤销法律行为	完全民事行为能力人或限制民事行为能力人（可进行与其年龄智力相适应的行为）	合法	1. 因重大误解实施法律行为 2. 在实施的法律行为中显失公平 3. 因被欺诈、被胁迫实施法律行为	1. 权利人可撤销法律行为 2. 撤销权为形成权 3. 此权利必须通过诉讼或仲裁行使
无效法律行为	1. 无行为能力人之法律行为无效 2. 违反法律及行政法规的效力性强制性规定的无效 3. 违反公序良俗的无效 4. 行为人与相对人恶意串通损害他人合法权益的无效 5. 通谋虚伪：双方以虚假的意思表示所为之法律行为无效			绝对无效、当然无效、自始无效

如表 6-3，如果主体、内容与意思表示皆不存在问题，则法律行为自成立时生效。如果主体存在问题，则为效力待定行为；如果意思表示不真实，则为可撤销行为；如果内容违法，则为无效行为。具体分述如下：

1. 效力待定法律行为

效力待定合同，是指法律行为成立之后，是否能发生效力尚不能确定，有待享有形成权的第三人做出追认或拒绝的意思表示来使之归于有效或无效的法律行为。效力待定法律行为包括以下两个方面：

（1）限制行为能力人超出能力的法律行为

《民法总则》第 145 条　限制民事行为能力人实施的纯获利益的民事法律行为或者与其年龄、智力、精神健康状况相适应的民事法律行为有效；实施的其他民事法律行为经法定代理人同意或者追认后有效。

相对人可以催告法定代理人自收到通知之日起一个月内予以追认。法定代理人未作表示的，视为拒绝追认。民事法律行为被追认前，善意相对人有撤销的权利。撤销应当以通知的方式做出。

① 限制行为能力人实施与其年龄、智力、健康状况不相适应的行为。

② 效果一：法定代理人的追认权。此权利为形成权可单方决定是追认还是拒绝。

③ 效果二：为了保护相对人（或者叫作第三人），赋予相对人两项权利：

其一，催告权。如果欲使法律行为有效，在法定代理人没有追认之时，可以行使催告权，催告法定代理人在一个月内予以追认。<u>法定代理人未作表示的，视为拒绝追认。</u>

其二，撤销权。如果不欲使法律行为归于有效，在追认之前，<u>善意相对人有撤销权，一</u>旦撤销，法律行为归于消灭。此撤销权，可单方决定让此合同消灭，也是形成权，<u>单方通知即可行使。</u>

> **特别提醒**
>
> 此处的善意，含义是不知情，只要不知道与自己订立法律行为的人是限制行为能力的，就构成此处的善意，至于不知道的原因，不再追问。

④ 例外：纯获利益的行为和与年龄智力相适应的行为是有效的法律行为。

（2）无权代理人超越代理权所为的法律行为

《民法总则》第 171 条　行为人没有代理权、超越代理权或者代理权终止后，仍然实施代理行为，未经被代理人追认的，对被代理人不发生效力。

相对人可以催告被代理人自收到通知之日起一个月内予以追认。被代理人未作表示的，视为拒绝追认。行为人实施的行为被追认前，善意相对人有撤销的权利。撤销应当以通知的方式做出。

<u>行为人实施的行为未被追认的，善意相对人有权请求行为人履行债务或者就其受到的损害请求行为人赔偿，但是赔偿的范围不得超过被代理人追认时相对人所能获得的利益。</u>

相对人知道或者应当知道行为人无权代理的，相对人和行为人按照各自的过错承担责任。

上述规定是效力待定的无权代理行为的基本根据，此处，先阅读法条，初步了解，详细内容将在下一讲中展开。

（3）无权处分的情形

《买卖合同解释》第 3 条　当事人一方以出卖人在缔约时对标的物没有所有权或者处分权为由主张合同无效的，人民法院不予支持。

出卖人因未取得所有权或者处分权致使标的物所有权不能转移，买受人<u>要求出卖人承担违约责任或者要求解除合同并主张损害赔偿的，人民法院应予支持。</u>

理解无权处分中的效力待定问题，重点在于对此司法解释的理解。此规定第 1 款说，当事人以无权处分为由主张合同无效时，法院不予支持。这意味着，在无权处分之时订立的买卖合同，失去效力待定的可能，不允许主张无效，也就意味着此时的买卖合同是有效的。此规定第 2 款说，买受人可以要求出卖人承担违约责任或解除合同，也就意味着买卖合同是有效的。

既然买卖合同是有效的，那么，又何来效力待定一说呢？

理解这一点，就需要借助于负担行为与处分行为的区分这一理论工具了。买卖之法律行为包括达成债权合同的负担行为和导致物权变动的处分行为。<u>此条文所谓的买卖合同有效，</u>

不意味着整个买卖法律行为都是有效的，而仅仅意味着作为负担行为的买卖合同是有效的，作为导致物权变动的处分行为，依然是效力待定的。处分行为效力待定，就意味着可能产生两种法律后果：

其一，如果处分行为被追认了，则变成正常的买卖，无权处分变成了有权处分。此时，买受人可以继受取得标的物的权利。

其二，如果处分行为没有被追认，则无权处分依然持续存在。此时，如买受人善意并且支付合理对价，在动产交付之后，则买受人可以善意取得标的物的权利。

[例题] 甲因出国留学，将自家一幅名人字画委托好友乙保管。在此期间乙一直将该字画挂在自己家中欣赏，来他家的人也以为这幅字画是乙的，后来乙因做生意急需钱，便将该幅字画以3万元价格卖给丙。甲回国后，发现自己的字画在丙家中，询问情况后，向法院起诉。下列有关该纠纷的表述中正确的是？①

A．乙与丙之间的买卖合同属于无效合同

B．乙与丙之间的买卖合同属于效力未定的合同

C．甲对该幅字画享有所有权

D．丙对该幅字画享有所有权

2．关于可撤销的法律行为

可撤销的法律行为是指由于欠缺有效条件，当事人有权依照法律规定请求人民法院或者仲裁机关予以撤销的民事法律行为。因意思表示不真实而发生、撤销前是有效的，需要权利人主动行使权利方可撤销。

（1）重大误解

《民法总则》第147条　基于重大误解实施的民事法律行为，行为人有权请求人民法院或者仲裁机构予以撤销。

《民通意见》第71条②　行为人因为对行为的性质、对方当事人、标的物的品种、质量、规格和数量等的错误认识，使行为的后果与自己的意思相悖，并造成较大损失的，可以认定为重大误解。

据此，一般认为轻微误解不构成这里的重大误解。现实中，重大误解主要有以下几种情况：

第一，对合同性质的误解，如误将出租房屋当出卖房屋；

第二，对相对人的误解，如把张三当作其哥张二签订的委托合同；

第三，对标的物品种的误解，如误将真皮外套当作仿真皮外套出售；

第四，对标的物质量的误解，如误将二等品当一等品出售；

第五，对标的物数量等的误解，如误将1 000吨当作100吨；

---

① 【答案】D．解析：无权处分订立买卖合同之时，合同本身作为负担行为是有效的，AB错误；处分行为效力待定，由于原权利人甲没有追认，丙不知情并支付了对价，故丙可以善意取得，C错误，D正确。
② 《最高人民法院关于贯彻执行<中华人民共和国民法通则>若干问题的意见（试行）》（以下简称《民法通则》意见）

第六，对标的物的误解，如把复制品当作原件，把赝品当真品；

第七，对价金的误解，如将 1 000 元误认为 100 元。

 特别提醒

上述所有的误解，都是关于合同内容中重要因素的误解，通常认为动机的误解不可撤销。例如，关某为情人节约会购买了价值昂贵的玫瑰花，但是后来约会取消。关某的误解就是关于动机的误解，不可撤销买卖合同。

[例题] 甲将祖传的一幅画出让给乙。交付后，乙将该画送权威部门鉴定，结果为赝品。乙要求退货并返还价款，甲以该画系祖传，并不知真假为由而拒绝。此出让画的法律行为性质应如何认定？①

A．欺诈行为   B．重大误解行为

C．显失公平行为   D．有效法律行为

（2）欺诈

《民法总则》第 148 条 一方以欺诈手段，使对方在违背真实意思的情况下实施的民事法律行为，受欺诈方有权请求人民法院或者仲裁机构予以撤销。

《民法总则》第 149 条 第三人实施欺诈行为，使一方在违背真实意思的情况下实施的民事法律行为，对方知道或者应当知道该欺诈行为的，受欺诈方有权请求人民法院或者仲裁机构予以撤销。

考点1：明示欺诈（不该说乱说）与默示欺诈（该说不说）

[例题] 甲以土地使用权出资与外商乙合作成立公司，乙货币出资，期限 15 年。实际上，甲的土地使用权已经被征收。甲构成默示的欺诈。

考点2：相对人欺诈与第三人欺诈

欺诈行为如由第三人实施，则除非合同一方知道或应当知道第三人存在欺诈情形，否则合同另一方不得以有欺诈行为为由主张撤销该合同。

但是，如果在因第三人欺诈而订立的合同中，如果合同履行后，第三人是合同的直接受益人时，对于第三人的欺诈，合同相对人若不知情，也可以撤销。此种情形为例外情况。

[例题 1] 齐某扮成建筑工人模样，在工地旁摆放一尊廉价购得的旧蟾蜍石雕，冒充新挖出文物等待买主。甲曾以 5 000 元从齐某处买过一尊同款石雕，发现被骗后正在和齐某交涉时，乙过来询问。甲有意让乙也上当，以便要回被骗款项，未等齐某开口便对乙说："我之前从他这买了一个貔貅，转手就赚了，这个你不要我就要了。"乙信以为真，以 5 000 元买下石雕。此时，乙可向齐某主张撤销其购买行为，因为第三人甲欺诈乙之时，合同相对人齐某知情，故可以撤销。

---

① 【答案】B。解析：甲不知情，所以没有欺诈，A 错误；甲没有利用自己的优势或乙的危难造成不公，故不是显失公平，C 错误；有效法律行为，是指没有任何瑕疵的行为，D 错误；甲乙双方均误认假画为真画，属于标的物的认识错误，是重大误解行为，B 正确。

[例题2]甲患癌症，其妻乙和医院均对甲隐瞒其病情。经与乙协商，甲投保人身保险，指定身故受益人为乙。此时，虽然第三人乙欺诈保险公司时，合同相对人甲不知情，但是，保险合同一旦履行，甲不能获益，欺诈人乙是受益人，故保险公司有权以乙欺诈为由撤销合同。

（3）胁迫

《民法总则》第150条　一方或者第三人以胁迫手段，使对方在违背真实意思的情况下实施的民事法律行为，受胁迫方有权请求人民法院或者仲裁机构予以撤销。

考点1：胁迫与强迫，胁迫是有选择的，强迫进行的法律行为一律无效。

考点2：手段的合法与非法

> ### ✿ 特别提醒
>
> 　　理解胁迫的违法性，要从手段与目的两个方面着眼。通常认为手段与目的中，有一项为非法即可构成胁迫，更为复杂的是，如果手段和目的均属合法，但是两者的结合有悖公序良俗或者直接违反法律规定的，也构成具有违法性的胁迫。具体而言，有如下常见情形：

其一，手段非法，目的正当。

例如，甲以披露乙的隐私为威胁，迫使乙签发支票偿还对甲的债务。

其二，手段合法，目的非法。

例如，甲以举报犯罪相威胁，迫使乙购买自己的一辆已经报废的摩托车。

其三，手段非法，目的非法。

例如，甲称，如果乙不购买自己已报废的摩托车，就将乙的腿砸断。

其四，手段合法，目的合法，但是两者结合具有违法性。

例如，甲称，如果乙不还欠甲的债务，甲将举报乙半年前的犯罪行为。其中，举报犯罪与请求偿还债务均是合法的，但是这样的结合，却具有违法性，构成胁迫。这里如何区分合法压力与非法胁迫呢？比如，甲砸坏了乙的汽车，乙可以以向警察告发甲破坏汽车的行为，以获得对汽车造成损害的赔偿，这是正当的，无胁迫。但是，乙不能以此相威胁来实现没有关系的请求权，如要求甲偿还另一笔甲欠乙的债务即构成胁迫。

[例题]下列哪一情形下，甲对乙不构成胁迫？①

A．甲说，如不出借1万元，则举报乙犯罪。乙照办，后查实乙构成犯罪

B．甲说，如不将藏獒卖给甲，则举报乙犯罪。乙照办，后查实乙不构成犯罪

C．甲说，如不购甲即将报废的汽车，将公开乙的个人隐私。乙照办

D．甲说，如不赔偿乙撞伤甲的医疗费，则举报乙醉酒驾车。乙照办，甲取得医疗费和慰问金

---

① 【答案】D。解析：AB项手段合法，目的不正当，构成；C项手段和目的均不合法，构成；D项手段目的均合法，且两者之间有直接的关联性，故不构成。

（4）显失公平

《民法总则》第151条　一方利用对方处于危困状态、缺乏判断能力等情形，致使民事法律行为成立时显失公平的，受损害方有权请求人民法院或者仲裁机构予以撤销。

[例题] 甲许可乙公司实施其专利，乙公司根据自己对于市场资源优势对于专利使用费反复谈判，压低至1万元，期限两年。乙公司两年实现税后利润1000万元。此时，构成显失公平。

（5）撤销权

《民法总则》第152条　有下列情形之一的，撤销权消灭：

（一）当事人自知道或者应当知道撤销事由之日起一年内、重大误解的当事人自知道或者应当知道撤销事由之日起三个月内没有行使撤销权；

（二）当事人受胁迫，自胁迫行为终止之日起一年内没有行使撤销权；

（三）当事人知道撤销事由后明确表示或者以自己的行为表明放弃撤销权。

当事人自民事法律行为发生之日起五年内没有行使撤销权的，撤销权消灭。

① 撤销权的权利主体

撤销权的权利主体是欺诈、胁迫中的受害方、重大误解中的误解方和显失公平中的遭受不利者。

② 此种撤销权为形成权，需要通过诉讼或仲裁来行使。

③ 撤销权可能因权利人放弃行使权利或超过法定期间而消灭。

[例题] 乙公司以国产牛肉为样品，伪称某国进口牛肉，与甲公司签订了买卖合同，后甲公司得知这一事实。此时恰逢某国流行疯牛病，某国进口牛肉滞销，国产牛肉价格上涨。下列哪些说法是正确的？[①]

A. 甲公司有权自知道样品为国产牛肉之日起一年内主张撤销该合同

B. 乙公司有权自合同订立之日起一年内主张撤销该合同

C. 甲公司有权决定履行该合同，乙公司无权拒绝履行

D. 在甲公司决定撤销该合同前，乙公司有权按约定向甲公司要求支付货款

3. 无效

民事法律行为的无效是指因欠缺民事法律行为的有效条件而不产生法律效力的民事行为。在无效的民事法律行为的特征是：行为当然无效，它不需要任何人主张；成立但欠缺有效要件，不能发生当事人预期的后果；实践中任何人均可主张此行为无效。

> **特别提醒**
>
> "无须任何人主张"与"任何人均可主张"之间的关系。前者是就规范界定而言，只要具有无效原因，本身就是无效的。后者是就在实践中，认定无效的程序启动，任何人均可提出。

---

① 【答案】ACD。解析：乙欺诈甲，故只有甲又撤销权，自知道后一年之内可撤销，A正确，B错误。可撤销合同如果不撤销则应当按照原来的约定来履行，故CD正确。

（1）无效的具体情形

① 无民事行为能力人实施的民事法律行为无效。

例如，熊孩子甲（7岁），偷偷用妈妈的手机支付功能给自己喜欢的主播姐姐打赏25万元。

② 行为人与相对人以虚假的意思表示实施的民事法律行为无效。

若以虚假的意思表示隐藏了真实意思的民事法律行为，其效力依照有关法律规定处理。

例如，甲本欲赠予乙房屋一套，担心人情困扰或子女反对，通谋虚伪做成买卖。

③ 违反法律、行政法规的<u>效力性、强制性规定</u>的民事法律行为无效。

例如，当事人约定排除诉讼时效的适用，无效。

④ 违背公序良俗的民事法律行为无效。

违背公共秩序的，如欺诈、胁迫损害国家利益，侵犯社会公共利益等。

违背善良风俗的，例如，对于婚外情人的赠予等。

⑤ 行为人与相对人恶意串通，损害他人合法权益的民事法律行为无效。

例如，已经签订了房屋买卖合同但尚未办理过户登记的甲，为了避免买受人申请强制执行，与朋友故意做成买卖并办理过户。

（2）无效的后果

《民法总则》第155条　无效的或者被撤销的民事法律行为自始没有法律约束力。

《民法总则》第156条　民事法律行为部分无效，不影响其他部分效力的，其他部分仍然有效。

《民法总则》第157条　民事法律行为无效、被撤销或者确定不发生效力后，行为人因该行为取得的财产，应当予以返还；不能返还或者没有必要返还的，应当折价补偿。有过错的一方应当赔偿对方由此所受到的损失；各方都有过错的，应当各自承担相应的责任。法律另有规定的，依照其规定。

① 部分违法无效的法律行为，不影响其他部分的效力。

[例题] 甲被乙打成重伤，支付医药费5万元。甲与乙达成如下协议："乙向甲赔偿医药费5万元，甲不得告发乙。"甲获得5万元赔偿后，向公安机关报案，后乙被判刑。下列哪一选项是正确的？[①]

A．甲、乙之间的协议有效

B．因甲乘人之危，乙有权撤销该协议

C．甲、乙之间的协议无效

D．乙无权要求甲返还5万元赔偿费

② 法律行为无效的后果

第一，未履行的不再履行，已经履行的返还（不当得利），不能返还的折价补偿。

第二，无效或撤销后，有过错的一方向无过错的一方赔偿（缔约过失），均有过错，按

---

① 【答案】D。解析：甲、乙之间民事赔偿的约定有效，不得告发犯罪行为的约定无效，故是部分有效，AC错误，D正确；本题乙并不存在危难情形，B错误。

各自过错承担损失。

4.可撤销法律行为与无效法律行为的区别

可撤销法律行为与无效法律行为的区别如表6-4所示。

表6-4 可撤销法律行为与无效法律行为的区别

可撤销法律行为	无效法律行为
相对无效，只有当事人向法院或仲裁机构申请才可认定无效	绝对无效，无论是否有人主张，根据民法规范均为无效
撤销之前有效，一旦撤销则自始归于无效	自始不发生法律效力
只有撤销权人可以请求，其他人无权主张	双方当事人、利害关系人均可请求，法院发现无效事由依职权也可提出

（四）法律行为（合同）特别生效要件

1．附条件

（1）含义

附条件的民事法律行为是指双方当事人在民事法律行为中设立一定的事由作为条件，以条件的成就与否（是否发生）作为决定民事法律行为效力产生或解除根据的民事法律行为。

作为一个规范概念，"条件"必须满足的要求是：将来的、不确定的、可能的、合法的事实。

既然条件是未来、不确定的事实，则当事人只能等待其结果的自然出现，如果有人恶意阻止或者促成条件，则应当推定与其期待相反的后果。具体如下：

① 以不正当行为阻止条件成就的，视为条件成就。

② 以不正当行为促成条件成就的，视为条件不成就。

（2）条件的类型

① 根据条件对法律行为所起作用的不同，可将条件分为延缓条件和解除条件。

延缓条件是指民事法律行为中所确定的民事权利和民事义务，要在所附条件成就时发生法律效力的条件。

例如，甲对乙说，如果乙明年能考上国家公务员则赠予乙房屋一套。这里"明年考上公务员"，就是延缓条件。

在条件成就前，法律行为虽然已经成立，但双方的权利义务处于停止状态，在条件成就时才能生效。所以，延缓条件又称停止条件或生效条件。

解除条件又称消灭条件或失效条件，是指民事法律行为中所确定的民事权利和民事义务，在所附条件成就时，就失去法律效力的条件。附解除条件的民事法律行为是已经发生法律效力的行为，当事人已经开始享受权利，承担义务，当所附条件成就时，其权利义务即失去效力。

例如，甲将房子租给乙，但声明如果甲的儿子小甲结婚要用此房则结束合同，此即为解除条件。

② 根据条件内容的不同，可将条件分为积极条件与消极条件。

积极条件又称肯定条件，是指以某种事实的发生为其内容的条件。如甲与乙约定，如果甲的孩子去国外留学，则将房子租给乙。此约定中的"甲的孩子去国外留学"即为积极条件。

消极条件又称否定条件，是指以某种事实的不发生为其内容的条件。如甲与乙约定，如果甲的儿子不回国工作，则将房屋卖给乙。这里的"甲的儿子不回国工作"即是消极条件。

[例题] 甲打算卖房，问乙是否愿买，乙一向迷信，就跟甲说："如果明天早上7点你家屋顶上来了喜鹊，我就出10万块钱买你的房子。"甲同意。乙回家后非常后悔。第二天早上7点差几分时，恰有一群喜鹊停在甲家的屋顶上，乙正要将喜鹊赶走，甲不知情的儿子拿起弹弓把喜鹊打跑了，至7点再无喜鹊飞来。关于甲、乙之间的房屋买卖合同，下列哪一选项是正确的？①

A．合同尚未成立   B．合同无效

C．乙有权拒绝履行该合同   D．乙应当履行该合同

2．附期限——将来的、必将到来。有日期不一定是期限，可以同时有条件

（1）始期，成立暂时不生效，期限到来才生效。

（2）终期，成立即生效，期限到来就结束合同。

---

① 【答案】C。解析：既然条件没有成就，则不能请求履行，故C正确。合同没有生效，为何不能选择B项呢？这关系到合同无效的理解。作为一个规范概念，合同无效通常指内容涉嫌违法之情形，一个已经成立，但由于条件没有成就、期限没有到来或者没有经过审批导致没有生效的合同，只能说没有生效，但不能直接说无效。需要审批才能生效的合同，道理与此相同，如果尚未经过审批，只能说是未生效，不能直接认定无效。如《关于审理外商投资企业纠纷若干问题的规定（一）》第1条规定，"当事人在外商投资企业设立、变更等过程中订立的合同，依法律、行政法规的规定应当经外商投资企业审批机关批准后才生效的，自批准之日起生效；未经批准的，人民法院应当认定该合同未生效。当事人请求确认该合同无效的，人民法院不予支持。"

07 | 第七讲 代理

 阅读提示

　　代理是法律行为的延伸，本讲最重要的内容是代理的分类和无权代理。广义的无权代理包括一般狭义无权代理和表见代理，两者均属于常考知识点。

一、代理的概念

　　代理，是代理人以被代理人（又称本人）的名义，在代理权内与第三人（又称相对人）的法律行为，其法律后果直接由被代理人承受的民事法律制度。代理是一种至少有三方（被代理人、代理人、第三人）参加的民事法律关系。

　　此概念，是民法上界定的经典代理。对于其结构，举例说明如图 7-1 所示：

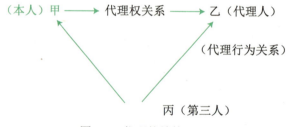

图 7-1　代理的结构

　　甲是被代理人，也叫本人（注意：本人作为一个规范概念，只要在代理的制度中出现，不需要任何的说明，指的就是被代理人），乙是代理人，丙是第三人（也叫交易相对人）。乙经过甲的授权，进而获得了代理权以甲的名义与交易相对人进行法律行为（最典型的是订立合同），法律行为所引起的法律后果由甲丙来承担。

　　从民法体系的角度言之，民法上界定的此经典代理，通常只有法律行为才能进行代理，事实行为由于直接产生法定后果，不存在代理的可能。

　　反过来，只有法律行为才能进行代理，并不能得出所有法律行为均可以代理的结论。有的法律行为，如依照法律规定或者双方当事人约定，应当由本人亲自实施的民事法律行为，不得通过代理人进行。这些行为包括：

　　（1）具有人身性质的行为，如订立遗嘱、婚姻登记、收养子女等；

（2）法律规定或当事人约定应当由特定的人亲自为之的行为，如演出、讲课等。

（3）违法行为不可代理。代理人知道或者应当知道代理事项违法仍然实施代理行为，或者被代理人知道或者应当知道代理人的代理行为违法未作反对表示的，被代理人和代理人应当承担连带责任。

> **🌸 特别提醒**
>
> 代理不同于居间，居间人只是提供信息，没有以他人名义订立合同的权利；
>
> 代理不同于行纪，行纪人是特殊的商事主体，一旦被委托则完全以自己的名义进行活动，独立享有权利、承担义务并负担费用；
>
> 代理不同于传达，传达人没有行为能力要求、没有自己独立的意思，代理人则要求限制行为能力以上，并且代理人为了被代理人的最大利益，可以表达自己独立的意思，同时，身份行为不可代理，但与身份行为有关的信息可以传达。

二、代理的分类

通常而言，代理的分类是对广义代理的分类，上述所谓经典代理只是代理的一种情形。

（一）法定代理与意定代理

这是根据代理权的来源不同对代理进行的分类。

1. 意定代理

意定代理包括委托代理和职务代理，两者基础关系有异，但代理权的产生均是基于授权行为。

（1）委托代理，是指基于被代理人的委托授权而发生的代理，是最常见、最广泛适用的一种代理形式。委托代理一般是在委托合同基础上，由被代理人直接授权给代理人。

这种代理，正是上述民法中界定的所谓经典代理。

理解委托代理，关键是理解委托代理的内在逻辑结构。

委托代理，描述的是两个法律事实之组合，即委托合同和单方授予代理权。委托合同是双方法律行为，代理权的授予是单方法律行为。代理人获得代理权的是被代理人对于代理人单方授权的行为，而不是委托合同。这两个行为应当分开理解，否则就会遇到困惑。

委托合同与单方授权，既然是两个法律事实，则意味着两者既可以同时存在，也可以分别存在。举例说明如下：

① 既有委托，又有代理。例如，甲与乙签订委托合同，同时甲授权给乙，让乙以甲的名义与丙订立合同。

② 只有委托，没有代理。例如，甲与张律师签订委托合同，约定在一年内就法律问题向张律师咨询，并约定费用若干。

③ 只有代理，没有委托。例如，甲、乙是好友，一天在国外旅游的甲授权给乙，让乙从某超市以甲的名义订购一台打折销售的空调，甲是基于友谊关系对乙的信任而进行的直接授权。

两者相区分的意义在于，两种行为对于当事人行为能力要求不同。

委托合同如果有一方是限制行为能力，且超出其年龄智力范围的，合同为效力待定。如果是被代理人授权给一个限制行为能力人，让其以被代理人的名义去订立合同的，授权行为有效，因为代理权的授予是单方行为，被授权的代理人以被代理人的名义订立的合同也有效，因为代理人不需要承担合同履行的后果，其是否有完全行为能力并不重要，只要被代理人愿意授权给他就可以。

（2）职务代理

职务代理，是指因劳动合同、雇佣合同等法律关系受雇人就职权范围内的事项以法人或非法人组织的名义实施法律行为，对法人、非法人组织发生效力的代理。

 特别提醒

职务代理时，即使行为人超越代理权，法律后果与一般的代理不同。对此，民法总则第170条第2款规定，法人或者非法人组织对执行其工作任务的人员职权范围的限制，不得对抗善意相对人。据此，只要内部授权的限制，交易相对人不知情，法人或非法人组织就应当承受代理行为的法律效果。

2. 法定代理

法定代理，是指根据法律的直接规定而产生的代理。法定代理不需要被代理人的授权。例如，依据我国法律规定，无民事行为能力人、限制民事行为能力人的监护人为其法定代理人；夫妻之间日常事务彼此有代理权等。

 特别提醒

综合上述两种代理，法定代理基于法律规定而发生，通常是不会发生无权代理的。无权代理要发生，通常发生在委托代理之中，而委托代理，在民法的行为中，又通常是对于法律行为的代理。明确这一点对于后面掌握无权代理具有重要价值。

（二）直接代理与间接代理

这是根据代理人在进行代理活动时，是否明示被代理人的名义而对代理进行的分类。

1. 直接代理

直接代理是指代理人在代理的权限范围内所为的意思表示，必须以被代理人名义进行的代理。此种代理，后果直接由被代理人承担，是显名代理的一种。直接代理的目的在于保护相对人利益，使其知悉法律关系的当事人。

2. 间接代理

间接代理是指代理人在代理权限内以自己的名义进行的代理为间接代理。此种代理的后果间接归于被代理人。

根据我国《合同法》的规定，根据相对人是否知道代理关系的存在，又可以把间接代理分为显明的间接代理和隐名的间接代理。

显明的间接代理，是指代理人虽未以本人名义为法律行为，而实际有代理的意思而且相对人知道或应当知道其为代理他人行为的，代理人的行为效果，直接在被代理人和相对人之间发生。

隐名的间接代理，是指代理人以自己的名义订立合同，同时，相对人不知道代理关系存在的情形。

对于这两种间接代理的法律效果，本书将在后文《合同法》部分讲述。

（三）本代理与复代理（再代理）

1．本代理

本代理是指由本人选任代理人或直接依据法律规定产生代理人的代理。

2．复代理

（1）含义：是指代理人为了被代理人的利益需要，将其享有的代理权的全部或一部分转委托给他人行使而产生的代理。此种代理是基于转委托而形成的代理关系，所以，又称为再代理或转委托。

（2）特征：

① 复代理人的代理权限以原代理人的权限为限；

② 代理人以自己名义选任第三人为复代理人，这是代理人的复任权；

③ 复代理人是被代理人的代理人而非原代理人的代理人，故被代理人可以直接指示复代理人；

④ 复代理人所为法律行为的后果直接由被代理人承担。

（3）复代理的产生：

> 一般情况：经被代理人同意，事前授权或者事后追认
> 情况紧急：为被代理人的利益，不经同意亦可

（4）复代理中的责任：

① 一般情况下，复代理人的行为由本人（被代理人）承担责任，法律效果直接归于被代理人；

② 例外情况下，代理人对于复代理人的行为承担责任。

> 经同意，代理人仅在选任、指示有过失的范围内负责，复代理人有过错承担连带责任
> 未经同意，代理人对被代理人负全部责任，情况紧急的复代理除外

《民法通则》第81条　委托代理人转托他人代理的，应当比照民法通则第六十五条规定的条件办理转托手续。因委托代理人转托不明，给第三人造成损失的，第三人可以直接要求被代理人赔偿损失；被代理人承担民事责任后，可以要求委托代理人赔偿损失，转托代理

人有过错的，应当负连带责任。

[例题] 关于复代理，下列哪些选项是正确的？^①

A．复代理人是代理人基于复任权而选任的

B．复代理人的代理行为后果直接由本人承担

C．委托代理人转托他人代理必须取得被代理人同意

D．委托代理人转托不明给第三人造成损失的，转托代理人有过错的应负连带责任

（四）单独代理与共同代理

1．单独代理

单独代理，是指代理权属于一人的代理。单独代理的特征是代理权属于一人，但被代理人是一人还是数人，在所不问。

2．共同代理

共同代理是指代理权属于两人以上的代理。共同代理人如果共同实施代理，则形成共同关系，可以共同行使代理权，也可以约定依多数决原则行使代理权。

《民法总则》第166条　数人为同一代理事项的代理人的，应当共同行使代理权，但是当事人另有约定的除外。

代理人为两人以上的，若未形成共同关系的，则各自承担责任。数个委托代理人共同行使代理权的，<u>如果其中一人或者数人未与其他委托代理人协商，所实施的行为侵害被代理人权益的，由实施行为的委托代理人承担民事责任。</u>被代理人为数人时，其中一人或者数人未经其他被代理人同意而提出解除代理关系，因此造成损害的，由提出解除代理关系的被代理人承担。

三、代理权的发生、行使与终止

代理权是指代理人以被代理人的名义与第三人实施法律行为，为被代理人设定、变更或消灭民事法律关系的权利。

（一）发生

在不同代理关系中，代理权的产生有所不同。

1．在委托代理关系中，代理权是基于被代理人的单方授权而产生的。

《民法总则》第165条　委托代理授权采用书面形式的，授权委托书应当载明代理人的姓名或者名称、代理事项、权限和期间，并由被代理人签名或者盖章。

2．在法定代理关系中，代理权是根据法律的直接规定而产生的。

---

① 【答案】ABD。解析：B选项中的本人专指被代理人。

（二）代理权行使的限制

代理人应当为了被代理人的利益，在代理的权限范围内行使代理权。

自己代理、双方代理与通谋代理这三种情形，在理论上并称为<u>滥用代理权</u>，原则上民法予以禁止。

1. 自己代理

自己代理是指代理人以被代理人的名义与自己进行民事活动的行为。该行为通常为无效行为，但<u>仅给被代理人带来利益的，或者经被代理人许可的</u>，应为有效。

2. 双方代理

双方代理是指代理人以被代理人的名义与自己代理的其他人进行民事活动的行为。该行为原则上无效，<u>但符合法律规定或交易习惯，或者经被代理人认可的</u>，应为有效。

3. 通谋代理

通谋代理是指代理人与第三人恶意串通，此种行为属于无效的法律行为，给被代理人造成损害的，<u>由代理人和第三人负连带责任</u>。

（三）终止

1. 委托代理终止

（1）代理期间届满或者代理事务完成；

（2）被代理人取消委托或者代理人辞去委托；

（3）代理人丧失民事行为能力；

（4）代理人或者被代理人死亡；

> **特别提醒**
>
> 被代理人死亡但依然有效的代理：<u>①代理人不知；②约定完成时终止；③继承人承认；①④死前进行且为继承人的利益的</u>。

（5）作为代理人或者被代理人的法人、非法人组织终止。

[例题] 王教授因公去美国讲学 3 个月，临行前邻居李大爷托其在美国购买正宗丽声助听器。3 个月后，王教授带着替李大爷买好的助听器回国，得知 1 个月前李大爷去世，遂要求其子支付价款并取走助听器。其子以父亲已去世，助听器派不上用场而拒绝。对此，下列说法正确的是：②

A. 经李大爷之子追认始有效

B. 属有权代理

C. 属代理权终止后的行为

---

① 依据《民法总则》，只要有继承人承认即可，不需要均承认，因为由承认的继承人承担代理的后果即可。
② 【答案】B。解析：本题中，由于王教授不知道李大爷去世的事实，故视为有权代理。

D．属无权代理，因被代理人死亡，代理终止

2．法定代理的终止

（1）被代理人取得或者恢复完全民事行为能力；

（2）代理人丧失民事行为能力；

（3）代理人或者被代理人死亡；

（4）法律规定的其他情形。

四、无权代理（狭义）

无权代理一词，在没有特别说明的情况下，通常是指狭义的无权代理，即不包括表见代理。

（一）含义

代理人缺乏代理权时所进行的行为主要包括三种情形：**根本未授权、有授权但已经过期、有授权但超出了授权的范围。**

（二）无权代理的效力

1．关于本人的追认权的说明

关于追认权的行使及其后果主要有如下重要条文作为依据：

《民法总则》第171条 行为人没有代理权、超越代理权或者代理权终止后，仍然实施代理行为，未经被代理人追认的，对被代理人不发生效力。

相对人可以催告被代理人自收到通知之日起一个月内予以追认。被代理人未作表示的，视为拒绝追认。行为人实施的行为被追认前，善意相对人有撤销的权利。撤销应当以通知的方式做出。

行为人实施的行为未被追认的，善意相对人有权请求行为人履行债务或者就其受到的损害请求行为人赔偿，但是赔偿的范围不得超过被代理人追认时相对人所能获得的利益。

相对人知道或者应当知道行为人无权代理的，相对人和行为人按照各自的过错承担责任。

《<合同法>解释（二）》[①] **第11条** 根据合同法第47条、第48条的规定，追认的意思表示自到达相对人时生效，合同自订立时起生效。

《<合同法>解释（二）》第12条 无权代理人以被代理人的名义订立合同，被代理人已经开始履行合同义务的，视为对合同的追认。

《合同法》第48条 行为人没有代理权、超越代理权或者代理权终止后以被代理人的名义订立的合同，未经被代理人追认，对被代理人不发生效力，由行为人承担责任。

相对人可以催告被代理人在一个月内追认。被代理人未作表示的，视为拒绝追认。合同被追认之前，善意相对人有撤销的权利。撤销应当以通知的方式做出。

---

① 全称为《最高人民法院关于适用〈中华人民共和国合同法〉若干问题的解释（二）》已于2009年2月9日由最高人民法院审判委员会第1462次会议通过，自2009年5月13日起施行。

《民法通则》第66条　第1款　本人知道他人以本人名义实施民事行为而不作否认表示的，视为同意。

依据上述规定，被代理人一旦追认，此效力待定的合同自成立时生效。追认的情形如下：

（1）被代理人明确表示承认；

（2）被代理人知道后保持沉默，但开始履行义务；

（3）法律行为发生时，明知而没有反对，在理论上这种情况被称为默示的授权，视为追认。

> **特别提醒**
>
> 如果法律行为发生时，被代理人明知而不表示反对的，视为同意，因为此时被代理人有机会防止法律行为的发生。如果无权代理人以被代理人的名义进行法律行为，被代理人不知道，事后面对相对人的催告，被代理人保持沉默，视为拒绝，因为此时被代理人没有机会防止法律行为的出现。

2．无权代理中的责任

（1）无权代理人所实施的行为，如果不得到"被代理人"的追认，又不能证明自己有代理权，则应对自己的行为承担责任，对该行为所造成的相对人的损失负赔偿责任。

（2）被代理人对无权代理行为有拒绝承认的形成权，该拒绝的意思表示一经做出即产生无权代理对被代理人无效的法律后果。该无权代理人应对第三人承担相应的法律后果。

（3）如果因无权代理行为而造成"被代理人"损失的，无权代理人也应负赔偿责任。

3．相对人的催告权、撤销权与选择权

在无权代理中，相对人（第三人）对代理行为享有催告权，善意的相对人还享有撤销权和选择权。有两点值得注意：

其一，此两项权利行使的前提均为追认之前；

其二，所谓的善意是指第三人不知道行为没有代理权。

4．无权代理可能的最终后果

（1）代理有效时——即本人（被代理人）做出追认的表示

① 本人与第三人之间形成有效合同关系，若任何一方不履行须承担违约责任；

② 行为人与第三人之间无任何法律关系；

③ 本人与行为人之间可能发生报酬与费用，具体参照有权代理时的标准。

（2）代理无效时——即本人（被代理人）没有做出追认的表示

① 本人与第三人之间无任何法律关系；

② 本人与行为人之间无合同关系，但是，行为人给本人带来损失的应赔偿；

③ 行为人与第三人之间，给第三人带来损失的，若第三人不知情可选择行为人赔偿损失（缔约过失赔偿）或者履行债务。

5．其他的可能

如果行为人之无权代理行为确实是为了本人之利益，并且符合无因管理的构成要件时，在行为人与本人之间可构成无因管理之债。

[例题] 下列哪一情形构成无权代理？ ①

A．甲冒用乙的姓名从某杂志社领取乙的论文稿酬据为己有

B．某公司董事长超越权限以本公司名义为他人提供担保

C．刘某受同学周某之托冒充丁某参加求职面试

D．关某代收某推销员谎称关某的邻居李某订购的保健品并代为付款

五、表见代理

表见代理也是一种无权代理，不过因为代理人在行为时，让第三人相信了其有代理权的外观，所以与一般的无权代理截然不同。表现代理的要点如下：

（一）含义及意义

表见代理，是指行为人虽没有代理权，但第三人在客观上有理由相信其有代理权而与其实施法律行为，该法律行为的后果由本人承担的代理。

表见代理在代理制度中起协调本人利益和相对人利益的作用，通过对善意第三人利益的保护而达到维护交易秩序的目的。

《合同法》第49条 行为人没有代理权、超越代理权或者代理权终止后以被代理人名义订立的合同，相对人有理由相信行为人有代理权的，该代理行为有效。

《民法总则》第172条 行为人没有代理权、超越代理权或者代理权终止后，仍然实施代理行为，相对人有理由相信行为人有代理权的，代理行为有效。

（二）表见代理的构成要件

构成表见代理，须具备以下条件：

1．代理人是无代理权

代理人在实施代理行为时，并无本人的授权，或虽有授权，但并未授权其可实施超出特定授权范围的行为。

2．该无权代理人有被授予代理权的外表或假象

如果无权代理人以被代理人名义实施法律行为，但又没有任何迹象表明其被授权，那么不存在表见代理问题，即表见代理的成立须有"外表授权"的存在。如合同的签订人持有被代理人的介绍信签订合同、使用被代理人的合同专用章或盖有印章的空白合同书签订合同等

---

① 【答案】D。解析：认定无权代理，基本思路如下：既然前文已经提到，无权代理通常是在委托授权类的代理中才会出现，而委托授权类的代理通常又是对于法律行为的代理，基于此种认识，就意味着，要构成无权代理一定是委托授权类的代理，要是委托授权类的代理又一定是对于法律行为的代理，如果选项不是法律行为即可直接排除。A项为侵权或不当得利行为，非法律行为，排除；B项是代表行为，非代理，排除；C项为直接产生法定后果的事实行为，排除；D项买卖合同为法律行为，邻居没有授权，故为无权代理，正确。

属于有被授予代理权的外表或假象。

3．相对人有正当理由相信该无权代理人有代理权

判断有无正当理由，应以一个善良人在正常情况下是否相信为判断标准。

4．相对人基于信任而与该无权代理人为法律行为

这是判定是否构成表见代理的最终标准，虽然有以上三个要件，但最终相对人若未与该无权代理人就所谓代理内容成立法律行为，那么也不构成表见代理。

（三）构成表见代理的经典情形

1．因表见授权表示而产生的表见代理

被代理人以直接或间接的意思表示，表明授予他人代理权，但事实上并未授权。在此情况下，相对人有理由相信该无权代理人为有权代理人，而与之为法律行为。

2．因代理授权不明而产生的表见代理

被代理人在代理授权时，未明确代理权限，或未将指明的代理权限有效告知相对人，致使相对人善意无过失地相信代理人的越权代理为有权代理，而与之为民事法律行为。

3．因代理关系终止后未采取必要的措施而产生的表见代理

被代理人在代理关系终止后，被代理人没有采取必要措施的情形主要有：

（1）如果没有书面授权，但长期以来形成了交易习惯的，在代理人离职后，被代理人应将此事实以适当的方式，有效地通知相对人；

（2）如果有书面授权但尚未到期，在提前结束授权时，应当收回授权书；

（3）如果有交给代理人介绍信、盖有公司合同专用章的空白合同书的，授权结束后应当及时收回。

如果在上述情况下，因为被代理人的原因，使相对人不知代理关系终止，而与原代理人为法律行为，则构成表见代理。

综上而言，所有构成表见代理的情形均是由于被代理人的过错导致的，因此为了保护善意第三人，就由被代理人承担此法律行为的后果。

3．通常认为不构成表见代理的两种情形

（1）盗用他人介绍信、盖有合同专用章或公章的空白合同书签订合同的

在发生盗用的情况，被代理人也会因盗窃行为的发生遭受损失，即第三人善意且无过失的情况下，相信了盗窃人有代理权，也不是因为被代理人的过错导致的，所以，此种情形通常不构成表见代理，可能的损失都应当由盗窃者承担。

（2）借用他人介绍信、合同专用章或者盖有公章的空白合同书签订合同的

这种情况本来可以构成表见代理，但是，由我国《民诉解释》第65条规定："借用业务介绍信、合同专用章、盖章的空白合同书或者银行账户的，出借单位和借用人为共同诉讼人。"对于这种规定，通常理解为出借人和借用人之间承担的是连带责任。既然有特别规定，就优先适用特别规定，因而排除了认定此种情形构成表见代理的必要。因为一旦构成表见代理，

承担责任的方式是直接由被代理人承担，而不是连带责任。

[例题1] 甲公司业务经理乙长期在丙餐厅签单招待客户，餐费由公司按月结清。后乙因故辞职，月底餐厅前去结账时，甲公司认为，乙当月的几次用餐都是招待私人朋友，因而拒付乙所签单的餐费。下列哪一选项是正确的？①

A．甲公司应当付款
B．甲公司应当付款，乙承担连带责任
C．甲公司有权拒绝付款
D．甲公司应当承担补充责任

[例题2] 甲委托乙前往丙厂采购男装，乙觉得丙生产的女装市场看好，便自作主张以甲的名义向丙订购。丙未问乙的代理权限，便与之订立了买卖合同。对此，下列哪些说法是正确的？②

A．甲有追认权
B．丙有催告权
C．丙有撤销权、选择权
D．构成表见代理

---

① 【答案】A。解析：由于已经形成了交易习惯，在乙辞职后，甲没有及时通知乙，故餐厅有合理的理由相信乙有代理权，表见代理成立。

② 【答案】ABC。解析：本题中乙明显超越代理权，丙未问代理权限，没有合理理由相信乙有代理权，只是不知情，故构成狭义无权代理中的善意第三人，故 ABC 正确。

08 | 第八讲
民法上的时间

阅读提示

　　本讲最核心的内容是诉讼时效，主要内容包括：时效的适用范围和效力、时效的期间和起算、时效的中止和中断。其中，中止和中断是最重要的考点。

　　人们的生活总是在一定的时间中度过，民事权利和义务关系总是存在于一定的时间范围内，因此时间的经过对于民事法律关系的产生、变更或消灭一定会产生相应的影响。因此，时间也是一种法律事实。作为法律事实，有人认为时间是事件，有人认为是一种客观状态，但两者都认为时间的经过与人的意志无关，是属于非行为的法律事实。关于时间，本节内容主要包括诉讼时效、除斥期间等问题。

一、诉讼时效的含义与适用范围

（一）诉讼时效的含义

　　诉讼时效是指权利主体在法定期间内不行使权利，义务人便享有抗辩权，从而导致权利人无法胜诉的法律制度。

　　法律上关于诉讼时效的规定，<u>不允许当事人通过约定排除适用</u>。而且主张适用时效，<u>只有债务人可以主张，法院在审判时不得主动适用</u>，因为不履行债务尽管可以获得额外的经济利益，但是要背上道德负担，毕竟，"欠债还钱天经地义"乃人之常情，因此，是否主张时效抗辩，只有债务人可以主张。

　　《诉讼时效规定》[①]第2条　当事人违反法律规定，约定延长或者缩短诉讼时效期间、预先放弃诉讼时效利益的，人民法院不予认可。

　　《诉讼时效规定》第3条　当事人未提出诉讼时效抗辩，人民法院不应对诉讼时效问题进行释明及主动适用诉讼时效的规定进行裁判。

（二）诉讼时效的适用范围

　　诉讼时效的适用范围也就是诉讼时效的客体，即哪些权利适用诉讼时效。通常而言，请

---

① 全称为《最高人民法院关于审理民事案件适用诉讼时效制度若干问题的规定》。于2008年8月11日由最高人民法院审判委员会第1450次会议通过，自2008年9月1日起施行，法释〔2008〕11号。

求权中的债权请求权受到时效的限制，法律另有规定的依据其规定。

关于时效适用范围问题，最重要的两个规定是：

《诉讼时效规定》第1条 当事人可以对债权请求权提出诉讼时效抗辩，但对下列债权请求权提出诉讼时效抗辩的，人民法院不予支持：

（一）支付存款本金及利息请求权；

（二）兑付国债、金融债券以及向不特定对象发行的企业债券本息请求权；

（三）基于投资关系产生的缴付出资请求权；

（四）其他依法不适用诉讼时效规定的债权请求权。

《民法总则》第196条 下列请求权不适用诉讼时效的规定：

（1）请求停止侵害、排除妨碍、消除危险；

（2）不动产物权和登记的动产物权的权利人请求返还财产；

（3）请求支付抚养费、赡养费或者扶养费；

（4）依法不适用诉讼时效的其他请求权。

据此规定，诉讼时效通常适用于债权请求权，但债权请求权适用时效又有例外。

> **特别提醒**
>
> 不适用诉讼时效的请求权包括：（1）物权请求权中的排除妨害、消除危险、所有权确认、返还原物等，但是根据《民法总则》的规定，没有登记的动产物权返还原物请求权也会受到时效限制；（2）侵权行为请求权中的停止侵害、消除危险、消除影响请求权等；（3）基于身份关系而产生的请求权，如扶养费请求权、离婚请求权、解除收养关系请求权等；（4）基于共有关系而产生的请求权中的分割合伙财产请求权、分割家庭财产请求权等；（5）基于相邻关系而产生的请求权中的停止侵害、排除妨害、消除危险。

[例题] 下列哪些请求不适用诉讼时效？[①]

A. 当事人请求撤销合同

B. 当事人请求确认合同无效

C. 业主大会请求业主缴付公共维修基金

D. 按份共有人请求分割共有物

（三）与时效适用范围和效力相关的其他考点

（1）过了时效后，当事人仍可起诉，法院不得以超过诉讼时效为由不予受理，当对方提出时效抗辩时，债权人不能获得胜诉。

（2）过了时效后，如果债务人自愿履行债务的仍为有效，履行后不得反悔，债权人受领具有保持力。

（3）提出时效抗辩的时间要求：一般应当在一审期间提出，不得在二审期间提出，除非有新证据。这意味着二审期间关于时效的新证据之时，依然有机会提出时效抗辩。

（4）抗辩的后果：债务人一方提出诉讼时效已过的抗辩的，如果法院查明抗辩成立，则

---

① 【答案】ABCD。解析：A项是形成权；B项主张无效任何时间任何人均可主张，一般无限制；C项是建筑物区分所有权中管理权的内容，无限制；D项中共有人请求分割共有物，是物权内容的延伸，不适用时效。

应当判决（而非裁定）驳回原告的诉讼请求（而非驳回起诉）。

二、诉讼时效的类型

（一）普通诉讼时效

普通诉讼时效适用于法律没有特别规定的一切民事法律关系。世界上各个国家对此规定差异很大。

《民法总则》第 188 条　向人民法院请求保护民事权利的诉讼时效期间为三年。法律另有规定的，依照其规定。

诉讼时效期间自权利人知道或者应当知道权利受到损害以及义务人之日起计算。法律另有规定的，依照其规定。但是自权利受到损害之日起超过二十年的，人民法院不予保护；有特殊情况的，人民法院可以根据权利人的申请决定延长。

20 年即最长时效期间，它也适用于一切民事法律关系，但它与普通诉讼时效的不同在于起算时间不同，普通诉讼时效从权利人知道或应当知道其权利被侵害之日起计算，而最长诉讼时效是从权利被侵害之日起计算的。通常认为，20 年的最长保护期是对于 3 年时效的补充，因为，如果权利人不知道侵权的出现，3 年的普通时效就不能起算。

（二）特殊诉讼时效

不适用 3 年时效的特别规定，都可以认为是特殊时效。这种时效都是特别规定的。典型代表是国际货物买卖和技术进出口合同，请求权时效为 4 年。

《合同法》第 129 条　因国际货物买卖合同和技术进出口合同争议提起诉讼或者申请仲裁的期限为四年，自当事人知道或者应当知道其权利受到侵害之日起计算。因其他合同争议提起诉讼或者申请仲裁的期限，依照有关法律的规定。

三、诉讼时效的起算

（一）关于诉讼时效起算规则的基本内容

根据《民法总则》的规定，诉讼时效期间的起算规则一般是：

除了最长的诉讼时效期间是从权利被侵害之时起算之外，其他诉讼时效期间一般都是从权利人知道或者应当知道其权利被侵害时（指同时知道损害事实和加害人）起计算。

但是，法律或者司法解释有特别规定的，依据特别规定，如：

《婚姻法解释（一）》第 31 条　再次请求分割夫妻公共财产的，从发现财产之次日起计算诉讼时效。

《担保法解释》第 34 条第 1 款　一般保证合同，保证债务的诉讼时效从针对主债务人诉讼判决、裁决生效之日起算。

如果说，诉讼时效的起算均从权利人知道或应当知道权利被侵害之日起算就是错误的结论。

（二）关于诉讼时效起算的特别规定

1．合同之债

（1）定有清偿期的：从清偿期届满之日起算。

（2）未定清偿期的：通常自宽限期届满之日起算，但债务人在债权人第一次主张权利之时明确表示不履行的，自表示不履行义务之日起计算。

（3）分期履行的合同：自最后一期届满之日起算。

（4）合同撤销后返还之债：被撤销之日起算。

2．侵权之债

（1）人身侵权赔偿：当发现侵害发生之日起算；当时未发现，伤势确诊之日起算。

（2）知识产权侵权时效需要掌握三个要点：

其一，知识产权侵权适用普通时效3年；

其二，由于知识产权侵权的持续性，即便权利人知道侵权后超过3年的，在对方提出时效抗辩的前提下，也不能直接驳回诉讼请求，而应当判决停止侵害；

其三，如果要主张损害赔偿，则可以就提起诉讼之日起向前推算3年，这3年之内的可主张损害赔偿。

（3）未成年人遭性侵，自受害人年满十八周岁之日起计算。

（4）无限制民事行为能力人或者限制民事行为能力人对其法定代理人的请求权的诉讼时效期间，自该法定代理终止之日起计算。

3．其他问题

（1）不当得利之债：自知道或者应当知道事实及对方当事人之日起算。

（2）无因管理之债：

（3）管理人请求必要费用：行为结束并且知道本人之日起算。

（4）本人请求损害赔偿：知道或者应当知道管理人及损害事实之日起算。

4．命题中期间起算的命题陷阱：

（1）问：权利人至（最）迟应在哪一天起诉？

此时需要确定的是诉讼时效届满的最后一天。

（2）问：何时起诉开始可能得不到法院的支持？

此时需要确定的是时效届满后至少再加一天。

5．上述所有的表达，都是从次日开始计算时效，当天不计算在内。

［例题］2001年4月1日，范某从曹某处借款2万元，双方没有约定还款期。2003年3月22日，曹某通知范某还款，并留给其10天准备时间。下列哪种说法是正确的？[①]

---

① 【答案】D。解析：计算宽限期届满之时，要注意3月有31天。

A．若曹某于 2006 年 4 月 1 日或其之后起诉，法院应裁定不予受理

B．若曹某于 2006 年 4 月 1 日或其之后起诉，法院应判决驳回其诉讼请求

C．若曹某于 2006 年 4 月 2 日或其之后起诉，法院应裁定驳回其起诉

D．若曹某于 2006 年 4 月 2 日或其之后起诉，法院应判决驳回其诉讼请求

四、诉讼时效的中止

（一）中止的含义

诉讼时效的中止是指在诉讼时效进行中，由于出现了法定事由而暂时中止诉讼时效进行的法律制度。

中止是暂时停止计算已经开始的诉讼时效，待阻止时效计算的事由消除，诉讼时效期间继续计算。

（二）中止的条件

《民法总则》第 194 条　在诉讼时效期间的最后六个月内，因下列障碍，不能行使请求权的，诉讼时效中止：

（一）不可抗力；

（二）无民事行为能力人或者限制民事行为能力人没有法定代理人，或者法定代理人死亡、丧失民事行为能力、丧失代理权；

（三）继承开始后未确定继承人或者遗产管理人；

（四）权利人被义务人或者其他人控制；

（五）其他导致权利人不能行使请求权的障碍。

自中止时效的原因消除之日起满六个月，诉讼时效期间届满。

诉讼时效中止须满足两个条件：

1. 出现法定中止的事由

此种事由主要包括：不可抗力和其他使当事人不能行使请求权的障碍。

（1）不可抗力。指当事人"不能预见，不能避免并不能克服的客观情况"；

（2）权利被侵害的无民事行为能力人、限制民事行为能力人没有法定代理人，或者法定代理人死亡、丧失代理权、丧失行为能力；

（3）继承开始后未确定继承人或者遗产管理人；

（4）权利人被义务人或者其他人控制无法主张权利；

（5）其他导致权利人不能主张权利的客观情形。

特别提醒

无论是不可抗力还是其他障碍，共性的原因是，由于客观原因权利人不能行权导致时效中止。同时，对于夫妻关系的存续能否导致时效中止的问题，尽管存在争议，但据往年考题给出的答案看，应采纳可以导致时效中止的观点。

2．中止的事由存在于诉讼时效期间临届满的最后 6 个月内

（1）如果在最后 6 个月之前发生的，持续到最后 6 个月时中止。

（2）如果发生在最后 6 个月内，则立即中止。

（3）无论何时中止，均是在中止事由消失后继续计算 6 个月。

［例题］2007 年 12 月 31 日，甲被人打伤，但直至 2008 年 4 月 30 日甲才知道凶手是乙。2010 年 12 月 5 日至 2010 年 12 月 14 日，甲因所在地发生地震，无法与外界联系。甲向人民法院起诉不丧失胜诉权的最后日期是：①

A．2009 年 12 月 31 日　　　　　　　　B．2011 年 4 月 30 日

C．2011 年 6 月 14 日　　　　　　　　D．2011 年 5 月 10 日

五、诉讼时效的中断

（一）中断的含义

诉讼时效的中断是指在诉讼时效进行中，因一定事由的发生，阻碍时效进行，致使以前经过的时效期间统归无效，从中断时起，其诉讼时效重新计算的制度。

（二）中断的事由

《民法总则》第195条　有下列情形之一的，诉讼时效中断，从中断、有关程序终结时起，诉讼时效期间重新计算：（一）权利人向义务人提出履行请求；（二）义务人同意履行义务；（三）权利人提起诉讼或者申请仲裁；（四）与提起诉讼或者申请仲裁具有同等效力的其他情形。

1．权利人起诉或提起仲裁及与起诉、仲裁具有同一效力的事由

（1）提交起诉状或者口头起诉的，时效从提交诉状和口头起诉之日中断；

（2）向人民调解委员会或者其他调解机构请求调解；

（3）向公检法报案或控告。

2．权利人向义务人请求行使权利

3．义务人承认即同意履行债务

---

① 【答案】C。解析：根据《民法总则》普通时效均为三年。2008 年 4 月 30 日，知道加害人起算时效，正常届满时间为 2011 年 4 月 30 日。2010 年 12 月 5 日到 14 日，在时效邻届满的最后 6 个月内，因为地震发生时效中止。根据《民法总则》时效中止的原因消失后，再加上六个月届满。中止是由 2010 年 12 月 14 日消失，从 15 日开始，加上六个月，届满日期为 2011 年 6 月 14 日，C 正确。

特别提醒一

时效中断的三个理由中，起诉是权利人通过诉讼的方式行使权利，权利人提出主张是权利人通过诉讼之外的其他方式行使权利，义务人承认可以说是权利人被动的行使和确认了自己的权利。因此，关于时效中断的理由，可以概括为一句话，即权利人行使权利的结果。

特别提醒二

时效中止和中断的比较：抓住中止与中断的本质区别

中止：权利人不能行使权利。

中断：权利人行使权利的结果。

[例题] 下列关于诉讼时效的中止和中断说法正确的是：①

A．王某的债权人薄某作为某市市委书记因严重违纪行为被双规，此情形可导致债权债务关系的诉讼时效中断

B．债务人王某在其债权人李某出示的借据上签字确认债权并请求李某延期，此行为可导致时效的中断

C．债权人王某乘坐高铁去上海，由于列车相撞发生重大事故，成了植物人，尚未确定监护人，此种情形可能导致时效中止

D．债权人向法院对债务人提起诉讼，此行为可导致诉讼时效中止

六、诉讼时效的延长

诉讼时效的延长是对已经完成的诉讼时效期间，如果当事人有特殊理由，人民法院可以给予适当延长的法律制度。诉讼时效的延长可以适用于所有的时效。这是为了充分保护当事人的合法权利，对诉讼时效的中止、中断的补救。

通常认为，权利人由于客观的障碍在法定诉讼时效期间不能行使请求权的，属于民法通则第一百三十七条规定的"特殊情况"。

七、诉讼时效和除斥期间

除斥期间，是指法律规定形成权预定存在的期间。权利人在此期间不行使权利，预定期间届满，即发生该形成权消灭的法律后果。

例如，《继承法》第25条第2款规定："受遗赠人应当在知道受遗赠后两个月内，做出接受或者放弃受遗赠的表示。到期没有表示的，视为放弃受遗赠。"这里的"两个月"即是

---

① 【答案】BC。解析：AC项为不能行权，应为中止；BD两项为行使权利，应为中断。

除斥期间，该期间届满，权利人不行使权利，其受遗赠权利即消灭。

除斥期间和诉讼时效一样，也是一定的事实状态经过一定的期间而发生一定的法律后果，但这两种制度又存在很大的差别，体现在如下方面，如表8-1所示。

表 8-1 诉讼时效与除斥期间的区别

项 目	诉 讼 时 效	除 斥 期 间
适用范围	请求权	主要是形成权
法律后果	被请求人产生抗辩权	实体权利消灭
时间起算	一般是权利人知道或应当知道权利被侵害时	法律规定的时间或权利发生时间
适用条件	债务人主张时	法院可依职权直接适用
是否可变	可中止、中断或延长	不可变

八、民法中"期限"的概念

（一）期限的概念

期限是民事权利义务关系发生、变更、消灭的时间。

期限可分为期日与期间。

期日是指不可分或视为不可分的特定时间，如某日、某月或某年。

期间是指从起始的时间到终止时间所经过的时之区间，如从某年某月某日至某年某月某日，这前一个时间是起始时间，后一个时间为终止时间，过程中继续的时间就是期间。

民法上所称"以上""以下""以内""届满"包括本数，而所称"不满""以外"不包括本数。

（二）期限的效力

民法上把民事权利义务的取得、丧失及变更的期日或期间称为期限，亦即一切民事法律关系均须于一定期日或期间内发生其效力。期限的效力有：

（1）决定民事主体的法律地位，即民事主体的法律地位由期限决定。

例如，自然人的民事权利能力自出生之日起开始，自死亡之日终止；有民事行为能力人在宣告死亡期间实施的民事法律行为有效等。

（2）决定民事权利取得、丧失及变更。

例如，所有权从财产交付之时起移转；民事权利请求诉讼保护的时效期间；继承自被继承人死亡时开始等。

（3）决定民事义务的存在与否，即民事义务的承担由期限决定。

例如，在子女未成年期间父母的抚养义务；在债的关系有效期间债务人的给付义务；在专利权存续期间的实施义务等。

（三）期间的始期与终期

1．始期

以小时计算期间的，从规定时开始计算；以年、月、日计算期间的，其开始当天不算入，从下一天开始计算。但当事人对此有约定的，按约定计算。

2．终期

期间的最后一天是星期六、日或其他法定休假日的，以休假日的次日为期间的最后一天；休假日有变通的，以实际休假日的次日为期间的最后一天。期间最后一天的截止时间为24时。有业务活动时间的，截止到停止业务活动的时间。

PART II

第二部分
物权法

第九讲
物权法概述

阅读提示

　　本讲是学习物权法的起点。首先，以物权变动为核心，建构物权法的体系，形成对物权法的框架认识；其次，以物权与债权的比较、物权优先效力、物权法基本原则和物权保护为重点展开学习。

一、物权法体系结构

　　物权法部分主要以物权的概念为中心展开，物权即是物权法律关系中的权利。研习物权法，如图 9-1 所示，最为核心的概念是物权变动。所谓物权变动，就是物权的产生、变更和消灭。自逻辑顺序而言，学习物权变动，首先要弄清物权的含义、特征、效力及基本类型，然后再看物权如何变动。明确了物权及其变动的基本原理之后，再深入学习各种具体的物权和占有。

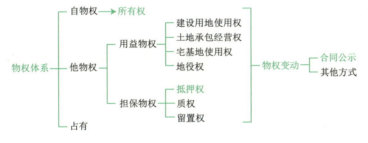

图 9-1 物权法体系结构

二、物权的概念与特征

（一）物权的概念

　　物权是权利主体依法直接支配特定的物并享受其利益的排他性权利，包括所有权、用益物权和担保物权。

　　基于我国《物权法》的规定，为准确理解物权，补充说明如下：

　　1. 物权是一种财产权

物权是一种财产权，具有直接的财产内容。

2．物权是直接支配物的权利

所谓"直接"，是指物权人对标的物的支配无须他人意思或行为的介入便可实现。所谓"支配"，是指依权利主体的意思，对物加以管领处理。

3．物权是支配特定物的权利

该特定物可以是权利人合法所有的自有物，也可以是权利人根据法律、合同所支配的他人的物。作为物权客体的物在内容、范围上均须确定，否则，将因物的归属不明、利用无度而导致社会生活陷于混乱。

需要指出的是，某些类型的物权也可以权利为客体，如权利质权是以权利为客体的物权，再如建设用地使用权、土地承包经营权（四荒地）等权利可以成为抵押权的客体。物权以物之外的权利为客体的，须有法律的明确规定。

4．物权具有排除他人干涉的效力

前述所谓的支配，直接描述的是主体与客体即物的关系，但这种支配并没有揭示出物权法律关系的本质。如总则部分所讲，法律关系归根结底都是人与人的关系，那么，物权这种直接支配特定物的权利，如何体现人与人的关系呢？

物权人独立支配特定的物从而享受其利益，而无须他人积极配合，也当然排除他人干涉，当物权人行使权利遇到不法妨碍时，可以凭借物权直接请求排除妨碍。这里的排他性才真正揭示了物权法律关系作为绝对法律关系的本质，即特定权利主体与主体之外的所有人之间的关系。

（二）物权的特征

明确物权与债权的差异，对于学习民法具有根基性作用，务必在深入理解之基础上精准掌握。

与债权比较，物权具有下列特征：

1．权利的性质不同

物权是支配权，而债权则是一种请求权。

物权以物为支配对象，包括对物的全面支配和限定支配。权利人无须借助他人的行为就能行使其权利，并通过对标的物的直接管领、支配实现自己的利益。对物进行支配不是物权人的目的，而是物权人的手段，物权人的目的在于通过支配而取得物之利益。

2．权利效力范围不同

物权是绝对权，债权是相对权。

物权的义务主体是权利人以外的一切人，故又称为对世权，而债权人则只能向特定的义务主体（债务人）主张权利，故债权又称对人权。

3．权利的客体不同

物权客体原则上为有体物，特别情况下，可以是法定的权利；债权的客体则为给付行为。

4．权利的效力不同

物权具有优先效力、追及效力、排他效力，而债权则没有这些效力，具有平等性、相容性。对此，将在物权的效力部分详述。

5．权利的发生不同

物权的设定采取法定主义，而债权（合同之债）的设定采取任意主义。

物权效力中的排他性，决定了物权的种类和内容必须法定，否则会对他人自由构成不正当的限制。而债权只在相对的当事人之间发生，因此，可由当事人在不违反法律强制性规定的情形下自由设定。

6．权利的保护方法不同

物权的保护以恢复权利人对物的支配为主要目的，偏重于"物上请求权"的方法，赔偿损失仅为补充方法，而债权的保护则主要采取赔偿损失的方法。

7．存续时间不同

物权的存在相对恒久，债权的存在都是暂时的。德国学者拉德布鲁赫曾言，债的发生就是为了死亡。因为，债权往往是为了获得具体利益的手段，一旦目的实现，债权即归于消灭。

物权与债权的区分标准如表 9-1 所示。

表 9-1　物权与债权的区分标准

区　分　标　准	物　　权	债　　权
权利性质或内容	支配权	请求权
义务主体效力范围	绝对权	相对权
客体不同	有体物或法定权利	给付行为
权利效力表现	优先效力、追及效力、排他效力	平等性、相容性
权利发生根据	物权法定	具有任意性
保护方法	重于物上请求权的方式	重于赔偿损失的方式
存续时间	相对恒久	暂时性存在

三、物权的效力

（一）排他效力

通俗来讲，物权排他效力的含义是，当同一个物上有两个以上权利主体时，谁应受到保护，谁应受到排斥的问题。根据物权排他性程度的不同，可以分为以下两类：

1．不相容之排他

不相容之排他，也叫绝对排他。这就意味着两个以上的主体只能存在一个，两者内容直接冲突，只能保护其中一个，两者哪怕暂时的共存也不能，此种情形有两种典型表现：

（1）两个主体都对同一个标的物主张独立的所有权，只能保护一个，不可能共存。

例如，对于同一个电脑，康德与歌德都主张自己享有所有权，只能保护一个。

（2）对于同一块土地，都主张以占有为内容的用益物权。

例如，同一块土地，康德主张自己有承包经营权，要在此种西瓜，歌德主张自己也有承包经营权，要在此挖坑养甲鱼。两者只能保护一个。

2. 相容之排他

相容之排他，也叫相对排他。这就意味着在同一个标的物之上可以同时存在两个不同的物权，分别为不同的主体享有，只不过在权利实现之时有一个顺序上的先后。此种情形也有两种经典表现：

（1）在一个主体享有所有权的标的物之上设立他物权。

例如，康德在自己享有所有权的房子之上设立抵押权，则当债权人要实现抵押权之时，所有权不能对抗抵押权，即抵押权优先。

（2）在同一个标的物上设立两个以上的担保物权。

例如，康德将自己一辆汽车先抵押给了歌德，后来又出质给了庞德，庞德在占有期间不慎弄坏交给修理厂维修，修好未付修理费，车又被修理厂留置。此时，留置权最优先。

（二）优先效力

物权的优先效力，亦称为物权的优先权，是指同一标的物上有数个相互矛盾、冲突的权利并存时，具有较强效力的权利排斥具有较弱效力的权利的实现。

物权的优先效力包括两个方面：一是物权相互之间的优先效力；二是物权对于债权的优先效力。

1. 物权相互间的优先效力

这种优先效力，是以物权成立时间的先后确定物权效力的差异。这种情形在物权相对排他的情形下可能存在，绝对排他之情形下，不能存在。

例如，在某人享有所有权的物上，不得再同时成立其他人的所有权。

如果物权在性质上可以并存，则后发生的物权仅于不妨碍先发生的物权的范围内得以成立。在这种情况下，先发生的物权优先于后发生的物权。

例如，在同一物上设立数个先后登记的抵押权，先发生的抵押权优于后发生的抵押权。

也有的情形是，在已经存在物权的标的物之上，再设立其他的物权时，后设立的物权优先。

例如，如前文所举之例，康德在其享有所有权的房屋之上设定抵押权时，抵押权实现就优先于所有权，即是典型体现。

特别提醒

物权相互间优先效力的法理基础

在相容的排他情形中，既然都是物权，为何会有效力的先后呢？其法理基础如下：

（1）以成立时间先后排列优先顺序的物权。

物权相互之间以成立时间的先后确定其效力的强弱，本质上是对现存的、既得的物之支配权的保护。因为任何人都必须尊重物权人对于其物的支配范围，不得干涉物权的行使。这也包括在同一标的物上，后成立的物权只有在不侵入、不干涉先成立的物权的支配范围的条件下才能得以成立。否则，成立时间在后的物权根本就不能成立。

（2）后发生物权优先与发生在前的物权。

由于发生的物权，往往是基于原物权人的意志或法律规定而设定的，新设定的物权本身就构成了对于原物权的限制，此时，新设定的物权受限时，原物权人当然不能以自己的物权对抗新的物权人。

2．物权对于债权的优先效力

在同一标的物上物权与债权并存时，物权有优先于债权的效力。

这主要表现在以下三个方面：

（1）在同一标的物上，既有物权，又有债权时，物权有优先于债权的效力。

例如，甲同意将一台电脑出卖给乙，乙就取得了请求甲交付该电脑的债权。后来甲又将这台电脑出卖给丙，并交付给丙，丙就取得了已交付的电脑的所有权，而乙只能请求甲承担债务不履行的违约责任。

但是，在理解上述买卖中，物权具有优先于债权效力的同时，应当注意所谓"物权优先于债权"的适用范围，这种主张仅仅在"一物多卖"的背景下才会存在，如果只有一物一卖，尽管在动产交付或不动产登记之前，标的物的所有权没有转移，出卖人依然享有所有权（物权），买受人仅仅基于合同享有债权，此时，出卖人绝对不能以自己的物权优先于债权为由拒绝履行交付标的物或者办理过户登记的义务，否则，将意味着买卖合同中出卖人可以任意违约。

[例题] 甲有玉石一块，于4月1日和乙签订买卖合同，价格5万元，约定十日后一手交钱一手交货。4月5日，丙愿意出7万元购买该玉石，因此，甲当即决定卖给丙，并当场付款交货。问题：①

① 乙可否以自己的合同签订在先为由，要求丙将玉石交给自己？

② 如果在甲、乙的买卖合同签订之后，甲没有将玉石卖给丙，十日之后，乙欲付款并请求甲交付玉石，此时，甲可否以自己对于玉石享有所有权来对抗乙的请求？

（2）在债权人依破产程序或强制执行程序行使其债权时，作为债务人财产的物上存在他人的物权时，该物权优先于一般债权人的债权。

例如，在债务人的财产上设有担保物权的，担保物权人享有优先受偿的权利，此为别除权；

---

① 【答案】问题①，不可以，因为此时为一物多卖，在交付给丙之后，丙即获得了所有权，丙新获得的物权优先于乙的债权。问题②，不可以，因为，此时只有一物一卖，甲应当履行合同，交付玉石。

在破产时，非为债务人所有之物，所有人有取回该物的权利，此为取回权。

又如，出卖人已将出卖物发送，买受人尚未收到，也没有付清全部价款而宣告破产时，出卖人可以解除买卖合同，并取回其标的物。

（3）物权优先于债权的例外。

物权优先于债权，在法律有特别规定的情况下，也有极少数的例外。

例如，租赁使用权在我国民法上属于债权，如甲将其所有的房屋出租给乙，之后又将该房屋出卖给丙，丙取得该房屋的所有权后，乙仍然可以对丙主张其租赁使用权。这在学理上称为"买卖不破除租赁"。

又如，最高人民法院关于适用《中华人民共和国担保法》若干问题的解释第65条规定："抵押人将已出租的财产抵押的，抵押权实现后，租赁合同在有效期内对抵押物的受让人继续有效。"

（三）追及效力

物权的追及效力是指作为物权客体的物无论辗转流向何处，权利人均得追及于物的所在，行使其权利。

 特别提醒

物权的追及效力很强大，但其也具有一定的限度，止于物权的善意取得。详言之，一旦物权人对于物进行追及，遇到就该物通过善意取得获得物权的权利人时，就不能再行追及。

（四）物上请求权——请求力

1. 含义

物上请求权，亦称为物权请求权，是指当物权的圆满状态受到妨害或有可能发生妨害时，物权人为了使其物权恢复到圆满状态，请求妨害人为一定行为或不为一定行为的权利。

2. 物上请求权的行使

物上请求权的行使不必非得以诉讼的方式进行，也可以自力为之，当物权受到妨碍时，可通过表达自己的内在意思，直接向对方提出请求。当然，物权受到妨碍的人，也可以直接向法院提起诉讼来行使物权请求权。

3. 物上请求权与债权请求权

在总则部分权利分类中，讲述请求权的概念之时，曾经从"从另一方当事人处取回标的物"的角度简单区分过两种权利，一个是取回自己的东西，一个是索取属于他人的东西。

进一步说，两者还有如表9-2所示的不同：

表 9-2　物上请求权与债权请求权的不同

标　　准	物上请求权	债权请求权
请求权的前提	享有物权为前提	有债的发生原因
权利目的不同	恢复对物的支配	消除损害或赔偿损失
是否有实际损害	不以有实际损害为必要	通常有实际损害发生
两者并用情形	标的物被他人非法占有并实际遭受了损害，两者可以并用，以全面保护受害人的权利，主张返还的同时，可以主张损害赔偿	

四、物权的类型

（一）物权法定原则

1．物权法定的基本理解

《物权法》第 5 条　物权的种类和内容，由法律规定。

据此规定，物权不得任意创设，其种类和内容应当由法律规定，此为之物权法定主义。

物权法定两个方面的具体含义如下：

（1）物权的种类不得创设，即不得创设法律未规定的新种类的物权，这是种类法定，也谓之类型强制。

例如，对于担保物权，虽然世界各国关于担保物权的种类很多，但在我国就只能依担保法及其他法律，设定其认可的抵押权、质权、留置权等担保物权形式。

（2）物权的内容不得创设，即不得创设与法律规定的内容不同的物权。

例如，创设不移转占有的质权，即使名为质权，但由于与法律规定的质权内容不同，故也是不允许的。

2．违反物权法定原则的后果

（1）法律没有规定的物权当事人不得自由设立，即使当事人有约定也不发生物权设定的法律效果，如不动产质权。

（2）当事人的约定部分违反内容强制的规定，但不影响其他部分效力的，物权仍得以设立，仅违反规定的内容无效，如流质条款无效不影响抵押权或者质权的设立。

（3）违反该原则的行为无效不影响当事人之间其他法律行为的效力。

3．物权法定原则的缓和（法学专业掌握）

当事人如果违背物权法定原则，创设新的物权类型或者新内容的物权，一般不发生物权效力。但是，近年来物权法定有缓和的趋势，因为物权法定之"法"仅仅包括民法及其他法律，不包括法规、命令等，再完备的法律也难以穷尽生活中的所有问题，法律颁行之后，不可避免要面临层出不穷的新问题、新需求。民法中采取物权法定，目的并非在于僵化物权，阻止法律的发展，而是旨在以类型之强制限制当事人之意思自治，避免当事人任意创设具有对世效力的新的法律关系，借以维持物权关系的明确与安定。

（二）物权的基本类型

1．我国《物权法》中规定的物权

（1）所有权。这是所有人在法律规定的范围内独占性地支配其所有财产的权利。所有人可以对其所有的财产占有、使用、收益、处分，并可以排除他人违背其意志所为的干涉。所有权是最完整、最充分的物权。为充分发挥物的效用，从所有权中可以分离、派生、引申出各种其他的物权。

（2）用益物权。对他人所有的物在一定范围内占有、使用、收益的权利，包括建设用地使用权、土地承包经营权、宅基地使用权和地役权。

（3）担保物权。为了担保债的履行，在债务人或第三人的特定财产上设定的物权，主要有抵押权、质权、留置权。

（4）占有。占有是指对物的控制、占领。占有究竟是一种单纯的事实，还是一种权利，各国立法不一致。<u>基于我国对于占有的规定，应当理解为是一种对于占有事实状态的保护</u>。

2．理论上常见的物权类型

（1）完全物权和定限物权

根据对标的物的支配范围的不同，物权分为完全物权和定限物权。

完全物权是对标的物永久全面支配的物权。所有权是最完整、最充分的物权，也是唯一的完全物权。为充分发挥物的效用，从所有权中可以分离、派生出其他各种物权。定限物权是仅能在特定范围内支配标的物的物权。定限物权除特殊情况外，均设立于他人的所有物上，所以又称之为他物权，相对应的完全物权，又称为自物权。定限物权又分为用益物权和担保物权两大类。

（2）用益物权和担保物权

这是对定限物权按照标的物的支配内容上的差异所做的进一步分类。

用益物权是以物的使用、收益为内容的定限物权，是对他人所有的物在一定范围内进行支配的他物权。依《物权法》的规定，用益物权包括土地承包经营权、建设用地使用权、宅基地使用权和地役权。[①] 担保物权是为确保债权的实现而设定的，以支配特定财产的交换价值为内容的定限物权。典型的担保物权包括抵押权、质权和留置权。

（3）动产物权、不动产物权和权利物权

根据物权客体种类的不同，物权分为动产物权、不动产物权和权利物权。

存在于动产之上的物权称为动产物权，如动产所有权、动产质权和留置权。存在于不动产之上的物权称为不动产物权，如不动产所有权、地役权等。存在于权利之上的物权称为权利物权，如股权质权、知识产权质权等。

---

① 传统民法中，用益物权主要有地上权（类似我国建设用地使用权和宅基地使用权）、地役权、永佃权（类似我国土地承包经营权，不过没有期限限制）、典权（我国传统制度，将不动产典给他人，担保借款，经过一定期回赎）。

将物权区分为动产物权和不动产物权的意义在于两种物权的变动要件和公示方法不同。原则上，动产以占有、不动产以登记为公示方法。

（4）主物权和从物权

以物权有无从属性将物权划分为主物权与从物权。

主物权是不需从属其他权利，能够独立存在的物权。所有权、建设用地使用权等属于主物权。从物权是指从属于其他权利而存在的物权。比如，担保物权从属于债权而存在，地役权从属于需役地的所有权或使用权而存在，担保物权、地役权均属于从物权。

区分主物权与从物权的意义在于主物权的存在、变动均是独立的，而从物权的得丧变更则从属于所附的主权利。

（5）意定物权和法定物权

根据物权产生原因的不同，可以将物权分为意定物权和法定物权。

意定物权是指基于当事人的意思和行为而产生的物权，如抵押权、质权，均是基于当事人的意愿，通过法律行为而设定的。法定物权是指基于法律的规定而直接产生的物权，如留置权。

区分意定物权和法定物权的意义在于二者的成立要件和所适用的法律不同。意定物权能否设立取决于当事人行为的效力及法定设立要件是否具备，法定物权能否成立则取决于法律规定的权利成立要件是否具备。

五、物权的基本原则

物权法定原则，已如上述，此处讲述其他原则。

（一）公示公信原则

公示公信原则是公示原则和公信原则的合称，目的是保护交易安全，特别是保护当事人对公示的信赖利益。所谓公示，是指物权在变动时，必须将物权变动的事实通过一定的公示方法向社会公开，从而使第三人知道物权变动的情况，以避免第三人遭受损害并保护交易安全。所谓公信，是指一旦当事人变更物权时，依据法律的规定进行了公示，则即使依公示的方法表现出来的物权不存在或者存在瑕疵，对于信赖该物权的存在并进行物权交易的人，法律也依然承认其行为具有与真实的物权存在相同的法律效果。

1. 公示原则

公示原则要求物权的产生、变更、消灭，必须以一定的可以从外部查知的方式表现出来。否则，物权具有排他的效力，如果没有通过公开方式将物权的变动表现出来，就会给第三人带来不测的损害，影响交易的安全，产生不必要纠纷。

例如，在房屋上设定抵押权，如果不以一定的方式表现出该抵押权的存在，那么，不知该抵押权存在的购买该房屋的第三人就可能蒙受损害。

基于我国《物权法》的规定，不动产物权及其变动以<u>登记</u>作为主要公示的方法，动产以<u>交付</u>作为公示的方式。

既然登记作为物权变动的公示方法是为了标识权利以避免纠纷，那么，<u>当常态下不可能产生纠纷之时，就会存在例外，即物权变动不需要登记</u>。这种情形主要包括：

（1）因继承而获得不动产。

例如，康德有一套房产，后去世，其子康小德继承该房屋获得所有权就不需要登记。因为，此种常态下不会有纠纷。因为要和康小德争房子的所有权，首先得争到继承的前提，这个前提是什么？是继承人的身份，是康德的直接法定继承人，试想，常态下又有哪一个正常人会和别人抢一个死爹呢？

（2）因法院判决而发生的物权变动。

例如，现有一套房产登记在康德的名下，歌德认为自己是房屋所有权人，于是到法院请求确权，法院经审理做出判决，房屋归歌德所有。此时，歌德可依据法院判决直接获得房屋的所有权，不需要登记。试想，歌德到法院作为原告去起诉，法院的判决当然是判给歌德，常态下不可能有纠纷。

（3）因事实行为而发生的物权变动。

例如，康德通过法定程序获得了一块土地的使用权，自己在上面建造了一栋两层的楼房，则从建造完成之日起，康德立即获得房屋的所有权。试想，康德自己建造的房屋，常态情况下，有谁会来与康德争夺房屋的所有权呢？

上述三种情况均可直接引起物权变动，虽然，不需要登记即可获得不动产所有权，但是，<u>如果要想通过法律行为处分该不动产，必须首先登记在自己的名下，才能完成处分</u>。因为通过法律行为的处分登记是要讲究连续性的，比如康德如果将房子卖给歌德，登记的内容是"由康德过户给歌德"，上述三种情况下，如果不动产权利人不将房产登记在自己的名下，是不可能完成处分的过户登记的。如果没有登记在自己名下，处分该不动产的，不发生物权变动效力。

2．公信原则

（1）公信原则的内容。

公信原则包括两方面的内容：

其一，记载于不动产登记簿的人推定为该不动产的权利人，动产的占有人推定为该动产的权利人；除非有相反的证据证明。这称为"权利的正确性推定效力"。

其二，凡善意信赖公示的表象而为一定的行为，在法律上应当受到保护，保护的方式就是承认发生物权变动的效力。

（2）确立物权公信原则的原因。

公信原则的目的在于对善意的交易相对人而非真正权利人的保护，仅适用于因法律行为而进行不动产物权变动的情况。毕竟，公示所表现出来的物权与实际的物权状态不一致的情况是现实存在的。实践中，当事人进行交易时，一一核对标的物真实权利状态是不可能的，不动产通常相信登记，动产通常相信占有。确立了公信原则，有利于降低交易成本，维护交易秩序。是否确立公信原则，将决定实践中物权变动效果的差异。

例如，康德将一套房子卖给歌德，办理了过户登记，歌德又卖给了庞德，也办理了过户登记。后来，康德与歌德之间的买卖合同因某种原因被撤销而归于无效，此时，歌德不能获得房屋的所有权，那么此时庞德能否获得房屋的权利，公信原则的承认与否，具有决定意义。如果承认公信原则，庞德可以直接获得房屋的所有权，如果不承认公信原则，庞德则不能直接获得房屋的所有权。

我国《物权法》是承认了公信原则的，即便处分人是无权处分，在第三人不知情的情况下，符合善意取得构成要件的情形下，善意第三人也可以获得标的物的权利。对此，本书在下一讲将会详述。

（二）平等保护原则

平等保护原则是民法中平等原则在物权领域的具体化。内容包括：

（1）法律地位平等。所有民事主体在物权法中都具有平等地位。

（2）适用规则平等。除法律有特别规定的外，各民事主体参与物权法律关系时平等适用《物权法》所确立的规则。

（3）保护的平等。所有民事主体受物权法的平等保护。

（三）物权客体特定原则

物权客体特定原则又称一物一权原则，内容包括：

（1）物权的客体限于在经济上和功能上完整的、独立的一物，物的组成部分不能成为物权的客体。

（2）一物之上只能成立一个所有权。该原则与以下情形并不矛盾：第一，多人对同一物共享一项物权；第二，内容互不冲突的物权并存于一物之上，如所有权与他物权并存，用益物权与担保物权并存，担保物权与担保物权并存等。

六、物权的保护

物权的保护，是指通过法律规定的方法和程序保障物权人在法律许可的范围内对其财产行使占有、使用、收益、处分权利的制度。

（一）涉及物权保护的不同法域

用法律规定的方法和程序保护物权，以侵犯物权的违法行为的存在为前提。在实际生活中，侵犯物权的性质各异。有的是违反民事法律的民事违法行为，有的是违反行政法规的行政违

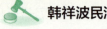

法行为，有的是触犯刑法的犯罪行为。所以保护物权不是某一个法律部门的任务，而是各个法律部门的共同任务。

（二）物权的民法保护

物权的民法保护，按是否通过民事诉讼程序可以分为两种：一是物权的自我保护，传统民法上称之为自力救济；二是通过民事诉讼程序对物权的保护，传统民法上称之为公力救济。

依据我国《物权法》的规定，民法对物权的保护主要有如表 9-3 所示的方式。

表 9-3　民法对物权的保护方式

物权确认请求权		1. 因物权的归属、内容发生争议的，利害关系人可以请求确认权利 2. 确认物权是其他物权保护方式前提
物权请求权	返还原物	1. 无权占有他人财产的，权利人可以请求返还原物 2. 构成要件 （1）请求人享有物权（抵押权人除外） （2）被请求人是现实的物权占有人（包括直接和间接占有） <u>重点提示：一物多卖中，基于债权的占有本权，不能对抗新的所有权人</u> 3. 除未登记的动产外，返还原物请求权不受时效限制
	排除妨碍消除危险	1. 适用情形 （1）请求侵害人停止正在进行的侵害行为 （2）对于尚未发生但有发生危险的妨碍也可以请求防止 2. 适用限度 （1）物权人请求排除的行为应是违法行为，对于他人的合法行为产生的妨碍不能请求排除 （2）物权人只能就与履行物权人与侵害人之间的合同义务无关的妨碍才可请求排除
债权请求权	恢复原状	通过修理、重作、更换等方式恢复原状
	赔偿损失	不能通过其他方式使物权恢复到圆满状态的情形下主张

10 | 第十讲 物权变动

 阅读提示

　　本讲内容是物权法的核心内容，其中，基于法律行为的物权变动和善意取得最为重要，是必考的知识点。基于法律行为的物权变动中，登记和交付两个概念的理解最为关键。

一、物权变动的含义

　　物权的变动，是指物权的设立、变更、转让和消灭的总称。

　　就物权主体而言，是指其取得物权和丧失物权；就物权内容而言，是指物权的内容发生变化。

（一）物权的产生

　　物权的产生，又称物权的设立、物权的取得。物权的取得分为原始取得与继受取得。

　　1. 原始取得

　　原始取得是指非依他人既存的权利而取得物权，如生产、收取孳息、添附、先占、没收、善意取得等均属于物权的原始取得方式。

　　2. 继受取得

　　继受取得是指基于他人既存的权利而取得物权。继受取得又分为移转的继受取得和创设的继受取得。移转的继受取得是指从他人处取得他人原有的物权，如基于有效的买卖合同受让所有权，因继承取得物权等。创设的继受取得是指在他人的所有物上设立他物权，如在国家所有的土地上设立建设用地使用权，在他人动产上设立抵押权或者质权。

 特别提醒一

　　欲掌握原始取得与继受取得，需要深入理解。原始取得，意味着对于权利主体而言是最早、最初的取得，也可以说是一个全新的起点。无论是最早、最初还是全新起点，都意味着权利主体的取得是开天辟地第一人。主要包括两种情形：其一，财产原本不存在，权利主体直接创造了它，一旦创造完成，当然是开天辟地，原始取得；其二，一个人是什么内在意思，权利人都可以取得物权，这意味着斩断了与原权利人的联系，成了开天辟地第一人，这也是原始取得，如善意取得即是此种原始取得的典型代表。继受取得，与原始取得形成鲜明对照。原始取得中，要么没有原权利人，要么即便有原权利人，现在的取得也与原权利人无关。继受取得，正是基于原权利人的意志和意思而取得的，无论是创设式的，如设立抵押权，还是移转的继受取得，如买卖、赠予、互易、继承等，皆是如此。通俗而言，继受取得是因为原权利人愿意让新权利人取得，新权利人才取得物权的。

🔆 特别提醒二

注意继承的特殊性。继承作为一种物权变动的方式，通常认为是继受取得。但是，继承包括法定继承和遗嘱继承。如果是遗嘱继承，毫无疑问是基于原权利人（被继承人）的意志而获得，是典型的继受取得。但如果是法定继承呢？被继承人没有明确表达自己的意志，基于法律规定直接由法定继承人继承，对此到底是什么继承存有争议。本书认为，继承较其他转让比较特殊，如果没有订立遗嘱，则依人之常情，可以推定被继承人愿意将财产给予其法定继承人，这里有一个推定的原权利人的意愿在。所以，通常将继承直接理解为继受取得。

（二）物权的变更

物权的变更广义上包括物权主体的变更、物权内容的变更和物权客体的变更。物权变更狭义上仅指物权内容的变更和物权客体的变更，不包括物权主体的变更。因为物权主体的变更会引起原物权人物权的丧失和新物权人物权的取得，因此通常不作为物权变更看待。

内容的变更，如土地使用权的延长或缩短皆是。

客体的变更，如抵押权的客体因部分灭失而有所减少等。

（三）物权的消灭

物权的消灭包括绝对消灭和相对消灭。

1. 绝对消灭

绝对消灭是物权本身的消灭，这意味着一个权利主体的物权不但消灭了，而且也没有其他主体就此标的物获得物权，如因标的物的毁损灭失而消灭的所有权、抵押权等。

2. 相对消灭

相对消灭，是指权利主体的变化，如康德的房子卖给了歌德，办理登记后，康德物权消灭了，歌德的物权却产生了。因此，相对消灭，也可以理解为物权的继受取得或主体的变更，只是同一个问题的两个方面。

二、物权变动的原因

根据我国《物权法》的规定，引起物权变动的原因可概括为三大类，即法律行为、事实行为与事件、行政行为、法院判决与仲裁裁决等官方文书。分别讲述如下：

（一）法律行为：买卖、互易、赠予等（以买卖为例详解）

1. 物权变动模式问题

基于法律行为的物权变动，在不同国家的民法中有不同的物权变动模式，主要有意思主义、形式主义和折中主义三种。

（1）意思主义是指仅需当事人的意思表示而无须其他要件即足以产生物权变动的立法例。其特点是不区分债权发生的意思表示和物权变动的意思表示。这意味着债权意思表示一旦完成，不需要登记或者交付即发生物权变动，交付与登记只是对抗要件。法国与日本是此种模式的代表。

（2）形式主义是指发生物权变动时，除了以产生债权债务关系为目的的债权合同外，还必须有物权变动的意思表示并履行登记或交付的法定形式方能产生物权变动效力的立法例。其特点是区分债权行为与物权行为，且认为物权行为具有独立性与无因性。德国为此种模式的代表。

（3）折中主义介于意思主义与形式主义之间，规定物权的变动除债权合意外，还需要登记或交付。其特点是不承认物权行为，认为物权变动的原因是债权行为与登记或交付的结合。采取此种模式的典型代表是奥地利民法。

上述物权变动模式，不存在哪一个绝对正确或绝对错误的问题，只不过是不同国家立法过程中对于同一个生活现象的不同认识，并在各自的认识基础上设定了不同的制度模式而已。

我国立法确立的物权变动模式究竟属于哪一种，现有的法律规定略显含糊，学界也存在争议。目前较为一致的看法是买卖、赠予、质押等债权合同并不足以引起物权变动，还须完成登记或交付方可发生物权变动的效力。登记或交付是合同的履行行为，未登记或未交付并不影响债权合同的效力（这意味着物权是否变动不影响债权合同的效力）。而债权合同不成立、无效、被撤销的，也不可能发生物权变动的效果（这意味着我国没有接受物权行为无因性理论，物权的效力直接受原因行为即债权行为的影响）。由此可见，我国物权立法在某种程度上承认了区分原则。

2. 我国《物权法》中规定的物权变动制度

《物权法》第14条　不动产物权的设立、变更、转让和消灭，依照法律规定应当登记的，自记载于不动产登记簿时发生效力。

《物权法》第15条　当事人之间订立有关设立、变更、转让和消灭不动产物权的合同，除法律另有规定或者合同另有约定外，自合同成立时生效；未办理物权登记的，不影响合同效力。

《物权法》第 23 条　动产物权的设立和转让,自交付时发生效力,但法律另有规定的除外。

《物权法》第 24 条　船舶、航空器和机动车等物权的设立、变更、转让和消灭,未经登记,不得对抗善意第三人。

《物权法》中的这四条规定显示了我国民事立法对于区分原则的择取,欲通过法律行为发生物权变动,首先都要完成一个有效的债权合同,然后,不动产需要登记,动产需要交付,如果在债权合同生效之后,动产不交付,不动产不登记,都只是不发生物权变动的后果,但都不影响债权合同的效力。下面分别讲述不动产登记与动产交付的相关问题。

3．不动产物权变动之登记

（1）不动产物权变动登记的类型与原因

① 变动登记的类型。

变动登记是指不动产物权登记机关就不动产物权的产生、变更、转让和消灭等事实进行的登记。故不动产的变动登记包括首次登记、变更登记、转移登记、注销登记等。

首次登记,是指不动产权利第一次登记。未办理不动产首次登记的,不得办理不动产其他类型登记,但法律、行政法规另有规定的除外。

变更登记,是指在登记事项发生改变时进行的登记,如权利人的名称发生变更、不动产权利期限发生变化的,不动产权利人可以向不动产登记机构申请变更登记。

转移登记,是指在买卖、互换、赠予不动产时或者因继承、受遗赠导致不动产权利发生转移时,当事人可以向不动产登记机构申请办理的登记。

注销登记,是指在不动产权利因不动产灭失、权利人放弃、不动产被依法征收等原因消灭时,当事人可以申请办理的登记。

② 变动登记的原因。

正如在物权公示原则中所讲过的,不动产登记的目的是为了标识权利以避免纠纷,当在常态下不会产生纠纷时就不需要登记,如因继承、房屋建造的事实行为、法院判决等引起的不动产物权变动。另外,根据《物权法》第 9 条规定:"不动产物权的设立、变更、转让和消灭,经依法登记,发生效力;未经登记,不发生效力,但法律另有规定的除外。依法属于国家所有的自然资源,所有权可以不登记。"据此,国家享有自然资源的权利也不需登记,因为都是国有的,不存在争议的可能。

（2）关于登记的其他要点

① 登记机关的统一。

《物权法》第 10 条　不动产登记,由不动产所在地的登记机构办理。

国家对不动产实行统一登记制度。统一登记的范围、登记机构和登记办法,由法律、行政法规规定。

根据当前关于不动产登记改革的现状,我国的不动产登记将统一由不动产登记部门进行登记。

②登记机关的责任。

《物权法》第21条　当事人提供虚假材料申请登记，给他人造成损害的，应当承担赔偿责任。

因登记错误，给他人造成损害的，登记机构应当承担赔偿责任。登记机构赔偿后，可以向造成登记错误的人追偿。

③按件收费，不得按照面积、体积或价款的比例收费。

《物权法》第22条　不动产登记费按件收取，不得按照不动产的面积、体积或者价款的比例收取。具体收费标准由国务院有关部门会同价格主管部门规定。

④权属证书与登记簿不一致的，以后者为准，除非后者被证明确有错误。

《物权法》第17条　不动产权属证书是权利人享有该不动产物权的证明。不动产权属证书记载的事项，应当与不动产登记簿一致；记载不一致的，除有证据证明不动产登记簿确有错误外，以不动产登记簿为准。

⑤预告登记，是指在当事人所期待的不动产物权变动所需要的条件缺乏或者尚未成就时，即权利取得人只对未来取得物权享有请求权时，法律为保护这一债权请求权而进行的登记。

例如，在房屋预售买卖中，买卖双方签订预售合同，买方依约有权请求卖方在房屋建成之后交付房屋并办理登记，这在性质上属于债权，不具有对抗第三人的效力。为了保障将来取得房屋所有权，买方可以依法办理预告登记，使其发生对抗第三人的效力，以限制卖方再行处分房屋。

关于预告登记，需要掌握的重要条文有：

《物权法》第20条　当事人签订买卖房屋或者其他不动产物权的协议，为保障将来实现物权，按照约定可以向登记机构申请预告登记。预告登记后，未经预告登记的权利人同意，处分该不动产的，不发生物权效力。

预告登记后，债权消灭或者自能够进行不动产登记之日起三个月内未申请登记的，预告登记失效。

《物权法解释（一）》[①]**第4条**　未经预告登记的权利人同意，转移不动产所有权，或者设定建设用地使用权、地役权、抵押权等其他物权的，应当依照物权法第二十条第一款的规定，认定其不发生物权效力。

《物权法解释（一）》第5条　买卖不动产物权的协议被认定无效、被撤销、被解除，或者预告登记的权利人放弃债权的，应当认定为物权法第二十条第二款所称的"债权消灭"。

据此，关于预告登记的要点包括三个方面：

其一，登记的对象是基于不动产合同而产生的请求权。

其二，预告登记后，未经登记权利人的同意，再处分不动产不发生物权效力。所谓再处分，

---

① 全称为《最高人民法院关于适用〈中华人民共和国物权法〉若干问题的解释（一）》，已于2015年12月10日由最高人民法院审判委员会第1670次会议通过，自2016年3月1日起施行。

是指再转移不动产所有权、设定建设用地使用权、地役权、抵押权等其他物权的行为。再处分该不动产不发生物权效力，但其再处分时所订立的合同依然有效。

其三，预告登记后，如果债权消灭的或者可登记之日起3个月不办理本登记的，预告登记失效。所谓债权消灭，是指债权被认定无效、被撤销、被解除，或者预告登记的权利人放弃债权的情形。

[例题] 甲公司开发写字楼一幢，于2008年5月5日将其中一层卖给乙公司，约定半年后交房，乙公司于2008年5月6日申请办理了预告登记。2008年6月2日甲公司因资金周转困难，在乙公司不知情的情况下，以该层楼向银行抵押借款并登记。现因甲公司不能清偿欠款，银行要求实现抵押权。下列哪个判断是正确的？①

　　A．抵押合同有效，抵押权设立　　　　　B．抵押合同无效，但抵押权设立

　　C．抵押合同有效，但抵押权不设立　　　D．抵押合同无效，抵押权不设立

⑥更正、异议登记。关于更正和异议登记，《物权法解释（一）》有如下规定：

《物权法》第19条　权利人、利害关系人认为不动产登记簿记载的事项错误的，可以申请更正登记。不动产登记簿记载的权利人书面同意更正或者有证据证明登记确有错误的，登记机构应当予以更正。

不动产登记簿记载的权利人不同意更正的，利害关系人可以申请异议登记。登记机构予以异议登记的，申请人在异议登记之日起十五日内不起诉，异议登记失效。异议登记不当，造成权利人损害的，权利人可以向申请人请求损害赔偿。

物权法解释（一）第3条　异议登记因物权法第十九条第二款规定的事由失效后，当事人提起民事诉讼，请求确认物权归属的，应当依法受理。异议登记失效不影响人民法院对案件的实体审理。

据此，总结要点如下：

其一，权利人、利害关系人认为不动产登记簿记载的事项错误的，可以申请更正登记。

其二，不动产登记簿记载的权利人书面同意更正的，登记机构应当予以更正。

> **特别提醒**
>
> 对于上述两个方面应当综合理解，这意味着要提起更正登记，如果利害关系人只是认为登记簿错误而没有确切证据证明登记确有错误的，在没有经过登记权利人书面同意的情况下，利害关系人不能单方直接申请更正登记。

其三，不动产登记簿记载的权利人不同意更正的，利害关系人可以申请异议登记。

其四，登记机构予以异议登记的，申请人在异议登记之日起15日内不起诉，异议登记失效。

---

① 【答案】C。解析：预告登记后，未经登记权利人的同意，再处分该不动产的，不发生物权效力，但合同效力不受影响，故C正确。

特别提醒

　　异议登记的功能只是排除不知情的第三人存在的可能，因为在异议登记有效期间内，若要通过登记变更物权或者设定其他物权的，是能够通过异议登记发现此不动产权利存有异议的。因此，<u>异议登记失效后，利害关系人依然可以提起确权之诉</u>。

其五，异议登记不当，造成权利人损害的，权利人可以向申请人请求损害赔偿。

 特别提醒

　　预告登记后，再处分该不动产，不发生物权变动；异议登记后，再处分该不动产，有可能发生物权变动。

4. 动产的物权变动之交付

关于动产物权变动之交付，物权法有如下规定：

《物权法》第23条　动产物权的设立和转让，自交付时发生效力，但法律另有规定者除外。

《物权法》第24条　船舶、航空器和机动车等物权的设立、转让和消灭，<u>未经登记不得对抗善意第三人</u>。

《<物权法>解释（一）》第6条　转让人转移船舶、航空器和机动车等所有权，受让人已经支付对价并取得占有，虽未经登记，但转让人的债权人主张其为物权法第二十四条所称的"善意第三人"的，不予支持，法律另有规定的除外。

　　基于上述规定，所有的动产都是依交付为标志发生物权变动，对于船舶、机动车、航空器等特殊动产，不登记只是不能对抗善意第三人。对此，需要明确的问题有二：如何理解"交付"？如何理解特殊动产中"不登记不得对抗善意第三人"？

　　（1）如何理解"交付"？

交付主要有如图10-1所示的类型。

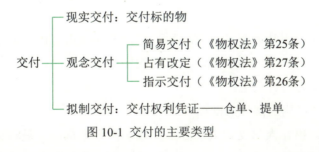

图 10-1　交付的主要类型

　　① 现实交付。即将出让物置于受让人的实际控制之下，这种交付方式基于正常人的生活经验，最易理解。

　　② 观念交付。即在某一个法律规定的时刻，当事人在观念中都认为物权已经发生了变动，至于标的物实际上在谁的控制之下并不重要，只要当事人认为所有权已经发生变动了就视为

交付完成。具体包括三种情况：

其一，简易交付。动产物权的受让人因合同业已占有出让人的出让物的，出让人与受让人达成物权转让或设立合意时，交付即完成。

《物权法》第25条　动产物权设立和转让前，权利人已经依法占有该动产的，物权自法律行为生效时发生效力。

例如，康德借用歌德的手表一块，约定三天后归还，然而三天后，康德觉得此表颇为令人喜爱，就向歌德提出想买下此表，歌德表示同意。其中，对于表的所有权归属问题，两人存在两个不同的观念。起初，在借用期间双方的观念中均认为表的所有权归歌德所有，但是，当双方达成表的买卖协议之后，双方关于表的所有权观念立即就会发生变化，都会认为表属于康德所有了。所以，关于表的所有权转让协议生效之时，视为交付。

其二，指示交付。出让人出让的动产被第三人占有的，出让人将返还请求权让与受让人，并告知占有人向受让人交付该动产，是为指示交付，也称"返还请求权的让与"。根据通说，在动产买卖、动产赠予、动产质押中，以指示交付方式完成交付的，<u>自出让人与受让人关于指示交付的协议生效时发生物权变动</u>。

《物权法》第26条　动产物权设立和转让前，第三人依法占有该动产的，负有交付义务的人可以通过转让请求第三人返还原物的权利代替交付。

《〈物权法〉解释（一）》第18条　第一、二款　物权法第一百零六条第一款第一项所称的"受让人受让该不动产或者动产时"，是指依法完成不动产物权转移登记或者动产交付之时。

当事人以物权法第二十五条规定的方式交付动产的，转让动产法律行为生效时为动产交付之时；<u>当事人以物权法第二十六条规定的方式交付动产的，转让人与受让人之间有关转让返还原物请求权的协议生效时为动产交付之时</u>。

例如，康德将一套家具出租给庞德，租期1年。半年后，康德欲将此家具转让给歌德，就可以约定，康德将租赁合同期满后请求庞德返还原物的权利转让给歌德。只要康德与歌德达成了关于转让返还家具请求权的协议生效之时，双方的观念转变即告完成，都会认为现在家具的权利属于歌德了。

其三，占有改定。出让人在转让物权后，仍需要继续占有出让的动产的，由出让人与受让人订立合同，由出让人继续占有该动产，在约定期限届满时，出让人再按约定将该动产交还给受让人占有，即为占有改定。

占有改定的内在结构及法理基础如下：

在占有改定中，出让人与受让人实际上达成了两个合意：一是转让动产所有权的合意；二是借用、租赁等能够使出让人继续占有转让动产的合意。之所以称为占有改定，是因为出让人对出让动产的占有由原来的所有人占有改变为非所有人的占有，而受让人则根据前述第二个合意取得对转让动产的间接占有。在占有改定中，<u>受让人取得物权的时间点为出让人与受让人之间达成的由出让人继续占有动产的约定生效时</u>。

《物权法》第27条　动产物权转让时，双方又约定由出让人继续占有该动产的，物权自该约定生效时发生效力。

例如，甲有一块价值 1 万元的玉石。甲与乙订立了买卖该玉石的合同，约定价金 1.1 万元。由于乙没有带钱，甲未将该玉石交付给乙，约定三日后乙到甲的住处付钱取玉石。随后甲又向乙提出，再借用玉石把玩几天，乙表示同意。就甲、乙对于该玉石享有的权利的观念而言，买卖协议中，是甲要将甲的玉石卖给乙，在借用协议中，是甲要向乙借乙的玉石。因此，借用约定达成之时，甲乙之间关于玉石所有权的观念就发生了转变，此刻视为交付。

③ 拟制交付。即出让人将标的物的权利凭证（如仓单、提单）交给受让人，以代替物的现实交付。这时如果标的物仍由出让人或第三人占有时，受让人则取得对于物的间接占有。此种交付方式多在商事主体之间发生。

（2）如何理解特殊动产中"不登记不得对抗善意第三人"？

《＜物权法＞解释（一）》第6条　转让人转移船舶、航空器和机动车等所有权，受让人已经支付对价并取得占有，虽未经登记，但转让人的债权人主张其为物权法第二十四条所称的"善意第三人"的，不予支持，法律另有规定的除外。

据此规定，没有登记的特殊动产转让中，除非法律有特别规定，不登记不能对抗的善意第三人不能是转让人的债权人。那么，此处转让人的债权人是谁呢？

通常理解，转让人的债权人包括：普通债权人、破产债权人、人身损害的债权人、强制执行的债权人。

例如，3 月 1 日，甲将一辆汽车卖给乙，交付给乙后，乙支付了价款，但没有登记。甲曾经在一个月前向丙借款 10 万元，约定借期 20 天。甲没有其他财产，主张拍卖依然登记在甲名下的汽车以清偿债权。可否？答曰：不能，因为丙在此是转让人的债权人。

接下来，明确了转让人的债权人不能是这里的善意第三人，那么，谁可以是呢？通常认为，善意第三人是，在买卖特殊动产合同生效后，交付给买受人但没有登记，后来又出现的，对于该特殊动产享有物权利益的不知情的第三人。

例如，3 月 1 日，甲将一辆汽车卖给乙，交付给乙后，乙支付了价款，但没有登记。后来，甲向丙借款，丙要求甲提供抵押，甲将车抵押给丙并办理了抵押登记，此时，如果丙不知甲乙买卖的存在，则丙就是乙不得对抗的善意第三人。

（二）事实行为与事件

可以引起物权变动的事实行为主要有商品的生产与制造、房屋的建造、遗失物的拾得、埋藏物的发现、先占、添附、混同[①]等。

常见的可以引起物权变动的事件有法定期间的届满、物权人的死亡与继承的发生、因不可抗力导致的物权客体的灭失等。

---

① 混同作为消灭物权的方式，我国物权法没有明确规定，但也确实存在。例如，抵押权人后来通过购买等方式获得了抵押物的所有权，此时，抵押权人因与所有权人归于同一个人可以使得抵押权消灭。

《物权法》第29条　因继承或者受遗赠取得物权的，自继承或者受遗赠开始时发生效力。

此条规定的继承，尽管从继承人取得通常理解为继承取得，然而，无论法定继承还是遗嘱继承，要引起物权变动，都必须有被继承人的死亡这一事件的出现。

《物权法》第30条　因合法建造、拆除房屋等事实行为设立或者消灭物权的，自事实行为成就时发生效力。

下面详细讲解几种重要的可以引起物权变动的事实行为或事件。

1．产品制造与房屋建造

这两种行为均为典型的事实行为，一旦完成立即获得所有权。

例如，康德作为哲学家兼木匠，一天在集市上购买来一些木材自制了一个书架。书架制作完成，康德立即获得书架的所有权。

2．先占无主物

先占无主物是以所有的意思占有无主动产而取得其所有权的法律事实。

先占应具备以下构成要件：

（1）须为无主物。无主物，可以是天然的，也可以是被人抛弃的财产。

（2）须为动产。

（3）须以所有的意思占有无主物。

我国《物权法》对先占未做规定，但基于交易习惯，先占可以获得所有权。

3．拾得遗失物

（1）遗失物的界定

遗失物是他人不慎丧失占有的动产，失散的饲养动物也被视为遗失物。拾得遗失物是发现他人遗失物而予以占有的法律事实。

（2）拾得后果

①拾得遗失物的，应当返还权利人，拾得人应当及时通知权利人领取。

②找不到权利人者，应当交公即送交公安等有关部门，有关部门收到遗失物，知道权利人的，应当及时通知其领取；不知道的，应当及时发布招领公告。自发布招领公告之日起6个月内无人认领的，归国家所有。

③拾得后，未通知权利人领取的，拾得人占有期间根据心态的不同，可能构成三种法律关系，如下：

其一，悉心照料并积极寻找失主者，构成无因管理；

其二，欲自己获得者，并在权利人主张返还时主动返还者，是谓返还不当得利；

其三，如果欲自己获得，其权利人主张返还时不返还者，构成侵占。

无因管理与不当得利问题，后面债法部分会详细讲述，关于侵占须注意下述规定：

《物权法》第112条第3款　拾得人侵占遗失物的，无权请求保管遗失物等支出的费用，也无权请求权利人按照承诺履行义务。

（3）拾得人转卖

拾得人拾得后，如果无权处分却将其卖给了善意第三人，第三人能不能直接适用典型的善意取得呢？根据《物权法》第 107 条之规定，不能直接善意取得。对此，在后文讲述善意取得时再加以详述，以便于与典型的善意取得进行比较。

4. 拾得漂流物、发现埋藏物或者隐藏物

漂流物是指水上漂来的不知所有人是谁的物。

埋藏物是指埋藏于他物之中，其所有权归属不明的动产，主要指深埋地下的动产。

隐藏物是指放置于隐蔽的场所，不易被发现的物，如天花板上搁置的物、屏风中夹带的物。

《物权法》第 114 条 拾得漂流物、发现埋藏物或者隐藏物的，参照拾得遗失物的有关规定。文物保护法等法律另有规定的，依照其规定。

据此规定，既然上述三种物参照适用遗失物的规定，意味着一旦发现，有权利人的归权利人，没有权利人的归属于国家。如果发现者或者拾得人无权处分将埋藏物、隐藏物和漂流物卖给第三人的，同样不能直接构成善意取得。

5. 添附

添附，是指不同所有人的财产结合在一起形成一个新的财产，或者对他人财产进行加工从而产生一个新的财产的事实。添附，包括附合、混合和加工三种情况。

（1）附合

① 含义：附合是指不同人的物密切结合，构成不可分割的一物。附合后，虽然结合的二物能够从外观上加以辨认或区分，但不经毁损不能分离或者分离费用过高。

② 附合的常见类型与权利确定规则如下：

第一，动产附合于不动产，如建材附合于房屋的，由不动产所有人即房屋所有权人取得附合物的所有权，动产所有权因此而消灭。

第二，动产与动产附合，如油漆附合于家具的，如果附合的动产中有可以被视为主物的，则由该主物的所有权人取得附合物的所有权，另一动产的所有权因此消灭，否则就由原动产所有权人按照附合时各自动产的价值按份共有附合物的所有权。

③ 后果：上述两种附合，获得附合后财产权利的人，一般都应当对于失去财产一方进行补偿，否则会构成不当得利。

（2）混合

① 含义：混合是指不同所有人的动产相互混杂，难以识别或分离。

② 混合的权利确定规则：混合准用动产附合的规则。

③ 后果：根据混合规则取得添附物所有权的人应当向因此丧失原物所有权的人返还不当得利。

（3）加工

① 含义：加工是指在他人的动产上进行改造或劳作，并生成新物的事实。

② 加工的权利确定规则。其所有权确定规则是：加工物的所有权原则上归原材料的所有人，如果加工后增加的价值明显超过了原材料的价值，则归加工人，但加工人具有恶意的除外。据此，若要因加工行为获得财产的权利，则须符合以下三项要求：

其一，加工他人的材料；

其二，加工行为使得财产价值发生重大变化；

其三，加工人非属恶意。

 特别提醒

如果是自己享有权利的材料，将其进行改变形态，制造成其他产品，即便价值发生了较大变化，也不是作为添附形态的加工，此时，准确的定性应该是通过产品制造的事实行为获得产品的所有权。

③ 后果：根据加工规则取得添附物所有权的人应当向因此丧失原物所有权的人返还不当得利。

6. 取得孳息

《物权法》第116条　天然孳息，由所有权人取得；既有所有权人又有用益物权人的，由用益物权人取得。当事人另有约定的，按照约定。法定孳息，当事人有约定的，按照约定取得；没有约定或者约定不明确的，按照交易习惯取得。

《合同法》第163条　标的物在交付之前产生的孳息，归出卖人所有，交付之后产生的孳息，归买受人所有。

据此规定，孳息取得的规则如下：

（1）财产在静态状态下产生的孳息归属规则

天然孳息，由所有权人取得；既有所有权人又有用益物权人的，由用益物权人取得；另有约定除外。法定孳息，有约定从约定，无约定按照交易习惯。

（2）财产在流转过程中产生的孳息归属规则

交付之前归出卖人，交付之后归买受人。

 特别提醒

在买卖进行过程中，交付并不一定转移所有权（如不动产的买卖交付未登记之时，再如动产买卖中的所有权保留买卖），这意味着，孳息在买卖过程中的归属，并不一定属于所有权人。

（三）行政行为、法院判决与仲裁裁决等

这种原因引起的物权变动可概称为因官方文书而引起的物权变动。主要包括哪些文书呢？先看如下相关规定。

《物权法》第28条　因人民法院、仲裁委员会的法律文书或者人民政府的征收决定等，导致物权设立、变更、转让或者消灭的，自法律文书或者人民政府的征收决定等生效时发生效力。

《〈物权法〉解释（一）》第7条　人民法院、仲裁委员会在分割共有不动产或者动产等案件中做出并依法生效的改变原有物权关系的判决书、裁决书、调解书，以及人民法院在执行程序中做出的拍卖成交裁定书、以物抵债裁定书，应当认定为物权法第二十八条所称导致物权设立、变更、转让或者消灭的人民法院、仲裁委员会的法律文书。

《〈物权法〉解释（一）》第8条　依照物权法第二十八条至第三十条规定享有物权，但尚未完成动产交付或者不动产登记的物权人，根据物权法第三十四条至第三十七条的规定，请求保护其物权的，应予支持。

①官方文书的种类。据上述规定，官方文书包括政府征收决定、法院判决书、裁决书、调解书、拍卖成交裁定书、以物抵债裁定书。

②官方文书的性质。不是所有的判决书等都能引起物权的变动，而必须是"改变原有物权关系"的才可以。

③通过此种方式获得所有权，文书一生效立即获得，即便是不动产也不需要登记。不登记的物权受到侵害的，依然可以请求法院按照物权法及其他相关法律的规定予以保护。

[例题1]甲、乙和丙于2012年3月签订了散伙协议，约定登记在丙名下的合伙房屋归甲、乙共有。后丙未履行协议。同年8月，法院判决丙办理该房屋过户手续，丙仍未办理。9月，丙死亡，丁为其唯一继承人。12月，丁将房屋赠给女友戊，并对赠予合同做了公证。下列哪一项表述是正确的？①

A. 2012年3月，甲、乙按份共有房屋　　B. 2012年8月，甲、乙按份共有房屋

C. 2012年9月，丁为房屋所有人　　　　D. 2012年12月，戊为房屋所有人

[例题2]某房屋登记簿上所有权人为甲，但乙认为该房屋应当归己所有，遂申请仲裁。仲裁裁决争议房屋归乙所有，但裁决书生效后甲、乙未办理变更登记手续。一月后，乙将该房屋抵押给丙银行，签订了书面合同，但未办理抵押登记。对此，下列哪些说法是正确的？②

A. 房屋应归甲所有　　　　　　　　　　B. 房屋应归乙所有

C. 抵押合同有效　　　　　　　　　　　D. 抵押权未成立

（四）基于第（二）和第（三）种原因发生物权变动的后果

《物权法》第31条　依照本法第二十八条至第三十条规定享有不动产物权的，处分该

---

① 【答案】C。解析：这里的判决不能直接导致物权变动，因为是给付之诉的判决，没有直接改变原有的物权关系，故判决生效后所有权并没有转移，房屋所有权一直属于丙，9月丙死亡，丁通过继承获得所有权，故AB错误，C正确。通过继承获得房屋的所有权，通过法律行为处分，需要先登记在自己的名下，否则不能发生物权效力，故丁赠予给戊，虽经公证，但依然不能转移所有权，D错误。

② 【答案】BCD。解析：本题中的仲裁裁决直接改变了物权关系，故生效后乙直接获得所有权，故B正确。通过此种方式获得所有权，需要将房屋登记在自己名下方可进行处分，由于乙没有登记在自己名下，此时，设定抵押，抵押合同有效，但不能设定抵押权，所以CD正确。

物权时，依照法律规定需要办理登记的，未经登记，不发生物权效力。

据此规定，都是直接取得物权，对于不动产而言，未登记前处分，不发生物权效力。但是，按照区分原则，未登记前，处分的不发生物权效力，但是，处分时所订立的合同是有效的。

三、物权变动中的善意取得及相关问题

《物权法》第106条　无处分权人将不动产或者动产转让给受让人的，所有权人有权追回；除法律另有规定外，符合下列情形的，受让人取得该不动产或者动产的所有权：

（一）受让人受让该不动产或者动产时是善意的；

（二）以合理的价格转让；

（三）转让的不动产或者动产依照法律规定应当登记的已经登记，不需要登记的已经交付给受让人。

受让人依照前款规定取得不动产或者动产的所有权的，原所有权人有权向无处分权人请求赔偿损失。

当事人善意取得其他物权的，参照前两款规定。

（一）善意取得之含义

善意取得，又叫即时取得，是指无权处分人在不法将其占有的他人动产或者错误登记在其名下的他人不动产让与第三人或者为第三人设定他物权时，如果受让人在取得该动产或者不动产的物权时系出于善意且符合其他条件，即取得该动产或者不动产的所有权或者他物权的制度。

善意取得具有强化占有公信力、保护交易安全的功能。在传统民法上，善意取得制度仅适用于动产所有权的善意取得，而我国《物权法》第106条所规定的善意取得制度已突破了传统的做法，将不动产及他物权也纳入了善意取得的适用范围。2016年公布的《物权法解释（一）》对于善意取得制度又做了大量补充，使善意取得制度的可操作性大大增强。由于动产与不动产善意取得的构成要件在判断时有较大差异，因此，下面分别讲述两者的构成要件。

（二）动产善意取得的构成要件

1. 标的物须为占有委托物且为非禁止流通物

所谓委托物，是基于原权利人的意志所获得的占有，通俗地讲，就是原权利人选择了让无权处分人占有其动产，如保管、出租、出借等均是如此。

2. 让与人系无权处分人

3. 受让人取得动产时出于善意

受让人受让动产时，不知道转让人无处分权，且无重大过失的，应当认定受让人为善意。

受让人受让动产时，交易的对象、场所或者时机等不符合交易习惯的，应当认定受让人具有重大过失。这意味着，认定受让人是否构成善意时，标准是客观的。

> **特别提醒**
>
> 　　判断取得人是否为善意的时间是"取得动产时"而不是订立合同之时，这意味着，即便订立合同时不知情，如果合同订立后，取得动产之前知道了占有人无权处分的事实，也不能构成善意取得。同时，真实权利人主张受让人不构成善意的，应当承担举证证明责任。

4．受让人以合理的价格受让

是否为"合理的价格"应当根据转让标的物的性质、数量及付款方式等具体情况，参考转让时交易地市场价格及交易习惯等因素综合认定。认定价格是否合理的标准同样具有客观性。

5．已完成交付

此处的交付，既包括现实交付，也包括观念交付。

对于观念交付来讲，是否包括占有改定理论上存有争议。

《物权法解释（一）》第18条第2款　当事人以物权法第二十五条规定的方式交付动产的，转让动产法律行为生效时为动产交付之时；当事人以物权法第二十六条规定的方式交付动产的，转让人与受让人之间有关转让返还原物请求权的协议生效时为动产交付之时。

此条文规定了观念交付中的简易交付和指示交付，唯独没有规定占有改定，因此应该认为，无权处分人与受让人之间不能通过占有改定的方式完成交付。

[例题1]甲将自己的一台电脑借给乙使用，借期一年，其间乙又借给了丙。在即将到期的前一天，乙将此电脑卖给了丁，乙称自己有一台电脑在丙处，而且，丁曾经见过乙使用该电脑。乙丁协议，乙将请求丙返还电脑的权利转让给丁，丁同意。达成协议后，乙将此事通知了丙。对此，下列说法正确的是：①

　　A．乙构成无权处分，但乙丁之间的转让合同有效

　　B．在乙丁达成转让返还原物请求权时，视为交付完成，丁可以善意取得电脑

　　C．在乙丁达成协议并通知丙之后，丁方可善意取得电脑

　　D．甲可以请求乙承担违约责任或侵权责任

[例题2]甲、乙外出游玩，向丙借相机一部，用毕甲将相机带回家。丁到甲家见此相机，执意要以3 000元买下，甲见此价高于市价，便隐瞒实情表示同意并将相机交付给丁。不久，丁因手头拮据又向乙以2 000元兜售该相机。乙见此相机眼熟，便向丁询问，丁如实相告，乙遂将之买下。此时，谁拥有该相机的所有权？②

---

① 【答案】ABD。解析：无权处分时订立的合同有效，故A正确；本题是通过指示交付的方式完成的无权处分，故达成转让返还原物请求权协议之时视为交付完成，B正确，C错误；乙无权处分了甲的电脑，故甲可以向乙主张违约或侵权责任，D正确。

② 【答案】乙。解析：甲无权处分将相机卖给丁后，丁构成善意取得。丁再处分相机，为有权处分，故乙是否知情，均不影响所有权的获得。

（三）不动产善意取得的构成要件

1. 让与人系无权处分人但具有权利外观，即名义登记人

2. 受让人受让该不动产是善意的

受让人受让不动产时，不知道转让人无处分权，且无重大过失的，应当认定受让人为善意。具有下列情形之一的，应当认定不动产受让人知道转让人无处分权：

（1）登记簿上存在有效的异议登记；

（2）预告登记有效期内，未经预告登记的权利人同意；

（3）登记簿上已经记载司法机关或者行政机关依法裁定、决定查封或者以其他形式限制不动产权利的有关事项；

（4）受让人知道登记簿上记载的权利主体错误；

（5）受让人知道他人已经依法享有不动产物权。

 特别提醒

对于上述事实的存在与否，由真实权利人举证证明，如果真实权利人有证据证明不动产受让人应当知道转让人无处分权的，应当认定受让人具有重大过失。同时，判断善意的时间点为不动产登记之时，如果订立合同时为善意，办理过户登记前知悉了无权处分的事实，也不能构成善意取得。

3. 受让人以合理的价格受让

是否为"合理的价格"应当根据转让标的物的性质、数量及付款方式等具体情况，参考转让时交易地市场价格以及交易习惯等因素综合认定。

4. 已经办理了登记

（四）无权处分合同效力与善意取得

《<物权法>解释（一）》第21条 具有下列情形之一，受让人主张根据物权法第一百零六条规定取得所有权的，不予支持：

（一）转让合同因违反合同法第五十二条规定被认定无效；

（二）转让合同因受让人存在欺诈、胁迫或者乘人之危等法定事由被撤销。

1. 转让合同内容涉嫌违法无效者不能善意取得

据此规定，无权处分人与受让人之间的合同违反《合同法》第52条规定，绝对排除善意取得的适用。

《合同法》第52条 有下列情形之一的，合同无效：（一）一方以欺诈、胁迫的手段订立合同，损害国家利益；（二）恶意串通，损害国家、集体或者第三人利益；（三）以合法形式掩盖非法目的；（四）损害社会公共利益；（五）违反法律、行政法规的强制性规定。

违反《合同法》第 52 条，意味着无权处分的转让合同内容涉嫌违法直接无效，通常而言，当内容涉嫌违法之时，往往合同双方都难辞其咎，因此，第三人没有通过善意取得制度加以保护的必要。

2. 受让人对转让人进行欺诈、胁迫或乘人之危导致合同<u>被撤销</u>的不能善意取得

此种情况比较复杂，也具有较强的可考性，对于司法解释的这一规定，至少可以从两个方面进行考查。

（1）如果受让人在无权处分的合同中欺诈、胁迫了转让人或者对于转让人存在乘人之危的，如果合同没有被撤销，受让人依然有可能构成善意取得。

这里可能存在的疑问是，既然受让人存在欺诈、胁迫或乘人之危，还能是善意第三人吗？**答曰：当然可以，因为两者没有任何必然联系，只要不知道处分为无权处分即构成善意。**

（2）如果在无权处分合同中，转让人欺诈、胁迫了受让人或者转让人对于受让人有乘人之危的，即便合同被撤销了，受让人依然有可能主张善意取得。

这里可能的疑问是，在欺诈、胁迫和乘人之危中，通常只有受害一方享有撤销权，既然作为受害人的受让人即可能的善意第三人选择了撤销合同，则意味着其不想再要此财产，那么，其依然可以主张善意取得意味着什么呢？答曰：<u>此时依然让其主张善意取得之目的不是为了让其获得财产的所有权，而是可以通过主张善意取得对抗原所有权人的返还原物请求权，以更好地保护善意第三人的利益。</u>

（五）善意取得的扩张适用

前述所讲，主要是针对所有权的善意取得，当存在无权处分并且第三人不知情的情况下，第三人也可以通过善意取得获得其他物权。因此，《物权法》第 106 条第 3 款规定："当事人善意取得其他物权的，参照前两款规定。"据此，抵押权、质权、用益物权均可适用。至于留置权能否善意取得的问题，本书将其放到留置权一节再行讲述。

[例题]甲出国前将古琴、油画及电脑交给乙保管,后乙将古琴出借给丙,将油画赠送给丁,将电脑出质给戊,甲回国后发现以上事实。甲有权主张的是：[①]

A. 要求丙返还古琴　　　　　　　B. 要求丁返还油画

C. 要求戊返还电脑　　　　　　　D. 要求乙承担违约责任

（六）善意取得的后果

善意取得的法律后果需要从三个方面进行解读：

1. 原权利人与善意第三人之间

根据第三人善意取得的物权的排他性程度不同，效力有不同表现。如果受让人取得的是所有权，则原所有权人丧失所有权。如果善意取得的是他物权，则原所有权人不丧失所有权，

---

① 【答案】ABD。解析：出借非处分行为，故不能善意取得，甲可请求丙返还；油画赠予丁，没有合理对价，故丁不能善意取得，甲可请求丁返还；对于乙的无权处分，戊可以善意取得质权，故甲不能请求戊返还电脑；乙违反了与甲之间的保管合同，故乙应当承担违约责任。综上，ABD 正确。

但是，当他物权实现时，所有权人不得以所有权对抗他物权，即他物权优先。

2．原权利人与无权处分人之间

无权处分人之处分行为，构成违约、侵权和不当得利，三者竞合，原所有权人有权向无处分权人请求赔偿损失或者返还不当得利。

3．在无权处分人与善意第三人之间

第三人若要获得财产权利需要向无权处分人支付合理对价。

（七）遗失物被无权处分不能直接善意取得

《物权法》第 107 条　所有权人或者其他权利人有权追回遗失物。该遗失物通过转让被他人占有的，权利人有权向无处分权人请求损害赔偿，或者自知道或者应当知道受让人之日起二年内向受让人请求返还原物，但受让人通过拍卖或者向具有经营资格的经营者购得该遗失物的，权利人请求返还原物时应当支付受让人所付的费用。权利人向受让人支付所付费用后，有权向无处分权人追偿。

1．遗失物被无权处分为何不能善意取得？

欲明确此问题，先要理解两个关于物的概念，即脱离物与委托物。

脱离物：指非基于所有人的意思而丧失占有的物，如盗赃、遗失物。

委托物：是指基于合法契约关系由承租人、保管人等实际占有的属于出租人、委托人所有的物。

一般而言，占有他人的脱离物不能适用善意取得，占有委托物者可以。

法理基础何在？

因为，占有委托物，意味着原权利人选择了让无权处分人占有其财产，如果原权利人没有选对人，那么，原权利人应当承担占有人将其财产进行无权处分的风险，第三人为善意之时，显然更值得保护，因此，无权处分委托物，可以善意取得。

如果占有脱离物，则意味着原权利人没有让无权处分人占有其财产，此时，物与原权利人脱离，原权利人也是无辜的受害者，值得保护。当占有人无权处分之时，如果受让人为善意，受让人也值得保护。在两者都值得保护的情况下，任一方也没有更值得保护的理由，此时，在设计规则之时，就回到常识上来，先来后到，原来是谁的就先保护谁。因此，原权利人可以从第三人手中取回标的物。

2.《物权法》第 107 条规定的遗失物卖给第三人的规则

可以归纳为以下三个层次：

（1）原权利人可以追回（回复权）遗失物或者请求拾得人进行损害赔偿。

> **特别提醒**
>
> 此处的原权利人既包括所有权人，也包括其他权利人。其他权利人，指的应该是动产的有权占有人。

（2）如果要行使回复权，追回遗失物，受到 2 年之限制，此 2 年为除斥期间，自知道或者应当知道受让人之时起算。

（3）原权利人在追回遗失物时有两种方式：有偿和无偿。

① 一般情况下为无偿取回。

② 有偿取回：当第三人通过拍卖，或有经营资格的出卖人处取得时为有偿取回，在支付价款后，可向拾得人追偿。

11 | 第十一讲
所有权

 阅读提示

　　本讲包括所有权的基本概念、所有权的共有、建筑物区分所有权关系和不动产相邻关系；其中，相对比较重要的内容是所有权共有和相邻关系；在所有权共有中，按份共有中的优先购买权是最为重要的考点。

一、所有权的概念与特征

（一）概念

《物权法》第39条　所有权人对自己的不动产或者动产，依法享有占有、使用、收益和处分的权利。

　　据此，所有权是对标的物全面支配的物权，是所有人在法定限度内对物最充分、最完全的支配。所有权的内容包括人对物和人对人两个方面的权利。

　　1. 人对物的权利

　　所有权是所有人对物全面支配的权利，包括占有、使用、收益、处分几项具体的权能。其中，处分是最核心的权能，既包括法律上的处分，也包括事实上的处分。通过这些权能表现的所有权属于原权，是所有权的核心内容，属于所有权的积极内容。

 特别提醒

　　事实上的处分，是指在生产或生活中使物的物质形态发生变更或消灭。例如，苹果被吃掉、木材被做成家具、房屋被拆掉等。

　　法律上的处分，是指按照所有权人的意志，通过某种民事法律行为将财产进行处分，不直接改变财产的物质形态。例如，将汽车卖掉、将房屋设定抵押等。

　　2. 人对人的权利

　　在受到他人非法干预或侵害时，所有人有权行使包括返还请求权、妨害排除请求权、妨害预防请求权、恢复原状请求权等在内的请求权。上述请求权属于救济权，是所有人基于对特定范围内财产的权利而产生的对非所有人的权利，属于所有权的消极内容。

3. 所有权行使的限度（法学专业作为论述题掌握）

与其他民事权利相同，所有权的行使也受到一定的限制。民法和其他一些相关法律、法规对所有权进行的限制主要表现如下：

（1）行使所有权不得违反法律规定；

（2）行使所有权不得妨害他人的合法权益；

（3）行使所有权时必须注意保护环境、自然资源和生态平衡；

（4）根据公共利益的需要，国家可以依法对集体土地实行征用，或将其他财产收归国有。

 特别提醒

关于征收、征用问题需要注意的要点如下。

《物权法》第42条第1、2款　为了公共利益的需要，依照法律规定的权限和程序可以征收集体所有的土地和单位、个人的房屋及其他不动产。

征收集体所有的土地，应当依法足额支付土地补偿费、安置补助费、地上附着物和青苗的补偿费等费用，安排被征地农民的社会保障费用，保障被征地农民的生活，维护被征地农民的合法权益。

《物权法》第44条　因抢险、救灾等紧急需要，依照法律规定的权限和程序可以征用单位、个人的不动产或者动产。被征用的不动产或者动产使用后，应当返还被征用人。单位、个人的不动产或者动产被征用或者征用后毁损、灭失的，应当给予补偿。

征收与征用的比较如表11-1所示。

表 11-1 征收与征用的比较

比较项目	行使	前提条件	所有权		国家义务
征收	国家要依照法定程序和权限来行使	为了公共利益的需要	丧失	补偿	（1）征收集体土地的，必须足额支付土地补偿费、安置补助费、地上附着物和青苗补偿费、农民的社会保障费 （2）其他的征收，依法补偿，如果是房屋被征收，要保障被征收人的居住条件
征用		抢险、救灾等紧急需要	保留	返还	给予补偿（无论是否损毁灭失）

表11-1可全面比较征收和征用的不同，其中，征用部分的国家义务尤其值得注意，根据《物权法》第44条的规定，国家征用集体或个人财产后，在返还的同时，无论是否造成被征用财产的损毁都要进行补偿，因为征用了之后，导致被征用主体无法正常使用，这本身意味着损失。

（二）特征

所有权具有以下特征：

1. 所有权具有全面性

所有权是所有人在法定范围内对所有物加以全面支配的权利，是绝对权。所有权关系的义务主体是所有人以外的一切人，他们负有不作为的义务。

2. 所有权具有整体性

整体性又称为单一性。所有权并非占有、使用、收益、处分等各种权能的简单相加，而是一个整体的权利，所有人对于标的物有统一的支配力。

3. 所有权具有弹力性

弹力性又称为归一性。所有权人在其所有的财产上为他人设定他物权后，虽然占有等权能与所有权人发生分离，但所有权并不消灭。当所有物上设定的其他权利消灭，所有权的负担除去以后，所有权恢复其圆满的状态。

4. 所有权具有排他性

排他性也叫独占性，是指所有权是独占的支配权，非所有人不得对所有人的财产享有所有权。同一物上只能有一个所有权存在，而不能同时并存两个或两个以上的所有权。

5. 所有权具有恒久性

恒久性又称为永久存续性，是指所有权不因时效而消灭，也不得预先设定其存续期间。所有权不以期限为要件，除因标的物灭失、所有人抛弃等事由而消灭外，本质上可以永久存续。

二、所有权的类型

根据不同标准，可以对所有权做不同的划分。

（一）不动产所有权与动产所有权

这是根据所有权客体的不同对所有权所做的分类。

二者的主要区别体现在以下三方面：

首先，基于法律行为的不动产所有权变动原则上以登记为生效要件，基于法律行为的动产所有权变动原则上以交付为生效要件；

其次，先占、拾得遗失物等原始取得方式仅适用于动产所有权；

最后，只有不动产所有权才涉及相邻关系及建筑物区分所有权问题。

（二）国家所有权、集体所有权、私人所有权

这是根据法律规定的所有制的不同对所有权进行的划分。

1．国家所有权

在我国，有些特定财产专属于国家所有，任何单位和个人不能取得所有权，如城市土地、矿藏、水流、海域、无线电频谱资源、国防资产。除上述专属于国家所有的财产之外，还有一些法律规定可以属于国家财产。

2．集体所有权

集体所有权的客体包括：

（1）法律规定属于集体所有的土地和森林、山岭、草原、荒地、滩涂；

（2）集体所有的建筑物、生产设施、农田水利设施；

（3）集体所有的教育、科学、文化、卫生、体育等设施；

（4）集体所有的其他不动产和动产。农民集体所有的财产，属于本集体成员集体所有。

针对集体财产可能被侵害的方式，物权法规定，集体所有的财产受法律保护，禁止任何单位和个人侵占、哄抢、私分、破坏，并规定集体经济组织、村民委员会或者负责人做出的决定侵害集体成员合法权益的，受侵害的集体成员可以请求人民法院予以撤销。

3．私人所有权

私人所有权是私人对其不动产和动产享有占有、使用、收益、处分的权利。

私人所有权的主体不仅是自然人个人，还包括私人投资设立的具有法人资格的独资企业，还有两个以上的自然人及私有法人企业共同出资设立的合伙企业。

（三）单一所有权与多数人所有权

这是根据所有权人数量的不同对所有权进行的分类。

单一所有权是指所有权人为单独一人的所有权。

多数人所有权是指所有权人为多数人的所有权，多数人所有即共有。共有包括按份共有和共同共有。接下来详细讲述这两种所有权的共有状态。

三、所有权的共有

（一）共有的概念和特征

1．共有的概念

共有是指两个以上的权利主体对同一项财产都享有所有权。

2．共有的特征

共有的特征体现在以下方面：

（1）共有关系的主体总是两个以上；

（2）共有关系的客体总是同一项财产；

（3）共有关系的内容<u>包括对内和对外双重权利、义务关系</u>；

（4）共有关系的形成基于公民或法人共同的生产经营目的或生活需要。

3．准共有

准共有是指两个以上的人（公民或法人）共同享有所有权以外的财产权。

一般地说，现代各国物权法中关于共有的规定，是专门对所有权的共有状态而言的。但在实际生活中，还存在着大量对所有权以外的财产权的共有，如两个以上的人共同拥有他物权、知识产权、债权等。

（二）按份共有

按份共有，亦称分别共有，是指两个以上的人对同一项不动产或者动产<u>按照其份额享有所有权</u>。按份共有是最常见的共有关系，它可以发生在公民之间、法人之间，也可以发生在公民和法人之间。

按份共有的内外关系如图 11-1 所示。

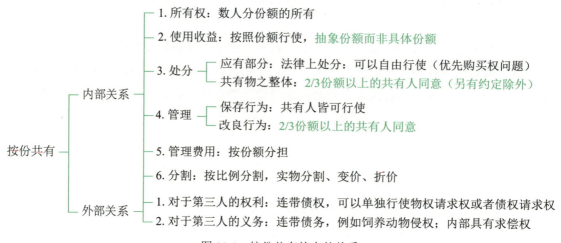

图 11-1　按份共有的内外关系

根据图 11-1 所示，对于按份共有需要掌握的要点如下：

1．按份共有的"份额"如何理解

（1）分份额的享有所有权，此时，所有权只有一个。

（2）份额为抽象份额，非具体份额：所有人的份额均及于标的物之全体。

（3）共有人可以对于一个具体的标的物共同享有所有权，也可以对一集合物整体按份额享有所有权。

例如，甲、乙、丙 3 人共有一台拖拉机，则该 3 人都可使用该拖拉机，也都可以对拖拉机进行收益，并不是说甲有轮胎，乙有发动机，丙有方向盘，但各共有人在行使占有、使用、收益权时，应当按其份额进行。在此例中，如果甲、乙、丙 3 人应有部分的比例为3∶2∶1，则对拖拉机使用时应为甲 3 日、乙 2 日、丙 1 日。如果对将拖拉机进行出租，所得租金应当按照 3∶2∶1 的比例进行分配。

2．对于共有物的管理、处分

（1）保存行为：单个共有人可为之。

所谓保存行为，是指日常生活中对于财产的基本维护与管理。

《物权法》第96条　共有人按照约定管理共有的不动产或者动产；没有约定或者约定不明确的，各共有人都有管理的权利和义务。

如共有的房屋，下大雨时房屋进水，每个人都可以进行排水；玻璃窗脏了，每个人都可以进行清理。

（2）处分行为之处分共有物整体。

《物权法》第97条　处分共有的不动产或者动产以及对共有的不动产或者动产作重大修缮的，应当经占份额三分之二以上的按份共有人或者全体共同共有人同意，但共有人之间另有约定的除外。

如果要处分标的物之整体，没有特别约定的，至少需要2/3份额共有人同意，包括两种处分：

① 通过事实行为，即事实上的处分，又称改良行为，需要2/3份额以上的共有人同意，另有约定除外。

② 通过法律行为，即在法律上处分整个标的物时需要2/3份额以上的共有人同意，另有约定的除外。

（3）处分行为之处分自己的份额。

共有人处分自己的份额，原则上可以自由处分。

《物权法》第101条　按份共有人可以转让其享有的共有的不动产或者动产份额。其他共有人在同等条件下享有优先购买的权利。

关于共有人优先购买权的行使，《物权法解释（一）》第9~14条中对于很多问题进行了明确，主要内容如表11-2所示。

表11-2　共有人优先购买权的行使内容

适用条件	1．按份共有人向第三人转让应有份额 2．需同等条件下，才能优先购买 同等条件认定：综合转让价格、价款履行方式及期限等因素确定		
权利期限	有约定	按照约定的期间行使权利	
	无约定	有通知	1．通知中载明期间的，以载明的期间为准 2．通知未载明或载明少于15日，通知送达后15日
		无通知	1．其他共有人知道或应知转让的，知道后15日 2．其他共有人是否知道无法确定，转让份额起6个月
行权的顺位	1．房屋共有人的优先购买权优先于承租人的优先购买权 2．两个以上的共有人均主张优先购买的，无约定时，按份额的比例行权		

续表

排除的情形	1. 因继承或遗赠份额变动,非特别约定,其他共有人不得优先购买 2. 共有人之间转让份额,非特别约定,其他共有人不得优先购买 3. 行权超过期间的或未超过期间但是提出实质性变更要求的 4. 仅主张转让人与第三人合同无效、撤销合同的

3. 共有人对于共有物的分割

(1)分割方式。

① 实物分割。如果共有物为可分物,分割后无损于财产的价值,这时可以按各共有人的份额对实物进行分割,使各共有人分得其应有部分。

② 变价分割。共有物如为不可分物,即不能进行实物分割;或者如果实物分割会减损财产的价值,如一幅古画、一头牛;或者虽然共有物为可分物,但共有人都不愿取得共有物,可以把共有物进行出卖,各共有人依各自的份额取得共有物的价款。

③ 折价分割。如果共有人中有一人或者数人愿取得共有物,可以把共有物作价,除其应得部分外,按份额补偿其他共有人,从而取得全部共有物的所有权。

(2)分割之后的责任。

《物权法》第100条第2款 共有人分割所得的不动产或者动产有瑕疵的,其他共有人应当分担损失。

这意味着在分割之后,无论任何人所分得的部分有瑕疵的,共有人之间应互负瑕疵担保责任。所谓互负瑕疵担保责任,是指无论任何一个人因分得共有物瑕疵带来损失的,其他共有人应当按照原来共有的份额进行分担。

例如,甲乙丙三人共有一套房屋,共三间,面积同样的大小,共有的比例是1:1:1,后来进行实物分割,每人分得了一间。分割后,丙发现分得的一间房屋漏雨,进行维修需要300元,则对于300元,应当每人承担1/3。

4. 外部关系

(1)共有人对于第三人的权利。

按份共有人的份额虽然是所有权的量的部分,但其应有部分是及于共有物的全部而非限于局部,因此,共有人享有连带债权,但法律另有规定或者第三人知道共有人不具有连带债权关系的除外。

例如,对于无权占有人可以请求返还原物,对于妨害共有物的行为可以请求排除妨碍等。

(2)共有人对于第三人的义务。

在共有人与第三人发生的民事法律关系中,共有人的义务如何承担?我国物权法规定,在对外关系上,共有人承担连带债务,但法律另有规定或者第三人知道共有人不具有连带债务关系的除外。在共有人内部关系上,除共有人另有约定外,按份共有人按照份额享有债权、承担债务,如果偿还债务超过自己应当承担份额的按份共有人,有权向其他共有人追偿。

例如,甲、乙共有的动物给他人造成损害的,通常情况下,甲、乙应负连带赔偿责任。

［例题］甲、乙、丙按不同的比例共有一套房屋，约定轮流使用。在甲居住期间，房屋廊檐脱落砸伤行人丁。甲乙丙应当如何承担责任？ ①

（三）共同共有

1．概念

共同共有是指两个以上的所有人根据共同关系对共有财产不分份额地共同享有权利并承担义务的共有关系。

2．特征

（1）各个共有人对共有财产共同地、平等地享有所有权，没有份额的区分。各自的份额只有在分割时才能确定。

（2）各个共有人对共有财产享有平等的权利，承担平等的义务，没有权利大小或义务多少的区分。

（3）财产共同共有关系随着共有人共同关系的存在而产生，并随着共同关系的解除而消灭。

3．共同共有产生的情形

（1）婚姻共同财产。

《婚姻法》第17条　夫妻在婚姻关系存续期间所得的下列财产，归夫妻共同所有

夫妻对共同所有的财产，有平等的处理权。

这是夫妻共同共有财产的法律依据。夫妻共同共有的财产，包括在婚姻关系存续期间各自的合法收入（如工资、奖金、稿酬）和共同劳动收入，以及各自继承或者接受赠予取得的财产等。

> **特别提醒一**
>
> 　　对于理解这种共同共有关系，应注意两点：其一，夫妻是可以约定财产分别所有的，如果约定了分别所有，那就是约定财产制，不存在共有；其二，即便没有约定财产分别所有，也不是所有的财产都是共同共有的，如一方婚前财产、一方人身伤害所获得的赔偿、一方专用的生活用品等都属于个人。鉴于这两个方面，因此需要强调，不要一看到夫妻关系就认为当然有共同共有关系的存在。

> **特别提醒二**
>
> 　　被宣告无效或被撤销的婚姻，当事人同居期间所得的财产，按共同共有处理，但有证据证明为一方当事人所有的除外。

---

① 【答案】甲乙丙共有房屋，对外发生侵权是连带责任，故丁可以请求任何一个共有人承担责任，承担责任超出自己份额的部分，可向其他共有人追偿。

（2）家庭共同财产。在我国，家庭关系不限于夫妻关系，还存在着父母、子女、祖父母、外祖父母、孙子女、外孙子女、兄弟姐妹等之间的关系。家庭共有财产就是家庭成员在家庭共同生活关系存续期间共同创造、共同所得的财产。

（3）共同继承的财产。这是指在继承开始以后，遗产分割以前，两个以上的继承人对之享有继承权的遗产。在分割遗产时，共同继承人应当按照法律规定的原则确定各自的份额或者按遗嘱确定各自的份额。因为，在分割之前，通常各继承人可以分得的数额是不一致的。

（4）推定的共同共有。

当共有状态约定不明时的推定：有家庭关系的推定共同共有，除有家庭等共有关系外，一律认定为按份共有，无约定者，份额均等。

4．对于共有物的管理、处分

每个人均有平等的管理权利。处分通常需要全体共同同意，否则，构成无权处分。

5．外部关系

对第三人享有债权为连带债权、对第三人负有债务为连带债务。

6．共有物的分割

共同共有分割共有物，原因有二：一是共同共有关系丧失；二是基于法律规定的重大理由。

关于重大理由，婚姻法司法解释有就夫妻关系存续期间可以分割共有财产的进一步规定。

《＜婚姻法＞解释（三）》[1] 第4条　婚姻关系存续期间，夫妻一方请求分割共同财产的，人民法院不予支持，但有下列重大理由且不损害债权人利益的除外：（一）一方有隐藏、转移、变卖、毁损、挥霍夫妻共同财产或者伪造夫妻共同债务等严重损害夫妻共同财产利益行为的；（二）一方负有法定扶养义务的人患重大疾病需要医治，另一方不同意支付相关医疗费用的。

[例题] 根据我国《物权法》的规定，在下列关系中，不属于共同共有关系的有：[2]

A．甲、乙、丙三人各出资2.5万元，购买一房屋

B．甲、乙、丙三人共有一栋房屋，甲乙主张为按份共有，丙主张为共同共有，但都没有证据

C．甲、乙夫妻结婚后约定，各自的收入分别所有

D．甲、乙夫妻离婚后约定，房屋归女方所有，男方暂住两年

四、建筑物区分所有权

（一）概念和特征

1．概念

建筑物区分所有权，是指根据使用功能，将一栋建筑物在结构上区分为各个所有人独自

---

[1]　全称是《最高人民法院关于适用〈中华人民共和国婚姻法〉若干问题的解释（三）》，已于2011年7月4日由最高人民法院审判委员会第1525次会议通过，自2011年8月13日起施行。

[2]　【答案】ABCD。解析：A项是按份共有；B项推定为按份共有；C项是夫妻分别财产制，无共有；D项房屋属于女方，无共有。综上，ABCD均当选。

使用的部分和由多个所有人共同使用的共同部分时，每一个所有人享有的对其专有部分的专有权、对共有部分的共有权及各个所有人之间基于共同关系而产生的成员权（又称社员权）的结合。

具体结构如图 11-2 所示。

建筑物区分所有权 ┬ 专有权：单元空间（决定共有权的大小）
　　　　　　　　 ├ 共有权：地基、电梯、管线、走廊等公摊面积（此共有非彼共有）
　　　　　　　　 └ 业主自治的权利——社员权

图 11-2 建筑物区分所有权的具体结构

特别提醒

　　理解此处的共有权，要注意规范意识，与上述按份共有和共同共有没有任何必然联系。这里的共有权是对于公摊面积享有权利。而且权利人可以放弃对于共有权的享有，但是，不得以放弃权利为由拒绝履行对于共有部分的义务。

2. 特征

建筑物区分所有权的主要特点有以下四项：

（1）复合性。建筑物区分所有权由专有部分所有权、共有权及成员权等三要素构成，且区分所有人的身份也具有多重性，既是专有权人，又是共有所有人，还是管理建筑物的成员权人，此有别于单一的不动产所有权。

（2）整体性。这是指区分所有权人的专有权、共有权及成员权三者共为一体不可分离。在转让、继承、抵押时应将三者一起转让、继承、抵押。

所谓的一起转让，本质是只能转让专有权，转让时，其他两个权利必然随之而转让。

（3）专有权的主导性。在构成建筑物区分所有权的三要素中，专有权具有主导性，具体体现在：

① 区分所有人取得专有部分所有权即取得共有部分共有权及成员权。

② 专有部分所有权的大小决定共有权及成员权的大小，决定对于共有部分维护、相关费用的承担。

《物权法》第80条　建筑物及其附属设施的费用分摊、收益分配等事项，有约定的，按照约定；没有约定或者约定不明确的，按照业主专有部分占建筑物总面积的比例确定。

③ 区分所有权成立登记时，只登记专有部分所有权，而共有权及成员权并不单独登记。

（4）客体的多元性。建筑物区分所有权的客体包括专有部分与共有部分，而不是仅局限于其中一部分。

（二）内容详解

1．专有权

专有权即专有部分所有权，系空间所有权，是区分所有人对专有部分可自由占有、使用、收益及处分的权利。专有部分指在构造上能明确区分，具有排他性且可独立使用的建筑物部分。

构成专有部分须具备以下三个条件：

（1）构造上的独立性，即"物理上的独立性"，从而能够明确区分；

（2）利用上的独立性，即"功能上的独立性"，可以排他使用；

（3）能够登记成为特定业主所有权的客体。

2．共有权

共有权即共有部分共有权，是建筑物区分所有人依照法律或管理规约的规定，对区分所有建筑物之共有部分所享有的占有、使用及收益的权利。

共有部分包括建筑物专有部分之外的其他部分，如楼梯、电梯、屋顶、地下室等，还包括建筑物的附属建筑物和附属设施，如物业用房、配电室、车位、车库、道路、绿地、排水设备、消防设备、燃气管线、电缆、光缆等。

3．建筑物区分所有人的成员权

指建筑物区分所有人（业主）基于一栋建筑物的构造、权利归属及使用上的密切关系而形成的、作为建筑物管理团体之成员所享有的权利。业主可以设立业主大会，由业主大会选举产生事务执行机构，即业主委员会。成员权通过业主大会行使，业主大会或者业主委员会的决定对业主具有约束力。业主大会或者业主委员会的决定侵害业主合法权益的，受侵害的业主可以请求人民法院予以撤销。

（1）表决权

业主通过业主大会行使权利，主要表现为对于日常事务的表决权。关于行使表决权：

表决事项可以分为一般事项和特殊事项。其中特殊事项有二：其一，筹集和使用建筑物及其附属设施的维修资金；其二，改建、重建建筑物及其附属设施。其余皆为一般事项。

对于特殊事项，需要专有面积和业主人数双重要件都要达到2/3以上，所谓2/3以上是包括2/3在内的。对于一般事项，则需要专有面积和业主人数双重要件的过半数同意，所谓过半数，不包括半数在内。

（2）诉权的范围

①业主大会和业主委员会的权利

对任意弃置垃圾、排放污染物或者噪声、违反规定饲养动物、违章搭建、侵占通道、拒付物业费等损害他人合法权益的行为，有权依照法律、法规以及管理规约，要求行为人停止侵害、消除危险、排除妨害、赔偿损失。

②业主的权利

业主对侵害自己合法权益的行为，可以依法直接向人民法院提起诉讼。业主大会或者业主委员会的决定侵害业主合法权益的，受侵害的业主可以请求人民法院予以撤销。

五、不动产相邻权（关系）

（一）概念

相邻不动产的所有人或使用人在各自行使自己的合法权利时，都要尊重他方所有人或使用人的权利，相互间应当给予一定的方便或接受一定的限制，法律将这种相邻人间的关系用权利义务的形式确定下来，就是相邻关系。

可见，相邻关系是指两个或两个以上相邻不动产的所有人或使用人，在行使占有、使用、收益、处分权利时因给对方提供必要便利而发生的权利。

例如，甲、乙都是集体所有土地的承包经营人，甲承包的土地处于乙承包的土地与公用通道之间，乙如果不通过甲承包的土地就不能到达公用通道，或者虽有其他通道但非常不便，乙就有权通过甲承包的土地到达公用通道或者自己承包的土地，这样在甲、乙两个承包经营人之间就发生了相邻关系。这种相邻关系对于乙来说，是其土地使用权的合理延伸，而对甲来说，是对其土地使用权的必要限制。

（二）特征

（1）相邻关系总是发生在两个以上权利主体之间。

（2）相邻关系的内容是相邻人间的权利、义务。

相邻关系的权利和义务一般是按照法律的规定确定的，但是，依据《物权法》第85条的规定，没有法律规定时可依据交易习惯来确定。相邻一方有为了维护其合法权益行使方便的权利，他方负有提供这种便利的义务。

相邻一方的权利受到法律的保护，但其不得滥用权利。如果滥用权利，对于相邻权利人带来不必要的损害，需要承担侵权责任。

（3）相邻关系是在不动产毗邻或相近的特定条件下因对财产的使用而发生的。

它不仅涉及占有、使用土地、房屋，建筑物、通行道路等不动产本身的相邻关系，还包括截水、排水、通风、采光、眺望、蒸汽、烟尘、臭气、噪声、垃圾等所发生的不利影响或有害侵扰。这种来自邻人的侵害，既可能是财产上的损害，也可能是人身上的损害。

可见，一般情况下，相邻的自然条件是发生相邻关系的前提，但是，例外情况下，没有直接相邻，也可发生相邻关系纠纷。

例如，承包经营人乙不通过承包经营人甲承包的土地不能到达自己承包的土地，如果甲、乙之间的土地一个在河北，一个在湖南，自然就不可能发生这种通行关系。例外的情况，例如，甲、乙两村处于同一条河流的上下游，两村虽然不直接相邻，但亦可能因用水、流水、截水与排水关系，而有相邻关系适用的可能。

（4）相邻关系制度的目的，是为了满足彼此最基本的生产生活需要所谓最基本的生产生活需要，是指离开了这种需要，生活难以正常进行。

例如，上例中乙不通过甲的土地不能到达自己的承包地、乙的邻居甲房屋建的过高导致乙的房屋常年难以接受阳光照射等皆是维持正常生活最基本的需求。

（三）相邻关系的主要内容

1. 用水排水关系

这种相邻关系，不完全以直接相邻为限。

《物权法》第86条　不动产权利人应当为相邻权利人用水、排水提供必要的便利。

对自然流水的利用，应当在不动产的相邻权利人之间合理分配。对自然流水的排放，应当尊重自然流向。

（1）相邻用水关系

在我国，水资源属于国家所有，相邻各方均有使用的权利。因此，相邻人应当保持水的自然流向，在需要改变流向并影响相邻他方用水时，应征得他方同意，并对由此造成的损失给予适当的赔偿。

水流经过地的所有人或使用人，均应遵循"由近及远，由高至低"的原则依次用水。一方擅自改变、堵截或独占自然水流，影响他方正常的生产和生活的，他方有权请求排除妨碍，造成他方损害的，应负责赔偿损失。

（2）相邻排水关系

高地所有人或使用人有向低地排水的权利，但低地所有人或使用人对高地的排水所承担的义务，则因排放的水是自然流水或人工流水的不同而有所不同。

对自然流水，低处的土地所有人或使用人有承水的义务，高处的土地所有人或使用人没有将水一直引到江河或公用排水系统的义务，对自然流水给低地所有人或使用人造成的损害，若高处土地的所有人或使用人无过错，则不承担任何民事责任。

对于人工流水，低地所有人或使用人没有承水义务，只有过水义务，即允许流水通过的义务。高处土地所有人或使用人必须采取适当措施，将其人工流水安全通过低地，直达江河或公共排水系统。排放人工流水给他人造成损害或危险的，受害方有权请求停止侵害、消除危险及赔偿损失。

另外，修建房屋时不得将屋檐滴水向邻人屋面排流，以防对邻人房屋的侵害。因屋檐滴水造成邻人损害的，受害人有权请求排除妨碍、赔偿损失。

2. 邻地使用关系

（1）袋地通行

不动产权利人原则上有权禁止他人进入其不动产，但他人因通行等必须利用或进入其不动产的，不动产权利人应当提供必要的便利。

例如，被相邻土地包围以致与公用道路隔离的土地所有人或使用人，有权通行邻地以直达公用道路。通行人在选择道路时，应当选择最必要、损失最少的路线，如只需小道即可，就不得开辟大道；可以在荒地上开辟道路，就不得在耕地上开辟。

（2）管线通过与营建利用

《物权法》第87条　不动产权利人对相邻权利人因通行等必须利用其土地的，应当提供必要的便利。

《物权法》第88条　不动产权利人因建造、修缮建筑物及铺设电线、电缆、水管、暖气和燃气管线等必须利用相邻土地、建筑物的，该土地、建筑物的权利人应当提供必要的便利。

值得注意的是，因铺设管线利用相邻不动产的，应当尽量避免对相邻的不动产权利人造成损害；造成损害的，应当给予赔偿。

3．通风、采光和日照关系

《物权法》第89条　建造建筑物，不得违反国家有关工程建设标准，妨碍相邻建筑物的通风、采光和日照。

4．侵害防免

（1）开掘危险、建筑物危险

《物权法》第91条　不动产权利人挖掘土地、建造建筑物、铺设管线及安装设备等，不得危及相邻不动产的安全。

例如，甲在自家院内挖菜窖，造成邻居乙的房屋地基受损。

（2）不可量物侵入

《物权法》第90条　不动产权利人不得违反国家规定弃置固体废物，排放大气污染物、水污染物、噪声、光、电磁波辐射等有害物质。

例如，甲购买住房一套，房子在一条清澈的小河边，但后来由于河流上游的化工厂排放污水导致河流严重污染。

（四）相邻关系的处理依据和原则

1．依据

法律、法规对处理相邻关系有规定的，依照其规定；法律、法规没有规定的，可以按照当地习惯。

2．原则

相邻关系的处理原则是有利生产、方便生活、团结互助、公平合理。

12 | 第十二讲
用益物权

阅读提示

　　本讲主要讲述我国物权法规定的四种用益物权,其中,宅基地使用权不具有可考性;建设用地使用权、土地承包经营权和地役权属于常考点,命题主要集中在权利的设立和转让方面;地役权设立时,不登记不得对抗善意第三人是最重要的内容。

一、用益物权的概念和特征

(一)概念

　　用益物权,是指对他人所有的物,在一定范围内进行占有、使用、收益的他物权。

　　《物权法》第 117 条　用益物权人对他人所有的不动产或者动产,依法享有占有、使用和收益的权利。

(二)特征

　　1. 用益物权属于他物权、限制物权

　　所谓限制物权,可以从以下三个方面理解:

　　(1)与所有权相比,权能有限,对他人的物无处分权。

特别提醒

　　用益物权人对于他人的物没有处分的权利,但是,如果在获得用益物权之后,对于用益物权本身是可以处分的,比如获得建设用地使用权之后,可以依法转让、抵押等。

　　(2)效力优先:设定后是对于所有权的限制,故而先于所有权行使。

　　(3)有期限限制,如果我国建设用地使用权:住宅居住用地 70 年,70 年后自动续期;工业用地 50 年;教育、科技、文化、卫生、体育用地 50 年;商业、旅游、娱乐用地 40 年;综合或者其他用地 50 年。

2．用益物权以占有为前提，以使用收益为内容

所谓的用益物权中的"用益"，就是对物的使用、收益，以取得物的使用价值。在这一点上用益物权与担保物权不同，也由此决定了用益物权的设立，以对标的物的占有为要件。也就是说，必须将标的物的占有（直接占有）移转给用益物权人，由其在实体上支配标的物。否则，用益物权的目的就无法实现。

3．用益物权的客体包括动产和不动产，主要是不动产

《物权法》第 117 条　用益物权人对他人所有的不动产或者动产，依法享有占有、使用和收益的权利。

这意味着物权法规定的用益物权客体是包括动产和不动产的。然而，从物权法接下来的条文中所规定的具体用益物权中，只包括土地承包经营权、建设用地使用权、宅基地使用权、地役权，这显然都是关于他人不动产享有的权利，这该作何解释呢？

自立法目的角度看，《物权法》第 117 条之规定，旨在为将来通过特别法在某些动产之上设定用益物权留下一种制度上的空间和可能。

综上而言，用益物权对于权利人而言，意义重大，由此决定，因不动产或者动产被征收、征用致使用益物权消灭或者影响用益物权行使的，用益物权人有权依照物权法的规定获得相应补偿。

（三）类型

1．传统民法中的用益物权

（1）地上权。这是指为在他人土地上营造建筑物、工作物或种植树木而长期使用该他人土地的权利。

（2）地役权。这是指为自己经营和使用土地的方便而使用他人土地的权利，如为耕作而在必经的他人土地上通行的权利，为排灌而在他人土地上修渠排灌的权利。

（3）典权。这是指支付典价后依约定占有对方的不动产并予以使用和收益的权利。

（4）永佃权。这是指支付佃租而在对方土地上永久耕作或放牧的权利。

2．我国物权法中规定的用益物权

建设用地使用权、土地承包经营权、地役权和宅基地使用权。下面将分别讲述。

二、建设用地使用权

（一）建设用地使用权的概念和特征

1．概念

建设用地使用权是指自然人、社会组织对国家或集体所有的土地依法享有的利用该土地建造及保有建筑物、构筑物及其附属设施的权利。

2. 特征

建设用地使用权具有以下特征：

（1）建设用地使用权属于用益物权；

（2）建设用地使用权的主体为一切符合法定条件的自然人和社会组织；

（3）建设用地使用权的内容为在土地上建造和保有建筑物、构筑物及其附属设施，以及对建设用地使用权的处分如出资、转让、抵押，但不包括对土地本身的处分；

（4）建设用地使用权的客体包括国有土地和集体所有的土地，其范围包括土地表面及其上下的一定空间。

可以用来设立建设用地使用权的主要是国有土地，法律有规定的集体土地有时在经过法定手续后也可以设立建设用地使用权。

（5）建设用地使用权具有排他性，在同一块土地上不允许有两个以上内容相同的建设用地使用权存在。

（二）建设用地使用权的设立

建设用地使用权的客体包括国有土地和集体所有的土地，在不同客体之上设立的建设用地使用权的条件和程序是不同的。

以集体土地为客体的建设用地使用权限于兴办乡镇企业、乡（镇）村公共设施和公益事业，其使用权的取得必须报请有关政府部门批准，且不得转让、出租或抵押。以国有土地为客体的建设用地使用权的取得方式有两种：一是通过土地使用权的出让、转让等方式取得。其中，出让是指从国家取得土地使用权，其方式包括招标、拍卖、协议等；转让是指从土地使用权人取得土地使用权。二是通过行政划拨的方式取得。

 特别提醒一

出让，是个人与国家签订合同；转让，是个人之间签订合同。但是，无论出让还是转让，都坚持区分原则，即在订立合同后必须办理设立和变更登记，如果在签订合同之后，没有办理登记的，合同有效，但是，建设用地使用权不能发生物权变动，建设用地使用权自登记时设立或发生变更。

 特别提醒二

《物权法》第147条规定："建筑物、构筑物及其附属设施转让、互换、出资或者赠予的，该建筑物、构筑物及其附属设施占用范围内的建设用地使用权一并处分。"据此，在建设用地使用权和地上建筑物等发生变动时，两者关系可以简称为"房随地走，地随房走，一并处分"。

出让、转让方式与划拨方式的比较如表 12-1 所示。

表 12-1　出让、转让方式与划拨方式的比较

标　准	出让、转让方式	划 拨 方 式
性质不同	民事方式	行政方式
对价不同	需对价，支付出让金	无须对价，无偿
权利内容	可进入市场交易	只能自己使用，不可交易
存续期限	有期限，到期不申请续期则消灭	长期或无期限
适用范围	除法律规定为划拨之外的方式取得均是	法律明确规定，涉及公益

（三）建设用地使用权的内容

1．权利

建设用地使用权人依法享有以下权利：

（1）占有权。权利人对依法取得使用权的土地享有直接支配和控制的权利，这是土地使用权的前提。

（2）使用权。权利人可以对土地加以开发、经营和利用，这是建设用地使用权人的一项最主要权利。

（3）收益权。权利人可以直接利用土地以获得收益。如果是国有土地，权利人还可以将建设用地使用权合法转让、出租或抵押以获得收益。除有相反证据证明的以外，建设用地使用权人建造的建筑物、构筑物及其附属设施的所有权属于建设用地使用权人。

（4）处分权。此处所说的处分不是指对土地本身的处分，而是指对建设用地使用权的处分，如转让、互换、出资、赠予或抵押建设用地使用权。

建设用地使用权期间届满的，如果是住宅建设用地，自动续期；如果是非住宅，其续期依照法律规定办理。该土地上的房屋及其他不动产的归属，有约定的按照约定；没有约定或者约定不明确的，依照法律、行政法规的规定办理。

2．义务

建设用地使用权人承担以下义务：

（1）对土地的开发、利用、经营应当遵守法律法规，合理有效地利用土地，不得随意改变土地的用途，更不得违法使用土地，不得损害社会公共利益。

（2）缴纳土地使用税，无论是无偿还是有偿取得土地使用权的主体，都应当按期缴纳土地使用税。有偿取得土地使用权者，还须支付土地出让金或转让金。

（3）变动国有土地使用权必须履行法定的登记手续。

（4）权利消灭时，应当将土地返还给所有人，并且原则上应当恢复土地的原状。

三、土地承包经营权—集体所有土地上的使用权

（一）土地承包经营权的概念和特征

1. 概念

土地承包经营权是指自然人或社会组织依据承包合同对于农民集体所有或者国家所有由农民集体使用的土地享有的占有、使用和收益的权利。

2. 特征

土地承包经营权具有如下特征：

（1）土地承包经营权是由土地所有权派生的一种以使用收益为内容的物权，属于他物权中的用益物权范畴。

（2）土地承包经营权的主体是承包人，包括自然人和社会组织。

对于集体土地，承包人通常是集体组织的成员。那么，集体组织以外的主体有无可能承包该集体的土地呢？

根据土地管理法和农村土地承包法的规定，只有符合条件的农村土地，并经法定程序，方可由本集体经济组织以外的单位或个人承包。这些条件是：

① 只限于不宜采取家庭承包方式的荒山、荒沟、荒丘、荒滩等农村土地；

② 只能够通过招标、拍卖、公开协商等方式承包；

③ 应当事先经本集体经济组织成员的村民会议 2/3 以上成员或者 2/3 以上村民代表的同意，并报乡（镇）人民政府批准；

④ 本集体经济组织成员，在同等条件下行使优先承包权。

（3）土地承包经营权的客体是农民集体所有或国家所有由农民集体使用的耕地、林地、草地及其他用于农业的土地。权利人必须将以上土地用于从事种植业、林业、畜牧业等农业生产。

（4）土地承包经营权是由发包人与承包人通过签订承包合同的方式设定的。

（5）土地承包经营权是一种有期限的物权，如《物权法》规定，耕地的承包期为30年，草地的承包期为30年至50年，林地的承包期为30年至70年，特殊林木的林地承包期，经国务院林业行政主管部门批准可以延长。

承包期内，原则上，发包方非符合法定条件和经法定程序，不得调整承包地。

《农村土地承包法》[①] **第 27 条** 承包期内，发包方不得调整承包地。

承包期内，因自然灾害严重毁损承包地等特殊情形对个别农户之间承包的耕地和草地需要适当调整的，必须经本集体经济组织成员的村民会议三分之二以上成员或者三分之二以上村民代表的同意，并报乡（镇）人民政府和县级人民政府农业等行政主管部门批准。承包合同中约定不得调整的，按照其约定。

① 全称是《中华人民共和国农村土地承包法》，由中华人民共和国第九届全国人民代表大会常务委员会第二十九次会议于 2002 年 8 月 29 日通过，自 2003 年 3 月 1 日起施行。

（二）土地承包经营权的取得

承包经营权的取得，有的基于法律行为，有的非基于法律行为，分别讲述如下：

1. 基于法律行为取得

基于法律行为取得承包经营权的，包括创设取得和移转取得两种情况：

（1）创设取得

《物权法》第 127 条　土地承包经营权自土地承包经营权合同生效时设立。

县级以上地方人民政府应当向土地承包经营权人发放土地承包经营权证、林权证、草原使用权证，并登记造册，确认土地承包经营权。

创设取得，又称土地承包经营权的设立。

土地承包经营权的创设取得，主要是指承包人与发包人通过订立承包经营合同而取得承包经营权，分为家庭承包与以招标、拍卖、公开协商等方式进行的承包。通过这两种方式承包的，都应当签订承包合同，承包合同成立之日起生效，承包方于合同生效时取得土地承包经营权。县级以上地方人民政府应当向土地承包经营权人发放土地承包经营权证、林权证、草原使用权证，并登记造册，确认土地承包经营权。

> ⊛ **特别提醒**
>
> 设立土地承包经营权时，不需要承包人去申请登记，合同一生效，土地承包经营权立即设立，登记造册及发放土地承包经营权证是政府的义务。

（2）移转取得

土地承包经营权的移转取得，是指在土地承包经营权的流转过程中，受让人通过转包、互换、转让等方式，依法从承包人手中取得土地承包经营权。

我国《物权法》规定，土地承包经营权人依照农村土地承包法的规定，有权将土地承包经营权采取转包、互换、转让等方式流转。流转的期限不得超过承包期的剩余期限。未经依法批准，不得将承包地用于非农建设。

《物权法》第 129 条规定　土地承包经营权人将土地承包经营权互换、转让，当事人要求登记的，应当向县级以上地方人民政府申请土地承包经营权变更登记；未经登记，不得对抗善意第三人。

通过招标、拍卖、公开协商等方式承包荒地等农村土地，依照农村土地承包法等法律和国务院的有关规定，其土地承包经营权可以转让、入股、抵押或者以其他方式流转。

> ⊛ **特别提醒**
>
> 一般耕地，通常在集体成员内部流转，不得超过剩余期限，未经批准不得用于非农建设。荒地承包经营权可以自由流转。承包经营权在转让时，当事人可申请变更登记，

> 未经登记不得对抗善意第三人。值得特别强调的是，创设取得，即设立之时，没有登记对抗；转让取得，即转让之时，才有登记对抗。其中，<u>承包人与集体组织签合同谓之设立；承包人之间签合同谓之转让</u>。

2. 非基于法律行为之取得

此种方式主要是指继承。

《继承法》第3条规定的遗产范围中没有规定承包经营权，因此，在我国民法学界对于承包经营权能否继承有不同的看法。

农村土地承包法认可承包人应得的承包收益的继承，而有限地认可土地承包经营权的继承：

（1）以家庭承包方式取得的<u>林地承包经营权</u>，承包人死亡的，其继承人可以在承包期内继续承包；

（2）以招标、拍卖、公开协商等方式设立承包经营权，承包人死亡的，其继承人可以在承包期内继续承包。

[例题] 季大与季小兄弟二人，成年后各自立户，季大一直未婚。季大从所在村集体经济组织承包耕地若干。关于季大的土地承包经营权，下列哪些表述是正确的？①

A. 自土地承包经营权合同生效时设立

B. 如季大转让其土地承包经营权，则未经变更登记不发生转让的效力

C. 如季大死亡，则季小可以继承该土地承包经营权

D. 如季大死亡，则季小可以继承该耕地上未收割的农作物

四、宅基地使用权

（一）宅基地使用权的概念和特征

宅基地使用权是指农村集体经济组织成员因建造自有房屋而依法对集体所有的土地享有的占有、使用的权利，是我国特有的一种用益物权。

它的特征如下：

（1）宅基地使用权的主体限于农村集体经济组织成员；

（2）宅基地使用权的内容限于建造、保有住宅及其附属设施；

（3）宅基地使用权的客体限于集体所有的土地，换言之，宅基地的所有权归集体；

（4）宅基地使用权的取得是无偿的且没有期限限制，故该权利具有福利性。

---

① 【答案】AD。解析：土地承包经营权自承包合同生效时设立，转让时不登记不能对抗善意第三人，非登记生效，故A正确，B错误。除林地的承包人死亡时，继承人可以在承包期内继续承租外，其他承包经营权原则上不能继承，但可继承尚未收割的农作物，C错误，D正确。

（二）宅基地使用权的设立

宅基地使用权的设立即宅基地使用权的取得，主要包括根据法律的直接规定或者权利人的申请和集体经济组织的授予而取得和通过赠予、买卖、继承宅基地上的住宅而取得宅基地使用权。

（三）宅基地使用权的内容

宅基地使用权的内容包括：

（1）占有宅基地。

（2）使用宅基地建造房屋和附属设施并因此取得房屋及其附属设施的所有权。

（3）取得因行使宅基地使用权而获得的收益。

需要强调的是，根据现行法律的规定，宅基地使用权不得抵押，不得单独转让，必须与合法建造的住房一并转让。但权利人出卖住房后，再申请宅基地的，不予批准。

五、地役权

（一）地役权的概念和特征

1.　概念

地役权是指不动产的权利人如所有权或使用权人，为自己使用不动产的便利或提高自己不动产的效益而利用他人不动产的权利，如眺望权。此处的他人不动产为供役地，自己的不动产为需役地。

《物权法》第 156 条　地役权人有权按照合同约定，利用他人的不动产，以提高自己的不动产的效益。

前款所称他人的不动产为供役地，自己的不动产为需役地。

特别提醒

地役权一词中，"地"不仅仅指土地，而是泛指不动产。

2.　特征

地役权的特征如下：

（1）地役权的主体包括不动产的所有权人和使用权人；

（2）地役权的内容是利用他人不动产，并对他人的权利加以限制；

（3）地役权的客体是他人不动产；

（4）地役权的设立目的是为供自己使用不动产之便利或效益之提高；

（5）地役权是否有偿及存续期限依当事人约定；

（6）地役权具有从属性。

地役权的从属性意味着地役权不得脱离需役地而存在，不得单独处分，必须与需役地的所有权或使用权一同转移。

3. 地役权与相邻关系（权）的比较

地役权与相邻关系都是为了满足自己利用不动产的需要而利用他人的不动产，但是两者具有根本的差异，比较如表 12-2 所示。

表 12-2 地役权与相邻关系的比较

标　准	地　役　权	相　邻　关　系
性质不同	一项独立的用益物权	不动产权利的延伸，非独立权利
原因不同	一般约定产生	法定产生
目的不同	满足较高层次需求	为满足最基本需求
是否有偿	有偿无偿均可，通常为有偿	无偿
前提条件	不以相邻为前提	通常以相邻为前提

[例题] 某郊区小学为方便乘坐地铁，与相邻研究院约定，学校人员有权借研究院道路通行，每年支付 1 万元。据此，学校享有的是什么权利？①

（二）地役权的设立

1. 个人之间设立地役权的基本规则

《物权法》第 157 条第 1 款　设立地役权，当事人应当采取书面形式订立地役权合同。

《物权法》第 158 条　地役权自地役权合同生效时设立。当事人要求登记的，可以向登记机构申请地役权登记；未经登记，不得对抗善意第三人。

 特别提醒一

如何理解不登记不能对抗善意第三人？

地役权设定后，未经登记时，对抗规则的总结：

（1）权利人变动，未登记的地役权，照旧；

（2）义务人变动，未登记的地役权，不得对抗善意第三人。

结论：只有当义务人发生变动时，不登记的地役权才不得对抗善意第三人。

 特别提醒二

问题：如果没有登记，义务人发生了变动，此时，权利人不得对抗新的受让人，但是，权利人的权利是否依然存在？答曰：只要地役权合同尚在有效期之内，地役权不会随着义务人的变动直接消灭，这意味着，此时地役权依然存在，只是不能向不知情的善意第三人主张权利。

① 【答案】地役权。解析：约定产生、有偿并且非为最基本的生活需求。

[例题] 李某从自己承包的土地上出入不便，遂与张某书面约定在张某承包的土地上开辟一条道路供李某通行，李某支付给张某 2 万元，但没有进行登记。下列哪一选项是错误的？①

A. 该约定属于有关相邻关系的约定

B. 该约定属于地役权合同

C. 如果李某将其承包经营权转移给他人，受让人有权在张某承包的土地上通行，但合同另有约定的除外

D. 如果张某将其承包经营权转移给他人，则善意的受让人有权拒绝李某在自己的土地上通行

2. 土地所有人与使用人在地役权设立方面的关系

（1）所有权人设定地役权的，使用权人直接享有

土地所有权人享有地役权或者负担地役权的，设立土地承包经营权、宅基地使用权时，该土地承包经营权人、宅基地使用权人继续享有或者负担已设立的地役权。土地承包经营权、建设用地使用权等转让的，除合同另有约定外，地役权一并转让。土地承包经营权、建设用地使用权等抵押的，在实现抵押权时，地役权一并转让。

（2）设定土地使用权在先的，未经使用人同意，所有人不得再设地役权

土地上已设立土地承包经营权、建设用地使用权、宅基地使用权等权利的，未经用益物权人同意，土地所有权人不得设立地役权。

（三）地役权的内容

1. 权利

地役权人享有的权利包括：

（1）按照合同约定的利用目的和方法利用供役地；

（2）在供役地内为必要的附属行为，如可以在供役地上设定取水地役权；

（3）在权利受到侵害时要求侵权人承担侵权的民事责任，如排除妨害或者消除危险、赔偿损失等。

2. 义务

地役权人承担的义务包括：

（1）行使地役权时应尽量减少对供役地权利人物权的限制；

（2）维护为行使地役权而在供役地修建的设施，并在不妨碍地役权行使的限度内允许供役地权利人使用这些设施。

---

① 【答案】A。解析：通过约定有偿获得，显然为地役权不是相邻关系，A 错误，B 正确，A 当选。未登记的地役权，权利人变动，是否登记不受影响；义务人变动，未登记不得对抗不知情的第三人，CD 正确，不当选。

13 | 第十三讲
担保物权概述

> **阅读提示**
>
> 　　学习担保物权之前，要明确"担保"一词在民法中的意蕴。首先，要明确担保不仅仅包括担保物权；其次，要明确担保制度第一层的分类，担保首先包括三大类，即人保、物保、金钱保。其中，人保即保证，物保又分为抵押、质押和留置，金钱保即定金担保。在物权法部分，本书只讲述担保物权，对于保证与定金两种担保，将在债法部分进行讲述。

一、担保物权的概念和特征

1. 概念

担保物权是指以担保债务清偿为目的，而在债务人或者第三人的特定物或者权利上设立的定限物权。

2. 特征

担保物权的特征包括：

（1）优先受偿性。担保物权人可以就担保物的价值优先于债务人的普通债权人而受偿。

例如，甲企业破产，如果丙丁戊三银行均为普通债权人，则对于破产财产，丙丁戊应该按比例平等受偿，但是，如果丙银行对于甲企业的厂房享有抵押权，则就厂房拍卖获得的价款，丙可优先于丁戊来受偿。

（2）从属性。担保物权是为担保债权受偿而设定的，从属于所担保的债权。从属性主要体现在以下几方面。

① 担保物权的成立以债权存在为前提；

② 担保物权不得与所担保的债权分离而单独存在，既不得与债权分离而单独让与，也不得与债权分离而为其他债权的担保；

③ 被担保的债权消灭，担保物权亦消灭。

（3）不可分性。这是指债权人在全部债权受清偿前，可就担保物的全部行使其权利。主要体现在以下两方面。

① 债权人在全部债权受清偿之前，可对于担保物整体主张权利。

② 担保物的部分变化或债权的部分变化均不影响担保物权的整体性，即使担保物被分割或转让，或者被担保的债权得到部分清偿或被转让，担保物权人仍可以对担保物的全部行使权利以担保全部债权的受偿。

[例题] 甲公司欠乙公司 1 000 万元，约定 9 月 1 日还款。甲以自有楼房 5 幢提供抵押，每幢楼房估价 200 万元，后甲到期不还。问：

1. 遭遇地震，两幢楼房被毁。其余三幢价值均上涨至 400 万元以上。乙可否以此三幢楼房卖款中优先受偿 1 000 万元？答曰：可以。

2. 甲分立为丙丁两公司，丙分得三幢楼房，丁分得两幢，且每幢楼房都涨至 400 万元，乙只请求拍卖丙的三幢楼房以足额优先受偿，可否？答曰：可以。

3. 后甲还款 400 万元，余款 600 万元到期不还，乙主张一并拍卖 5 幢楼房以优先受偿，可否？答曰：可以。

4. 乙分为丙丁两公司，丙分得对甲债权中的 600 万元，丁分得 400 万元。现丙请求一并拍卖 5 幢楼房以优先受偿，可否？答曰：可以。

（4）物上代位性。担保期间，担保财产毁损、灭失或者被征收等，担保物权人可以就获得的保险金、赔偿金或者补偿金等优先受偿。所获得的保险金、赔偿金或补偿金等称为代位物。

例如，甲的汽车抵押，后来汽车被撞毁，获得 10 万元赔偿金，债权人可以对此 10 万元优先受偿。

二、担保物权的分类

根据《物权法》及《担保法》的规定，担保物权分为抵押权、质权与留置权。

根据产生依据的不同，担保物权可以分为法定担保物权与约定担保物权。

根据担保物种类的不同，担保物权可以分为动产担保物权、不动产担保物权和权利担保物权。

根据担保的目的不同，分为本担保和反担保：

（1）本担保，是为担保主债权实现而设定的担保。

（2）反担保，是指第三人为债务人向债权人提供担保时，由债务人或者债务人以外的其他人向第三人提供的确保第三人对债务人的追偿权得以实现的一种担保。通俗而言，反担保所担保的是，担保人追偿权的实现。

三、担保责任的免除与担保物权的消灭

（一）债务承担时抵押人责任的免除

《物权法》第 175 条 第三人提供担保，未经其书面同意，债权人允许债务人转移全部

或者部分债务的，担保人不再承担相应的担保责任。

据此，若抵押由<u>第三人</u>提供，如果债权人同意债务人转移全部债务的，抵押人全部免责；如果债权人同意债务人部分转移债务的，则抵押人部分免责。

 特别提醒

<u>第三人</u>提供质押的，在债务转让的情况下，与抵押完全相同。

（二）担保物权的消灭

《物权法》第 177 条　有下列情形之一的，担保物权消灭：

（一）主债权消灭；

（二）担保物权实现；

（三）债权人放弃担保物权；

（四）法律规定担保物权消灭的其他情形。

14 | 第十四讲
抵押权

阅读提示

　　本讲是担保物权中最重要的内容，属于必考的知识点。其中，抵押权的设立抵与效力、押人的权利、抵押权人的权利、抵押权与租赁权关系、共同抵押、浮动抵押和最高额抵押均是较为突出的考点。学习抵押权，几乎不能忽略任何一个细节。

一、抵押权的概念与逻辑结构

（一）概念

　　抵押权是指债权人对于债务人或第三人提供的不转移占有而作为债务履行担保的财产，在债务人不履行债务或者发生当事人约定的实现抵押权的情形时，得就该财产的价值优先受偿的权利。

（二）抵押权的逻辑结构

　　甲、乙是债权债务关系，为担保乙债务的清偿，丙作为抵押人，提供抵押物，与债权人订立抵押合同，设定了抵押。一旦乙的债务不能清偿，则甲可就丙提供的抵押物价值优先受偿。抵押权的逻辑结构如图 14-1 所示。

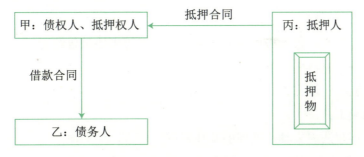

图 14-1　抵押权的逻辑结构

为了供读者更好地理解图 14-1，补充说明如下：

（1）乙、丙两人可能发生重合，即债务人也可以作为抵押人，以自有财产抵押；

（2）可设立抵押的财产包括：动产、不动产和权利（如建设用地使用权）；

（3）设定抵押之后，不需要转移财产的占有，由此，抵押制度真正实现了物尽其用。

二、抵押权的设立

（一）订立抵押合同

抵押权原则上属于约定担保物权，需要当事人通过签订抵押合同设定。抵押合同应当采取书面形式。

> **特别提醒**
>
> 我国《物权法》原则上禁止流质，如果抵押合同中出现流质条款，无效。《物权法》第186条规定："抵押权人在债务履行期届满前，不得与抵押人约定债务人不履行到期债务时抵押财产归债权人所有。"禁止流质的法理基础在于，为了防止债权人利用自己的经济优势，对于债务人一方构成不正当的剥夺。如果债务清偿期到来后，债务人不能还债的，如果约定抵押财产归债权人所有以抵偿债务是有效的，此为折价优先受偿。物权法在质权部分也有关于禁止流质的规定，质押合同中如果出现流质条款，也是无效，法理基础与抵押相同。

（二）抵押财产的范围

抵押财产必须具有可流转性。根据我国《物权法》的规定，关于抵押财产，可以从可以抵押与不可以抵押两个方面认识：

1. 可以抵押的财产

（1）建筑物和其他土地附着物；

（2）建设用地使用权；

（3）以招标、拍卖、公开协商等方式取得的荒地等土地承包经营权；

（4）生产设备、原材料、半成品、产品；

（5）正在建造的建筑物、船舶、航空器；

（6）交通运输工具；

（7）法律、行政法规未禁止抵押的其他财产。

抵押人可以将前述所列财产一并抵押。

2. 不可以抵押的财产

（1）土地所有权；

（2）耕地、宅基地、自留地、自留山等集体所有的土地使用权，但法律规定可以抵押的除外；

（3）学校、幼儿园、医院等以公益为目的的事业单位、社会团体的教育设施、医疗卫生设施和其他社会公益设施；

（4）所有权、使用权不明或者有争议的财产；

（5）依法被查封、扣押、监管的财产；

（6）法律、行政法规规定不得抵押的其他财产，如违法违章建筑。

 特别提醒

建设用地使用权和建筑物在设立抵押时的关系如下。

《物权法》第182条　以建筑物抵押的，该建筑物占用范围内的建设用地使用权一并抵押。以建设用地使用权抵押的，该土地上的建筑物一并抵押。

抵押人未依照前款规定一并抵押的，未抵押的财产视为一并抵押。

《物权法》第200条　建设用地使用权抵押后，该土地上新增的建筑物不属于抵押财产。该建设用地使用权实现抵押权时，应当将该土地上新增的建筑物与建设用地使用权一并处分，但新增建筑物所得的价款，抵押权人无权优先受偿。

简要总结：当房地共存时，房随地押，地随房押，必须一并抵押。当用建设用地使用权抵押时，如果尚没有建筑物，后来有了新增建筑物时，实现权利时，应整体处分，但只能就建设用地部分的价款优先受偿。

 特别提醒

作为集体土地使用权的宅基地使用权和土地承包经营权，原则上不能抵押。但是，荒地的承包经营权、乡镇企业的用地随厂房一起可以抵押。学校、医院等公益法人的公益设施不能抵押，但是，其非公益财产为了自身债务可以抵押，如学校，教学楼不能抵押，学校经营的宾馆或校办企业的财产可以抵押。

（三）抵押权设立中的登记

抵押权的设立，除订立书面的抵押合同外，还应依法办理抵押登记。我国现行法对抵押登记分别实行登记设立主义与登记对抗主义。

1. 登记生效的抵押

以不动产、不动产权利及正在建造的建筑物抵押的，应当办理抵押登记，抵押权自登记时设立。代表性的不动产及相关权利包括：

（1）建筑物、在建建筑物上的抵押权；

（2）建设用地使用权上的抵押权；

（3）土地承包经营权（四荒地）的抵押权。

[例题]甲公司向乙银行贷款，以其所有的一栋大楼设定抵押担保，双方办理了房屋抵押登记。后甲公司为担保支付丙公司贷款，以该栋大楼占用范围的建设用地使用权设定抵押担保，双方签订了建设用地使用权抵押合同，但未办理登记。因甲公司无力还款和支付到期贷款，乙银行和丙公司分别主张抵押权，引起纠纷。下列表述正确的有：[①]

A．乙银行只能对大楼拍卖所得主张优先受偿权

B．乙银行有权对大楼和所占范围的建设用地使用权拍卖所得主张优先受偿权

C．丙公司与甲公司所签订建设用地使用权抵押合同未生效

D．丙公司对该大楼占用范围的建设用地使用权无权主张抵押权

2．登记对抗的抵押

以动产抵押的，原则上采取自愿登记，由当事人自行选择是否办理登记，抵押权自抵押合同生效时设立，未经登记，不得对抗善意第三人。未登记的动产，可补办登记，未登记前不得对抗善意第三人。代表性的动产包括：

（1）生产设备、原材料、半成品、产品；

（2）正在建造的船舶、航空器；

（3）交通运输工具。

三、抵押权效力范围

（一）抵押权所担保的债权范围

抵押权所担保的范围包括主债权及利息、违约金、损害赔偿金和实现抵押权的费用。抵押合同另有约定的，从其约定。

（二）抵押权所及于抵押物的范围

抵押权的效力及于抵押物的全部。

主债权未受全部清偿的，抵押权人可以就抵押物的全部行使其抵押权。抵押权所担保的债权超出其抵押物的价值的，超出的部分不具有优先受偿的效力。

具体而言，抵押权所及于抵押物的范围包括：

（1）及于代位物；

（2）抵押物被分割或者部分转让的，抵押权人可以就分割或转让后的抵押物行使抵押权；

（3）及于添附物。

当抵押物因添附而发生权利移转或者价值变化时，抵押权如何及于添附物？

---

① 【答案】BD。解析：房地共存,用任何一个设定抵押,均及于另一个,故乙银行对于房和建设用地均有抵押权, A 错误,B 正确;丙签订抵押合同后,为办理登记,故抵押合同生效,但是,抵押权不成立,故 C 错误, D 正确。

《＜担保法＞解释[1]》第 62 条　抵押物因附合、混合或者加工使抵押物的所有权为第三人所有的，抵押权的效力及于补偿金；抵押物所有人为附合物、混合物或者加工物的所有人的，抵押权的效力及于附合物、混合物或者加工物；第三人与抵押物所有人为附合物、混合物或者加工物的共有人的，抵押权的效力及于抵押人对共有物享有的份额。

（4）如何及于从物？

抵押权设定前为抵押物的从物的，抵押权的效力及于抵押物的从物。

（5）是否及于孳息？

在设定担保物权之后，孳息的收取规则，可用一句话概括，即"谁占有谁收孳息"。这句话同时适用于抵押、质押和留置。对于抵押而言，设定抵押之后，不转移财产的占有，因此，正常情况下，抵押人占有抵押物，因此，通常是抵押人收取孳息，但是，当抵押权人开始行使抵押权，扣押抵押物之后，可以收取孳息，因为，此时抵押权人形成了对于抵押物的占有。

四、抵押权人的权利

（一）保全请求权

《物权法》第 193 条　抵押人的行为足以使抵押财产价值减少的，抵押权人有权要求抵押人停止其行为。抵押财产价值减少的，抵押权人有权要求恢复抵押财产的价值，或者提供与减少的价值相应的担保。抵押人不恢复抵押财产的价值也不提供担保的，抵押权人有权要求债务人提前清偿债务。

据此，保全请求权的内容包括：防止抵押财产价值减少的请求权，恢复抵押财产价值的请求权或增加担保请求权，以上如果均不能实现，则最后一招，请求债务人提前清偿。

> **特别提醒**
>
> 此权利是抵押权人唯一可以主张提前清偿的权利。之所以可以提前清偿是因为，抵押财产价值的减少是抵押人的行为所致，债务人一方是有可归责性的。

（二）物上代位权

《物权法》第 174 条　担保期间，担保财产毁损、灭失或者被征收等，担保物权人可以就获得的保险金、赔偿金或者补偿金等优先受偿。被担保债权的履行期未届满的，也可以提存该保险金、赔偿金或者补偿金等。

---

[1] 全称为《最高人民法院关于适用＜中华人民共和国担保法＞若干问题的解释》最高人民法院审判委员会第 1133 次会议通过，自 2000 年 12 月 31 日起施行。

特别提醒

物上代位权制度中所产生的担保物的损毁，往往是由于抵押人之外原因所致，因此才会才生保险金、赔偿金，与补偿金作为原来抵押物的替代。在抵押期间，由于抵押人占有抵押物，因此，当出现损毁获得保险金、赔偿金或补偿金的，通常是将相应款项给抵押人，出于保护抵押权人利益的考虑，赋予抵押权人请求将相应款项提存的权利。

（三）孳息收取权

《物权法》第197条 债务人不履行到期债务或者发生当事人约定的实现抵押权的情形，致使抵押财产被人民法院依法扣押的，自扣押之日起抵押权人有权收取该抵押财产的天然孳息或者法定孳息，但抵押权人未通知应当清偿法定孳息的义务人的除外。

前款规定的孳息应当先充抵收取孳息的费用。

担保物权设定之后，谁占有谁收孳息，关于抵押权人的孳息收取权需要明确以下三个问题

1. 收取时间

自抵押物被扣押之日起，抵押权人有权收取孳息。

2. 例外

抵押权人未通知应当清偿法定孳息的义务人的除外。这里的法定孳息租金为典型！之所以是例外，理由在于，若在扣押后，没有通知时，应当支付法定孳息的义务人不知道扣押的事实，不可能向抵押权人交付孳息。

如图14-2所示，扣押抵押物之后应当通知承租人，承租人接到通知后，则应当将租金交给抵押权人。如果没有接到通知，承租人依然可以将租金交给抵押人。

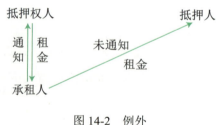

图14-2 例外

3. 收取孳息之后的处理

抵押权人收取孳息，不是直接获得孳息的所有权，而是用来优先受偿。当然，在收取孳息以前，孳息应当先充抵收取孳息的费用。

例如，抵押权人收取的孳息是一头小牛，其不能直接获得小牛的所有权，而是可以将小牛进行处分，以获得的价款优先受偿。如果在收取孳息时，支付了100元的费用，这100元优先从处分小牛后的收益中扣除。

（四）变价优先受偿权

《物权法》第 195 条　债务人不履行到期债务或者发生当事人约定的实现抵押权的情形，抵押权人可以与抵押人协议以抵押财产折价或者以拍卖、变卖该抵押财产所得的价款优先受偿。协议损害其他债权人利益的，其他债权人可以在知道或者应当知道撤销事由之日起一年内请求人民法院撤销该协议。

抵押权人与抵押人未就抵押权实现方式达成协议的，抵押权人可以请求人民法院拍卖、变卖抵押财产。

抵押财产折价或者变卖的，应当参照市场价格。

《物权法》第 198 条　抵押财产折价或者拍卖、变卖后，其价款超过债权数额的部分归抵押人所有，不足部分由债务人清偿。

《物权法》第 202 条　抵押权人应当在主债权诉讼时效期间行使抵押权；未行使的，人民法院不予保护。

据上述规定，变价优先受偿权问题，需要明确以下三个方面：

1．变价方式：拍卖、变价、折价

> **特别提醒**
>
> 通过折价行权的，一定要经过抵押人的同意，即通过订立折价协议来实现。因为，折价意味着抵押物折价归抵押权人所有，如果不能达成协议，非但不能顺利行权，还有可能产生新的纠纷。

2．行使期限

行使抵押权一定要在主债权的诉讼时效之内。

3．行使步骤

（1）双方先协议决定实现抵押权的方法，该协议损害其他债权人利益的，在知道撤销事由之日起一年内有撤销权。

（2）达不成协议的，请求人民法院拍卖、变卖。

（五）同一标的物多次抵押时的权利顺位问题

《物权法》第 194 条第 1 款　抵押权人可以放弃抵押权或者抵押权的顺位。抵押权人与抵押人可以协议变更抵押权顺位及被担保的债权数额等内容，但抵押权的变更，未经其他抵押权人书面同意，不得对其他抵押权人产生不利影响。

《物权法》第 199 条　同一财产向两个以上债权人抵押的，拍卖、变卖抵押财产所得的价款依照下列规定清偿：

（一）抵押权已登记的，按照登记的先后顺序清偿；顺序相同的，按照债权比例清偿；

（二）抵押权已登记的先于未登记的受偿；

（三）抵押权未登记的，按照债权比例清偿。

据上述规定，同一个抵押物如果有两个以上的抵押权，如果是都登记的，按照登记的顺序，先来后到；如果有登记的，有没有登记的，登记的优先；如果同一天登记或者都没有登记，则按比例平等受偿。

在都办理登记的情况下，既然是先来后到，顺位在前的权利优先获得保护，但是，顺位在前者权利不得滥用。这种滥用体现在抵押权顺位的调换之中。如果只有两个抵押权人，只要双方同意，可随时换位，但是，抵押权人在三人以上时，顺位在前的抵押权人若和顺位在后的抵押权人换位，不得给位于两者之间的权利人带来不利影响。

[例题]黄河公司以其房屋作抵押，先后向甲银行借款100万元，乙银行借款300万元，丙银行借款500万元，并依次办理了抵押登记。后丙银行与甲银行商定交换各自抵押权的顺位，并办理了变更登记，但乙银行并不知情。因黄河公司无力偿还三家银行的到期债务，银行拍卖其房屋，仅得价款600万元。关于三家银行对该价款的分配，下列哪一选项是正确的？ ①

A. 甲银行100万元、乙银行300万元、丙银行200万元

B. 甲银行得不到清偿、乙银行100万元、丙银行500万元

C. 甲银行得不到清偿、乙银行300万元、丙银行300万元

D. 甲银行100万元、乙银行200万元、丙银行300万元

五、抵押人的权利

（一）孳息收取权

抵押人收取孳息的时间有二：

（1）财产被扣押前；

（2）扣押期间至变卖前，抵押权人未通知应当清偿法定孳息的义务人的。

（二）再次设立抵押权

一般是在还有余额时，可再设抵押。如果超过余额，抵押权人愿意接受的，也可以设立第二顺位的抵押权。

（三）转让权

《物权法》第191条 抵押期间，抵押人经抵押权人同意转让抵押财产的，应当将转让

---

① 【答案】C。解题步骤：先不换位，在甲乙丙之间分配这600万元，此时，三者之间分配的价款分别是甲100万元，乙300万元，丙200万元。这一步的目的是看中间的乙该分配的数额是多少。既然甲丙换位不能给中间的乙带来不利影响，则无论是否换位乙应该分得的数额是相同的。接下来，进入第二步，换位之后，乙依然应该分得300万元，乙分300万元后，还剩下300万元，由于甲丙换位了，因此，应该先给丙，丙需500万元，都给了丙，丙尚且不能满足，因此，换位后，顺位在最后的甲将不能得到任何份额。

所得的价款向抵押权人提前清偿债务或者提存。转让的价款超过债权数额的部分归抵押人所有，不足部分由债务人清偿。

抵押期间，抵押人未经抵押权人同意，不得转让抵押财产，但受让人代为清偿债务消灭抵押权的除外。

据上述规定，关于抵押人的转让权，总结三句话：

（1）抵押期间，抵押人可以转让抵押物；

（2）转让必须符合两个条件之一：抵押权人同意；受让人代为清偿主债务（涤除权）；

（3）经同意转让者，应将所得价款提前清偿或者提存。

> ### ✦ 特别提醒
>
> 　　在没有经过抵押权人同意的情况下，对于抵押物进行了转让，假设，此时受让人想要保留标的物的所有权，必须代为清偿债务，否则，抵押权人就可以就抵押财产行使抵押权。试问此时的抵押权是登记了的抵押权还是没有登记的抵押权？答曰：登记的。因为，不动产不登记，没有抵押权，动产不登记不能对抗善意第三人，既然任何情况下均可对抗第三人，一定是登记的。

六、抵押物上权利冲突

（一）抵押权优先于无担保债权

《物权法》第 170 条　担保物权人在债务人不履行到期债务或者发生当事人约定的实现担保物权的情形，依法享有就担保财产优先受偿的权利，但是法律另有规定的除外。

（二）抵押权与租赁权的关系

《物权法》第 190 条　订立抵押合同前抵押财产已出租的，原租赁关系不受该抵押权的影响。抵押权设立后抵押财产出租的，该租赁关系不得对抗已登记的抵押权。

《<担保法>解释》第 65 条　抵押人将已出租的财产抵押的，抵押权实现后，租赁合同在有效期内对抵押物的受让人继续有效。

《<担保法>解释》第 66 条　抵押人将已抵押的财产出租的，抵押权实现后，租赁合同对受让人不具有约束力。

抵押人将已抵押的财产出租时，如果抵押人未书面告知承租人该财产已抵押的，抵押人对出租抵押物造成承租人的损失承担赔偿责任；如果抵押人已书面告知承租人该财产已抵押的，抵押权实现造成承租人的损失，由承租人自己承担。

据上述规定，对于抵押权与租赁权的关系，总结如下三个方面：

（1）先租后抵，租赁不受抵押影响，意味着抵押权实现后，不破租赁，承租人可继续承租。

（2）先抵后租，租赁不得对抗登记的抵押权。

既然此种情形是不得对抗登记的抵押权，意味着可能导致两种结果：一种是如果抵押在先，但没有登记，则抵押权实现之后，照样对租赁无任何影响；另一种是如果抵押在先，且办理登记的，则一旦实现抵押权，直接打破租赁。这意味着直接结束了承租人的租赁关系，此时若承租人有损失，怎么办？看下面第三个方面。

（3）如果设租赁时，书面告知已设抵押的，承租人自己承担；未书面告知的，抵押人承担。

[例题1]2008年8月8日，甲公司将一辆卡车出租给刘某使用，约定租期为3年。一年后，甲公司因与乙公司的买卖合同需在3个月后向乙公司支付货款，甲公司与乙公司订立了抵押合同，将此卡车抵押给乙公司，甲公司告知乙公司该卡车已出租给刘某的情况，乙公司未提出异议，双方办理了抵押权登记。3个月后，甲公司未向乙公司支付货款，乙公司遂要求刘某将卡车交给自己，以行使抵押权。下列表述中正确的是：①

A．因甲公司将卡车抵押给乙公司时未征得刘某的同意，抵押合同无效，抵押权不成立

B．如果甲、乙公司协商将卡车折价归乙公司所有，刘某有权在租期内继续承租

C．如果甲公司欲将卡车变卖，刘某可以行使优先购买权

D．如果甲、乙公司协商将卡车折价归乙公司所有，乙公司有权解除租赁合同且不承担违约责任

[例题2]2008年8月8日，甲公司将一辆卡车出租给刘某使用，约定租期为3年。一年前，甲公司与乙公司订立了抵押合同，将此卡车抵押给乙公司，并办理了抵押权登记。租赁合同签订3个月后，甲公司未向乙公司支付货款，乙公司遂要求刘某将卡车交给自己，以行使抵押权。下列表述中正确的是：②

A．尽管抵押权设定在先，并且办理了登记，但是抵押权实现后，刘某在租期内仍然有权继续承租

B．对于刘某的损失应当由甲公司承担

C．如果甲公司曾经口头告知刘某已经抵押的情况的，损失由刘某自己承担

D．如果甲、乙公司协商将卡车折价归乙公司所有，乙公司有权解除租赁合同且不承担赔偿责任

七、动产浮动抵押（注意与一般动产抵押的比较）

《物权法》第181条　经当事人书面协议，企业、个体工商户、农业生产经营者可以将

---

① 【答案】B。解析：此题为先租而后抵，抵押权实现对于租赁没有影响，承租人可继续承租，但不影响抵押权的效力，AD错，B正确；租赁中，只有房屋的承租人才有优先购买权，C错误。

② 【答案】BD。解析：此题为先抵而后租，并且办理了抵押登记，故一旦实现抵押权，租赁被打破，A错误，D正确；由于没有明确书面告知承租人已设抵押的情况，故由此造成的损害应当由甲公司承担，B正确，C错误。

现有的以及将有的生产设备、原材料、半成品、产品抵押，债务人不履行到期债务或者发生当事人约定的实现抵押权的情形，债权人有权就实现抵押权时的动产优先受偿。

《物权法》第 189 条　企业、个体工商户、农业生产经营者以本法第一百八十一条规定的动产抵押的，应当向抵押人住所地的工商行政管理部门办理登记。抵押权自抵押合同生效时设立；未经登记，不得对抗善意第三人。

依照本法第一百八十一条规定抵押的，不得对抗正常经营活动中已支付合理价款并取得抵押财产的买受人。

动产浮动抵押是指以法律规定的动产作为一财产整体设立的动产抵押权。

（一）制度要点

（1）抵押人限于企业、个体工商户、农业生产经营者，故主体具有特定性，属只有商事主体方可设立的商事抵押。

（2）抵押财产限于抵押人的动产，包括现有的和将来所有的动产（包括生产设备、原材料、半成品、产品），具有集合性并且抵押物的价值是浮动的。

（3）抵押登记的特殊性：

首先，是强制登记，因为物权法规定为应当登记。

其次，登记是对抗而非生效要件，此种设计的法理基础在于，国家权力对于这种抵押要干预，故要求应当登记，但是，出于民法意思自治的理念，不登记又不影响抵押权的设立，此时，有关部门可以去找应当登记而没有登记的企业承担相应责任，但是，不影响其设立抵押权之法律行为的效力。这是国家对于市场的干预与市场主体自由之间妥协的结果。

最后，要强调的是，登记机关是抵押人住所地工商部门，而不是抵押财产所在地的工商部门。

（4）抵押期间，抵押人处分抵押财产不必经抵押权人同意，否则，抵押人无法正常进行生产经营活动。

（5）登记的一般动产抵押和动产浮动抵押的区别：

① 一般动产抵押，登记之后，可对抗所有的第三人。

② 浮动抵押：登记之后，也不得对抗正常经营活动中已支付合理价款并取得抵押财产的买受人。

（二）抵押财产确定的条件

（1）债务履行期届满，债权未实现；

（2）抵押人被宣告破产或者被撤销；

（3）当事人约定的实现抵押权的情形；

（4）严重影响债权实现的其他情形。

八、最高额抵押

《物权法》第203条 为担保债务的履行，债务人或者第三人对一定期间内将要连续发生的债权提供担保财产的，债务人不履行到期债务或者发生当事人约定的实现抵押权的情形，抵押权人有权在最高债权额限度内就该担保财产优先受偿。

最高额抵押权设立前已经存在的债权，经当事人同意，可以转入最高额抵押担保的债权范围。

最高额抵押是指在预定的最高债权额限度内，为担保一定期间内将要连续发生的债权清偿而设立的抵押。

（一）特征

（1）担保债权的<u>未来性和不特定性</u>；

（2）抵押权的独立性：通常先设定抵押，债权才会发生，因此，最高额抵押<u>不具有一般抵押的从属性</u>。当事人可以约定将设定抵押之前的债务转入最高额抵押担保的范围。

（3）适用范围的限定性——最高额内优先受偿。

（二）效力

1. 主债权中<u>部分</u>债权移转的，最高额抵押权不随之移转

此处最高抵押之所以不随主债权的部分转让而发生部分转让，决定于最高额抵押的制度目的。具体而言，最高额抵押是面向未来的，即为了担保未来发生的债权而设定，一个以未来可能发生的债权为担保目的的债权，不会因为过去已经发生的部分债权的转让而转让。

2. 在最高额内优先受偿

抵押权人实现最高额抵押权时，如果实际发生的债权余额高于最高限额的，以最高限额为限，超过部分不具有优先受偿的效力；如果实际发生的债权余额低于最高限额的，以实际发生的债权余额为限对抵押物优先受偿。

例如，甲企业与乙银行达成协议，未来3年内乙银行每月贷给甲企业1 000万元，总额不超过3.6亿元。丙企业以高级大酒店一座提供抵押并登记。3年后，甲企业欠乙银行的贷款余额为2.8亿元，到期不能清偿。乙银行申请拍卖大酒店，得款3.5亿元。此时，乙银行可从3.5亿元中的多少钱中实现优先受偿？答曰：2.8亿元的范围内优先受偿，因为实际发生的小于最高额，以实际发生的为限有先受偿。

假设，3年后，甲企业欠银行的价款是3.8亿元，后来拍卖大酒店得价款4亿元，此时乙银行可以在其中的多少钱中优先受偿？答曰：3.6亿元。因为预定最高额是3.6亿元。

剩下的 0.2 亿元视为普通债权，可向债务人主张清偿，对于抵押物所卖得的价款无优先受偿权。

3．最高额抵押权的变更——不得给利害关系人带来不利影响

（三）最高额抵押权的实行条件

（1）约定的债权确定期间届满；

（2）没有约定债权确定期间或者约定不明确，抵押权人或者抵押人自最高额抵押权设立之日起满二年后请求确定债权；

（3）新的债权不可能发生；

（4）抵押财产被查封、扣押；

（5）债务人、抵押人被宣告破产或者被撤销；

（6）法律规定债权确定的其他情形。

九、共同抵押

同一债权由两个以上抵押权共同担保的，为共同抵押。

（一）类型

共同抵押分为按份共同抵押和连带共同抵押：

1．按份共同抵押

在设定抵押时抵押人分别或共同与债权人约定数个抵押人各自仅对特定的债权份额承担担保责任的，为按份共同抵押。在按份共同抵押中，债权人只能按照约定的份额行使抵押权。

2．连带共同抵押

在设定抵押时抵押人未与债权人约定债权人行使抵押权的顺序与份额的，为连带共同抵押。在连带共同抵押中，债权人行使抵押权不受顺序与份额的限制，抵押权人可以就其中任一或者各个财产行使抵押权。

（二）债权人放弃债务人物保的效果

《物权法》第 194 条第 2 款　债务人以自己的财产设定抵押，抵押权人放弃该抵押权、抵押权顺位或者变更抵押权的，其他担保人在抵押权人丧失优先受偿权益的范围内免除担保责任，但其他担保人承诺仍然提供担保的除外。

（三）问题总结

对于上述问题，简要归结为以下两个方面。

（1）无约定时，抵押人之间承担连带责任；有约定，依约定。如果约定按份抵押的话，约定的份额必须经过债权人同意或认可。

（2）权利人放弃债务人自己提供的抵押财产权利时，其他担保人在放弃的范围内免责。何谓在放弃的范围内免责？

例如，如果是债务人自己提供的抵押和第三人提供的抵押并存，债务人提供的抵押物价值 100 万元，第三人提供的抵押物价值 120 万元，如果债权人表示放弃债务人的 100 万元的抵押物，则第三人在 100 万元的范围内免责，即第三人需要承担的数额是 20 万元。这就意味着，如果债务人提供的抵押物价值大于等于第三人的抵押物价值，当债权人表示放弃债务人的抵押时，则第三人将不用承担任何责任。

进一步要说明的是，如果第三人提供的不是物保，而是保证，即债务人的物保（如抵押）与保证并存，此时，如果没有约定，根据《物权法》第 176 条的规定，债权人应当先执行债务人的物保，然后，才能找保证人主张责任。如果放弃债务人的物保，则保证人同样在放弃的范围内免责，但由于保证人需要就全部债权承担责任，因此，当债权人表示放弃债务人物保时，保证人需要承担的责任就是用总债权额减去债务人所提供的担保物之价值。

例如，总债权额是 100 万元，债务人的物保价值是 80 万元，则保证人还需要承担 20 万元。如果债务人物保价值大于等于 100 万元时，则保证人不用承担任何责任。

第十五讲
质权

阅读提示

　　质权相对于抵押权，内容较为简单，考试中的重要性也不是特别突出，需要重点掌握的是动产质权的设立及效力、可以设立质权的权利类型及设立过程。

一、质权的概念和特征

（一）概念

　　质权是指债务人或者第三人将其动产或财产权利交给债权人占有或控制，以此作为履行债务的担保，在债务人不履行债务时，债权人得以该动产或财产权利的价值优先受偿的权利。

（二）特征

　　质权的特征表现在：

　　（1）质权是一种约定担保物权；

　　（2）质权的客体是债务人或第三人提供的动产或者权利；

　　（3）质权是转移占有的担保物权，质押期间，质押财产转由质权人占有。若是权利设质权，有权利凭证的，要将权利凭证转移占有，没有权利凭证的，办理出质登记。

二、动产质权：合同＋交付

（一）动产质权的成立

　　1. 当事人应当采取书面形式订立质权合同

　　2. 禁止流质

　　质权人在债务履行期届满前，不得与出质人约定债务人不履行到期债务时质押财产归债权人所有。

　　3. 质押合同与质权效力的区别

　　质押合同为诺成性合同，出质人未按合同约定移交质押财产的，应当承担违约责任。

但合同生效不等于质权设立，质权于质押财产交付时设立。这意味着，不移转占有，质权不成立。

4. 质权人曾经占有质物又返还给出质人的，质权消灭

> **特别提醒**
>
> 质权人曾有占有质物又返还给出质人的，《担保法解释》第87条规定，质权不得对抗第三人。从《物权法》立法目的角度阐释，理解为质权消灭更为妥当。理由在于，质权是留置型担保，目的在于通过占有债务人的财产，一方面对债务人产生心理压力，从而迫使其尽快清偿债务，另一方面防止债务人处分担保财产，保障债权人优先受偿。占有之后再返还，本质上是通过占有改定的交付方式设定质权，违背动产质权设立的目的。

5. 约定质物与移交质物不一致的，以移交为准

［例题］甲公司向乙银行借款500万元，以其闲置的一处办公用房作担保。乙银行正好缺乏办公场所，于是与甲公司商定，由甲公司以此办公用房为乙银行设立担保物权。随后，甲公司向乙银行交付了办公用房。借款到期后，甲公司未能偿还，乙银行主张对办公用房行使优先受偿的权利。下列哪一选项是正确的？①

A．乙银行有权这样做，因其对标的物享有抵押权

B．乙银行有权这样做，因其对标的物享有质权

C．乙银行有权这样做，因其对标的物享有同时履行抗辩权

D．乙银行无权这样做，因其与甲公司之间的约定不能设定担保物权

（二）动产质权的效力

1. 效力范围

（1）质权的担保范围。质权的担保范围包括主债权及利息、违约金、损害赔偿金、质押财产保管费用和实现质权的费用。质押合同另有约定的，按照约定。

与抵押权相比，多了一项保管质物的费用。

（2）质权效力及于标的物的范围。质权效力及于质押财产、质押财产的从物、孳息和代位物，但从物未随同质押财产移交质权人占有的，质权的效力不及于从物。对于孳息是否作为出质财产，当事人可另作约定。

2. 质权人的权利

（1）占有权。质权人有权在债权受清偿前合法占有质物。

（2）孳息收取权。如前所述，担保物权设定之后，谁占有谁收取孳息，质权人在清偿前

---

① 【答案】D。解析：本题用办公用房设担保，作为不动产，只能设定抵押，而不动产设定抵押，又必须办理登记。题中只是交代，达成抵押协议后，交付了办公用房，未办理登记，故抵押权没有设立，因此，乙银行无权以办公用房优先受偿，因为担保物权并未设立。

占有质物，当然可以收取孳息。同时，此处收取孳息，也不是直接获得所有权，而是用来优先受偿。

（3）保全质物的权利。

《物权法》第216条　因不能归责于质权人的事由可能使质押财产毁损或者价值明显减少，足以危害质权人权利的，质权人有权要求出质人提供相应的担保；出质人不提供的，质权人可以拍卖、变卖质押财产，并与出质人通过协议将拍卖、变卖所得的价款提前清偿债务或者提存。

（4）转质权。转质，指质权人于质权存续期间，以其占有的质物为第三人设定质权，以担保自己的债务。转质权主要包括承诺转质和责任转质两种类型。

① 承诺转质，是指经原出质人同意的转质。

此时，质权人因为得到了出质人的授权，因此是有权处分，第三人可继受取得质权。

② 责任转质，是指未经出质人同意转质。

此时，质权人出质，是无权处分，若第三人是不知情的善意第三人，可以善意取得质权。同时，若因转质造成质押财产毁损、灭失的，应当向出质人承担赔偿责任。

（5）变价优先受偿权。债务人不履行到期债务或者发生当事人约定的实现质权的情形，质权人可以与出质人协议以质押财产折价，也可以就拍卖、变卖质押财产所得的价款优先受偿。

3. 出质人的权利（质权人的义务）

（1）保留质押财产的所有权。

（2）要求质权人妥善保管质物。在质权人的行为可能使质押财产毁损、灭失时，有权要求质权人将质押财产提存，或者要求提前清偿债务并返还质押财产。

（3）请求返还质押财产。在债务人履行债务或出质人提前清偿所担保的债权后，有权请求质权人返还质押财产。

（4）请求质权人及时行使质权。有权请求质权人在债务履行期届满后及时行使质权；质权人不行使的，出质人可以请求人民法院拍卖、变卖质押财产。出质人请求质权人及时行使质权，因质权人怠于行使权利造成损害的，由质权人承担赔偿责任。出质人如果是债务人以外的第三人，还享有对债务人的追偿权。

三、权利质权：合同＋交付或登记

权利质权是指以债权或其他可让与的财产权利为质押财产的质权。

（一）权利质权的客体

（1）有价证券出质：汇票、支票、本票；债券、存款单；仓单、提单。

（2）可以转让的基金份额、股权出质。

（3）可以转让的知识产权中的财产权出质。

（4）应收账款出质（债权）。

（5）不动产收益权出质（如不动产的未来租金等）。

（二）权利质权的公示

1．有价证券出质

有权利凭证的，交付；不能交付的，登记。

《物权法》第 224 条　以汇票、支票、本票、债券、存款单、仓单、提单出质的，当事人应当订立书面合同。质权自权利凭证交付质权人时设立；没有权利凭证的，质权自有关部门办理出质登记时设立。

特别提醒

以票据（汇票、本票、支票）和公司债券出质的，背书作为对抗要件。

《担保法解释》第 98 条　以汇票、支票、本票出质，出质人与质权人没有背书记载"质押"字样，以票据出质对抗善意第三人的，人民法院不予支持。

《担保法解释》第 99 条　以公司债券出质的，出质人与质权人没有背书记载"质押"字样，以债券出质对抗公司和第三人的，人民法院不予支持。

2．基金份额、股权出质：登记

《物权法》第 226 条第 1 款　以基金份额、股权出质的，当事人应当订立书面合同。以基金份额、证券登记结算机构登记的股权出质的，质权自证券登记结算机构办理出质登记时设立；以其他股权出质的，质权自工商行政管理部门办理出质登记时设立。

3．知识产权出质：登记

《物权法》第 227 条第 1 款　以注册商标专用权、专利权、著作权等知识产权中的财产权出质的，当事人应当订立书面合同。质权自有关主管部门办理出质登记时设立。

4．应收账款出质（债权）：登记

《物权法》第 228 条第 1 款　以应收账款出质的，当事人应当订立书面合同。质权自信贷征信机构办理出质登记时设立。

（三）权利质权的效力

（1）出质后，权利不得转让，经质权人同意的，价款可提存或提前清偿。

（2）有价证券、应收账款先于主债权到期的，质权人可以受领，并与出质人协议将兑现的价款或者提取的货物提前清偿债务或者提存。

（3）变价优先受偿权。如果权利质权所担保的债权先到期的，则质权人可以对出质的权利进行处分，以获得的价款优先受偿。

16 第十六讲 留置权

 阅读提示

考试中本讲内容几乎每年都会有所涉及，其中，留置权的成立、效力及消灭均是重要考点。同时，阅读本讲还要掌握抵押权、质权和留置权并存时的处理规则，此内容属于常考点。

一、留置权的概念和特征

1. 概念

留置权是指合法占有债务人动产的债权人，于债务人不履行债务时，得留置该动产并以其价值优先受偿的权利。

2. 特征

（1）留置权属于法定担保物权。

（2）留置权的标的物限于动产。

（3）留置权不具有追及力，留置权人丧失对留置财产的占有即丧失留置权。

二、留置权的成立要件

1. 标的须为动产

《物权法》第 233 条　留置财产为可分物的，留置财产的价值应当相当于债务的金额。

 特别提醒

若不可分，则可以将价值超过债权额的财产整体留置。

2. 债权人合法占有债务人的动产，通常是合法的合同行为

 特别提醒

如果合法占有的不是债务人享有所有权的动产，可否留置？是善意取得吗？

答曰：可以留置，但与其他物权的善意取得迥异！原因有二：其一，这里缺少无权处分的前提，因为无论债务人将他人财产交给保管人保管，还是将他人财产交给维修人维修之情形，债务人均没有处分他人财产的意思；其二，据民法通说，留置权此种情况下的取得，适用范围比其他物权要广泛，如遗失物被拾得人无权处分卖给第三人时，第三人不能直接善意取得所有权，但是，如果遗失物被拾得人交给他人保管或者维修，在不支付保管费或者维修费的情形下，均可以留置。

3．债权已届清偿期

4．债权之发生与动产之占有具有牵连关系，<u>商事留置除外</u>

所谓牵连关系，是指债权人的债权必须是基于所留置的动产而产生的。《物权法》第231条规定，债权人留置的动产，应当与债权属于同一法律关系，但企业之间留置的除外。

牵连关系的情形，例如，承揽人因对承揽费的请求权而对承揽标的物享有留置权；保管人基于对保管费的请求权而对所保管的物享有留置权等。

企业间留置不需要牵连关系的情形，例如，甲公司为乙公司运送一批货物，乙公司按时支付了运费，但是，甲公司以乙公司在半年前欠其另一笔货款而将此笔货物留置，是合法的。

5．没有禁止留置的规定和约定，意味着可以约定排除适用

《物权法》第232条　法律规定或者当事人约定不得留置的动产，不得留置。

留置权为何可以通过约定排除呢？<u>这决定于主从权利关系的原理</u>。担保物权，都是从权利，都是为了担保主合同债权之实现。作为主权利的合同债权，充分尊重当事人的意思自治，从权利自然也要体现对当事人意思自治的尊重。抵押与质押都是当事人通过约定设立的，在设立过程中，已经充分尊重了当事人的意思自治。留置权是基于法律规定直接产生的，这意味着在留置权的产生这一点上，完全排除了当事人自主决定的可能，因此，为了弥补这种不足，给予当事人一个可以通过约定反向排除的权利来体现当事人的意思自治。

6．对动产的留置不违反公共利益或善良风俗

对动产的留置如果违反公共利益或善良风俗，如他人的居民身份证、他人待用的殡丧物等均不得留置。

特别提醒

留置权适用范围变化过程。从"非法律允许留置，不得"到"非法律禁止留置，均可"。《担保法》第84条列举了三种担保合同：保管、运输、加工承揽可以留置。《合同法》第395条和第422条，增加了仓储和行纪合同可以留置。及至《物权法》通过，采取了开放式的立法模式，无论什么合同，只要合法占有债务人动产，符合留置权构成要件的，就可以留置。

三、留置权的效力

1. 留置权人的权利

（1）留置标的物，即在债权受清偿前，有权继续占有留置物。

（2）收取留置物所生孳息并用以抵偿债权。

（3）必要时适当使用留置物。

（4）请求债务人偿还因保管留置物所支付的必要费用。

（5）就留置物的价值优先受偿。

债务人于宽限期届满后仍未履行债务且未另行提供担保的，留置权人可以行使留置权。留置权人可以与债务人协议以留置财产折价，也可以就拍卖、变卖留置财产所得的价款优先受偿。留置担保的范围包括主债权和利息、违约金、损害赔偿金、留置物保管费用和实现留置权的费用。

2. 留置权人的义务

（1）妥善保管留置物。债权人保管不善造成留置物毁损灭失的，应承担赔偿责任。

（2）不得擅自使用、出租或处分留置物。

（3）经债务人的请求行使留置权。债务人可以请求留置权人在债务履行期届满后行使留置权；留置权人不行使的，债务人可以请求法院拍卖、变卖留置财产。

（4）留置权消灭时，返还留置物给债务人。

3. 留置权的实现

《物权法》第 236 条　留置权人与债务人应当约定留置财产后的债务履行期间；没有约定或者约定不明确的，留置权人应当给债务人两个月以上履行债务的期间，但鲜活易腐等不易保管的动产除外。债务人逾期未履行的，留置权人可以与债务人协议以留置财产折价，也可以就拍卖、变卖留置财产所得的价款优先受偿。

留置财产折价或者变卖的，应当参照市场价格。

《物权法》第 238 条　留置财产折价或者拍卖、变卖后，其价款超过债权数额的部分归债务人所有，不足部分由债务人清偿。

据上述规定，需要强调两个问题：

（1）行使留置权的期限，有约定按约定（约定可以少于两个月），没有约定至少给债务人两个月，除非标的物不适宜。

（2）如果通过折价行使留置权，则必须是留置权人与债务人达成协议。

四、留置权的消灭

1. 债务人另行提供担保并为债权人接受的，留置权消灭

2. 留置权人丧失对留置物的占有的，留置权消灭

[例题] 甲从乙处借来一台电视机，因故障送至丙处修理。丙将该电视修好了，但甲迟迟不支付修理费。下列表述正确的为：①

A．在丙占有该电视机期间，丙对该电视机不享有留置权

B．若丙丧失对该电视机的占有，则丙对该电视机的留置权消灭

C．若甲在一个月内不付清修理费，丙有权变价优先受偿

D．若甲另行提供担保的，则丙对该电视机的留置权消灭

五、担保物权之间的冲突

关于抵押与抵押之间的冲突，在抵押权一节已经讲述，此处讲述其他的权利冲突。

1. 留置权的优先效力

同一动产上已设立抵押权或者质权，该动产又被留置的，留置权人优先受偿。

为何作为法定担保物权的留置权优先呢？其法理基础在于，因为留置权担保的是留置权人已经付出劳务的费用，而抵押与质押通常担保的是普通债权，劳务费用应当获得优先保护。

2. 动产抵押权与动产质权的并存

（1）登记的抵押权与质权并存。依据《物权法》通过后的通说，两者应当按照发生的时间先后确定优先受偿的顺序。《物权法》通过之后，原《担保法解释》规定的登记的动产抵押权优先于质权的顺序不再适用。

（2）未登记的抵押权不得对抗质权，这意味着质权优先。

---

① 【答案】B。解析：占有期间，享有留置权，丧失占有，则留置权消灭，A 错误，B 正确；没有约定，至少给对方两个月，另行提供担保的，需要经过留置权人同意才能消灭留置权，CD 错误。

17 | 第十七讲
占有

 阅读提示

    本讲的重点内容是占有的类型和占有的效力。占有的类型主要掌握四种重要的理论分类。占有的效力中的重点是占有保护请求权，尤其是其中的占有返还原物请求权。

一、占有的概念与特征

（一）概念

占有是指对于物具有事实上的管领力的一种状态。通说认为，占有是一种事实而不是权利。

（二）特征

（1）占有的客体限于有体物，包括不动产和动产。但占有的客体不限于独立的物，对物的组成部分也可以成立占有。

（2）占有必须是对物产生了事实上的支配与控制。

在此，事实上的支配与控制，并不以占有人对于物的亲自支配为必要。占有人基于某种法律关系，通过他人为媒介，也可以成立占有。主要有以下两种情况：

第一种情况是占有人依辅助人而成立的占有，例如，雇主依雇员占有机器。

第二种情况是间接占有，例如，承租人直接占有租赁物，对于出租人构成间接占有。

（3）构成占有，需要空间上的支配性和时间上的持续性

① 在空间上，物应当处于人的力量作用的范围内始得谓占有。

例如，房屋、土地因使用而占有，放置在家中的衣物、家具等财产属于主人占有。

② 在时间上，人对物的某种支配应当持续一定的时间方为占有。

例如，仅是暂时的接触，就只是持有而不是占有，如主人请客，客人对餐具虽有使用，但不能认为是占有；持有在法律上不能得到占有的保护，它不能如同占有移转或者继承，也不得如同间接占有依抽象状态而成立。

二、占有的分类

（一）自主占有和他主占有

1. 区分标准

这是依占有人的意思为标准进行的分类。

所谓占有人的意思，通俗概括就是，立足于心态，不考虑权属，只要主观上认为是属于自己所有，就是自主占有，因此，法律上是否真的享有所有权，在所不问。

（1）自主占有，是指以物属于自己所有的意思（所有的意思）而为的占有。

（2）他主占有，是指无所有的意思，仅于某种特定关系支配物的意思的占有是他主占有，如承租人对于租赁物的占有，借用人对于借用物的占有等。

2. 区分意义

（1）在先占与时效取得制度中，要求权利人必须为自主占有。不过，我国《物权法》对于先占和取得时效均未规定，不过依据习俗符合条件的先占，可受法律保护。

（2）占有物损毁灭失时，自主占有与他主占有人的责任范围不同。

（二）直接占有和间接占有

1. 区分标准

这是以占有人在事实上是否占有物为标准进行的分类。

（1）直接占有，是指在事实上对物的占有，如手中拿着的手机，放在自己车库里的汽车等。

（2）间接占有是指基于一定法律关系（占有媒介关系），对于事实上占有物的人（即直接占有人）有返还请求权，因而间接对物管领的占有。

间接占有的特点在于间接占有人与直接占有人之间存在特定的法律关系。基于这种法律关系，间接占有人对于直接占有人有返还请求权。例如，质权人、承租人、保管人基于质权、租赁、保管法律关系，占有标的物，是直接占有人；而享有返还请求权的出质人、出租人、寄托人为间接占有人。

2. 区分意义

（1）取得占有的手段不同。

（2）保护方法不同。

（三）有权占有和无权占有

1. 区分标准

这是根据进行的占有是否依据本权所做的分类。所谓本权，是指基于法律上的原因，可对物进行占有的权利。

（1）有权占有即指有本权的占有，如质权人对于质物的占有。

（2）无权占有是指无本权的占有，如拾得人对于遗失物的占有。

2．区分意义

（1）占有物返还请求权只能针对无权占有人。

（2）作为留置权要件的占有，限于有权占有。

（四）善意占有和恶意占有

这是对于无权占有的再分类。

1．区分标准

对无权占有，依占有人的主观心理状态可以分为善意占有和恶意占有。

（1）善意占有是占有人不知其无占有权利的占有。

（2）恶意占有是占有人知道其无占有权利的占有。

2．区分意义

在无权占有人与返还请求权人的关系中，善意占有和恶意占有所产生的权利义务不同。具体表现如下：

《物权法》第 242 条　占有人因使用占有的不动产或者动产，致使该不动产或者动产受到损害的，恶意占有人应当承担赔偿责任。

《物权法》第 243 条　不动产或者动产被占有人占有的，权利人可以请求返还原物及其孳息，但应当支付善意占有人因维护该不动产或者动产支出的必要费用。

《物权法》第 244 条　占有的不动产或者动产毁损、灭失，该不动产或者动产的权利人请求赔偿的，占有人应当将因毁损、灭失取得的保险金、赔偿金或者补偿金等返还给权利人；权利人的损害未得到足够弥补的，恶意占有人还应当赔偿损失。

据上述规定，总结如表 17-1 所示。

表 17-1　善意占有与恶意占有的区别

项　目	善　意　占　有	恶　意　占　有
返还范围	原物、孳息	原物、孳息
占有期间使用带来的损失	不需要负责	需要负赔偿责任
占有期间支出的必要费用	可以主张权利人返还	不可以主张权利人返还
占有物损毁的赔偿责任	仅在获得代位物的范围内负责	对于全部损失负责

[例题 1] 下列对各种占有的表述正确的是：[①]

A．承租人对租赁物的占有是直接占有、有权占有

B．宅基地使用权人对宅基地的占有是善意占有、有权占有

---

① 【答案】AD。解析：承租人占有，有占有本权，事实上直接占有，A 正确；宅基地使用权人为有权占有，无善意占有可能，B 错误；客人对餐具只是持有，不是占有，C 错误；出质后，质权人直接控制，是直接占有，有占有本权为有权占有，没有据为己有的意思，为他主占有，出质人失去直接控制，但基于质权关系可间接占有，D 正确。

C．客人应邀到朋友张某家吃饭，客人对餐具的占有是直接占有、有权占有

D．质物交付后，出质人对质物的占有，是间接占有，质权人是直接占有、有权占有、他主占有

[例题 2] 甲从朋友乙处买得电脑一台，后电脑中毒花费 500 元修理，出租于丙得到租金 1 000 元。后来，丁与公安机关前来找甲，原来该电脑是乙从丁处偷来的，丁要求返还电脑。以下说法哪些正确？①

A．甲已经善意取得，无须返还电脑

B．如果甲对于电脑使用过程中造成电脑键盘严重磨损，此时，丁无权要求甲赔偿

C．甲在返还电脑的同时，应对于 1 000 元租金也应返还

D．甲在返还电脑的同时，有权要求丁支付 500 元的修理费用

三、占有的效力

（一）权利推定

如果占有人在占有物上行使权利，则推定其享有此项权利。这就是占有的权利推定效力。根据占有的权利推定效力，在没有相反证据的情况下即推定占有人享有相应的物权或者债权。这意味着，有相反证据的情况下，可以推翻对于占有的权利推定。

（二）占有保护请求权

《物权法》第 245 条　占有的不动产或者动产被侵占的，占有人有权请求返还原物；对妨害占有的行为，占有人有权请求排除妨害或者消除危险；因侵占或者妨害造成损害的，占有人有权请求损害赔偿。占有人返还原物的请求权，自侵占发生之日起一年内未行使的，该请求权消灭。

据此规定，即便是无权占有人，也享有占有保护请求权。主要包括：

1．占有妨害排除请求权

对妨害占有的行为，占有人有权请求排除妨害或者消除危险。

2．占有人的损害赔偿请求权

因侵占或者妨害造成损害的，占有人有权请求损害赔偿。

3．占有返还请求权

占有的不动产或者动产被侵占的，占有人有权请求返还原物。对于占有返还原物请求权需要明确如下问题：

---

① 【答案】BCD。解析：盗赃物不能善意取得，A 错误；甲为善意占有，故无需对使用消耗负责，无权占有人均要返还原物和孳息，善意占有人返还时可主张必要费用，BCD 正确。

（1）依据民法通说的理解，当占有被侵夺时，[①] 方可请求占有返还原物请求权。

例如，如果甲租来的电脑被乙抢走，此时甲作为占有人，占有就是被侵夺。如果甲租来的电脑借给乙使用，借期5天，如果到期后，乙不返还，此时，乙的占有尽管构成无权占有，但是，甲不能主张占有返还请求权，此时，甲通常是基于违约主张乙返还电脑并主张赔偿。

（2）主张占有返还请求权，受到法定不变期间1年的限制，自侵占发生之日起起算，超过1年，则占有返还请求权彻底消灭。

（3）所有权人也可以主张占有返还请求权，但若主张此权利的，也要受到1年的限制。

（4）不管是所有权人还是占有人，主张占有返还请求权的，都应当向现实占有人主张返还，现实占有人包括直接占有人和间接占有人。如果侵夺人已经不是现实占有人，则没有返还原物的义务。

[例题1] 甲向乙借款5 000元，并将自己的一台笔记本电脑出质给乙。乙在出质期间将电脑无偿借给丙使用。丁因丙欠钱不还，趁丙不注意时拿走电脑并向丙声称要以其抵债。此时，谁可以请求丁返还？依据是什么？[②]

[例题2] 张某拾得王某的一只小羊拒不归还，李某将小羊从张某羊圈中抱走交给王某。下列哪一表述是正确的？[③]

A．张某拾得小羊后因占有而取得所有权

B．张某有权要求王某返还占有

C．张某有权要求李某返还占有

D．李某侵犯了张某的占有

[①] 关于此处侵夺的理解：如果是动产，则通常指通过公开或秘密的手段使得原占有人丧失对于占有物的事实管领；如果是不动产，侵夺则表现为公开的、未经许可的占领，使得原占有人失去占有。

[②]【答案】甲可基于所有权主张丁返还；乙可基于质权请求返还；丙可基于占有请求返还。

[③]【答案】D。张某不可能因拾得遗失物而获得所有权，占有返还原物请求权只能向现实占有中的无权占有人主张，李某无占有的意思，非占有人，王某作为所有人，为有权占有，均无返还义务，ABC错误；李某的行为确实侵犯了张某的占有，不过没有产生需要民法救济的损害后果，D正确。

第三部分

债权法

第十八讲
债权法概述

阅读提示

　　本讲主要讲述债权法的基本原理，直接涉及的命题点不多，但是却关乎后面合同法与侵权法的学习，不容忽视。本讲中，债的类型是可以直接命题考察的知识点，阅读此部分尤其要注意书中对命题陷阱的强调。同时，对于债的变更与消灭，根据我国立法，将放在《合同法》部分讲述。

一、债法的体系结构

债法的体系结构如图 18-1 所示。

```
                ┌─ 给付原因不同——债之发生【生】
                ├─ 给付主体、内容、方法、标的不同——债的类型
                ├─ 给付履行之保障——效力（请求等）
        给付 ──┤─ 给付实现的进一步保障——债之保全（代位权、撤销权）
                ├─ 给付主体的变化——债的移转（债权让与和债务承担）
                ├─ 给付内容的变化——债的变更
                └─ 给付目的的完成——债的消灭【死】
```

图 18-1　债法核心概念与体系

　　如图 18-1 所示，学习债法，最为核心的概念是给付。根据给付的原因不同区分债的发生；根据给付主体、内容等不同区分债的类型；为了给付能够实现，有了债的效力制度和债的保全制度；因为给付主体和内容的变化，有债的移转和债的变更；一旦给付的目的完成，则债就归于消灭。可以说，债法就是以给付为主线，讲述债从发生（出生）到消灭（死亡）的过程，学习债法，即是学习债的"光荣一生"。

二、债的概念与要素

（一）债的概念与特征

1. 概念

民法中的债是法律关系的一种。

债是按照合同的约定或者依照法律的规定，在当事人之间产生的特定的权利和义务关系。债，是特定当事人之间请求为一定给付的民事法律关系。在债的关系中，一方享有请求对方为一定给付的权利，即债权，该方当事人称为债权人；另一方负有向对方为一定给付的义务，即债务，该方当事人称为债务人。

> **特别提醒**
>
> 债的本质是法律上的一种可期待的信用。在实际生活中，让渡商品与实现价值之间存在时间差的合理性，为了保证这种差距能够消除，即保证这种经济利益不平衡的状态趋于平衡，通过赋予双方之间的债以法律上的效力，以便保证商品交换的顺利进行。这种被赋予了法律效力的债的关系，不同于好意施惠关系。所谓好意施惠，是指基于好意而实施某项惠及他人的行为，如代传口信、代接访客、好意领路等。

2. 特征

债作为民事法律关系的一种，相对于其他法律关系，具有如下明显特征：

（1）债反映的是财产流转关系。

财产关系依其形态分为财产归属利用关系和财产流转关系。前者为静态的财产关系，后者为动态的财产关系。物权关系、知识产权关系反映财产的归属和支配利用关系，其主要目的是保护财产的静态的安全；债的关系反映的是财产利益从一个主体移转到另一主体的财产流转关系，目的在于保护财产的动态的安全。

（2）债为特定主体之间的法律关系。

法律关系有的发生于特定主体与不特定主体之间，有的发生于特定主体与特定主体之间。债的关系是特定主体之间的法律关系，其权利主体（债权人）和义务主体（债务人）都是特定的。换言之，债权人只能向特定的债务人主张权利，债务人也只对特定的债权人承担义务。这种权利义务的相对性，是债的关系与物权关系、知识产权关系及继承权等关系的重要区别。需要指出的是，债的主体的特定化，并不排除在特殊情形中，债的效力及于当事人之外的第三人（例如债权人代位权），也不排除债的主体的变更（如债权让与和债务承担等）。

（3）债的客体是债务人的特定行为。

作为债的关系的要素之一，债的客体，即债权债务指向的对象，是债务人应为的一定行为（作为或不作为），统称为给付。债的关系通常与一定的财物、智力成果或者劳务相联系，但债的客体并非财物、智力成果或劳务，而是债务人应当履行的交付财物、转让智力成果、提供劳务等行为。此点也与物权关系、知识产权关系不同。物权以物为客体，知识产权则以知识产品为客体。

（4）债的目的须通过债务人的特定行为实现。

民事法律关系是当事人实现其特定利益的法律手段，但不同法律关系的目的不尽相同，权利人实现其利益的方式也有所不同。债的目的是一方从另一方取得一定的财产利益。这一目的只能通过债务人的给付才能实现，没有债务人为其应为的特定行为，债权人的权利（利益）便不能实现。而在物权关系、知识产权关系中，权利人可以直接通过自己的行为实现其权利，无须借助于义务人的行为来实现法律关系的目的。

（5）债的发生具有任意性和多样性。

债的关系可因合法行为而发生，也可因不法行为而发生。对于合法行为设定的债，法律并不限定其种类，而是任由当事人自行设定。而物权关系、知识产权关系一般只能因合法行为而发生，并且其类型具有法定性，当事人不得任意设定法律未作规定的物权和知识产权。

（二）债的要素

所谓债的要素，即构成债的法律关系之要素。具体而言，包括债的主体、债的客体（标的）和债的内容（权利和义务）。

1. 债的主体

即债权人和债务人。债权人和债务人均可以是一人或数人。

2. 债的客体

（1）债的客体（债的标的），是指债权债务所共同指向的对象，即给付。

给付是指债务人应为的特定行为。给付可分为作为和不作为。不作为，或以禁止债务人为某种行为为内容，或以债务人容忍债权人为某种行为为内容。换言之，不作为包括单纯的不作为和容忍。

在形式上，给付可包括交付财物、移转权利、支付金钱、提供劳务或者服务、提交成果、不作为等。在债的关系中，根据给付与当事人所预期的利益之间的关系，给付有时是指给付行为，有时是指给付结果。

① 给付行为之债：即以单纯地提供劳务为内容的债。

例如，诉讼代理合同、委托合同、家教服务合同等。

② 给付结果之债：即不以单纯提供劳务为内容，而是追求行为之结果的给付。

例如，承揽合同、建设工程承包合同等。

③ 不作为之债

例如，合伙人之间关于竞业禁止的约定，即是彼此请求不作为。

（2）给付必须确定、合法、可能。

① 确定，是指给付必须在债权成立时，或者最迟到债务履行时能够确定，否则将无法履行。

② 合法，是指给付应不为法律所禁止。

例如，我国当前个人之间买卖大熊猫、枪支等即为非法。

③ 可能，是指给付须为事实上或法律上能实现的给付。

例如，出卖星星、月亮等，实不可能，因此不能作为债的客体；同时，无法律意义的给付（例如男女之间的月下誓言、祈祷等），也不能作为债的客体。

最后要强调的是，债的标的一般需要具有财产上的价值。也正因为如此，才有学者将债的关系称为财产性民事法律关系。

但是，债的标的并不以具有财产价值为限，有些不具有财产性内容的给付，例如，赔礼道歉、恢复名誉、不作为等也可以作为债的标的。当然，债的标的中，以具有财产价值者为主。

3．债的内容

债的内容是指债的主体所享有的权利和负担的义务，即债权与债务。

民法中，通过给付将债权与债务连接起来。基于法定或当事人约定的原因，债权人有权请求债务人为特定给付，而债务人有义务向债权人做出特定给付，给付的内容可以是作为，也可以是不作为。债权与债务相互依赖而又相互矛盾，是一对矛盾的两个方面，二者共生共灭，对立而统一。债权的消失有赖于债务的给付，一旦债务消失了，债权也就失去了存在的意义，反之亦然。

（1）债权

① 什么是债权？

债权，是指特定人请求特定人履行给付行为的财产权。

例如，请求作为——合同履行、侵权赔偿等；请求不作为——竞业禁止。

② 债权的特征。讲述债权特征，主要是与物权相比较而言。对此，本书曾在物权法部分进行详述。主要有主体、客体、权利内容、效力、发生原因、存续期间、保护方法等方面的不同。其中，自考试角度而言，最为重要的区别是债的平等性、相容性与物权的排他性、优先性的差异。

举例说明：一物二卖的经典民事纠纷。

甲出售房屋于乙，订立合同。邻居丙想扩大店面，于是向甲高价购买，并办理了过户登记手续。问：①

A．甲丙合同是否有效？

B．乙向谁主张权利？主张什么？

C．如果甲在出售给丙之前，已将房屋交付给乙占有，丙是否可请求乙返还？

D．如果甲与乙签订房屋买卖协议之后，没有将房屋卖于丙，当乙依据房屋买卖合同主张甲履行合同办理过户登记之时，甲可否以自己依然享有所有权为由拒绝乙的请求？

③ 债权的效力。权利人一旦享有了合法的债权，则具有如下效力：

第一，表现为请求力。请求力，指债权人得依其债权请求债务人履行债务的效力，包括诉讼内请求和诉讼外请求。根据债权的请求力，债权人不但得请求债务人履行债务，而且还可能因请求引发其他的法律效果，例如，一旦债权人向债务人请求，则发生时效中断的法律效果。债务人不履行债务时，债权人在取得执行名义后，有权通过执行程序对债务人进行强制执行。此为债权的公力救济。

第二，保全力，即请求保全的权能。当债务人的某些行为对债权人造成损害时，债权人

---

① 【答案】A．有效；B．向甲，主张违约责任；C．可以，因为丙已经获得了所有权；D．不可以，因为只有一物一卖的情形下，只有合同有效，并且履行是可能之时，就应当履行合同。

可以向人民法院请求以自己的名义代位行使债务人的债权，或者请求人民法院撤销债务人的行为。债权人享有的债权保全权能是对债的相对性原理的突破。

第三，表现为保持力。保持力，指债权人基于债权而受领的给付，属于有法律原因的给付，债权人得永久保持其给付。否则就构成不当得利。因此，如果该债权的债的关系被确认为无效或被撤销而自始无效，债权人先前所受领的给付应予以返还。

保持力是债权的消极效力，债权人对所受利益如无保持力，该利益就会成为不当得利，必须返还给做出给付之人。

第四，表现为处分力。处分力，即将债权在法律上加以处分。包括债权让与、免除债务、设定债权质权、抵销等。

第五，表现为自助力。所谓自助力，乃自力实现的权能，也即当债权受到侵害或妨碍，事情紧迫而又不能及时请求国家机关予以救济的情况下，债权人得自行救助，拘束债务人的人身或扣押其财产的权能。抵销也属于债权的自力实现方式。自力实现并非债权普遍具有的权能，主要是一些金钱债权和损害赔偿债权的权能。

<u>上述权能齐备的债权为完全债权，否则为不完全债权，但欠缺保持受领权能的债权不再是债权。</u>

④ 债权的物权化。所谓债权的物权化，是指某些债权在某一方面或某些方面取得了物权的部分效力而已，并不是说债权已经成为物权了。

我国民法中规定的主要情形有：

第一，买卖不破租赁。买卖不破租赁，也称租赁权的物权化，实际上是指租赁物所有权的变动不击破租赁合同关系（《合同法》第 229 条）。

第二，预告登记制度。物权法上的预告登记制度。

《物权法》第 20 条第 1 款　当事人签订买卖房屋或者其他不动产物权的协议，为保障将来实现物权，按照约定可以向登记机构申请预告登记。预告登记后，未经预告登记的权利人同意，处分该不动产的，不发生物权效力。

这一规定主要为防止一房数卖，采用物权的登记手段来保护债权。

（2）债务

① 债务的含义。

债务是指在债的关系中，一方根据法律规定或者当事人的约定所负担的应当向对方为一定给付的义务。债务的内容包括为一定行为和不为一定行为，也即作为和不作为。

② 债务的特征。

第一，债务具有特定性。在任何债之关系中，债务人均是特定的，且债务的内容也是特定的。依法成立的债务非依法律规定或经当事人协商不得变更。

第二，债务具有期限性。任何债务都有确定或可确定的期限。

第三，债务的履行具有强制性。债务在本质上是债务人应承担的负担，当债务人不履行债务时，债权人有权追究债务人的民事责任以满足其利益。责任是债务人履行债务的一种担保，无责任的债务无法律约束力。

三、债的类型

（一）财物之债和劳务之债

此种分类是以债的标的，即给付的内容不同所进行的分类。

例如，如果给付的内容为财产则为财物之债，如买卖汽车的合同之债；如果所给付的内容是劳务则为劳务之债，演员某甲与乙剧院签订演出合同，甲所给付的内容则为行为，即劳务，则为劳务之债。

两者区分的意义在于，劳务之债不可以强制执行。

（二）特定之债和种类之债

特定之债和种类之债是对于财物之债的再分类。

两者区分的标准是，在债的关系成立时，其标的物是种类物还是特定物。标的物是种类物者为种类之债；标的物是特定物者为特定之债。

1. 特定物

特定物包括如下两类物：

（1）天然的特定物，又称不可替代物。

例如，自然形成的特定物，如北京市黄金地段的一块土地；人为特定物，如梵高的《向日葵》。

（2）意定的特定物，即其原本为种类物，但经过行为人之意志指定而特定化的物。

例如，王同学从法律书店购买的一本王泽鉴先生所著的《民法总论》，一旦购买后，这本书本身就变得特定了。

2. 种类物

具有相同的品质、可用相同的物替代的物，又称可替代物。

例如，常见的大米、绿豆、原油等。

3. 区分意义

特定物与种类物区分的真正意义在于：特定物于交付之前意外灭失的，则免除义务人实际履行的义务，权利人只能主张损害赔偿；种类物于交付之前意外灭失的，并不免除实际履行义务，权利人仍得请求实际履行。

（三）单一之债与多数人之债

按债的主体的多少，债可以分为多数人之债与单一之债。

前者指债权人或债务人至少有一方是两人或两人以上；后者指债权人和债务人双方都是一人的情形。

特别提醒

在判断债的主体多少时，一定要注意由多个自然人组成的团体整体作为主体的情形，如果多个自然人组成的团体以整体的身份出现，则为单一主体。

例如，某剧院和"老虎队"三人演唱组合签订演出合同，此时，"老虎队"由三个成员组成，但是，他们是作为整体出现的，就是一个主体，因此，此合同之债为单一之债。

（四）连带之债和按份之债

连带之债和按份之债是对于多数人之债的再分类。

多数人之债以多数人一方各主体之间的对外关系，又分为连带之债和按份之债。

二者的区分意义在于：连带之债中多数人一方中当事人之间有连带关系，即对于其中一人发生效力的事项对于此方其他当事人同样会发生效力。而按份之债中则不发生以上情况。

例如，甲、乙、丙三人结为个人合伙，并签订了合伙协议，在经营中该个人合伙欠下丁9 000元债务。问：丁如何行使权利？甲、乙、丙如何承担债务？

回答上述问题实际涉及连带之债的内外关系，分别讨论如下：

1. 对外关系

对于对外关系应当从以下两个方面来把握：

（1）债权人可请求连带债务人中的任何一个或几个人偿还任何部分或者全部债务，被请求人不得拒绝。

假设，上例中丁要求甲一人偿还9 000元。问：甲能否拒绝？①

假设，上例中丁要求甲偿还8 998元，乙偿还1元，丙偿还1元。问：可否？②

（2）某一债务人偿还了全部或部分债务后，会引起全体债务人对债权人债务的全部消灭或部分消灭，而非仅履行人个人债务的消灭。

假设，上例中甲对丁偿还了9 000元。问：丁还能否对丙、乙主张债权？③

假设，上例中甲对丁偿还了8 000元。问：丁还能否再请求甲偿还1 000元？或者还能否再请求丙或乙偿还1 000元？④

2. 对内关系

对于对内关系也应当从两个方面来把握：

（1）某一债务人偿还了全部或部分债务后，即取得了向其他债务人追偿的权利。

假设，上例中甲对丁偿还了9 000元。问：甲取得了什么权利？⑤

---

① 【答案】不能。

② 【答案】可以。

③ 【答案】不能。

④ 【答案】都可以。就余额1 000元而言，丁可请求甲、乙、丙中任何一人或二人或三人承担清偿责任，即甲、乙、丙仍对1 000元负连带责任。

⑤ 【答案】对乙和丙的追偿权。追偿权产生的依据在于，连带之债的连带关系仅仅是就债务人全体对债权人关系而言的，而在债务人内部关系上，任何连带之债都是一个不折不扣的按份之债。至于各债务人的份额，有约定的从约定，无约定的原则上推定为均额。

（2）追偿权如何行使？

追偿权的行使，要受到两个限制：

其一，追偿权人所履行的债务额应已超出自己应当承担的份额；

其二，对某一被追偿人的追偿份额，应以该被追偿人所应承担的份额为限。

假设，上例中丁请求甲履行全部债务，甲履行了 3 000 元。问：甲是否可对乙、丙行使追偿权？①

假设，上例中甲履行了全部债务，追偿时见乙无钱，便向丙追偿 6 000 元。问：丙应如何应对？②

3. 连带之债的免除

在了解了连带债务的内外部关系之后，我们再看一下连带之债的免除问题：

（1）整体免除

假设，上例中债务到期后，丁表示免除对方债务 5 000 元。问：丁可向甲、乙、丙中任何一人主张债务的最高额是多少？③

（2）个别免除

假设，上例中债务到期后，丁表示免除丙的 3 000 元债务。问：丁能否再请求丙偿还债务？丁可以向甲或乙请求偿还的最高债务额是多少？④

假设，上例中丁表示免除丙 3 000 元，甲偿还了余下的 6 000 元债务。后甲追偿时，见乙无钱，即向丙追偿 3 000 元。问：丙可否拒绝甲的请求？⑤

> **特别提醒**
>
> 　　在把握连带之债与按份之债之时，一个容易混淆的难点是，在一个多数人的债的关系中，如果多数主体的一方仅仅只是达成内部份额约定，并不一定构成按份之债。因为，只有内部约定份额，在没有经过另一方债权人的同意的情况下，仍然是连带之债。比如，甲是债权人，乙丙丁是债务人，债务总额是 30 000 元，乙丙丁约定每人承担10 000 元，问此债为什么性质？回答：连带之债。因为，尽管债务人已经进行了约定，但是没有经过债权人甲同意，甲依然可以请求乙丙丁中的任何一个人承担任何份额的责任。

[例题] 甲、乙与丙签订了一份购销合同，约定丙供给甲、乙原油 3 000 吨，每吨价格为 2 500 元。原油运到甲、乙所在地车站后，甲和乙约定按 4：6 比例分配并按该比例付款。

---

① 【答案】不可以。

② 【答案】丙可交付给甲 3 000 元，对超出其应承担份额的另外 3 000 元请求可予以拒绝。

③ 【答案】4 000 元。也就是说，整体免除的效力及于所有连带债务人。

④ 【答案】丁仍可要求丙偿还余下的 6 000 元债务；丁向甲或乙请求偿还的最高额为余下的 6 000 元。也就是说，债权人针对个别债务人免除债务的效力，对外及于全体债务人。

⑤ 【答案】可以。也就是说，债权人针对个别债务人免除债务的效力，对内及于连带债务人之内部按份之债，免除了 3 000 元，需要三个人偿还的总债务还剩 6 000 元，此时，没有约定，内部平分，甲承担责任后，无论向乙还是丙，都只能追偿 2 000 元。

关于该合同之债的种类，下列哪些选项是正确的？①

A．多数人之债　　　　B．按份之债　　　　C．简单之债　　　　D．特定之债

（五）简单之债和选择之债

依据债的履行标的有无选择性，分为简单之债和选择之债。

1．简单之债

简单之债是指债的标的是单一的，当事人不得就标的进行选择的债，又称不可选择之债。

2．选择之债

选择之债是指债的标的为两项或者两项以上，当事人可以从中选择其一来履行的债。

3．区分意义

区分二者的意义在于：选择之债在履行时必须转化为简单之债，否则，选择之债无从履行。转化的方法主要有以下三种。

（1）行使选择权：就行使选择权而言，该选择权为形成权，一方做出单方意思表示即可。选择权的归属依当事人约定；如无约定，推定为债务人享有；债务人于合理期间或约定期间内未行使的，转归对方行使。

（2）当事人补充协议确定。

（3）标的出现履行不能的情形。

［例题］甲欠乙1 000元，双方约定两年后甲以自己的手机或电视机抵债。问：②

（1）两年后，甲将自己的手机交付给乙，乙可否拒绝，要求甲用电视机抵债？

（2）假如债务到期后，甲的手机不慎被盗，则甲用电视机抵债，乙可否拒绝？

（3）假如债务到期之后，又过了三个多月，甲既没有交给乙手机，也没有交给乙电视机，此时，乙直接请求交付电视机抵债，可否？

> **⬡ 特别提醒**
>
> 在区分简单之债与选择之债的时候，一个难点问题是，当债的履行标的只有一种，但在这种标的之中，又有数量的差别时依然为简单之债，不是选择之债。比如预存手机话费赠送礼品的情形，如果说是赠送超市购物卡、小背包或者水杯时为选择之债；如果是基于预存话费多少的不同而赠送水杯3～5个时，则为简单之债。这是考试中最容易出错的地方，值得特别注意。

---

① 【答案】AC。解析：甲乙是一方，丙是另一方，所以是多数人之债，A正确；只有请求交付原油一种标的，没有选择性，故是简单之债，C正确；原油是种类物，故不是特定之债，D错误；虽有约定份额，但是仅仅甲乙之间的约定，故依然是连带之债，B错误。

② 【答案】（1）不可，因为选择权在债务人甲一方。（2）不可，因为此时手机已构成履行不能。（3）可以，因为甲在合理期限内没有行使选择权，选择权已经转移至债权人乙处。

[例题] 某演出公司与"黑胡子"四人演唱组合订立演出合同，约定由该组合在某晚会上演唱自创歌曲2～3首，每首酬金2万元。由此成立的债的关系属何种类型？①

A．特定之债　　　　　B．单一之债　　　　　C．选择之债　　　　　D．法定之债

（六）可分之债和不可分之债

依照债的标的是否可分，分为可分之债和不可分之债。

可分之债也叫分割之债，是指以同一个可分给付为标的，其债权可以分享或者其债务可以分担的多数人之债。

不可分之债，是指以不可分给付为标的的多数人之债。

例如，甲乙共有一套房屋，丙打算购买。如果甲乙对于房屋是按份共有，则此债为可分之债；如果是共同共有，则此债为不可分之债。

（七）意定之债与法定之债

按照债的设定及其内容是否允许当事人以自由意思决定，债可以分为意定之债与法定之债。

意定之债是指债的发生及其内容由当事人依其自由意思决定的债。合同之债和单方允诺之债均为意定之债。

法定之债是指债的发生及其内容均由法律予以规定的债。侵权行为之债、无因管理之债和不当得利之债均属法定之债。

区分意定之债与法定之债的意义在于前者贯彻意思自治原则，在债的客体、内容及债务不履行的责任等方面均可由当事人约定；而后者，债的发生及效力均由法律规定。

四、债的发生原因

（一）基于不同原因的债的体系

基于债的性质及发生原因，其体系如下：

首先，以债的发生是否决定于当事人的意志为分类标准，可以将债分为：意定之债和法定之债。前者完全取决于当事人的意志，当事人可以决定这样的债是否发生、何时发生及怎样发生。后者为法律的直接规定，只要出现了法律规定的情形，即自动产生。

其次，意定之债和法定之债各自又可以继续细分，包括各种不同的类型。具体而言，意定之债包括：合同之债和单方行为之债（如遗赠等）。法定之债包括：缔约过失之债、侵权

---

① 【答案】B。解析：本题充分体现了上述命题陷阱。首先，题中情形是劳务之债，因此，不可能是特定之债，A错；公司与"黑胡子"四人组合签合同，该组合是以整体的身份出现，因此，双方主体都具有单一性，故B正确；此合同的标的为演唱歌曲2～3首，看似选择之债，其实标的只有一种，那就是唱歌，因为，标的只有一个种类，但有数量不同时，是简单之债，故C错；本题是合同之债，明显是意定之债，不是法定之债，故D错。

之债、无因管理之债和不当得利之债。

上述两种层次的债的类型如图 18-2 所示。

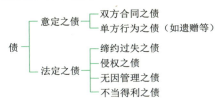

图 18-2　债的发生原因

（二）各种具体原因说明

1. 合同

合同是平等主体的自然人、法人、其他组织之间设立、变更、终止民事权利义务关系的协议。

例如，甲工厂雇佣乙为技术总监，负责解决工厂生产的技术问题，雇佣合同中约定年薪 50 万元，并且还特别约定乙不得在其他地方兼职，也不得泄漏甲工厂的商业秘密。本例题中的法律关系，因当事人相互意思表示一致而成立，为合同之债的法律关系。

2. 单方行为

单方行为也称单独行为、单务约束行为或单方允诺，是指表意人向相对人做出的为自己设定某种义务，使对方取得某种权利的意思表示。

例如，企业家芭比因为疲劳过度而患上不治之症，在临死前表示将自己的财产分配如下：现金中的 3 000 万由自己的儿子甲和女儿乙平均分配，其余财产捐赠给中国宋庆龄基金会。芭比所立的遗嘱、遗赠只要单方做出表示就可以成立，因此属于单方行为。

3. 无因管理

无因管理，是指没有法定的或约定的义务，为避免他人利益受损失而为他人管理事务或提供服务的行为。

例如，乙突然患病昏迷于途，甲见状当即将乙送至医院救治，支出医药费 2 000 元。甲的行为构成无因管理。无因管理制度旨在适当衡平"禁止干预他人事务"和"奖励助人为乐"两项原则，使无法律上的义务而为他人管理事务者，在一定条件下得享有权利和负担义务。

4. 不当得利

不当得利，是指没有合法根据而获得利益并使他人利益遭受损失的事实。

例如，甲向乙支付货款 1 万元，因点钞疏忽多支付了 300 元。甲与乙之间成立不当得利：不当得利制度旨在调整欠缺法律上的依据而发生的财产关系的变动，使无法律上的原因而获得利益并致他人遭受损害的人，负有返还所获利益的义务。

5. 侵权

侵权行为是指不法侵害他人民事权益的行为。依法律规定，侵权行为发生后，加害人负有赔偿受害人的义务，受害人有请求加害人赔偿的权利。

例如，甲驾车不慎将路人乙撞伤。甲乙之间构成侵权关系。

6. 缔约过失

缔约过失是指在缔约过程中，由于一方当事人违背诚信原则的要求，具有过错而给对方造成损失，应当承担的责任。

例如，甲得知乙欲从丙处购买《民法精讲》100 本，在乙和丙谈判期间，甲向乙提出，愿意以比丙更为优惠的价格向其出售，因此，乙停止了与丙的谈判。在丙另行寻找到新的买受人丁并与其签约之后，甲向乙提出自己将不会和乙签订合同，因此造成了乙的损失。本案中属于典型的假借订立合同，恶意进行磋商的情形，乙出于对于甲的信任而造成了自己的损失，甲对于乙这种信赖利益的赔偿即是典型的缔约过失责任。

（三）各种债的共性及理念

从上面六个例子可以看到，合同、侵权行为、不当得利、无因管理和单方允诺、缔约过失等制度，其指导原则、社会功能和构成要件等各有不同，之所以可以构成统一的债的制度，原因在于它们的法律效果在形式上的相同性，即都产生一方当事人得向他方当事人请求为特定行为（即给付，包括作为和不作为）的民事法律关系，也就是债的关系。

债的关系，相对于其他法律关系而言，无论因什么原因而发生，所有的债，都是以意思自治为中心展开的，即便是法定之债，也是为了更好地体现当事人的意思自治。具体分析如下：

单方允诺和合同之债是意思自治的正面体现，因为这种债的形成是当事人依照自己的理性判断和自由意志所主动追求的结果。

无因管理之债是意思自治原则的扩张。无因管理是为了他人利益而主动对他人事务进行管理，是正常人的理性选择，法律鼓励人的正当意思活动和正当管理行为。

不当得利之债是意思自治原则的补充。在意思自治原则之下，个人基于正当意思活动获取正当利益，法律当然应当加以保护，如果是不当得利，只有让其返还方可维护正当的意思自治。

侵权之债与缔约过失之债是对于滥用意思自治原则的防止。民事活动应当遵守自愿、自由的原则，但是人的自愿和自由都有一定的界限，如果超出了正当自由的界限损及他人的权利和利益时，则产生损害赔偿的权利和义务关系。一般而言，承担侵权责任或缔约过失责任的当事人均是有过错的，任何人均应当对自己的过错行为负责，通过追究过错行为的责任，可以匡正偏离了正常轨道的意思自治。

19 | 第十九讲
单方允诺

 阅读提示

　　本讲最重要的内容是单方允诺的两种发生情形，即向特定人和不特定人发出时的差异。对悬赏广告性质的理解是本讲的重点与难点。

一、概念

　　单方允诺是指表意人向相对人做出的为自己设定某种义务，使相对人取得某种权利的意思表示。单方允诺又被称为"单独行为"或"单务约束"。

　　单方允诺的核心在于，民事主体单方为自己设定义务，使对方获得权利。根据民法的意思自治原则，民事主体在不违反社会公序良俗的前提下，可以任意处分自己的财产或权利，其处分只要不违反法律的禁止性规定，就应当受到法律的承认和保护。民事主体完全可以根据自己物质上或精神上的需要为自己单方面设定义务，放弃对于他方当事人给付对价的请求。民事主体一旦做出允诺的意思表示，即应恪守信用，自觉受其约束，不允许随意撤回允诺，如果因撤回允诺造成他人损害的，应负损害赔偿的责任。

二、特征

　　1. 单方允诺是表意人单方的意思表示

　　单方允诺是表意人一方的意思表示，不需要相对方对其意思表示进行承诺，因而区别于合同关系。合同是双方当事人意思表示一致的结果，仅有一方的意思表示合同不可能成立。

　　2. 单方允诺的内容是表意人为自己单方设定某种义务，使相对人取得某种权利

　　法律允许民事主体根据需要，为自己设定单方义务并自愿承担由此发生的债务。单方允诺不需要相对人付出对价，相对人对于表意人也不负实施某种特定行为的义务。

　　3. 单方允诺可以向特定的人发出也可以向社会上不特定的人发出

　　（1）向特定人发出的。

　　例如，2014年1月23日，甲给乙出具一份承诺书，内容有二：其一，甲为其儿子丙与乙的女儿丁谈恋爱，造成丁精神失常，自愿承担丁的住院治疗费用、精神损失费、青春损失

费等共计人民币 50 万元；其二，在丁住院治疗期间，甲自愿将一辆轿车交由乙使用。

（2）向不特定人发出的。表意人做出的意思表示是向社会上不特定的任何人发出的，凡是符合单方允诺中所列的条件人，都可以成为相对人，取得表意人所允诺的权利。

例如，公交公司做出了"六一"儿童节儿童免费乘车的允诺，则儿童均有免费乘坐的权利。

4. 如果是向不特定人发出的单方允诺，则只有相对人符合条件时才能产生债的关系

单方允诺虽为表意人单方的意思表示，单方允诺之债并不是在表意人做出表意时即成立，由于表意人往往在意思表示中提出相对人取得权利的条件，因而在表意人做出意思表示时，相对人是不确定的。由于债的关系的主体都应是特定的，因而在相对人不确定时，单方允诺之债并不成立。

三、关于悬赏广告的性质

1. 概念

悬赏广告，是指通过广告形式声明对完成广告中规定的特定行为的任何人给付广告中标明的报酬的行为。关于悬赏广告的性质，理论上素有争议。

2. 争论

主要存在两种观点：

（1）单方行为说。认为悬赏是广告人单方的意思表示，因为对完成一定行为的人负有给予报酬的义务，在行为人方面，无须有承诺，唯以其一定行为的完成为停止条件。

（2）合同说（要约说）。认为广告人向不特定人所提出的条件是一种要约，此种要约因一定行为的完成而成立悬赏合同。按照合同说，悬赏广告是一种特殊的缔约方式，广告人发出悬赏广告为要约，行为人完成悬赏广告规定的行为为承诺，合同因承诺而成立。

3. 结论

这两种观点没有哪个是正确的或错误的，无论采取哪种观点，对于实践中当事人的具体权利和义务均没有实质性影响。不过是对同一种生活现象的不同解释。

《合同法解释（二）》[1] 第 3 条　悬赏人以公开方式声明对完成一定行为的人支付报酬，完成特定行为的人请求悬赏人支付报酬的，人民法院依法予以支持。但悬赏有合同法第五十二条规定情形的除外。

由于此规定出现在关于"要约"部分的解释中，于是，认为悬赏广告是要约，是有根据的。但是，在理论上，更多学者认为悬赏广告为单方允诺。

[例题] 甲遗失电脑一部，后发布悬赏广告，称有捡到并送还者支付报酬 500 元。乙拾得电脑，借给丙使用。后丙知悉了悬赏广告，将甲的电脑归还。问题：谁有权请求支付 500 元报酬？[2]

---

[1] 【答案】丙。因为丙完成了悬赏广告要求的行为。
[2] 全称为《最高人民法院关于适用＜中华人民共和国合同法＞若干问题的解释（二）》。

20 | 第二十讲
无因管理

阅读提示

　　本讲主要讲述无因管理的制度与原理，考试中通常每年均会有所涉及。重点内容是无因管理的构成要件和法律效果，其中，构成要件尤其重要。

一、管理他人事务的制度体系[①]

　　无因管理为管理他人事务的行为，但并非所有的管理他人事务的行为都属于无因管理。面对复杂的社会经济生活形态，对于管理他人事务，王泽鉴先生通过归纳总结，将各种管理他人事务的行为从民法学的角度做了如图 20-1 所示的分类。

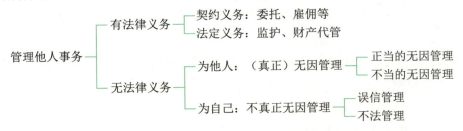

图 20-1　无因管理中管理他人事务的体系

　　1. 基于法律上义务而管理他人事务

　　（1）基于契约产生的义务。

　　例如，委托合同，如乙受身在国外的甲委托，将甲在国内某市的公寓一套出租于丙。

　　（2）基于法律规定产生的义务。

　　例如，有未成年人监护与失踪人财产代管制度，前者如父母对未成年子女特有财产的管理，后者如甲失踪多年被宣告为失踪人，乙被指定为财产代管人，尔后对甲名下的财产的管理。

　　2. 无法律上义务而管理他人事务

　　（1）为他人管理事务。例如，为远行的邻居修缮被台风损毁的房屋，即为民法上所称的无因管理，学说上称为"真正无因管理"。真正的无因管理对于备考来说，是最为重要的内容。

---
① 本章部分内容参见王泽鉴《债法原理》第四章无因管理部分。

（2）为自己而管理他人事务。民法不承认其为无因管理，学说上称为"不真正（准）无因管理"。主要包括两种情形：

① 明知他人事务，仍作为自己事务而管理，为不法管理。

例如，甲、乙为邻居，甲外出打工，乙擅自将甲屋出租于丙而按月收租。

② 误信他人事务为自己事务而管理，为误信管理。

例如，甲、乙为邻居，甲误以为乙的单车为自己的单车而出租。

对于以上两种关系，根据具体情形，通常依据不当得利或者侵权来处理。

二、无因管理的概念与价值

1．概念

无因管理是指没有法定的或者约定的义务，为避免他人利益受损失而进行管理或者服务的行为。通说认为无因管理为事实行为。

2．价值

一个法律制度要么旨在追求某一种法律价值，要么旨在对于两种相互冲突的法律价值做出平衡。无因管理制度的制度价值是后者，要对于两种相互冲突的价值进行平衡、协调。这两种法律价值分别是：禁止干预他人事务和鼓励互助义行。

无法律上或者约定的义务而管理他人事务，首先乃干预他人事务，原则上应构成侵权行为。但人类相处，贵乎互助乃至见义勇为，此乃人群共谋社会生活之道。由此，法律一方面维护"干涉他人事务乃违法"之基本原则，另一方面又要在一定条件下容许干预他人事务构成"阻却违法"的事由，以便人类互助精神得以充分发扬。那么，如何调和"禁止干预他人事务"与"奖励互助义行"两原则，就涉及无因管理的构成要件问题。

三、无因管理的构成要件

一般认为，无因管理的构成要件包括三个方面，分别讨论如下：

1．管理他人事务

理解这一要件，应当从法律层面上弄清楚"管理"和"他人事务"的含义。

（1）对于事务进行了"管理"。

 特别提醒

管理人行为能力对于是否构成无因管理的影响；管理行为实际效果对于是否构成无因管理的影响。

［例题］甲、乙邻居，甲外出打工，时值夏季台风欲临，乙见甲的房屋年久失修，因此

雇人进行了修缮，花去材料费、雇工费 500 元。谁曾想，暴风雨之后，甲的房屋仍然倒塌。问：乙的行为能否构成无因管理？

（2）管理的对象一定是"他人事务"。

特别提醒

他人，主体不一定是单一的。如果邻居将房屋进行了出租，则邻居家遇火灾时，去救火的人，既可能想到所有权人，也有可能想到居住房屋的承租人。

---

2. 必须有"为他人管理事务"的意思

此为无因管理的主观要件，也是最重要最核心的要件，不仅决定无因管理的成立与否，还决定无因管理中利益的归属，同时限定了无因管理的适用范围。

（1）如何判断有"为他人管理事务"的意思。为他人管理事务的含义是指管理人认识到其所管理的事务属于他人事务，并欲使管理事务所生利益归属于该他人（本人），学理上简称为"管理意思"。

误信管理（误信他人事务为自己事务）与不法管理（认识到系属他人事务，但欲使管理事务所生利益归于自己），都不符合"管理意思"的要件，故不构成真正无因管理。基于判断"他人事务"的主客观两种标准，在无因管理中"为他人管理事务"的意思的具体情形可以归纳为以下几个方面：

① 客观上是他人事务，主观上又是为他人管理。

例如，为他人修缮房屋即是。

② 客观上难以确定是否为他人事务，但管理人主观目的是为了他人。

例如，在购买书籍的例子中，若是张教授一天在某书店看到一本王教授正在苦苦寻找的书，于是为王购买。

③ 管理过程中既有为他人管理事务的意思，同时兼顾个人利益时，也构成无因管理。

例如，甲见邻家失火，恐怕殃及自己的房屋而奋力灭火的行为。尽管顾及了自己的利益，但是，其中为他人管理事务的意思显而易见，依然构成无因管理。

（2）管理人是否必须认识本人。管理意思之要件旨在区分管理是为自己还是自己以外的他人而管理事务，至于该他人是谁，并无认识之必要。即使对于本人有误认，亦不妨碍对真实的本人成立无因管理。

例如，乙于风雪交加的郊野遇一昏迷的拾荒老头，误认为同事甲的父亲而送往医院救治。本例中，乙对于甲或甲父不成立无因管理，但对于被救的老头，仍成立无因管理。

3. 无法律上之义务

无法律上之义务，即指既没有法定义务（如监护、赡养、财产代管、消防警察救火、110 警察制止侵权、履行先行为而生的法定义务等），也没有约定的义务（如委托、遗赠扶养协议、雇佣等）。

---

① 【答案】能。

例如，甲、乙邻居，某天傍晚，乙带甲的6岁孩子到附近的江边玩耍，小孩落水，乙跳入汹涌江水之中将其救起。本例中，乙的行为是否构成无因管理？①

例如，甲驾车不慎撞伤6岁之丙，丙之父乙即送丙赴医院急救，支出医药费5万元。本例中，乙的行为是否构成无因管理？②

需要指出的是，在有些情形下，虽然没有法定、约定义务，仍不成立无因管理，这些情形如下：

（1）履行道德性质的义务，如志愿者到养老院对于孤寡老人衣食住行之照料。

（2）履行宗教性质的义务，如佛教教徒自愿为佛庙添加香火之行为。

（3）履行公益性质的义务，如自愿为灾区捐款的行为。

> **特别提醒**
>
> 原则上，构成无因管理，管理人管理事务需不违反本人明示的或者可推知的意思表示，但有例外：①当本人的意思本身违法，如甲抛弃自己的女婴，路人乙发现代为抚养并送回；②为本人尽公益上之义务，如甲欠税不交，乙代为纳税的行为，再如，马路上的施工单位未设置警示标志而代为设置。

[例题] 下列哪一情形会引起无因管理之债？③

A. 甲向乙借款，丙在明知诉讼时效已过后擅自代甲向乙还本付息

B. 甲在自家门口扫雪，顺便将邻居乙的小轿车上的积雪清扫干净

C. 甲与乙结婚后，乙生育一子丙，甲抚养丙5年后才得知丙是乙和丁所生

D. 甲拾得乙遗失的牛，寻找失主未果后牵回暂养。因地震致屋塌牛死，甲出卖牛皮、牛肉获价款若干

四、无因管理的效力

1. 管理人的义务

管理人的义务是指管理人在管理本人事务过程中及管理完毕之后，应当像管理自己的事务一样向本人提供给付。

（1）适当给付义务。适当给付义务是指管理人应依本人明示或可得推知之意思，以有利于本人的方法管理事务。换言之，管理人于管理事务实施环节，必须尽到善良管理人的注意义务；未尽此项义务，致本人遭受损害时，应负无因管理之债不履行的损害赔偿责任。

但此处值得讨论的问题是，无因管理中善良管理人的注意义务应当达到的程度。通常认为，

---

① 【答案】不构成。因为乙系履行由其先行为而生的法定义务（照护甲幼子），故不构成无因管理。

② 【答案】不构成。因为乙之送丙赴医，系尽父母对未成年子女救伤义务，不能认定有为丙管理事务之意，故乙、丙之间不成立无因管理。

③ 【答案】D。解析：A项明显违背被管理人的意思，不构成；B项属于邻里之间的生活关系，法律不调整；C项甲显然没有为他人的意思，不构成；D项符合无因管理的构成。

以免除本人的急迫危险为目的而为事务的管理者，管理人仅在有故意和重大过失时始负责任。

例如，为救落水之人而将衣服撕破或者擦伤皮肤时，管理人不应负赔偿责任，因为此种情况难顾周全，对于管理人的注意程度应予以降低，否则不利于鼓励人们为无因管理行为。

（2）通知义务。通知义务，指管理人开始管理时，如能通知本人者，应及时通知本人；如无急迫情事者，应候本人指示。如果本人指示继续管理，视为对管理事务的承认，则其后适用委托合同的规定；若本人指示停止管理，而管理人仍为管理时，应认为违反了本人之意思，自其违反指示而为管理时起，视为不当管理，可能构成不当得利或者侵权等。

［例题］甲的房屋年久失修，漏雨并可能倒塌，甲常年在外打工，适逢夏季，听天气预报说暴雨将至，于是邻居乙在房顶盖了一层塑料布，打算几天后雇人进行修缮。当晚，打电话联系到了甲。则此间法律关系可分两种情形：

情形 1：甲说"对于乙的行为表示感谢，并愿意为此支付给乙 300 元的劳务费"，后乙在第二天便对于房屋进行了修缮。

情形 2：甲说"既然都那样了，就不要再修了，等赚了钱回去盖新房，如果这次被暴风雨折腾倒了，正好省了拆房的功夫"。但乙不听，仍在第二天对房屋进行了修缮。

问：对于这两种情形应如何评价？①

（3）报告及计算义务。计算义务，即准用法律关于委托合同中受托人的计算义务（《合同法》第 401 条、第 404 条和第 406 条），内容包括：管理人将管理事务的进行状况报告本人，于管理终止时应报告结果；因管理事务所收取金钱、财物及孳息应交付本人，以自己名义所取得权利应转移给本人；如有损害，应赔偿。

2．管理人的权利

（1）支出必要费用偿还请求权。管理人为管理事务支出必要费用，得请求本人偿还，并得请求自支出时起之利息。

（2）清偿负担债务请求权。管理人因管理事务而对第三人负担之债务，得请求本人代为清偿；本人拒绝的，管理人可对第三人自行偿付，而后再向本人追偿。

（3）损害赔偿请求权。管理人因管理事务而受损害的，得向本人请求损害赔偿；管理人因管理事务而丧生者，本人应负担丧葬费、法定扶养费等。

（4）管理人无报酬请求权。如果有报酬，则就不再是无因管理，而是有因管理即有偿契约关系。

---

① 【答案】情形 1：电话前甲、乙之间为正当的无因管理关系；电话后为本人对无因管理的承认，甲、乙之间成立有偿委托关系。情形 2：电话前甲、乙之间为正当的无因管理关系；电话后为不当的无因管理关系。

21 │ 第二十一讲
不当得利

💠 **阅读提示**

　　本讲讲述不当得利的原理和制度。在民法理论中，不当得利颇为复杂。但是，鉴于当前我国民法的简要规定及考试的要求，备考时没有必要专研太多复杂理论。命题考察主要集中在不当得利的类型上，偶尔考察不当得利的法律效果，而且是以我国民法的规定为依据。

一、不当得利的概念与构成要件

1. 概念

不当得利是指没有合法根据取得利益而使他人财产受损的事实。

2. 构成要件

不当得利之债的构成要件包括：

（1）一方获得利益。一方获得利益即指财产的增加，财产的增加包括积极增加与消极增加两种情形。前者是指财产或权利范围的增加或扩大，如取得所有权；后者是指财产本应减少却因一定事实而未减少，如没有支出本应由自己支出的费用，未承担本应承担的债务。

（2）他方受有损失。他方所受损失可以是现有财产利益的减少，也可以是财产本应增加而未增加，即应得利益的损失。此处的应得利益是指在正常情形下可以得到的利益，而不是指必然得到的利益。如无合法根据耕种他人土地，所有人丧失对该土地的收益即属于应得利益，尽管该利益并非所有人必然得到的。

（3）一方获益和他方受损之间有因果关系。此处的因果关系表现为他方的损失是因一方受益造成的，即一方受益是他方受损的原因。此要件决定着不当得利返还的范围大小，如果得利人所得利益大于受损人的损失，则通常应当以损失为限进行返还。

　　例如，甲无权处分了乙交其保管的一幅画，该画市价 2 万元，甲却卖了 2.5 万元，此时，若乙主张甲返还不当得利的，则只能主张 2 万元，因为，多出的 5 000 元与乙的受损之间无因果关系。当然于此情形，根据前述无因管理中讲述的内容，由于主张侵权和不当得利都不能够充分地保护受害人的利益，实践中，也可以通过类推适用无因管理的规定，让甲因处分乙的画所获得的利益都返还给乙。因为在无因管理中，管理他人事务所获得利益都应当归属于本人，当然可以扣除因处理事务所支出的必要费用。

（4）获益无法律上原因。没有合法根据指的是一方获益既无法律上的根据，亦无合同上的根据。

在此，需要说明两个问题：

第一，什么叫作无法律上的原因？

第二，是不是所有没有法律上原因的所受利益都构成不当得利？

先看第一个问题。所谓没有法律上的原因是指没有合法的根据，因此，对于所得到的利益进行保有缺少正当性。在法治社会，一般而言，任何利益的取得都应当具有法律上的原因，这里的原因主要包括两种：一是直接的法律规定，二是当事人之间的法律行为。如果某种利益的取得，既不是根据法律的规定，也不是依据当事人之间的法律行为，则通常情况下会构成不当得利。没有法律上的原因可分为两种情况，即自始不存在和开始存在而嗣后消灭这两种情况。

例如，甲出租房屋给乙，月租1 000元，约定不得转租，后乙擅自转租于丙，月租1 500元，甲发现时已经转租了2个月。此时，乙转租所多获得的利益就构成不当得利。

第二个问题，在没有法律上原因的情况下，并不是所有得到的利益都构成不当得利。

这样的情形主要包括以下四种：

① 反射利益的情形。所谓反射利益，是指一方的财产因另一方的行为而增值，但并未致另一方损害，故不属于不当得利。

例如，甲大学在东京东郊建了新校区，导致附近居民乙的房屋大幅增值。

② 显失公平的情形。显失公平是指一方当事人利用优势或对方没有经验，致使双方的权利与义务明显违反公平原则、等价有偿原则。在显失公平场合下，肯定伴有一方受有超出法律认可的利益，另一方受有相应损失的现象，由显失公平引起的无法律上原因的财产变动，就是一种过于泛化的不当受益情形，但现代民法并不依不当得利制度来解决此问题。

③ 物的瑕疵担保的情形。在买卖合同中，出卖人负默示担保其所交付的标的物符合约定的质量要求，否则，应就不符合质量要求的标的物对买受人承担违约责任（《合同法》第155条）。在违反物的瑕疵担保的案件中，可以认定买受人因物之瑕疵而溢付价金，而出卖人受有相应的超额价金。但双方之间的相应价金之返还并不适用不当得利制度。其原因在于不当得利乃现代民法调节利益失衡的最后救济手段，得为其他救济手段解决时，不适用不当得利。

[例题] 甲、乙之间订有买卖合同，价金1万元，乙交付的标的物因有瑕疵，仅值8 000元，则乙多获2 000元。问题：应当如何解决二者纠纷？①

④ 非财产性受益的情形。不当得利制度属债法范围。只调整财产利益关系，故无法律上原因而受有非财产利益，不成立不当得利。

---

① 【答案】在我国合同法上依违约责任（甲可以主张解除合同、退货、减少价款、要求乙承担违约金、违约损害赔偿金等），而不依不当得利来解决。

二、法律性质

（1）不当得利与合同、无因管理、侵权行为等并列，为债的发生原因之一。

（2）不当得利之债为法定之债。

（3）不当得利作为引起债的关系发生的法律事实，通说认为是事件。

不当得利，既可以基于一方当事人的法律行为而发生，如基于合同而占有另一方当事人的财产，合同被宣告无效或被撤销后，依据合同而取得的财产权便成为不当得利，也可以基于自然事实而发生，如邻家池塘的鱼跳入己家池塘，这也构成不当得利。

因此，若从引起不当得利的原因的角度来考察，有的是行为，有的是人行为之外的因素，如自然事件。此时，难以对不当得利的性质做出统一概括。于是，理论上对于不当得利性质进行理解时，就抛开导致不当得利的原因不论，直接看结果，也就是说，不论什么原因导致的，只要形成了因一方得利导致一方受损，且得利缺少法律上原因的现象，一律产生法定后果，即返还。这种后果的出现都与当事人的意志无关，由此，通说认为，不当得利本质上是一种事件。

三、不当得利的基本类型

对于不当得利构成要件中无法律上的原因这一要素的判断标准，在理论上向来有统一说和非统一说之争。统一说认为，无法律上的原因也应当具有统一的意义，对各种不当得利情形下的"法律上的原因"应以统一标准厘定。非统一说认为，各种不当得利各有其基础，不能强求统一，也很难做出统一的说明。其中，非统一说为通说。

不当得利的类型划分，以承认不当得利具有非统一的发生原因为前提。本书采取非统一说，非统一说将不当得利类型建构在给付不当得利与非给付不当得利两种基本类型之上，旨在突出二者之不同。根据王泽鉴先生的总结，其基本类型体系如图21-1所示。

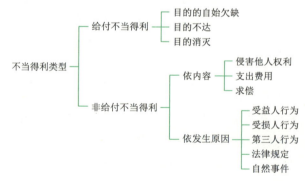

图 21-1　不当得利的基本类型

给付型不当得利之发生，基于受损人的给付，功能在于矫正当事人之间欠缺给付目的（目的自始欠缺，目的不达或目的消灭）的财产变动关系，返还欠缺目的的给付。

非给付型不当得利之发生,或基于行为(受益人、受损人或第三人的行为),或法律规定(如添附),或事件(如羊吃他人草料);就其内容而言,又分为侵害他人权益型、支出费用偿还型与求偿型,其功能在于保护权益归属。

下面分别讲述两大类型的不当得利。

(一)给付型不当得利

在市场经济和私法自治框架下,法律一方面允许当事人可以依意思自治从事各种交易,决定其给付目的,另一方面又设不当得利制度,以矫正欠缺目的的给付,补救失败的交易计划。

1. 典型的给付型不当得利

无法律上原因,给付不当得利类型,即指欠缺给付目的。具体包括三种情形:

(1)目的自始欠缺。在我国民法上主要指狭义的非债清偿,即非明知状态下的非债清偿。比如清偿已偿之债;出售 A 物,误交 B 物;误偿他人之债等。

但是,一个值得注意的问题是,清偿已过诉讼时效的债务不属此类。

《民法总则》第 192 条第 2 款 诉讼时效期间届满后,义务人同意履行的,不得以诉讼时效期间届满为由抗辩;义务人已自愿履行的,不得请求返还。

(2)目的不达。目的不达是指附停止条件的债务,预期条件成就才履行,后条件并未成就。

例如,甲、乙约定若乙能考上北京大学,甲赠予联想手提电脑一台。乙走出考场即对甲表示感觉良好,甲预期乙能考上而将电脑直接交付于乙。至发榜,乙的成绩只能上普通本科。

(3)目的消灭。目的消灭,是指附解除条件或终期的法律行为,后条件成就或期限届满。

例如,甲赠一套位于"鸟巢"附近的房子给乙并转移所有权,约定若乙移民国外时,赠予合同失效。后乙移民国外,则给付目的嗣后消灭。

2. 例外情形

有以下情形之一者,虽符合给付不当得利类型的成立要件,但不得请求返还:

(1)给付为履行道德上义务的。究竟哪些义务属于道德上义务而非法律义务,应依正常人之一般社会观念来认定,以下几种为常见的道德上义务:

① 对无抚养义务的亲属误以为有抚养义务而为抚养;

② 亲朋好友的婚丧庆吊;

③ 对于救助其生命的无因管理人给予报酬;

④ 因婚姻介绍而约定报酬并给付者。

[例题]甲、乙乃大学同学,甲于乙结婚时送份礼 500 元,后甲结婚时,乙未送红包。问本例中,甲得否以不当得利请求乙返还 500 元?①

(2)自愿清偿未届期的债务。债务未届期满,债务人为清偿者,后不得请求返还。理由在于:

───────────────

① 【答案】不得。

① 期满前清偿，债务并非不存在，债权人受领，不可谓无法律上原因。

② 债务因清偿而消灭，不可谓债权人受有利益。但是，对非折息清偿的情形，债务人可否请求返还差额利息？通说认为不能，因为，自愿提前清偿意味着债务人放弃了自己的期限利益。

（3）明知无债务而清偿。在自愿的情形下，明知没有债务而进行清偿的，不成立不当得利。

例如，甲、乙系朋友关系，甲曾欠乙金钱若干，后清偿；然而几个月后，乙否认甲已清偿，频繁上门索债，甲深厌其烦，为图清静，违心再为给付。

原因在于，于上述情形，甲完全不用再为给付，既然选择再为给付，民法上将其行为理解为对于自己利益的放弃。

（4）基于不法原因之给付。这种情形是指给付之内容（标的及目的）具有不法性；不法性乃指违反强行法规定或公序良俗。对于不法原因之给付，不当得利制度的规则有二：

规则一：原则上，不得请求返还。

例如，甲男为与乙女结束同居关系赠予房屋一幢给乙，即是其例。

规则二：不法原因仅存在于受益人一方时，不适用上述规则一。这是对于规则一的完善和补充。

这种类型的案例主要有：为赎回绑票向绑匪交付赎金；黑道弟兄向厂商收取保护费等。此时受损人可要求返还。但向公务人员行贿者，行贿人与受贿人均有不法原因，不得请求返还。

（二）非给付不当得利

依发生事由，主要包括如下情形：

（1）因受益人本人行为而发生。这主要是指受益人通过积极的作为而获得利益。

例如，甲将房屋出租给乙，在租赁期间乙擅自以高出租金300元的价格转租给丙，乙向丙多收取的租金。

（2）因受损人自己行为而发生。这种情形通常是由于受损人的疏忽所致。若受损人恶意，则不构成不当得利。

例如，甲打的去机场，的哥找钱时少找20元而甲没有发现。

（3）因第三人行为而发生。

例如，甲雇人给庄稼喷洒农药，雇工误喷了乙的数亩待喷洒农药的庄稼。

（4）因法律规定而发生。

例如，在添附情形下，新财产取得人需给予对方相应的补偿。

（5）因自然事件而发生。

例如，甲、乙是邻居，因下雨冲倒羊圈，甲家的几只小羊跑入乙家羊群。

四、不当得利之债的内容

1. 概说

不当得利请求权的效力内容，我国当前的规定如下：

《民法总则》第122条　因他人没有法律根据，取得不当利益，受损失的人有权请求其返还不当利益。

《民通意见》第131条　返还的不当利益，应当包括原物和原物所生的孳息。利用不当得利所取得的其他利益，扣除劳务管理费用后，应当予以收缴。

这两个规定，尽管显得比较粗糙，但是反映了不当得利的基本内容。下面从传统民法的基础理论出发，结合我国现行法的相关规定，探讨三个方面的问题。

2. 返还客体

返还客体需要掌握以下三个方面的内容：

（1）所受利益。指受领人因给付或非给付所受利益本身，包括某种物权、占有不动产（合称积极利益）或债务免除（消极利益）等，如出租他人之物所获得的租金收入等。

（2）基于所受利益所产生的孳息或者原物被损坏情形下的代位物。

（3）关于利用不当得利所取得的其他利益。依《民通意见》第131条的规定，利用不当得利取得的其他利益，扣除劳务管理费用后，国家予以收缴，不在返还给受损人之列。

［例题］由于银行工作人员失误，使得甲的账户上多出2万元。甲发现之后，将其中的5 000元借给个体户张某，约定利息500元。又用其中的5 000元购买彩票，中了30万元奖金。另外的1万元投入股市，获利5 000元。对此，下列说法哪些是正确的？[①]

A. 甲只应将20 000元返还给银行

B. 借款约定的利息500应予以返还

C. 购买彩票所中的奖金应予以返还

D. 对于投入股市的1万元所获得的5 000元也应当予以返还

3. 返还范围

（1）受益人善意的情形。所谓善意，指受领人受领不当得利时不知道无法律上原因。至于其不知道无法律上原因有无过失，在所不问。

受领人为善意的，仅就现存利益负返还责任，倘若所受利益已不存在，免负返还或偿还价金责任。

［例题］甲、乙两公司订有100袋大米的购销合同。后乙派人去甲公司处取货，由于甲公司工作人员疏忽，装了102袋，乙公司工作人员亦未觉察。乙拉货回去后，甲公司察觉并举证多装了两包货物，遂请求乙公司返还，可否？[②]

---

① 【答案】BC。本题中甲所得的2万元及其孳息都应当予以返还，因此A错误而B、C正确。对于投入股市所获得的利益，理解为基于不当得利的经营所得，应由国家收缴，不予返还，因此，D错误。

② 【答案】可以。

较为复杂的问题是：如果得利与受损不一致，应当如何返还？若受益人为善意，则返还规则是：<u>损失小于收益，以损失为准；损失大于收益，以收益为准。</u>

[例题] 假如上例中的2袋大米时值100元，已由乙公司销售给消费者，得款130元或70元，应如何处理？

但是，应当返还多少价款呢？关于这个问题，<u>民法传统理论的认识与我国的规定不一致。</u>基于不当得利的目的在于消除不当利益，而不在于对于损害的填补，故综合分析，需要掌握如下结论：

其一，如果只卖70元，实际受损100元，此时，应当返还70元。<u>但如果得利人存有恶意的，在返还70元的同时，对于另外30元的损失，还应当承担侵权赔偿之责任。</u>

其二，如果卖了130元，依据不当得利之要件中"得利与受损之间有因果关系"之要求，应返还100元，因为多得之30元与损失之间没有因果关系。30元应当如何处理呢？有解释认为，所得利益之所以超出损害，乃受益人具有特殊技能或设备以致之（如上例中乙的销售设施、销售网络及销售经验等），则此项利益应当不在返还范围之内，应归受益人所有。<u>但依据我国关于不当得利的规定，这30元显然是基于不当得利获取的其他利益，因此，在扣除必要费用后，应予以收缴。</u>

（2）受益人为恶意的情形

所谓恶意，是指受领人于受领时知道无法律上原因或其后知之者。若其后知之者，以其知道时为分界线，前后分别适用善意、恶意受领的规则。恶意受领人对所受利益的不存在是否有过失，在所不问。法律一般规定，<u>受领人为恶意的，应将受领时所得利益附加利息，一并偿还；如有损害并应赔偿。</u>这是对恶意受领人的加重返还义务。

[例题] 甲、乙两公司订有100袋大米的购销合同。后乙派人去甲公司处取货，由于甲公司工作人员疏忽，装了102袋，乙公司工作人员看到了但装聋作哑。问：[①]

问题一：乙拉货回去途中，遇到山洪暴发，102袋大米全被冲走。此时甲可否请求乙返还不当得利？

问题二：两袋大米时值100元，后由乙公司销售给消费者得款100元，3个月后甲公司察觉并举证多装了2袋，遂请求乙公司返还，此时又当如何返还？

> **特别提醒**
>
> 不当得利人根据善意和恶意的不同划分确定返还范围的不同，<u>以不当得利人对于所得利益构成占有为前提，</u>如果对他人财产直接进行了使用或者消费（如甲久别归家误把邻居家的鸡当作自家的吃掉），此时，是否知情，在所不问。

---

① 【答案】（1）可以，请求折价返还，因为乙是恶意。（2）返还100元，并加计3个月相应期间的利息。

22 | 第二十二讲
债的担保之保证

阅读提示

学习本讲之前要再次明确"担保"一词的概念体系，如图 22-1 所示。

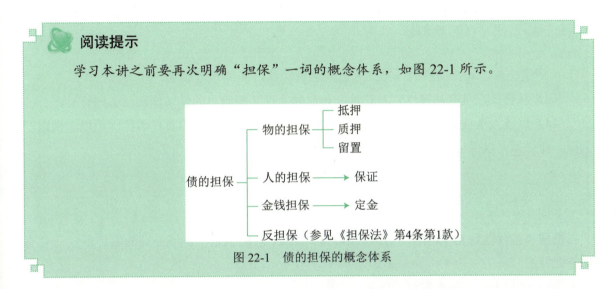

图 22-1　债的担保的概念体系

如图 22-1 所示，通常所谓债的担保，是指以债务人特定财产或第三人的财产作为债务履行保障的担保形式。首先包括三大类：人保、物保、金钱保。反担保，是对于担保人追偿权的担保。关于物保，即抵押权、质权和留置权，已经在物权法部分进行了详述。本讲主要讲述保证和定金。保证和定金，作为债的担保，是债权性质的担保。保证是必考的内容。在这些担保方式中，有的是当事人约定产生的（主要包括物保中的抵押和质押，保证，定金），有的基于法律规定直接产生（主要指留置权）。同时，本讲除了讲述保证之外，还会在最后总结保证与物保的关系。

一、保证合同的概念与特征

保证是指保证人和债权人约定，当债务人不履行债务时，保证人按照约定履行债务或承担责任的担保方式。

保证具有如下特征：

（1）要式合同：即订立保证合同必须以书面形式为之（参见《担保法》第 13 条）。

（2）单务、无偿及诺成合同。

① 所谓单务，即在保证人与债权人之间，只有保证人有义务。

② 所谓无偿，即在保证人和债权人之间是没有任何对价的，债权人不用为了让保证人承

担保证责任而支付任何的对价。

特别提醒

对于无偿，有一个容易引起误解的地方，那就是如果债务人为了让第三人做他的保证人，而向第三人支付了酬金，此时的保证合同还是不是无偿合同呢？答案：当然是无偿合同。原因在于，保证合同是在第三人与债权人之间的合同，是绝对的单务的、无偿的。至于债务人和第三人之间的关系，那是另一种法律关系，这对法律关系可以是有偿的，也可以是无偿的。

③所谓诺成，即在债权人与第三人之间达成协议，保证即可成立。

（3）从合同，具有从属性、补充性、相对独立性和明确目的性（保证债务履行）。

（4）保证人责任的无限性。所谓责任的无限性是指保证人承担责任的范围<u>不以个别财产为限</u>，而必须是以保证人的所有财产为信用基础，来对于债务人的债务承担责任。

二、保证合同的订立方式

根据《担保法》第13条、《担保法解释》第22条的规定，保证合同的签订形式一共有如下四种：

（1）债权人与保证人签订书面保证合同；

（2）在主合同上有保证条款，保证人签字；

（3）在主合同上没有保证条款，但第三人以保证人身份签字；

（4）第三人单方以书面形式向债权人出具担保书，债权人接受且未提出异议。

除上述一般的设立保证的方式之外，还有一些特别的规定，例如，《担保法解释》第27条规定，保证人对债务人的注册资金提供保证的，债务人的实际投资与注册资金不符，或者抽逃转移注册资金的，保证人在注册资金不足或者抽逃转移注册资金的范围内承担连带保证责任。

三、保证人

在保证合同中，两方当事人分别是保证人和债权人，因此，要使得一个保证合同能够发生完全的效力，必须是双方当事人都具有相应的资格。在此，保证人除了应满足普通合同的当事人资格之外，作为担保人还必须符合《担保法》对于保证人资格的特别规定。

1. 保证人的范围

对于保证人的范围，《担保法》及其司法解释从肯定和否定两个层面上进行了规定，首先，规定了哪些人可以担任保证人，同时又从否定意义上规定了不可以担任保证人的具体情形。分述如下：

（1）可以作为保证人的人。依《担保法》第7条的规定，下列三类人可为保证人：

① 法人。

② 其他组织。在此，其他组织主要包括依法领取营业执照的独资企业、合伙企业；依法领取营业执照的联营企业；依法领取营业执照的中外合作经营企业；经民政部核准登记的社会团体；经核准登记领取营业执照的乡镇、街道、村办企业（参见《担保法解释》第15条）。

③ 自然人。

特别提醒

只要是上述三种人中的一种，都可以作为保证人，为债务人的债务向债权人承担保证责任。至于保证人是否具有完全的代偿能力，并不是考虑保证人资格时所必需的。是否具有代偿能力的判断完全交给债权人，因为保证人的代偿能力直接关系到债权人利益的实现，因此，交给债权人来判断是合理的。但是，如果上述三种主体中的任何一个，自己没有完全的代偿能力，却作为保证人签了保证合同。又以自己没有代偿能力要求免除保证责任的，人民法院一律不予支持。

（2）不可以作为保证人的人

① 国家机关（《担保法》第8条）。原则上不可以。

例外：经国务院批准为使用外国政府、国际经济组织贷款而转贷的可以。

② 事业单位、社会团体。公益类法人一般不可以。（《担保法》第9条）

例外：从事经营活动的事业单位、社会团体可以担当保证人（《担保法解释》第16条）。

③ 企业法人之职能部门。绝对不可以担当保证人，因其不具有民事主体资格。

④ 企业法人之分支机构。

A．在法人书面授权范围内，有效（《担保法》第10条第2款）；

B．法人书面授权范围不明的，有效（《担保法解释》第17条第2款）；

C．无授权或超出授权范围的部分，无效。此时企业法人和债权人如果都有过错，根据过错的程度承担责任，如果债权人没有过错，则企业法人承担责任（《担保法》第29条）。

2．订立保证合同过程中存在欺诈时保证人的责任

在订立保证合同存在欺诈的情形，有时保证人可以免责，有时不可以免责。下面分两种情形进行分析：

（1）保证人可以免责的情形。根据《担保法》及其相关司法解释的规定，保证人可以免责的情形主要包括三种：

① 主合同当事人串通骗保的，保证人免责（《担保法》第30条）。此时，债权人和债务人隐瞒真相，共同对保证人进行欺诈，明显属于双方恶意串通损害第三人利益的情形，保证人完全免责。

② 主合同债权人欺诈、胁迫保证人的，保证人免责（《担保法》第 30 条）。

③ 主合同债务人欺诈、胁迫保证人，且债权人知情的，保证人免责（《担保法解释》第 40 条）。

（2）保证人不可以免责的情形。

《〈担保法〉解释》第 41 条 债务人与保证人共同欺骗债权人，订立主合同和保证合同的，债权人可以请求人民法院予以撤销。因此给债权人造成损失的，由保证人与债务人承担连带赔偿责任。

3．保证人的追偿权

（1）根据《担保法》第 31 条的规定，保证人承担保证责任后，可以行使对于债务人的追偿权。

（2）保证人行使追偿权与主债务诉讼时效的关系。

根据《诉讼时效规定》第 21 条规定：主债务诉讼时效期间届满，保证人享有主债务人的诉讼时效抗辩权；保证人未主张前述诉讼时效抗辩权，承担保证责任后向主债务人行使追偿权的，人民法院不予支持，但主债务人同意给付的情形除外。

据此，如果主债权已过诉讼时效，保证人仍为清偿的，原则上不得向债务人行使追偿权。

（3）追偿范围

① 根据《担保法》第 21 条规定的保证范围：有约定的，从约定；无约定的，对全部债务承担责任，包括主债权、利息、违约金、损害赔偿金、实现债权的费用。

② 在保证范围内，保证人承担了多少就向债务人追偿多少。如果保证人自行履行保证责任，其实际清偿额大于保证范围（主债权范围）的，只能在主债权范围内追偿。

四、保证的基本类型

1．一般保证

（1）一般保证的概念

所谓一般保证，是指双方当事人在保证合同中约定，在债务人不能履行债务时，保证人才开始承担保证责任的保证。也就是说，在主合同纠纷未经审判、仲裁，并就债务人财产依法强制执行仍不能履行债务前，债权人要求保证人承担责任的，保证人有权拒绝。

理解一般保证，最为重要的是理解何谓"债务人不能履行债务"。通常理解这一点需要掌握四层含义：

第一，债务到期未清偿；

第二，债权人已起诉或申请仲裁；

第三，债权人已申请强制执行主债务人之财产；

第四，强制执行后债权没有实现或者没有完全实现。

（2）一般保证人的先诉抗辩权

正是基于上述对于债务人不能履行到期债务的理解，如果说债权人在债务到期之后，没有经过上述步骤，而是直接向保证人要求承担保证责任，此时保证人可以拒绝。在此种情况下，保证人得以拒绝的原因是其享有先诉抗辩权。

但是，保证人先诉抗辩权的行使也是有例外的。对此，《担保法》第17条第3款做出了明确的规定，主要包括以下情形：

① 债务人住所变更，致使债权人主张债权发生重大困难的；

《〈担保法〉解释》第25条　担保法第十七条第三款第（一）项规定的债权人要求债务人履行债务发生的重大困难情形，包括债务人下落不明、移居境外，且无财产可供执行。

② 债务人破产案法院已经受理，中止执行程序的；

③ 保证人以书面形式向债权人放弃该权利的。

（3）一般保证人在诉讼中的地位

根据《〈担保法〉解释》第125条的规定，一般保证中的债权人可以将债务人和保证人一并起诉，法院可以将债务人和保证人列为共同被告。但是，<u>法院必须在判决书中明确在对债务人财产依法强制执行后仍不能履行债务时，由保证人承担责任。</u>

据此，一般保证人如果作为共同被告起诉的，其先诉抗辩权的体现是在执行的先后，即先执行债务人的财产，而不是起诉的先后。

2. 连带保证

（1）连带保证的概念。所谓连带保证是指，<u>一旦</u>主债务人到期不偿还债务的，债权人可请求债务人履行债务，也可要求保证人承担保证责任，也可一并要求债务人、保证人承担连带责任。此处的所谓连带，是指债务人与保证人对债权人就清偿债务上的连带关系。

（2）连带保证产生的两种形式。依《担保法》第18条和第19条的规定，产生连带保证的方式有两种：

① 约定的。保证合同直接约定为连带保证。

② 法律推定的。保证合同未约定保证方式或约定不明的，推定为连带保证。

（3）连带保证人在诉讼中的地位

根据《〈担保法〉解释》第126条的规定，在连带保证中，债权人可以单独起诉债务人，也可以单独起诉保证人，也可以将债务人和保证人作为共同被告。

五、主合同变更时的保证责任承担

1. 主债权转让的情形：原则上保证责任不变

《担保法》第22条　保证期间内，主债权依法转让的，保证人继续承担原保证责任。

《〈担保法〉解释》第28条　<u>如果保证人与债权人事先约定仅仅对于特定债权人承担</u>

保证责任或者禁止债权转让的，保证人不再承担保证责任。

2. 主债务转让的情形：除非经保证人书面同意，否则不再承担保证责任

根据《担保法》第23条的规定，主债务转让，保证人继续承担保证责任的条件是：

（1）经债权人许可；

（2）经保证人书面同意。

 特别提醒一

一定是书面同意，同时，保证人的书面同意一定是以债权人对于债务转让认可的情况下才有意义，如果只是经过了保证人的书面同意，没有经过债权人同意的，视为债务没有转让，保证人依然要承担保证责任。同时，如果债务进行了部分转让，没有经过保证人的书面同意，此时，对于没有转让的部分，保证人仍然应当承担责任。

 特别提醒二

如果第三人提供的物保，在债务转让之时，也应当经过担保人书面同意，否则，担保人也将不再承担担保责任，如果部分转让债务的，则担保人部分免责。

3. 主合同内容变更的情形：保证人对于加重的部分不承担责任

根据《担保法》第24条，主合同内容发生变更的，应经保证人的书面同意，否则，保证人不再承担保证责任。对于此规则，《〈担保法〉解释》第30条做出了修正，即保证人并不能在所有合同变更的情况下完全免除责任，关键是要看合同内容是如何变化的。这主要包括以下几种情况：

（1）主合同主要条款进行了变动，如果未经保证人书面同意，可能发生两种结果：

① 内容的变更减轻了债务人的责任，保证人仍然要对变更后的合同承担保证责任。

② 内容的变更加重了债务人的责任，保证人对于加重的部分不再承担保证责任，即要在原来的责任范围内承担保证责任。

（2）履行期限发生变更的情形：如果未经保证人的书面同意，则承担的保证责任依然是原来的保证期间。

（3）如果债权人与债务人达成了变更合同内容的协议，但没有实际履行的，此时，尽管达成协议时保证人并不知情，保证人仍然要在原来的范围内承担保证责任。

（4）新贷偿还旧贷的情形：如果主合同当事人协议以新贷偿还旧贷的，除非保证人知道或者应当知道的外，不再承担保证责任。

六、保证期间

1．保证期间的性质

保证期间为除斥期间。所以有以下的特点：

（1）不得适用诉讼时效期间关于中止、中断、延长的规定。

（2）保证期间经过，引起的后果是保证人的保证责任的永久性消灭，此时，如果因保证人疏忽而履行了保证责任，可依不当得利请求债权人返还。

特别提醒

如果是过了诉讼时效的情况下，债务人又为履行的，则不能依据不当得利请求返还，因为，诉讼时效经过之后，实体权利并没有消灭。

2．保证期间的种类

根据《担保法》第25、26条和《〈担保法〉解释》第32条的规定：

（1）当事人可自由约定，若未约定，推定为主债务履行期限届满之日起6个月；

（2）虽有约定，但早于或等于主债务履行期限的，等于无约定，推定为主债务履行期限届满之日起6个月；

（3）约定中含保证责任直至主债务本息还清时为止类似内容的，视为约定不明，推定为2年。这种情形，之所以推定为2年是因为既然做出了这样的约定，说明当事人在主观上期待能有一个尽可能长的保证期间。

3．保证期间的起算、经过及其效果

（1）保证期间的起算时间是：从主债务履行期届满之日起算。

（2）保证期间的经过的效果，因保证类型的不同而不同。对于一般保证和连带保证的保证期间经过的效果分别分析如下：

① 一般保证保证期间的经过。根据《担保法》第25条第2款的规定，<u>在一般保证的保证期间之内，债权人未对债务人提起诉讼或仲裁的，即为保证期间经过，保证人免责</u>。从这一规定来看，既然在保证期间内债权人未对主债务人提起诉讼或仲裁，保证期间就经过，<u>那么反过来，只要是向债务人提起了诉讼或者仲裁，也就意味着保证人不能免责了</u>。

特别提醒

一旦债权人在保证期间内向债务人提起了诉讼或者仲裁，就意味着债权人启动了对于保证人责任追究的程序，此时，保证期间的使命已经完成。当胜诉之后，执行债务人的财产无果时，保证人就要承担保证责任，至于在胜诉之后，保证期间是否经过的问题已经没有意义。

②连带保证期间的经过。根据《担保法》第26条第2款的规定，连带保证之保证期间内，债权人未请求保证人承担保证责任的，即为保证期间经过，保证人免责。

之所以和一般保证不同，原因在于，在连带保证中债权人在债务到期之后，可以找债务人承担责任，也可以直接向保证人主张责任。所以，向保证人任何形式的请求都是主张保证人承担保证责任程序的启动。如果在保证期间内，没有向保证人请求的，则丧失对于保证人请求的实体权利。

（3）保证期间与保证债务诉讼时效期间的关系。这两者之间的关系比较难以理解，是民法中的难点之一。为了化繁为简，将两者的关系总结为以下方面：

首先，一旦保证期间经过，则就不可能启动保证债务的诉讼时效。

其次，只有在保证期间之内，才有可能启动保证债务的诉讼时效。保证债务的诉讼时效启动在一般保证和连带保证中有所不同。

①一般保证债务诉讼时效的起算。根据《担保法解释》第34条的规定，在一般保证中，债权人在保证期间内，对于债务人提起诉讼或者申请仲裁的，从判决或者仲裁裁决生效之日起，开始计算保证债务的诉讼时效。

从法理的角度来说，只有当知道或者应当知道自己权利被侵害时或者不能实现时，才起算诉讼时效。在一般保证中，债权人只有在拿到判决并且对债务人的财产执行无果时，才可以向保证人提出请求，也只有开始向保证人提出请求时，才能知道自己权利是否能实现。

因此，从理论上说，一般保证中，对于保证债务的诉讼时效应当从对于债务人执行无果并向保证人提出请求时开始起算。但是，《担保法解释》之所以规定从判决生效之时开始起算，是因为考虑到在实践中，执行是一个非常不确定的事情，为了促使债权人尽早向保证人主张权利，规定自对于主债务人的诉讼判决生效之日起算。

[例题] 广坤欠常贵10万元，约定2008年10月1日前偿还，刘能为一般保证人。如果常贵在2009年3月5日诉广坤，后来胜诉，判决4月20日生效。问：常贵至迟应在什么时候请求刘能承担责任，否则刘能就可以免责？①

> **特别提醒**
>
> 　如果题目问的是，从什么时候开始，刘能可以免责，则应在这个题目答案的基础上再加一天。这是在考试中容易出错的细节问题。

②连带保证债务时效的起算。在连带保证中，在保证期间内只要债权人向保证人提出了承担保证责任请求，就立即开始起算保证债务的诉讼时效。连带保证的情形，相对比较简单，因为，此时债权人在债务履行期限到来之后，可以随时请求保证人承担责任。只要开始向保证人请求，就应当知道其权利是否能够实现了。因此，只要向保证人请求，就开始启动诉讼

---

① 【答案】2012年4月20日。本案中常贵至迟应当在2009年4月1日前诉广坤，有可能启动对于保证债务的诉讼时效，起诉日期为3月5日，因此，时效可以启动，一旦启动则使用普通诉讼时效2年的规定，从4月20日开始起算，3年后，即2012年的4月20日，是最后受保护的期限。

时效。

　　[例题] 广坤欠常贵 10 万元，约定 2008 年 10 月 1 日前偿还，刘能为保证人，但没有约定具体的保证方式。如果常贵在 2009 年 4 月 1 日起诉广坤，同时向刘能主张保证责任。问：从何时开始刘能可以免除保证责任？^①

　　（4）保证债务诉讼时效期间与主债务诉讼时效期间的关系。

　　根据《<担保法>解释》第 36 条的规定，对于二者的关系可以简单概括如下：

　　① 主债务诉讼时效中断，一般保证债务的诉讼时效随之中断，但连带保证债务诉讼时效不随之中断；

　　② 主债务诉讼时效中止，一般和连带保证债务的时效均随之中止。

七、物保与人保并存

　　《物权法》第 176 条　被担保的债权既有物的担保的又有人的担保的，债务人不履行到期债务或者发生当事人约定的实现担保物权的情形，债权人应当按照约定实现债权；没有约定或者约定不明确，债务人自己提供物的担保的，债权人应当先就该物的担保实现债权；第三人提供物的担保的，债权人可以就物的担保实现债权，也可以要求保证人承担保证责任。提供担保的第三人承担担保责任后，有权向债务人追偿。

　　基于上述规定，对于人保与物保并存时的关系，总结如下：

　　（1）债务人提供物保与第三人提供人保并存时，有约定的按照约定行权，如果没有约定时物保优于人保，即债权人应当先就债务人的物保行使权利。

　　（2）第三人物保与第三人保证并存。债权人可以任意选择物保人或保证人承担责任，无论物保人还是保证人承担责任后，均可向债务人追偿。

---

① 【答案】2012 年 4 月 2 日。本案是连带责任保证，对于保证债务诉讼时效要启动则必须在保证期间之内向保证人提出请求。因为常贵在保证期间的最后一天向法院起诉广坤的同时，也向刘能提出了权利请求，因此，可以启动对于保证债务的诉讼时效，诉讼时效的最后期限为 2012 年 4 月 1 日，从 2 日开始，保证人可以免除责任。

23 | 第二十三讲
债的担保之定金

阅读提示

　　本讲内容相对简单，需要重点掌握的内容是定金的类型和效力，其中定金的效力更为重要，属于常考点。

一、定金的概念与特征

　　1. 概念

　　定金，是指为担保合同的订立、成立或生效、履行，由当事人一方在合同订立时或者订立后至履行前给付给对方的一定数额的金钱或替代物。

　　2. 定金的特征

　　（1）要式合同。即定金合同必须以书面形式订立。

　　（2）实践合同。如果约定的数额和实际交付的不一致，以实际交付为准。定金合同从实际交付定金之日起生效。

特别提醒

　　如果甲、乙约定甲向乙交定金，但是甲并未实际交付，定金合同不生效，乙没有请求甲交付定金的权利。这是所有实践合同的共同特点。

　　（3）最高限额性。定金数额由当事人自由约定，但上限不得超过主合同标的额的20%。若超过20%，则超过的部分无效。此处的无效是，对于超过的部分不认定为具有定金的效力。

特别提醒

　　对于超过20%的部分的效力应当如何认定呢？这关键取决于双方当事人的态度，如果双方都有预付款或者意向金的意思，则可以认定为预付款或者意向金。如果对于超出定金的部分不能达成协议，则应当返还给支付定金的一方，请求返还的根据是不当得利。

（4）定金具有从属性。主合同不成立或者无效，定金随之不成立或者无效。

二、定金种类

1．订约定金

根据《〈担保法〉解释》第 115 条的规定，以定金交付为订立主合同之担保，若其后一方拒绝订立主合同，应承受定金罚则。

2．成约定金

根据《〈担保法〉解释》第 116 条的规定，以定金交付作为主合同成立或生效要件，不交付定金，主合同即不成立（或不生效）。此种定金往往适用于收受定金方处于优势的场合。

 特别提醒

关于成约定金，还有以下两点特别值得注意：一是虽未交付，但主合同已履行或已履行主要部分的，主合同照样成立（生效）；二是成约定金的交付与主合同成立相关，其他类型定金的交付与主合同成立与否并无关系。

3．解约定金

根据《〈担保法〉解释》第 117 条的规定，定金交付后，一方解除主合同时，须以承担定金罚则为代价。简言之，此种定金情形下，双方均可随时行使单方约定解除权，但必须承担定金罚则。此种定金只适用于双方都怀精诚合作以达双赢的愿望，但又都想掌握主动权的场合。

4．违约定金

根据《担保法》第 89 条、《合同法》第 115 条和《〈担保法〉解释》第 120 条的规定，一方当事人不履行或履行不符合约定，致使双方丧失合同目的时，应承担定金罚则。效力体现如下：

（1）担保合同的履行；

（2）证明合同的成立；

（3）如果合同顺利履行，则已付定金视为预付款，但是，一般的预付款却不具有担保和惩罚的功能。

 特别提醒

一个值得注意的问题是，如果在约定了定金的同时也约定了违约金的，依据我国《合同法》第 116 条的规定，只能选择其一适用。这意味着在违约金和违约定金同时存在时，不能并用。所谓的并用，应分两种情况来理解：其一，若收定金的一方违约的，两者并用是指非违约方主张违约方支付违约金的同时还请求对方双倍返还定金；其二，如果是交定金的一方违约的，两者并用是指非违约方不退还定金的同时还要求对方支付违约金。

三、定金的惩罚性及其适用

1. 定金惩罚性的功能

定金规则，体现的是定金的惩罚功能，包括两层含义：

（1）交付方违约的，定金丧失；

（2）收受方违约的，双倍返还定金。

[例题] 某高校是本市考研的考点，邻近考试，周围酒店生意都异常火爆。王某为了方便考试，于考试开始之前三天到位于该校东门的龙门客栈订房。客栈说需交定金 500 元。后由于客栈工作人员疏忽，忘记留房。此时，应如何处理？[①]

2. 适用定金罚则的具体情形

根据《〈担保法〉解释》第 120 条和第 122 条的规定，适用的具体情形主要包括：

（1）根本违约的，即因一方当事人迟延履行或者其他违约行为导致合同目的不能实现的情形。

（2）因第三人原因根本违约的。此时，违约的一方首先适用定金罚则，即支付者不得请求返还；收受者双倍返还。承担定金责任后，再向第三人追偿。

（3）当事人一方不完全履行合同，按照未履行部分占合同约定内容的比例，适用定金罚则。

例如，合同标的额 100 万元，履行了 60 万元，双方约定的定金为 20 万元，此时，未履行的部分占 40%，因此，定金中的 8 万适用定金罚则。支付定金的一方违约的，直接丧失定金 8 万元，可请求返还 12 万元；收受定金的一方违约的，按照定金罚则应当返还 16 万元，再加上不适用双倍返还的 12 万元，共需返还 28 万元。

综上，定金罚则的适用限于一方根本违约的情形，这就意味着，若一方仅出现轻微违约行为，是不能动辄适用定金罚则的。定金罚则乃一严厉违约惩罚措施，其适用应当受到严格的限制。

3. 适用定金罚则的例外

根据《〈担保法〉解释》第 122 条的规定，适用的例外情形主要包括两种：

（1）因不可抗力致使主合同不能履行的。

---

① 【答案】客栈应双倍返还定金给王某，即返还 1 000 元。

（2）因意外事件致使主合同不能履行的。双方都违约的，此时适用定金罚则失去实效性。同时，如果合同中，违约金条款和定金条款同时存在，不得并用，当事人得择一适用。

> **特别提醒**
>
> 　　若当事人在合同中约定并交付订金、保证金等，但未约定定金性质的，当事人主张为定金的，不予支持。若当事人在合同使用了上述订金、保证金等字眼，同时规定有定金性质的，后当事人主张为定金的，人民法院应予支持。对于这一点的理解应注意是以双方当事人的真实意思为准，不能太过偏重于形式。这意味着双方在书面合同中使用的是订金或者保证金，但同时又明确写明，如果支付的一方违约不得请求返还，如果收受的一方违约则双倍返还。此时，一方当事人主张定金效力的，应当予以支持。

24 | 第二十四讲
合同与合同法概述

📡 **阅读提示**

　　本讲主要内容是合同与合同法的基本概念，对于合同法的学习具有基础性作用。从命题看，合同相对性问题、合同类型与合同条款是较为重要的内容。其中，合同相对性和合同条款中的格式条款问题是最重要的考点。

一、合同的概念与特征

（一）概念

　　合同是平等主体的自然人、法人及其他组织之间设立、变更、终止民事权利义务关系的协议。合同有广义和狭义之分。广义的合同，不仅包括有关财产关系的协议，也包括有关身份关系的协议。本章所研究的是狭义的合同，即有关财产关系的协议。

　　《合同法》第2条　本法所称合同是平等主体的自然人、法人、其他组织之间设立、变更、终止民事权利义务关系的协议。

　　婚姻、收养、监护等有关身份关系的协议，适用其他法律的规定。

　　［例题］下列协议中哪个适用《合同法》？①

　　A．甲与乙签订的遗赠扶养协议

　　B．乙与丙签订的监护责任协议

　　C．丙与丁签订的结婚协议

　　D．丁与戊企业签订的捐款协议

（二）特征

　　（1）合同是一种民事法律行为，而非事实行为。也即合同是以意思表示为要素。

　　（2）合同的主体为以平等地位参与的自然人、法人、其他组织。

　　故非平等主体之间的协议不是合同，如国家机关与其下属职能部门之间有关年度考核目标的协议等。

---

① 【答案】D。解析：只有D项是财产性质的关系。

特别提醒

如国家机关是以平等民事主体身份作为协议的一方，则该协议也为合同，例如，国有土地使用权出让合同。

（3）合同是双方或多方当事人意思表示一致的民事法律行为。

这是合同区别于单方民事法律行为的主要标志。

例如，遗赠为单方民事法律行为，而赠予合同则为双方民事法律行为。（《合同法》第 185 条）

（4）合同关系的客体，又称合同的标的，是指合同关系中权利义务所指向的对象，即债务人的给付行为。给付行为既可是作为，也可是不作为。

（5）合同关系具有相对性。

合同关系原则上只约束合同当事人，并不及于第三人。在法律有特别规定的情况下，会突破合同相对性，效力及于第三人，如合同保全制度中的代位权和债权人撤销权等。合同关系的制度体现和例外如表 24-1 所示。

表 24-1　合同关系相对性的制度体现和例外

含义：合同关系原则上只约束合同当事人，即债权人和债务人，效力不及于第三人	
相对性的制度体现	1. 涉他合同：当事人约定由第三人履行或向第三人履行 （1）第三人的地位，并非债的主体 （2）违约责任仍由原来的债务人向原来的债权人承担违约责任 2. 第三人原因导致的违约：债务人承担违约责任 3. 加害给付中主张违约责任：只能向合同相对人主张 4. 转租合同中的违约责任：第三人只能向转租人的承租人主张 5. 承揽合同中的违约责任：承揽人将其承揽的工作交由第三人完成的，应当就该第三人完成的工作成果向定作人负责 6. 多式联运合同中的违约责任：总承运人向托运人负责；区段负责人向总承运人负责
相对性的例外	1. 合同保全 （1）代位权：债权人以自己名义向次债务人起诉，债务人为第三人 （2）撤销权：债权人撤销债务人与第三人的法律关系，使债权的效力及于第三人 2. 买卖不破租赁：租赁合同效力及于新的所有权人 3. 委托合同中委托人的介入权与第三人的选择权 4. 建设工程合同分包人责任：分包人对其施工部分与总承包人一起承担连带责任 5. 单式联运中的区段承运人责任：区段承运人与总承包人一起向托运人承担连带责任 6. 不动产债权的预告登记：未经预告登记权利人的同意处分不动产不发生物权效力

二、合同的主要类型

（一）有名合同和无名合同

以法律是否做出规定并赋予特定名称为标准，合同可分为有名合同和无名合同。

1. 有名合同

有名合同是法律专门设有规范，并赋予一定名称的合同。

例如，买卖、借款、承揽合同等。有名合同的确认除了《合同法》规定的15类合同之外，还有《保险法》等特别法中确认的合同。

2. 无名合同

无名合同则是法律没有专门规范，也没有赋予一定名称的合同。

3. 分类的意义

两者所适用的法律规则不同：

（1）有名合同适用法律已对其设定的规范。

（2）无名合同适用民法关于民事法律行为的规定及合同法总则，并可以参照合同法分则或者其他法律最相类似的规定。

（二）要式合同与不要式合同

以法律对合同的成立是否要求具备一定形式为标准，合同可分为要式合同和不要式合同。合同法为鼓励交易，规定合同以不要式为原则，以要式为例外。

1. 要式合同

要式合同，是指应根据法律规定的形式而成立的合同。这里的形式，应从广义上来理解，既包括书面形式，也包括批准、备案等形式。

（1）原则上以书面形式为合同成立要件的合同类型有：

① 借款合同（《合同法》第197条）；

② 融资租赁合同（《合同法》第238条）；

③ 建设工程合同（《合同法》第270条）；

④ 技术开发合同（《合同法》第330条）。

 特别提醒

上述合同未采用书面形式，如一方已经履行主要义务，对方接受的，该合同成立（《合同法》第36条）。

（2）以办理批准、登记等手续的形式为合同生效要件的合同主要是由法律、行政法规规定。例如：向外国人转让专利的合同（《专利法》第10条）。

2. 不要式合同

不要式合同是指法律对合同成立并无特别形式要求的合同。可以是书面、口头及可以推知当事人意思的其他形式。

（三）一时性合同与继续性合同

根据时间因素是否对合同给付义务及范围发生影响，可将合同分为一时性合同与继续性合同。

1. 一时性合同

一时性合同是指合同的内容因一次给付即可实现的合同。这里的一次给付，既包括一次履行，也包括分期履行。在分期履行的合同中，其总给付自始确定，故，时间因素对于给付义务和范围并无影响。

例如，分期付款买房合同。

2. 继续性合同

继续性合同是指内容并非一次给付可以完结，而是继续地给付才能实现合同目的的合同。合同总给付的多少取决于给付时间的长度。

例如，租赁合同、保管合同和供水、供电合同等。

3. 区分意义

区分一时性合同与继续性合同的意义主要表现在以下方面：

（1）合同无效或被撤销时，两者法律后果不同。一时性合同无效或被撤销后，因该合同取得的财产应予以返还，不能返还或没有必要返还的，应折价补偿（《合同法》第58条）。

继续性合同无效或被撤销后，一般认为应自合同被撤销或无效之日起，向将来发生效力，过去已经履行的合同部分，不受影响。

（2）合同被解除时，两者法律后果不同。一时性合同被解除后，具有恢复原状的可能性，一般可发生恢复原状的义务。

继续性合同被解除后，要么无恢复原状的可能性，要么不宜恢复原状，故通常可通过采取其他补救措施维护合同当事人的权益。在因违约解除继续性合同时，应区分"个别给付"与"整个合同"予以处理：对个别给付，可直接适用合同法违约责任的规定；对整个合同而言，因违约而被解除时，应无溯及力。而违反一时性合同的解除则针对合同的所有给付。

（3）合同期限届满时，两者后果不同。一次性合同的期限届满时，该合同的权利义务终止。

继续性合同的期限届满时，当事人可采用默示的方式延长合同期限。

例如，租赁期间届满，承租人继续使用租赁物，出租人没有提出异议的，原租赁合同继续有效，但租赁期限为不定期（《合同法》第236条）。

（四）双务合同和与单务合同

双务合同与单务合同，是民法总则部分法律行为分类中双务行为和单务行为分类的具体表现。

以双方当事人是否互负对待给付义务为标准，合同可分为双务合同和单务合同。

1. 双务合同

双务合同是指双方当事人互负具有对待给付义务的合同。

例如，买卖合同、租赁合同等。

2. 单务合同

单务合同是指仅一方当事人负担给付义务的合同。

例如，赠予合同、无偿保管合同等。

3. 区分意义

（1）同时履行抗辩权、先履行抗辩权、不安抗辩权，一般只适用于双务合同（《合同法》第66～69条）。

（2）风险负担，一般只存在于双务合同。双务合同因不可归责于当事人的原因而不能履行时，发生风险负担问题，因合同类型不同有交付主义（《合同法》第142条）、合理分担主义（《合同法》第338条）等。

单务合同因不可归责于当事人的原因而不能履行时，不发生债权人的对待债务是否存在问题，也不发生对价风险负担问题。

 特别提醒

单务、双务合同的区分，类似于无偿、有偿合同的区分。一般而言，单务合同也即无偿合同，双务合同也即有偿合同，但它们并非一一对应关系。如约定了利息的自然人之间的借款，就是有偿、单务合同。

[例题] 下列关于合同的分类说法不正确的是：①

A．无名合同是法律未规定内容和名称的合同

B．有偿合同中，债务人的责任相对比较重，而在无偿合同中，债务人的责任相对比较轻

C．附义务的赠予合同是单务合同

D．有偿合同即双务合同，无偿合同即单务合同

（五）束己合同与涉他合同

以合同是否涉及第三人为标准，可以将合同分为束己合同与涉他合同。

1. 束己合同

束己合同又称为订约人自己订立的合同，是指订约当事人订立的合同是为自己确定权利义务的合同。该合同严格遵守合同相对性原则，不涉及第三人。

2. 涉他合同

涉他合同是指当事人在合同中为合同以外第三人设定权利或义务的合同。包括"向第三人履行的合同"与"由第三人履行的合同"两种类型：

其一，向第三人履行的合同是指当事人为第三人设定了合同权利，第三人可依约获得利益的合同。（《合同法》第64条）

例如，保险合同中，合同当事人是投保人和保险人，而受益人可以是第三人。

---

① 【答案】D。解析：A、B、C的说法都是正确的，但值得注意的是，无名合同可由当事人自由创设，法律不加限制，但是不得违反公共秩序、善良风俗和法律的禁止性规定。

其二，由第三人履行的合同是指当事人在合同中为第三人约定义务，并由第三人向合同债权人履行义务的合同。（《合同法》第 65 条）

 特别提醒

就违约责任而言，均未突破合同的相对性。换言之，发生违约行为后，均由债务人向债权人承担违约责任，至于债务人与第三人的关系则另行处理。这意味着第三人没有替代原债权人和原债务人的地位。

三、合同的内容（合同条款）

（一）必要条款与非必要条款

1．合同的主要条款不等于必要条款。

根据《合同法》第 12 条规定，合同的主要条款包括：

（1）当事人的名称或者姓名和住所；

（2）标的；

（3）数量；

（4）质量；

（5）价款或者报酬；

（6）履行期限、地点和方式；

（7）违约责任；

（8）解决争议的方法。

2．缺少必要条款，结果是什么？

答曰：合同不能成立。

3．何谓必要条款？

答曰：通常是指主体和客体，即当事人和标的。只要有了主体和标的，其他皆可补充。但是，我国《合同法解释（二）》第 1 条第 1 款规定："当事人对合同是否成立存在争议，人民法院能够确定当事人名称或者姓名、标的和数量的，一般应当认定合同成立。但法律另有规定或者当事人另有约定的除外。"基于此解释，数量也被认为是重要条款。

缺少了其他条款的，如何补充呢？

（二）合同条款的漏洞补充（《合同法》第 61、62、125 条）

《合同法解释（二）》第 1 条第 2 款　对合同欠缺的前款规定以外的其他内容，当事人达不成协议的，人民法院依照合同法第六十一条、第六十二条、第一百二十五条等有关规定予以确定。

《合同法》第61条 合同生效后，当事人就质量、价款或者报酬、履行地点等内容没有约定或者约定不明确的，可以协议补充；不能达成补充协议的，按照合同有关条款或者交易习惯确定。

《合同法》第62条 当事人就有关合同内容约定不明确，依照本法第六十一条的规定仍不能确定的，适用下列规定：

（一）质量要求不明确的，按照国家标准、行业标准履行；没有国家标准、行业标准的，按照通常标准或者符合合同目的的特定标准履行。

（二）价款或者报酬不明确的，按照订立合同时履行地的市场价格履行；依法应当执行政府定价或者政府指导价的，按照规定履行。

（三）履行地点不明确，给付货币的，在接受货币一方所在地履行；交付不动产的，在不动产所在地履行；其他标的，在履行义务一方所在地履行。

（四）履行期限不明确的，债务人可以随时履行，债权人也可以随时要求履行，但应当给对方必要的准备时间。

（五）履行方式不明确的，按照有利于实现合同目的的方式履行。

（六）履行费用的负担不明确的，由履行义务一方负担。

《合同法》第125条 当事人对合同条款的理解有争议的，应当按照合同所使用的词句、合同的有关条款、合同的目的、交易习惯以及诚实信用原则，确定该条款的真实意思。

合同文本采用两种以上文字订立并约定具有同等效力的，对各文本使用的词句推定具有相同含义。各文本使用的词句不一致的，应当根据合同的目的予以解释。

基于上述规定，当出现合同不明确或有漏洞时，确定规则如下：

1. 由双方协议补充

2. 如果达不成补充协议的，可参考交易习惯加以确定

［例题］甲去某地旅游，到当地餐厅吃饭，点了一份大虾。饭毕，结账时甲与餐厅发生争议，甲主张大虾价格应是每份38元，餐厅主张是每只38元。甲共消费大虾30只，问：应当如何付款？①

3. 如果既不能达成补充协议，也没有交易习惯的，适用上述第62条任意法规定进行补充

在第62条中规定几种情形中，相对比较重要的是关于履行地点的规定，对此，简要概括如下：

如果履行地点不明确，分以下三个方面：

（1）给付货币的，在接受货币一方所在地履行，简称"钱来送"；

（2）交付不动产的，在不动产所在地履行；

（3）其他标的，在履行义务一方所在地履行，简称"货自提"。

［例题］A市甲厂供应10吨钢材给B市乙厂，价值3万元，履行地点没有约定。问：

---

① 【答案】如果不能达成协议，按照交易习惯，按照每份38元付款。

付款地点和交货地点分别在那里？　①

（三）几种特殊的合同条款

1. 无效的免责条款（《合同法》第 53 条）

在违约责任中，法定免责事由只有一个不可抗力，但是，当事人可以约定一些免责事由，在约定之时，有一定的限制。以下两种条款无效：

（1）造成对方人身伤亡免责之条款，无效。

（2）故意或重大过失造成财产损害免责者，无效。

2. 解决争议条款：相对独立。

《合同法》第 57 条　合同无效、被撤销或者终止的，不影响合同中独立存在的有关解决争议方法的条款的效力。

例如，如果约定了仲裁条款的，则在合同无效、撤销或终止之后的纠纷，依然可以通过向仲裁条款约定的仲裁委提起仲裁。

3. 格式条款（《合同法》第 39～41 条）

（1）含义。当事人为了重复使用而预先拟定，并在订立合同时未与对方协商的条款。

（2）法理基础。在现实生活中，为了降低签约成本，节约交易费用，经常会出现由一方当事人单方制定部分条款的情形。这种合同条款，在降低成本的同时，却剥夺了对方的合同自由，不允许对方讨价还价，不允许对方改变，因此就隐藏着一个危险，可能损害对方的利益。当代社会，格式合同大量出现在消费领域，那么作为分散的、弱小的消费者个体，往往无法和强势的经营者对抗，这就需要国家给予特殊的保护。因此，《合同法》就设置了专门制度以防止格式条款的不当使用。

（3）我国《合同法》对格式条款的特殊要求。

① 提示、说明义务违反的后果。提供格式条款的一方应当遵循公平原则确定当事人之间的权利和义务，并采取合理的方式，如采用足以引起对方注意的文字、符号、字体等特别标识提请对方注意免除或者限制其责任的条款，按照对方的要求，对该条款予以说明。否则，对方当事人有权申请撤销该格式条款。

《〈合同法〉解释（二）》第 9 条　提供格式条款的一方当事人违反合同法第三十九条第一款关于提示和说明义务的规定，导致对方没有注意免除或者限制其责任的条款，对方当事人申请撤销该格式条款的，人民法院应当支持。

② 无效的格式条款。提供格式条款的一方未尽公平拟约或者提示和说明义务，同时又有下列情形之一的，格式条款无效：

一是格式条款中有合同法第 52 条规定的合同无效事由和第 53 条规定的免责条款无效事由；

---

① 【答案】都是在 A 市的甲厂。

二是提供格式条款一方免除其责任、加重对方责任、排除对方主要权利的。

③ 格式条款的解释。对格式条款的理解发生争议的，应当按照通常理解予以解释。对格式条款有两种以上解释，应当做出不利于提供格式条款一方的解释。格式条款和非格式条款不一致的，应当采用非格式条款。

（四）一般合同条款的解释

所谓合同条款的解释，就是对已经成立的合同中的条款的含义所作的分析和说明。合同解释的目的在于探求合同当事人的真意。

合同解释的方法主要有语义解释、体系解释、目的解释、习惯解释和诚信解释等（《合同法》第125条）。

1. 语义解释

语义解释，是指通过对合同中争议条款语言文字的含义的解释，探求合同双方当事人对此的真实意思。这里对语义的解释应根据日常生活经验采用通常的理解。

2. 体系解释

体系解释，是指把全部或争议条款前后相邻的部分条款看作一个整体，从各个合同条款的相互联系、所处的位置和总体的联系上解释争议条款的含义。

3. 目的解释

目的解释，是指解释合同争议条款时，如合同争议条款存在分歧，应采用最适合于合同目的的解释。

4. 习惯解释

习惯解释，是指合同所使用的文字语句有争议时，应参照当事人之间的习惯加以解释。

5. 诚信解释

诚信解释，是指解释合同应遵循诚实信用原则，应根据一个诚实守信的人所理解的含义来解释合同，公平合理的确定争议条款的含义。

[例题] 2003年甲向乙借款3000元，借据中有"借期一年，明年十月十五前还款"字样，落款时间为"癸未年九月二十日"。后来三人就还款期限问题发生争执，法院查明"癸未年九月二十日"即公元二〇〇三年十月十五日，故认定还款期限为二〇〇四年十月十五日。法院运用了哪几种合同解释规则？①

　A．文义解释　　　　　B．整体解释　　　　　C．目的解释　　　　　D．习惯解释

---

① 【答案】AB。解析：文义解释是解释的出发点，首先要进行此种解释，确定基本含义，A正确。对于两者争议的时间没有涉及习惯，也考虑当事人的目的，而是将落款时间与约定的还款时间作为一个整体考察后的得出结论，此为体系解释，也叫整体解释，B正确，CD错误。

四、合同法的基本原则

 特别提醒

　　理解合同法的基本原则，不能仅仅满足于对原则自身的含义之掌握，更重要的是，在学习合同法的具体制度之时，能够体会到基本原则的精神在制度中的表现。在法学中，原则，是赋予制度以灵魂的使者！

（一）概念

　　合同法的基本原则，是指合同立法的指导思想及调整民事主体之间合同关系应遵循的基本方针和准则。合同法是民法的组成部分，民法的基本原则当然适用于合同法，但合同法领域也存在专有的基本原则：合同自由原则、合同严守原则和鼓励交易原则。

（二）主要原则

1. 合同自由原则

　　合同自由原则，是指合同当事人有权对权利、义务关系进行自由协商，不受国家权力和其他主体的非法干预。根据合同自由原则，当事人有权决定是否与他人签订合同、有权选择交易对象、有权决定合同的具体内容、有权选择合同形式等。

　　但是，国家可以依法对当事人的合同自由进行干预，以实现合同自由和合同正义的统一。这主要表现为民法一般条款的规制，即通过民法中关于诚实信用、公序良俗、禁止权利滥用等一般条款的规定来规范和评价合同内容，违反一般条款的合同内容无效或者不得强制履行；在合同法及相关法律中通过强制性规范，对格式条款、免责条款等可能导致不公平的合同条款进行控制；将经由诚实信用原则而产生的通知、照顾、保护等附随义务予以法律化，即使合同未予明确规定，也当然成为合同的内容；在对合同条款的理解发生争议时，规定诚信解释等解释方法，以保护相对处于不利地位的当事人。

2. 合同严守原则

　　合同严守原则，是指依法成立的合同在当事人之间具有法律约束力，当事人必须严格遵守，不得擅自变更或者解除合同，也不得随意违约。根据合同严守原则，自合同依法成立时起，双方当事人都要受到合同的约束；在符合变更或者解除合同的条件时，当事人应按照约定或法律的规定协商解决，任何一方都不得擅自变更或解除合同；除法律规定的免责事由外，任何一方当事人不履行合同义务或者履行合同义务不符合约定时，都要承担违约责任。

3. 鼓励交易原则

　　鼓励交易原则，是指合同法以降低当事人的交易成本，减少交易的制度障碍为指导思想，以促进当事人通过合同实现交易目标。鼓励交易原则在我国合同法中有全面体现：尽可能使当事人之间的合同成立；减少无效合同的种类；对合同解除规定了严格的法定条件等。

25 | 第二十五讲
合同成立

 阅读提示

　　本讲主要内容是合同成立的过程、时间、地点及缔约过程中的缔约过失责任问题。其中，要约确定性的判断、要约失效的情形、要约的撤回与撤销、承诺的迟延和缔约过失责任是较为突出的考点。缔约过失责任属于常考点。

一、合同的成立要件概述

　　合同的成立，是民法总则部分讲述的法律行为成立的具体表现。

　　合同的成立要件分为一般成立要件和特别成立要件。

　　一般成立要件是所有合同成立均须具备的条件，包括有双方或多方当事人、当事人就合同必要条款达成合意、合同内容明确、经过要约和承诺阶段等。根据《合同法解释（二）》第1条规定，除法律另有规定或者当事人另有约定外，当事人对合同是否成立存在争议，能够确定当事人名称或者姓名、标的和数量的，一般应当认定合同成立。

　　特别成立要件是指某些合同成立必须具备的要件，如某些合同需要具备特定的形式才能成立，某些合同必须以交付标的物作为成立要件。

　　本节重点要讲述的是合同的一般成立要件，即合同的要约和承诺。

二、要约（《合同法》第 14 条）

　　要约是当事人一方向对方发出的希望与对方订立合同的意思表示。

　　具体来说，该意思表示的内容是一方当事人以签订合同为目的，向对方当事人提出合同的具体条件，并期待对方当事人接受该条件。

（一）要约的构成

1. 要约须是由特定人向相对人发出的意思表示

　　此要件强调，要约人必须是在客观上可以确定的人。

　　要约人发出要约的目的是期望得到受要约人的承诺并成立合同。只有要约人特定，受要约人才能对之承诺。所谓特定人，是外界能客观确定的人。不管是自然人还是法人，是本人还是代理人，都可发出要约。特殊情况下，即便不能从要约中确定要约人的真实身份，但仍不妨碍要约的成立。

例如，消费者使用自动售货机时，不必了解何人为真正要约人，只要按指示投币后完成承诺行为，相应合同即成立。

2．要约须有明确的缔约意图

要约应当表明经受要约人承诺，即受该意思表示约束。这说明要约本身要以缔结合同并接受合同约束为目的。此要件使得民法上的要约区别于好意施惠和戏谑表示。

例如，邀请参加婚礼的请帖，尽管也表达了当事人的真实意愿，也不是要约。再如，说请某好友吃饭，也不构成要约。

3．要约须内容具体、确定：交易什么，交易多少等

要约一经相对人承诺即导致合同成立。因此，要约的内容必须具体确定，至少应包括拟订立合同的必备条款，以供相对人考虑是否承诺。否则，受要约人将因无法了解要约的真实含义，难以承诺。通常认为，只要作为合同要素的内容达到了具体确定的要求，就可认定为要约内容具体明确。至于合同要素的内容则应结合具体合同类型具体把握。例如，买卖、租赁、承揽等合同要素的内容则各有差异。

如果内容不够具体、确定，则不构成要约，可能认定构成要约邀请。那么，何谓要约邀请呢？

要约邀请又称要约引诱，是指希望他人向自己发出要约的意思表示。

例如，寄送的价目表、拍卖公告、招标公告、招股说明书、商业广告等一般都为要约邀请（《合同法》第15条）。要约邀请不具有法律意义，行为人无须因此承担法律责任。

要约与要约邀请相比较，需要从以下两个方面理解和把握。

（1）两者的相同之处：

① 均由特定人向特定人或不特定人发出。

② 均属于意思表示，故应具备意思表示的成立要件。

（2）二者的区别如表 25-1 所示。

表 25-1　要约与要约邀请的区别

项　　目	要　　约	要 约 邀 请
目的	获得对方的承诺以成立合同	引出对方的要约
条件	有明确的缔约意图且内容具体确定	无须内容具体确定
效力	要约人须受要约约束	邀请人不受要约邀请的约束

4．要约须向受要约人发出

受要约人即要约的相对人，而要约的相对人则既可以是特定的某个人，也可以是不特定的社会公众。但无论是向特定人发出，还是向不特定的社会公众发出，欲构成要约都必须符合上述第二和第三个要件的要求，即都必须有缔约的意图，内容都必须要具体和确定。如上

所述，一般的商业广告是要约邀请，但如果商业广告内容清楚、确定，足以使相对人知其对待义务时，也可构成要约。

[例题] 甲公司通过电视发布广告，称其有100辆某型号汽车，每辆价格15万元，广告有效期10天。乙公司于该则广告发布后第5天自带汇票去甲公司买车，但此时车已全部售完，无货可供。下列哪一选项是正确的？[①]

A. 甲构成违约　　　　　　　　　B. 甲应承担缔约过失责任
C. 甲应承担侵权责任　　　　　　D. 甲不应承担民事责任

（二）要约的效力

1. 要约的生效

（1）生效前提：到达受要约人。要约到达即生效，这意味着要约的生效采取的是到达主义，非以知悉为要件。

《合同法》第16条第1款规定："要约到达受要约人时生效。"这一规定采取了世界各国通行的"到达主义"立场。

（2）到达的概念。何谓到达？理解此点，应该注意规范意识。

通常认为，只要到了能被受要约人控制或有可能被受要约人知悉的状态就视为到达，至于受要约人是否真的看到并知悉要约的内容，在所不问。

据此理解，到达受要约人与到达代理人（包括无行为能力人、限制行为能力人的法定代理人）均视为到达；送到受要约人手里是到达，送到受要约人的信箱里也是到达。如果是数据电文，《合同法》第16条第2款规定："采用数据电文形式订立合同，收件人指定特定系统接收数据电文的，该数据电文进入该特定系统的时间，视为到达时间；未指定特定系统的，该数据电文进入收件人的任何系统的首次时间，视为到达时间。"

在此，可能的疑问是，受要约人尚未知悉要约内容，要约的生效有什么意义呢？

因为要约生效的目的不是为了约束受要约人，而是为了约束要约人，同时给予了受要约人一项选择是否做出承诺的权利。到达即生效，意味着可以对要约人产生法律上的拘束力。那么，要约一旦到达对于要约人有什么样的拘束力呢？

（3）要约的拘束力。要约的效力表现在两个方面：

① 要约对要约人的拘束力。要约一经生效，要约人即受到拘束，不得随意撤回、撤销或对要约加以限制、变更和扩张。但要约人预先声明不受要约约束或依交易习惯可认为其有此意旨时，不在此限。

② 赋予受要约人以承诺权。受要约人于要约生效时取得依其承诺而成立合同的法律地位，

[①] 【答案】A。因为内容足够确定，乙在有效期内去购车的行为构成承诺。值得特别提醒的是，承诺是可以通过行为做出的，这一点容易被读者所忽略。《合同法》第26条规定："承诺通知到达要约人时生效。承诺不需要通知的，根据交易习惯或者要约的要求做出承诺的行为时生效。"本题中乙的行为是按照甲要约的要求做出承诺行为，故合同已经成立生效。

具体表现是，受要约人有为承诺以订立合同的权利，此权利是形成权。此权利原则上不得由他人继受，但要约人认可者除外；受要约人对于要约人原则上不负任何义务，只有在强制缔约情形下，承诺为法定义务，如供电、供水等受要约人必须做出承诺。

（4）要约的效力期间。原则上，要约的效力期间由要约人确定。如未预先确定，则应区分以下两种情况：

① 口头要约，如受要约人未立即做出承诺，即失去效力。

② 书面要约，如要约中未规定有效期间，应确定一个合理期间作为要约存续期限，该期限的确定应考虑以下因素：要约到达所需时间；做出承诺所需时间；承诺到达要约人所需时间等。

2．要约的失效

要约的失效，即要约丧失法律拘束力。依《合同法》第20条规定，要约失效的事由有以下几种：

（1）受要约人拒绝要约。

特别提醒

　　向不特定人发出的要约，不因特定受约人的拒绝而消灭。例如商品标价陈列出售，并不因特定的人表示拒绝而消灭。

（2）要约人撤销要约。

（3）承诺期限届满，受要约人未做出承诺。

特别提醒

　　如果要约没有确定承诺期限，要约以对话方式做出，若非即时做出承诺，且当事人未另有约定的，要约失效。要约以非对话方式做出的，承诺非在合理期限内到达，要约失效（《合同法》第23条）。

（4）受要约人对要约的内容做出实质性变更。何谓实质性变更？当事人有关合同标的、数量、质量、价款或者报酬、履行期限、履行地点和方式、违约责任和解决争议方法等的变更是对要约内容的实质性变更。因为这些变更，都关系到当事人实体权利和义务的调整。

特别提醒

　　上述要约失效的理由，但凡具备其中的任何一种，要约立即失去效力，如果受要约人在要约失效后，再表示完全接受前述要约的内容，也不能构成承诺，只能算作一个新要约。

（三）要约的撤回与撤销

1. 撤回

要约的撤回，是指要约人在发出要约后，于要约到达受要约人之前或者到达同时取消其要约的行为。

《合同法》第 17 条　要约可以撤回。撤回要约的通知应当在要约到达受要约人之前或者与要约同时到达受要约人。

在此情形下，被撤回的要约实际上是尚未生效的要约。倘若撤回的通知于要约到达后到达，而按其通知方式依通常情形应先于要约到达或同时到达，其效力如何？我国合同法未作规定。依诚实信用原则，在此情况下，相对人应向要约人发出迟到的通知，相对人怠于为通知且其情形为要约人可得而知者，其要约撤回的通知视为未迟到。

2. 撤销

要约的撤销，是指在要约发生法律效力后，要约人取消要约从而使要约归于消灭的行为。要约的撤销不同于要约的撤回（前者发生于生效后，后者发生于生效前）。

《合同法》第 18 条　要约可以撤销。撤销要约的通知应当在受要约人发出承诺通知之前到达受要约人。

《合同法》第 19 条　有下列情形之一的，要约不得撤销：

（一）要约人确定了承诺期限或者以其他方式明示要约不可撤销；

（二）受要约人有理由认为要约是不可撤销的，并已经为履行合同作了准备工作。

上述第 19 条规定之情形，之所以不允许撤销，原因在于确定期限或明示不可撤销的，给予了受要约人绝对确定的预期，如果可以随意撤销，有违诚信原则的基本要求。受要约人基于合理理由已作了必要准备的，不许撤销是因为此时如果撤销，定然会给要约人带来损失。

[例题]乙公司向甲公司发出要约，立即又发出一份"要约作废"的函件，两者同时到达。甲公司的董事长助理收到乙公司"要约作废"的函件后，忘了交给董事长。第三天甲公司董事长发函给乙公司，提出只要将交货日期推迟两个星期，其他条件都可接受。后甲、乙公司未能缔约，双方缔约没能成功的原因是什么？[①]

A．要约已被撤回

B．要约已被撤销

C．甲公司对要约做了实质性改变

D．甲公司承诺超过了有效期间

三、承诺

承诺是受要约人同意要约的意思表示。（《合同法》第 21 条）

---

① 【答案】A。解析：既然撤回的通知和要约同时到达，故要约已经撤回，此时就失去了变更或超过承诺期限的前提。

（一）承诺的构成要件

1．承诺由受要约人做出

（1）承诺必须由受要约人做出。

（2）受要约人可以授权其代理人代为承诺。

（3）受要约人以外的第三人即便知道要约内容并做出同意的意思表示，也不以承诺论。

此要件的要求决定于合同的相对性。

2．承诺与要约的内容一致

承诺是受要约人愿意按要约的全部内容与要约人订立合同的意思表示。

（1）如果受要约人在承诺中对要约的内容加以实质性变更，便不构成承诺，而视为对要约的拒绝而成立反要约或者新要约。

（2）如果受要约人在承诺中对要约的内容加以非实质性变更，除要约人及时表示反对或要约表明承诺不得对要约的内容做出任何变更的外，该承诺有效。合同的内容以承诺的内容为准（《合同法》第31条）。

[例题] 2015年8月11日，中国甲公司接到法国乙公司出售某种设备的要约，有效期至9月1日。甲公司于8月12日电复："如能将每件设备价格降低50美元，即可接受。"对此，乙公司没有答复。甲公司于8月29日再次致电乙公司表示接受其8月11日要约中包括价格在内的全部条件。下列哪一选项是正确的？[①]

A．乙公司的沉默表明其已接受甲公司的降价要求

B．甲公司8月29日的去电为承诺，因此合同已成立

C．甲公司8月29日的去电是迟到的承诺，因此合同没有成立

D．甲公司8月29日的去电是新要约，此时合同还没有成立

3．承诺是向要约人做出

受要约人承诺的目的，在于同要约人订立合同，故承诺只有向要约人或其代理人做出才有意义。在要约人死亡且合同的履行不具有特定人身性质时，受要约人仍可向要约人的继承人做出承诺。

4．在承诺期限内到达要约人

我国对承诺的生效采取到达主义，承诺应当在要约确定的期限内到达要约人。要约没有约定承诺期限的，如要约是以对话方式做出，应即时做出承诺，但当事人另有约定的除外。如要约是以非对话方式做出的，承诺应在合理期限内达到（《合同法》第23条）。

（1）承诺期限的起算

① 要约以信件或电报做出的，承诺期限自信件载明的日期或电报交发的日期开始计算。信件未载明日期的，自投递该信件的邮戳日期开始计算。

---

① 【答案】D．解析：因为要降价是实质性变更，所以，要约已经失效，后面再表示接受前面的要约，只能是新要约，合同尚未成立。

② 要约以电话、传真等快速通讯方式做出的，承诺期限自要约到达受要约人时开始计算（《合同法》第24条）。

（2）承诺的迟到。承诺的迟到，是指承诺在承诺期限届满后或在合理期限过后才到达要约人。

具体可分为：

① 可归责于承诺人的迟延：迟发迟到，承诺原则上无效。

例外：要约人及时通知该承诺有效的，合同成立。

《合同法》第28条　受要约人超过承诺期限发出承诺的，除要约人及时通知受要约人该承诺有效的外，为新要约。

超出承诺期限，原则上要约已经失效，之所以允许要约人及时通知受要约人承诺有效，是合同法基本原则之促进交易原则的体现，即只要有可能，尽量促成交易达成。

② 不可归责于承诺人的迟延：未迟发而迟到，承诺原则上有效。

例外：要约人及时通知承诺逾期而不接受的，视为新要约。

《合同法》第29条　受要约人在承诺期限内发出承诺，按照通常情形能够及时到达要约人，但因其他原因承诺到达要约人时超过承诺期限的，除要约人及时通知受要约人因承诺超过期限不接受该承诺的以外，该承诺有效。

> **特别提醒**
>
> 　　这里的及时通知是指依善良管理人的注意，在情势允许的范围内，不迟延而为发送。该通知行为是事实行为，以要约人将迟到的事实向承诺人发出通知就已足够，不到达的风险由承诺人承担。

[例题] 甲商场向乙企业发出采购100台电冰箱的要约，乙于5月1日寄出承诺信件，5月8日信件寄至甲商场，时逢其总经理外出，5月9日总经理知悉了该信内容，遂于5月10日电传告知乙收到承诺。该承诺何时生效？[①]

A. 5月1日　　　B. 5月8日　　　　C. 5月9日　　　　D. 5月10日

（二）承诺的形式与效力

1. 承诺的形式

《合同法》第26条第1款　承诺通知到达要约人时生效。承诺不需要通知的，根据交易习惯或者要约的要求做出承诺的行为时生效。

（1）基于交易习惯的承诺。所谓根据交易习惯以行为做出承诺，通常行为人根据过去的生活经验形成了确定逾期的情况。

---

① **【答案】**B。考查点是承诺的到达时间为承诺的生效时间。合同的成立时间是合同生效的时间。这是合同生效的大原则，对此问题还需要注意的是以下三点：通过合同书方式签订合同的，最后一方签字时间为合同生效时间；通过合同确认书的形式签订合同的，签订确认书时合同生效；通过履行签订合同的，履行时间为合同生效时间。

例如，甲是其经常居住附近某家健身会馆的金卡会员，通常只要晚上八点之前去健身，会馆都会为金卡会员预留专门的健身器材。此种情形即为交易习惯。

（2）基于行为的承诺。以行为表示承诺意思，在特定场合，该承诺可表现为<u>沉默或不作为</u>。通常情形下，沉默并不能意味着承诺，但在例外情形下，沉默可以视为意思表示。

《民法总则》第 140 条第 2 款　沉默只有在有法律规定、当事人约定或者符合当事人之间的交易习惯时，才可以视为意思表示。

据此可知：

① 沉默在有法律规定的情形下，可以作为承诺。例如，《合同法》第 171 条规定："试用买卖的买受人在试用期内可以购买标的物，也可以拒绝购买。试用期间届满，买受人对是否购买标的物未作表示的，视为购买。"

② 沉默在有约定的情形下，可以作为承诺。例如，合同双方约定，一方未在某一既定期限内做出回绝表示，就视为承诺。

2．承诺的撤回

（1）概念。承诺的撤回，是承诺人阻止承诺发生法律效力的行为。

（2）撤回承诺的通知，应先于或与承诺同时到达要约人。

3．通常情况下，承诺一旦到达，合同成立。关于合同成立，法律有特别规定的，适用特别规定。特别规定的情况，容后详述。

［例题］1 月 1 日，甲（出版社）向乙（大学教师）发出一份新书价目表；1 月 2 日，乙发出一封订购信，订购其中一套《中国法律大全》，要求 1 月 10 日前寄到；1 月 3 日，乙发信取消订购。1 月 5 日订购信到达甲处；1 月 6 日，取消订购的信到达甲处，甲未予理睬，于 1 月 7 日将该书寄出；此书本应于 1 月 10 日前到达，但由于邮局的原因，于 1 月 13 日才到；乙见已超出自己所定期限，就未予理睬。甲久未见书款，遂向法院起诉。本案如何处理？[①]

四、合同成立的时间和地点

合同成立的时间和地点如表 25-1 所示。

表 25-1　合同成立的时间和地点

时间	1. 一般承诺到达合同成立，不需要通知的，依据交易习惯和要约要求做出承诺行为时合同成立 2. 当事人采用合同书形式订立合同的，自双方当事人签字或盖章时合同成立 3. 当事人采用信件、数据电文等形式订立合同，要求签订确认书的，签订确认书时合同成立 4. 未按照法定或约定订立书面合同的，一方当事人履行了主要义务，对方接受的，合同成立 5. 约定了交付约定金后来没有交付的，如果一方履行合同义务，另一方表示接受的，合同也成立。但定金合同不会因此生效，因为定金合同是实践合同，只要没有交付定金，定金合同就不会因此而生效。

---

① 【答案】乙应当付款。分析此案例，重在合同成立生效过程的理解，其中有要约邀请、要约、要约的撤销、要约生效、承诺迟延、承诺生效等知识在其中均有体现。

续表

地点	1. 承诺生效的地点为合同成立的地点
	2. 当事人采用合同书形式订立合同的，双方当事人签字或盖章的地点为合同成立的地点；当事人按手印与签字盖章具有同等效力
	3. 采用书面形式订立合同，合同约定的签订地与实际签字或者盖章地点不符的，人民法院应当认定约定的签订地为合同签订地
	4. 合同没有约定签订地，双方当事人签字或者盖章不在同一地点的，人民法院应当认定最后签字或者盖章的地点为合同签订地
	5. 采用数据电文形式订立合同的，收件人的主营业地为合同成立的地点；没有主营业地的，其经常居住地为合同成立的地点。

[例题] 甲、乙约定：甲将100吨汽油卖给乙，合同签订后三天交货，交货后十天内付货款。还约定，合同签订后乙应向甲支付十万元定金，合同在支付定金时生效。合同订立后，乙未交付定金，甲按期向乙交付了货物，乙到期未付款。对此，下列哪一表述是正确的？[①]

A. 甲可请求乙支付定金　　　　　B. 乙未支付定金不影响买卖合同的效力

C. 甲交付汽油使得定金合同生效　　D. 甲无权请求乙支付价款

五、缔约过失责任（《合同法》第42、43条）

（一）概念

缔约过失责任，是指在订立合同过程中，当事人一方因违反其依据诚实信用原则产生的先合同义务，而致另一方信赖利益损失时所应承担的损害赔偿责任。其法理基础是诚实信用原则。

（二）构成要件

此种责任通常发生于合同订立阶段，这是此种责任与违约责任的根本区别。通常只有在合同尚未成立，或者虽已成立，但因为不符合法定的有效要件而被确认为无效或被撤销时，才可能发生缔约过失责任。因此，合同是否成立，是判定是否产生缔约过失责任的关键。构成要件如下：

1. 一方当事人违反了依诚实信用原则所担负的先合同义务

由于合同尚未成立，因此当事人并不承担合同义务。然而在订约阶段，当事人依诚实信用原则负有忠实、保密、协助、告知等义务，此为法定义务，若因过失而违反造成对方损失的，则产生缔约过失责任。

2. 另一方的信赖利益因此而受到损失

所谓信赖利益损失，是指一方实施某种行为后，另一方对此产生了信赖（如相信其会与

---

① 【答案】B。解析：定金合同为实践合同，交付定金时合同成立生效，未交付的对方无权请求支付定金，A错；约定成约定金虽然没有交付，但主合同履行的，主合同可以生效，定金合同不能生效，乙收货后，应当向甲支付价款，故B正确，CD错误。

己方订立合同），并为此而支付了一定的费用，后因对方违反诚实信用原则导致合同未成立或无效或被撤销，该费用不能得到补偿，因而受到损失。

3．一方违反先合同义务与他方所受损失之间有因果关系

4．违反先合同义务的一方具有过失。

（三）基本类型

《合同法》第42条　当事人在订立合同过程中有下列情形之一，给对方造成损失的，应当承担损害赔偿责任：

（一）假借订立合同，恶意进行磋商；

（二）故意隐瞒与订立合同有关的重要事实或者提供虚假情况；

（三）有其他违背诚实信用原则的行为。

《合同法》第43条　当事人在订立合同过程中知悉的商业秘密，无论合同是否成立，不得泄露或者不正当地使用。泄露或者不正当地使用该商业秘密给对方造成损失的，应当承担损害赔偿责任。

据上述规定，缔约过失责任包括如下类型：

1．假借订立合同恶意磋商导致合同不成立

这里的假借是指根本没有订立合同的目的，与对方进行谈判磋商只是借口，目的是损害对方或他人利益。具体言之，其真实目的在于阻止对方与他人订立合同，或使对方贻误商机，或仅为戏要对方。

2．故意隐瞒与订立合同有关的重要事实或者提供虚假情况

故意隐瞒重要事实或提供虚假情况的目的是为了使合同相对方因被蒙蔽而进入错误认识。这属于缔约时的欺诈行为。

缔约当事人依诚实信用原则负有如实告知义务，主要包括：

（1）告知对方自己的财产状况与履约能力；

（2）告知标的物的瑕疵；

（3）告知标的物的性能和使用方法等。

若违反上述义务（隐瞒或虚告），即构成欺诈，如因此致对方受损害，应负缔约过失责任。

例如：订立房屋买卖合同，后来因欺诈被撤销的，对于被欺诈人造成的损失，欺诈人应当承担缔约过失责任。

3．泄露或不当使用在合同订立中知悉的对方商业秘密（《合同法》第43条）

所谓泄露，是指将商业秘密透露给他人。

所谓不正当使用，是指未经授权而使用或转让该商业秘密。

4．其他在合同订立中违反诚信原则的缔约过失行为

《〈合同法〉解释（二）》第8条　依照法律、行政法规的规定经批准或者登记才能生效的合同成立后，有义务办理申请批准或者申请登记等手续的一方当事人未按照法律规定或

者合同约定办理申请批准或者未申请登记的，属于合同法第四十二条第（三）项规定的"其他违背诚实信用原则的行为"，人民法院可以根据案件的具体情况和相对人的请求，判决相对人自己办理有关手续；对方当事人对由此产生的费用和给相对人造成的实际损失，应当承担损害赔偿责任。

（四）缔约过失责任的赔偿范围

缔约过失责任需要赔偿的是信赖利益的损失。在计算信赖利益赔偿范围之时，包括直接损失和间接损失。具体如下：

（1）在合同不成立，或者已经成立但被宣告为无效或被撤销的情况下，构成缔约过失的一方应赔偿对方的直接损失通常包括订立合同的费用（如差旅费、通讯费）、准备履行合同所支出的费用（如仓库预租费）及上述费用的利息。间接损失主要指对方因此丧失商机所造成的损失。

（2）一方当事人在订立合同的过程中未尽照顾、保护义务而使对方遭受人身损害时，应赔偿因此产生的实际财产损失。

（3）由于一方当事人在订立合同的过程中未尽通知、说明义务致使另一方遭受财产损失时，也应赔偿其实际财产损失。

（五）判断是否构成缔约过失的技巧的总结

（1）先看是否有合同？答曰：没合同。要么没有成立、要么无效或者被撤销了。

（2）再看是否有过错？答曰：有过错。因为违背了诚信原则的要求。

没合同，有过错，双方当事人还谈过，是构成缔约过失责任的经典情形。

[例题] 甲公司在与乙公司协商购买某种零件时提出，由于该零件的工艺要求高，只有乙公司先行制造出符合要求的样品后，才能考虑批量购买。乙公司完成样品后，甲公司因经营战略发生重大调整，遂通知乙公司：本公司已不需此种零件，终止谈判。下列哪一选项是正确的？[①]

A. 甲公司构成违约，应当赔偿乙公司的损失

B. 甲公司的行为构成缔约过失，应当赔偿乙公司的损失

C. 甲公司的行为构成侵权行为，应当赔偿乙公司的损失

D. 甲公司不应赔偿乙公司的任何损失

---

① 【答案】D。尽管没有合同，但是甲对于乙的损失没有过错，因为甲战略调整后，立即告知了乙此情况。

26 第二十六讲 合同履行

> **阅读提示**
>
> 　　本讲讲述合同履行的基础概念、履行的方式、履行的原则及履行中的抗辩等问题。基础概念中的代为清偿和代物清偿、全面履行原则和履行中的抗辩较为重要，其中，抗辩权问题属于常考点。

一、合同履行与债的清偿

（一）合同履行与债的清偿的概念

债的清偿，是指债务人依法律规定或合同约定完成义务的行为。

清偿与履行同义，只是清偿是从债的消灭的角度而言，而履行是从债的效力出发强调债务的实现过程。清偿是债消灭的常见原因。

在清偿中应注意代物清偿与清偿抵充两种特殊情形。

（二）代物清偿

1. 概念

代物清偿，是指在债的履行过程中，债权人受领他种给付以代替原定给付而使债的关系消灭。

2. 要件

代物清偿须具备以下要件：

（1）有原债务存在；

（2）经双方当事人约定，以他种给付代替原定给付；

（3）有双方当事人关于代物清偿的合意；

（4）债权人或其他有履行受领权的人现实地受领给付。

基于上述构成要件，可以得出结论，代物清偿协议具有实践合同的性质，必须实际履行之后方可发生消灭原债务的效力。如果只是达成了协议，没有按照约定的内容履行的，代物清偿协议不发生效力。

（三）清偿抵充的顺序

清偿抵充，是指在债务人对于同一债权人负担数宗同种类的债务而清偿人提供的给付不足以清偿全部债务时，决定以该给付抵充何宗债务的规则。据《合同法解释（二）》第20条之规定，抵充规则如下：

（1）债权人与债务人对清偿的债务或清偿抵充顺序有约定的，依约定进行抵充。

（2）若债权人和债务人没有约定的，依据以下顺序进行抵充：

① 债务人的给付不足以清偿其对同一债权人所负的数笔相同种类的全部债务，应当优先抵充已到期的债务；

② 几项债务均到期的，优先抵充对债权人缺乏担保或者担保数额最少的债务；

③ 担保数额相同的，优先抵充债务负担较重的债务；

④ 负担相同的，按照债务到期的先后顺序抵充；到期时间相同的，按比例抵充。

（3）债务人除主债务之外还应当支付利息和费用，当其给付不足以清偿全部债务，并且当事人没有约定时，应当按照下列顺序抵充：

① 实现债权的有关费用；

② 利息；

③ 主债务。

二、合同履行的原则

（一）全面履行原则

1. 全面履行的概念

全面履行原则，又称正确履行原则或适当履行原则，该原则要求当事人按照合同约定的标的、数量、质量、履行期限、履行地点、履行方式，全面完成合同义务。

2. 正确理解全面履行原则

不是客观的全面，而是对上述诸种要素在履行时达到一种正常人大致可以接受的状态。因为，完全客观的全面正常情况下，非人力可以实现。

3. 全面履行的例外：提前履行和部分履行

《合同法》第71条　债权人可以拒绝债务人提前履行债务，但提前履行不损害债权人利益的除外。

债务人提前履行债务给债权人增加的费用，由债务人负担。

《合同法》第72条　债权人可以拒绝债务人部分履行债务，但部分履行不损害债权人利益的除外。

债务人部分履行债务给债权人增加的费用，由债务人负担。

据此规定，当债务人提前或者部分履行债务的，除损害债权人的债权外，原则上发生履行的效力，但增加的履行费用由债务人承担。对此结论，可从如下三个方面来理解：

（1）提前履行或部分履行，如果损害债权，则要承担违约责任。

例如，康德为给自己母亲庆祝 80 大寿，在某蛋糕店订蛋糕，要求生日当天送到某酒店，如果提前履行，则构成根本违约。

（2）提前履行或部分履行，没有损害债权，但增加了费用的，债权人可以拒绝接受，也可以接受，让债务人承担增加的费用。值得提醒的是，由于订立合同的目的就是要履行，因此，此种情况，债务人的行为不认定为违约。

［例题］合同规定甲公司应当在 8 月 30 日向乙公司交付一批货物。8 月中旬，甲公司把货物运送到乙公司。此时乙公司有权应当如何处理？ ①

A．拒绝接收货物　　　　　　　　　B．不接收货物并要求对方承担违约责任
C．接收货物并要求对方承担违约责任　　D．接收货物并要求对方支付增加的费用

（3）提前履行或部分履行既没有损害债权，也没有增加费用的，在履行之时或在履行的范围内债务消灭，履行有效。

（二）诚信履行原则

诚信履行原则要求当事人应本着诚实、守信、善意的态度履行合同义务，不得滥用权力或故意规避义务。合同义务不仅包括主给付义务和从给付义务，还包括根据合同的性质、目的和交易习惯等产生的通知、协助、保密等附随义务。这意味着在合同履行中的义务不是单一的，而是一组由不同义务组成的义务群。

对于上述义务，可由图 26-1 直观展示。

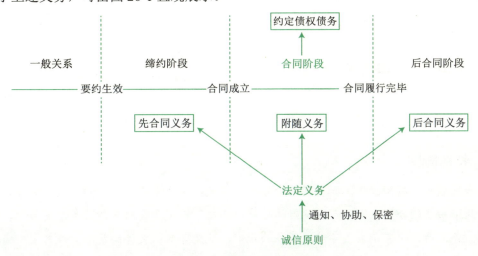

图 26-1　合同履行中的义务

为便于读者理解，对于图 26-1，说明如下：

首先，主给付义务和从给付义务是在合同履行阶段的义务。

---

① 【答案】AD．解析：本题提前履行，没有损害债权，但可能增加费用，故不能主张对方承担违约责任，但是可拒绝接收货物，增加的费用由对方承担。

其次，附随义务有广狭二义。狭义的附随义务，仅仅指在合同履行阶段、基于诚信原则产生的通知、协助等义务。广义的附随义务，则包括先合同义务、狭义附随义务和后合同义务，性质相同，都是基于诚信原则而产生的法定义务，只是存在于不同的阶段。

上述合同履行中的义务群还可以通过表 26-1 总结。

表 26-1　合同履行中的义务群

发 生 时 间	合 同 义 务	分　类	违 反 后 果
先	先合同义务	通知、告知、保密、照顾等	缔约过失责任
中	合同义务（给付义务）附随义务	主给付义务	决定合同性质，违约责任
		从给付义务	例如买空调约定卖方安装、宠物饲养证交付，违约责任
后	后合同义务	协助、保密等	损害赔偿责任
全	广义附随义务	通知、协助、保密等	非自始确定，基于诚信产生

三、合同履行中的抗辩权

（一）合同履行抗辩权的概念

双务合同履行中的抗辩权，是指在符合法定条件时，当事人一方对抗对方当事人的履行请求权，暂时拒绝履行债务的权利。

我国合同法主要规定了三种抗辩权，其逻辑关系如图 26-2 所示。

图 26-2　双务合同履行中抗辩权的逻辑关系

特别提醒

合同履行之抗辩产生基础包括两个方面：首先，一定是同一合同的权利和义务，这意味着两个独立的合同之间不存在抗辩的可能；其次，一定要是对应的义务没有履行，所谓对应义务，通常而言是主义务对主义务的抗辩，从义务对从义务的抗辩，详言之，当一方的主义务没有履行时，另一方可以以自己的主义务不履行来进行抗辩，当一方的从义务没有履行时，另一方可以以自己的从义务不履行来进行抗辩。例外情形是，当从义务的不履行导致合同目的不能实现时，另一方也可以以自己的主义务不履行来进行抗辩。

[例题1] 甲于2月3日向乙借用一台彩电，乙于2月6日向甲借用了一部手机。到期后，甲未向乙归还彩电，乙因此也拒绝向甲归还手机。关于乙的行为，下列哪些说法是错误的？[①]

A. 是行使同时履行抗辩权　　　　　　B. 是行使不安抗辩权

C. 是行使留置权　　　　　　　　　　D. 是行使抵销权

[例题2] 一匹马的买卖合同。通常情形下，当卖方不交付马之时，买方可以不支付价款来抗辩，此乃主义务对主义务的抗辩。但是，如果这里买卖的不是一匹普通的马，而是汗血宝马，卖方还需要提供关于马的血统证明，此义务尽管是从义务，但是，关系到买方目的的实现，如果卖方不提供此证明的，买方也可以不支付主要价款来抗辩。

（二）同时履行抗辩权

《合同法》第66条　当事人互负债务，没有先后履行顺序的，应当同时履行。一方在对方履行之前有权拒绝其履行要求。一方在对方履行债务不符合约定时，有权拒绝其相应的履行要求。

1. 概念

同时履行抗辩权，是指双务合同的当事人在没有约定履行顺序或约定应同时履行的情况下，一方当事人在对方未为对待给付之前，得拒绝履行自己债务的权利。

2. 构成要件

同时履行抗辩权的构成要件包括：

（1）须当事人就同一双务合同互负对待给付义务；

（2）须双方互负的债务均届清偿期且未约定顺序的先后；

（3）须对方的对待给付是可能履行的；

（4）须对方未履行债务或履行债务不符合约定。

3. 适用范围及限度

同时履行抗辩权制度主要适用于双务合同，如买卖、租赁、承揽等。此外，当事人因合同不成立、无效、被撤销或解除而产生的相互义务，若具有对价关系，也可主张同时履行抗辩权。

同时履行抗辩权属于延期抗辩权、一时抗辩权，其效力主要在于对方未履行或履行债务不符合约定时，有拒绝履行自己债务的权利。如果对方履行了债务，该权利即消灭。

（三）先履行抗辩权

《合同法》第67条　当事人互负债务，有先后履行顺序，先履行一方未履行的，后履行一方有权拒绝其履行要求。先履行一方履行债务不符合约定的，后履行一方有权拒绝其相应的履行要求。

---

① 【答案】ABCD。因为不是同一个合同，所以不存在抗辩的问题。没有牵连关系所以不能留置。不是同种类的债务，所以不能抵销。

1．概念

先履行抗辩权是指在当事人互负债务且有先后履行顺序时，负有先履行义务的一方未履行债务或履行债务不符合约定时，后履行一方拒绝其履行要求的权利。

2．构成要件

先履行抗辩权的成立要件包括：

（1）当事人基于同一双务合同互负债务；

（2）双方债务均已届清偿期；

（3）一方当事人有先为履行的义务；

（4）应当先履行的一方未履行债务或者履行债务不符合约定，如履行迟延、不完全履行、部分履行等。

3．适用范围及限度

先履行抗辩权属于一时抗辩权，其成立及行使，使得后履行一方可中止履行自己的债务，以保护自己的期限利益、顺序利益；在先履行一方采取了补救措施、变违约为适当履行的情况下，先履行抗辩权消灭，后履行一方须履行债务。

（四）不安抗辩权

《合同法》第68条　应当先履行债务的当事人，有确切证据证明对方有下列情形之一的，可以中止履行：

（一）经营状况严重恶化；

（二）转移财产、抽逃资金，以逃避债务；

（三）丧失商业信誉；

（四）有丧失或者可能丧失履行债务能力的其他情形。

当事人没有确切证据中止履行的，应当承担违约责任。

《合同法》第69条　当事人依照本法第六十八条的规定中止履行的，应当及时通知对方。对方提供适当担保时，应当恢复履行。中止履行后，对方在合理期限内未恢复履行能力并且未提供适当担保的，中止履行的一方可以解除合同。

1．概念

不安抗辩权是指先履行一方在有证据证明后履行一方有丧失或者可能丧失履行债务能力的情况下，可暂时中止履行的权利。

2．构成要件

不安抗辩权的成立要件包括：

（1）当事人基于同一双务合同互负债务；

（2）双方债务有先后履行顺序；

（3）主张不安抗辩权的一方应当先履行债务且其债务已届清偿期；

（4）先履行一方有确切证据证明对方履行能力明显降低，有不能为对待给付的现实危险。

此种危险主要表现是：

① 经营状况严重恶化。这里的经营状况严重恶化，要达到丧失或可能丧失履行债务能力的程度。

② 转移财产、抽逃资金，以逃避债务。

③ 丧失商业信誉，如因产品被查出严重质量问题，导致市场份额急剧下降。

④ 有丧失或可能丧失履行债务能力的其他情形，如资不抵债、即将破产。

3．不安抗辩权的行使及效力

（1）不安抗辩权的行使方式：中止履行

（2）不安抗辩权人的附随义务

① 通知义务。先履行方当事人中止履行后，应及时通知对方（《合同法》第69条），若违反该义务，应由违反义务人承担损害赔偿责任。

② 举证义务。为防止不安抗辩权的滥用，先履行方当事人必须举出确切证据证明后履行方当事人存在上述法定丧失或可能丧失履行债务能力的情形。

（3）不安抗辩权的法律效力

① 先履行方当事人在相对人未为对待给付或提出担保之前，有权中止或拒绝自己的给付。

② 相对人在合理期限内未恢复履行能力，也未提供适当担保的，不安抗辩权人可以解除合同。

③ 相对人在合理期限内恢复履行能力或提供了适当担保的，不安抗辩权就归于消灭。这里提供担保既包括人保也包括物保。

[例题] 下列情形，符合《合同法》确立的不安抗辩权制度的有：①

A．画家乙与甲约定由其为甲画像，甲于5月1日前支付报酬3 000元，乙在收款一周内为其画像，甲于4月29日赴乙处支付报酬时发现乙身染重病，于是拒绝付款

B．甲向乙出售货物，约定甲于4月15日至30日向乙发货，乙收货后于5月10日付款。甲于4月16日向乙送去一半货物，数日后听到传言说乙拖欠他人货款不能偿还，资金严重困难，遂停止运送另一半货物并要求乙返还已收到的一半货物

C．甲向乙出售名画一幅，约定先由乙付款，甲在收款次日交画。乙准备向甲付款时，发现甲已在3天前将画卖给丙并已交付，则乙可拒付画款

D．甲向乙出售房屋，约定先由甲交付房屋并代为办理过户手续，然后由乙付款，甲在履行期届满前将房屋交付给丙并办理了过户手续，则乙可行使不安抗辩权拒付房款

---

① 【答案】AC。解析：AC符合履行在先并且有确切事由感到不安的要件；B项没有确切事由，D项的抗辩应当是先履行抗辩，因为乙的履行顺序在后。

第二十七讲
合同保全

阅读提示

　　本讲讲述债权人代位权和债权人撤销权两种制度，均属于常考点。其中，两种制度的构成要件和法律效果是命题的主要关注点。

一、合同保全的概念

　　合同的保全，是指法律为防止债务人的责任财产不当减少给债权人的债权带来损害，允许债权人代债务人之位向第三人行使债务人的权利，或者请求法院撤销债务人与第三人的法律行为的法律制度。

　　合同保全，就是为使得债权人利益不受债务人行为侵害的债的保障制度。任何一个债务人原则上均对外承担无限责任，故其一般财产是担保债权实现的总担保，该项财产亦称"责任财产"。无论是债权人代位权还是债权人撤销权，都是法律所规定的保障该项财产完整性的措施，而且这两种措施，均突破了债的相对性，直接使得债权可以对第三人发生效力。

二、保全之一：债权人代位权

（一）债权人代位权的概念

　　根据《合同法》第73条第1款的规定，债权人代位权是指当债务人怠于行使其对第三人享有的到期债权而对债权人的债权造成损害的，债权人为保全自己的债权，可以向人民法院请求以自己的名义代位行使债务人债权的权利。

（二）债权人代位权的成立要件

　　《＜合同法＞解释（一）》第11条　债权人依照合同法第七十三条的规定提起代位权诉讼，应当符合下列条件：

　　（一）债权人对债务人的债权合法；

　　（二）债务人怠于行使其到期债权，对债权人造成损害；

（三）债务人的债权已到期；

（四）债务人的债权不是专属于债务人自身的债权。

1. 债权人对债务人的债权合法有效且到期

债权合法是指债权人与债务人之间必须有合法的债权债务存在。如果债权债务不成立，或相关合同被撤销、宣告无效、解除或该债权过了诉讼时效，则债权人不享有代位权。

2. 债务人对次债务人的债权合法有效，已到期

3. 债务人怠于行使其债权

当次债务人陷入迟延不履行可能履行的金钱债务之时，只要当债务人没有"以讼诉方式或者仲裁方式"向其债务人主张权利的，就构成债务人怠于行权。这就意味着，如果债务人以其他方式向次债务人催讨债务，如发书面催讨通知等，哪怕是每天都在催讨，依然构成这里的怠于行权。理解这里的"怠于"要有强烈的规范意识。

那么，为何做出这样严格的界定呢？

背后的法理基础在于，为了防止债务人与次债务人串通架空债权人的代位权。

4. 债务人对第三人的债权为非专属性权利和可以强制执行的权利

根据《合同法解释（一）》第12条规定，基于扶养关系、抚养关系、赡养关系、继承关系产生的给付请求权和劳动报酬、退休金、养老金、抚恤金、安置费、人寿保险、人身伤害赔偿请求权等权利为专属性债权。

上述专属性的债权可以概括为三类：即身份之债、劳动报酬之债和人身伤亡之债，要么关系到债务人的基本生活，要么关系到债务人的人身健康，因此，都具有人身专属性不得代位行使。

（三）债权人代位权的行使

1. 行使权利的范围

《〈合同法〉解释（一）》第21条　在代位权诉讼中，债权人行使代位权的请求数额超过债务人所负债务额或者超过次债务人对债务人所负债务额的，对超出部分人民法院不予支持。

《〈合同法〉解释（一）》第22条　债务人在代位权诉讼中，对超过债权人代位请求数额的债权部分起诉次债务人的，人民法院应当告知其向有管辖权的人民法院另行起诉。

（1）不得超过债务人所负债务额。

（2）不得超过次债务人对债务人所负债务额。

第一，两个债权额，就低不就高。

第二，在此，债务人不能凑热闹，即债务人不得通过代为诉讼主张自己的尚未实现的、超出代位诉讼中可主张的债权额之外的债权。

2. 抗辩延续

在代位权诉讼中，次债务人对债务人的抗辩，债务人对债权人的抗辩，次债务人可向债权人主张。

（四）行使代位权的后果

1. 对于债务人行为的限制

债务人对其债权的处分权因代位权的行使而受到限制，即不得再为妨害代位权行使的处分行为。

在债权人已着手行使代位权且通知债务人后，债务人即不得为抛弃、免除、让与或其他足以使代位权的行使受到妨害的行为，债务人违反此限制而擅自处分的，债权人有权主张其处分无效。

2. 次债务人履行的受领

《〈合同法〉解释（一）》第 20 条 债权人向次债务人提起的代位权诉讼经人民法院审理后认定代位权成立的，由次债务人向债权人履行清偿义务，债权人与债务人、债务人与次债务人之间相应的债权债务关系即予消灭。

第一，次债务人向债权人履行清偿义务。

第二，履行后，债权人与债务人、债务人与次债务人之间相应的债权债务关系即予消灭。

3. 行使代位权的费用的承担

《〈合同法〉解释（一）》第 19 条 在代位权诉讼中，债权人胜诉的，诉讼费由次债务人负担，从实现的债权中优先支付。

第一，诉讼费，次债务人承担。（《合同法解释（一）》第 19 条）

第二，除此之外的其他必要费用，债务人承担。（《合同法》第 73 条）

三、保全之二：债权人撤销权

（一）债权人撤销权的概念

债权人撤销权是指债权人享有的依诉讼程序申请法院撤销债务人实施的损害债权行为的权利。

 特别提醒

债权人撤销权可以撤销的债务人的行为，一定发生在债权人与债务人之间的债权债务人关系成立之后，如果在债权人与债务人之间关系成立之前的行为不得撤销。其法理基础在于，既然债权人与债务人之间关系尚未成立，债务人的行为就不可能是为了危害债权。

[例题] 甲公司在 2011 年 6 月 1 日欠乙公司货款 500 万元，届期无力清偿。2010 年 12 月 1 日，甲公司向丙公司赠送一套价值 50 万元的机器设备。2011 年 3 月 1 日，甲公司向丁基金会捐赠 50 万元现金。2011 年 12 月 1 日，甲公司向戊希望学校捐赠价值 100 万元的电脑。

甲公司的 3 项赠予行为均尚未履行。请问，乙公司可以撤销的是甲公司的哪个行为？[①]

（二）撤销权的成立条件（《合同法》第 74 条）

债权人撤销权的成立要件，包括客观要件和主观要件。

1．客观要件

客观要件，即债务人实施了有害于债权的行为。对此，可以从以下三个方面加以理解：

（1）须有债务人的处分行为。依《合同法》第 74 条及《合同法解释（二）》中的有关规定，债务人的处分行为主要包括：

① 放弃其到期债权、无偿转让财产和以明显不合理的低价转让财产的行为。

② 债务人放弃其未到期的债权或者放弃债权担保，或者恶意延长到期债权的履行期，或者以明显不合理的高价收购他人财产的行为。

特别提醒

转让价格达不到交易时交易地的指导价或市场交易价 70% 的，一般可以视为明显不合理的低价；对转让价格高于当地指导价或者市场交易价 30% 的，一般可以视为明显不合理的高价。

（2）债务人的处分行为已经发生法律效力。

（3）债务人的行为须有害于债权人的债权。

所谓有害于债权人的债权，是指债务人的行为减少了债务人的责任财产，致使债务人无足够的财产来清偿其对债权人的债务，而使债权人的债权无法得到满足，从而损害了债权人的利益。

2．主观要件

主观条件，即债务人实施损害侵权人利益的行为时，受让人知情。

特别提醒

债务人为无偿行为而有害于债权时，只需具备客观要件，债权人即可请求法院予以撤销，因为对无偿行为的撤销，仅使受益人丧失无偿所得的利益，并未损害其固有利益，法律为侧重于保护受损的债权人的利益，在受益人为无偿的情形下，不需要主观要件。

（三）撤销权的行使时间限制

1．主观起算：知道或者应当知道撤销事由之日起 1 年

2．客观起算：行为发生之日起 5 年

---

① 【答案】2011 年 12 月 1 日，甲公司向戊希望学校捐赠价值 100 万元的电脑的行为。

（四）撤销的后果（《合同法解释（一）》第25、26条）

1．对债务人和受益人的效力

（1）债务人的行为被依法撤销后，自始失去法律效力。

（2）受益人已受领债务人财产的，负有返还的义务，原物不能返还的，应折价予以赔偿。

（3）受益人向债务人支付对价的，对债务人享有不当得利返还请求权。

2．对行使撤销权的债权人的效力

（1）行使撤销权的债权人有权请求受益人向自己返还所受利益，并有义务将所受利益加入债务人的一般财产，作为全体一般债权人的共同担保（无优先受偿权）。

（2）债权人行使撤销所支付的律师代理费、差旅费等必要费用，由债务人负担；第三人有过错的，应当适当分担。第三人知情的，即视为有过错。

[例题] 甲对乙享有2006年8月10日到期的6万元债权，到期后乙无力清偿。乙对丙享有5万元债权，清偿期已届满7个月，但乙未对丙采取法律措施。乙对丁还享有5万元人身损害赔偿请求权。后乙去世，无其他遗产，遗嘱中将上述10万元的债权赠予戊。对此，下列哪些选项是正确的？①

A．甲可向法院请求撤销乙的遗赠

B．在乙去世前，甲可直接向法院请求丙向自己清偿

C．在乙去世前，甲可直接向法院请求丁向自己清偿

D．如甲行使代位权胜诉，行使代位权的诉讼费用和其他费用都应该从乙财产中支付

---

① 【答案】AB。解析：乙将10万元的债权遗赠给戊，是无偿转让财产，债权人甲可撤销，A正确；乙对于丁的债权具有专属性，不得代位，乙对于丙的债权的非专属性债权，且怠于行使权利，可以代位，B正确，C错误；代位诉讼胜诉的，诉讼费有次债务人承担，故D错误。

28 | 第二十八讲
合同的移转与变更

阅读提示

　　本讲讲述合同的移转和变更，其中合同移转是必考内容。学习本讲首先要掌握合同变更的概念体系，如图 28-1 所示。

图 28-1　合同变更的概念体系

　　广义的合同变更包括内容变更与主体变更，狭义的合同变更仅指内容变更。主体的变更，又称为合同的移转，此时，合同内容不发生变化。具体包括债权让与、债务承担和债权债务的概括移转。

一、债权让与

（一）债权让与的概念与特征

1. 概念

　　债权让与，是指在不改变债的关系的内容的前提下，债权人与第三人订立合同将其债权移转给第三人享有的法律行为。其中债权人称为让与人，第三人称为受让人。

2. 特征

　　（1）合同转让是指不改变合同权利的内容，由债权人将权利转让给第三人。在该转让关系中主体是债权人和第三人。尽管债权转让时应通知债务人，但这并不意味着债务人是合同权利转让的当事人。

　　（2）合同转让的对象是合同债权。

　　（3）合同转让既可以是全部转让也可以是部分转让。

　　① 在全部转让情形下，让与人丧失债权，受让人取代让与人而成为合同关系的新债权人。

② 在部分转让情形下，受让人作为第三人将加入原合同关系中，与原债权人共同享有债权。

（4）合同转让是让与人与受让人之间的诺成、不要式合同。

（二）债权让与的构成要件

1. 须存在有效的债权

有效债权的存在，是债权让与的根本前提。

以不存在或者无效的"债权"让与他人，或者以已经消灭的债权让与他人，都将因标的不存在或者标的不能而导致债权让与无效，让与人对受让人因此而产生的损失，应负缔约过失范围内的赔偿责任。

2. 被让与的债权须具有可让与性

由于债权转让，本质上是一种交易行为，从鼓励交易、增加社会财富的角度出发，应当允许绝大多数债权能够被转让，只要不违反法律的强制性规定和社会公共道德。

那么，什么样的债权不得让与呢？

《合同法》第79条 债权人可以将合同的权利全部或者部分转让给第三人，但有下列情形之一的除外：

（一）根据合同性质不得转让；

（二）按照当事人约定不得转让；

（三）依照法律规定不得转让。

据此规定，以下三类债权不得转让：

（1）根据债权性质不得转让的债权。此类债权主要包括：

① 因个人信任关系而发生的债权。

例如，雇佣、委托、演讲、演出等合同所生债权。

② 专为特定债权人利益而存在的债权。

例如，基于当事人之间的特定身份关系发生的债权，抚养费、赡养费之请求权等。

③ 不作为债权。

例如，竞业禁止约定中的债权。

④ 属于从权利的债权。

例如，保证债权不得单独让与。

但从权利可与主权利分离而单独存在的，可以转让。

例如，已经产生的利息债权可以与本金债权相分离而单独让与。

（2）按照当事人的约定不得转让的债权。当事人在合同中可以特别约定禁止相对方转让债权，该约定同其他条款一样，作为合同的内容具有法律效力，因而此种债权不具有可让与性，但此约定不得对抗不知情的第三人。

（3）依照法律规定不得转让的债权。合同法没有明确规定何种债权禁止让与，所以，依照法律规定不得转让的债权是指合同法以外的其他法律中关于债权禁止让与的规定。这种情形较为少见。

统观我国法律体系，结合实践中的应用，通常认为，根据诉讼法的要求，处于诉讼过程中的债权不得转让，因为这样会击破合法的诉讼程序，造成司法资源的浪费。

[例题] 下列哪些合同的转让是不合法的？[①]

A．甲公司与韩国乙公司举办中外合资企业，合资合同经过审批机关批准后，甲公司未经乙方同意将合同权利义务转让给丙公司

B．甲教授曾答应为乙校讲课，但因讲课当天临时有急事，便让自己的博士生代为授课

C．债权人李某因急需用钱便将债务人杨某欠自己的两万元债权以15 000元的价格转让给了柳某，李某将此事打电话通知了杨某

D．丁对丙的房屋享有抵押权，为替好友从银行借款提供担保，将该抵押权转让给了银行

3．让与人与受让人须就债权的转让达成协议，并且不得违反法律的有关规定

（1）债权让与合同无效力瑕疵。当事人关于债权转让的意思表示，应在自愿的基础上达成一致。如果债权让与合同具有无效、可撤销等事由的，直接适用关于合同无效或可撤销的规定。若是让与人无权处分，则不发生转让债权的后果。

（2）债权让与不得违反法律规定。当事人就债权转让达成合意，不得违反法律的有关规定。这里包含两层含义：

其一，是指转让合同的内容不得违法。当事人订立债权转让合同，不得恶意串通损害国家、集体或者第三人的利益，不得以合法形式掩盖非法目的，不得损害社会公共利益，不得违反法律、行政法规的强制性规定。若有上述任何一种情形，债权让与合同无效。

其二，是指转让合同的形式合法。转让合同原则上为不要式合同，无须采取特别的方式。但法律对债权让与有特别规定或者当事人有特别约定的，应依法律的规定或当事人的约定。《合同法》第87条规定，债权人转让权利或者债务人转移义务，法律、行政法规规定应当办理批准、登记手续的，依照其规定。

例如，国家特别管制领域的中外合资合同、中外合作合同有些需要经过审批方可生效，若此类合同中的债权发生转让的，转让合同也需要经过审批。

4．债权的让与须通知债务人

《合同法》第80条　债权人转让权利的，应当通知债务人。未经通知，该转让对债务人不发生效力。

债权人转让权利的通知不得撤销，但经受让人同意的除外。

关于通知的形式，《合同法》并未限制，因此，口头形式和书面形式都应该允许。但原则上书面合同的债权让与通知应采取书面形式；法律法规有特别规定的，应当遵照其规定。

---

① 【答案】ABD。解析：A项是中外合资合同，一并转让债权债务，一方面要经过对方同意，另一方面在国家特别管制的领域，转让协议需要经过审批，不合法；B项是人身信任性质的合同，擅自转让不合法；C项是普通债权转让，合法；D项是从权利，不得单独让，不合法。

那么，债权让与协议达成之后，通知与不通知债务人会有什么不能的法律效果呢？总结如表 28-1 所示。

表 28-1 通知与不通知债务人的法律效果

通　　知	未　　通　　知
向原债权人履行无效，原债权人可以拒绝	向原债权人履行有效，原债权人不得拒绝
若没有拒绝，债务人还应向新债权人履行	一旦履行，债务消灭
若原债权人受领，构成不当得利	若原债权人受领，构成不当得利
债务人得以主张返还	新债权人得主张返还

（三）债权让与的效果

1. 对内效力

所谓对内效力，是指在让与人与受让人之间的效力。主要表现如下：

（1）法律地位的取代。债权让与生效后，在债权全部让与时，该债权即由原债权人（让与人）移转于受让人，让与人丧失债权，受让人成为合同关系的新债权人。在债权部分让与时，让与人和受让人共同享有债权。

如果只转让债权的，债务不变。

例如，康德与歌德签订了一个买卖电脑的合同，康德将一台电脑以 2 000 元的价格卖给歌德，如果后来康德将收取价款的债权转让给了庞德，不影响康德向歌德交付电脑的债务之存在。

（2）从权利随之移转。债权人转让权利的，受让人取得与债权有关的从权利，但该从权利专属于债权人自身的除外。

随同债权移转而一并移转的从权利包括：担保物权、保证债权、定金债权、优先权（如职工工资的优先受偿权等）、形成权（如选择权、催告权等）、利息债权、违约金债权和损害赔偿请求权等。

（3）基于诚信原则的要求，让与人应将债权证明文件全部交付给受让人，并告知受让人行使债权所必要的相关情况。

（4）让与人对其让与的债权应负瑕疵担保责任。

 特别提醒

此处，所谓的瑕疵担保责任，是指让与人应当向受让人担保其所让与的债权真实、合法、有效。

2．对外效力

所谓对外效力，是指在<u>受让人与债务人之间的效力</u>。主要表现如下：

（1）债权让与对债务人的效力以债权让与通知为准，该通知不得迟于债务履行期。债务人接到债权让与的通知后，应当向受让人履行债务。

在债务人收到债权让与通知之前，其对让与人（原债权人）所为的民事法律行为有效，即债务人仍以让与人为债权人而为履行的，同样可以免除其债务，受让人不得以债权已经让与为由，要求债务人继续履行，只能向让与人主张权利。

（2）表见让与的效力。当债权人将债权让与第三人的事项通知债务人后，即使让与并未发生或者该让与无效，债务人基于对让与通知的信赖而向该第三人所为的履行仍然有效，在履行的范围内，债务人之债务消灭。

（3）抗辩权的延续。债务人对原债权人（让与人）的抗辩可以向新债权人（受让人）主张。

（4）抵销权延续。

《合同法》第83条　债务人接到债权转让通知时，债务人对让与人享有债权，并且债务人的债权先于转让的债权到期或者同时到期的，债务人可以向受让人主张抵销。

抵销权的延续，关键是债权的到期时间，债务人的债权，相对于转让的债权而言，一定是先到期或同时到期，如果是后到期的，则不能在债权让与时主张抵销。

[例题]甲向乙借款300万元于2008年12月30日到期，丁提供保证担保，丁仅对乙承担保证责任。后乙从甲处购买价值50万元的货物，双方约定2009年1月1日付款。2008年10月1日，乙将债权让与丙，并于同月15日通知甲，但未告知丁。对此，下列哪些选项是正确的？[①]

A．2008年10月1日债权让与在乙丙之间生效

B．2008年10月15日债权让与对甲生效

C．2008年10月15日甲可向丙主张抵销50万元

D．2008年10月15日后丁的保证债务继续有效

二、债务承担

（一）债务承担的概念与类型

1．概念

债务承担，又称债务移转，是指不改变债的内容而将债务人的全部或部分债务移转给第三人承受。债务承担可以依据法律规定而发生，也可以依据当事人之间的民事法律行为而发生，较为常见的方式是通过当事人之间的债务移转协议。

2．类型

---

① 【答案】AB。解析：债权转让协议达成之时生效，通知债务人后对债务人生效，故AB正确；由于甲对于乙的债权后生效，故达成债权让与协议时，甲尚不可主张抵销，丁特别声明只对甲承担责任，故债权让与后，丁不再承担保证责任，CD错误。

债务移转以移转后原债务人是否免责为标准，可以分为免责的债务承担和并存的债务承担。在债务承担中，接受移转债务的第三人为新债务人，又称承担人。

（1）免责的债务承担，是指原债务人将全部债务移转给第三人承担而脱离债的关系。

（2）并存的债务承担，是指原债务人将部分债务移转给第三人承担，原债务人与第三人共同负担同一内容的债务。

（二）免责的债务承担

1. 构成要件

免责的债务移转的要件包括：

（1）须存在有效的债务。债务有效存在是债务承担的前提。债务自始无效或者承担时已经消灭的，即使当事人就此订有债务承担合同，也不发生效力。

在理论上，将来发生的债务也可以设立债务承担，只不过只有在该债务成立时，才能发生转移的效果。

（2）须有以债务移转为内容的协议。该协议可以是第三人与债权人签订的，也可以是第三人与债务人签订的，还可以是债务人、债权人与第三人三方签订的。

（3）须债务具有可移转性。性质上不可移转的债务及当事人约定不得移转的债务，均不具有可移转性。不具有可移转性的债务，不能成为债务承担合同的标的。不具有可移转性的债务主要有：

① 性质上不可移转的债务。这种债务一般是以特定债务人的特殊技能或者特别的人身信任关系为基础而产生的。

例如，以某演员的表演为标的的合同义务、以某画家绘画为标的的合同义务、以对某人的特别信任为基础而成立的委托合同等。这种债务一般不能发生移转，否则会使债权人的预期目的落空。

② 当事人特别约定不能移转的债务。

③ 不作为义务。

> **特别提醒**
>
> 在以不作为为客体的债权债务关系中，无论债权还是债务，均不得转让。因为，通常只有特定的人不作为方可实现目的，所以义务不能转让，同时，不作为的义务人往往只对特定的主体有不作为的义务，如果债权可以转让的话，则意味着增加债务人的负担。

（4）须经债权人同意。在债务移转协议是第三人与债务人签订时，债务移转须经债权人同意。在债权人做出同意与否之前，债务转让处于效力待定状态。此外，法律、行政法规规定债务移转应当办理批准、登记等手续的，依照其规定。

此要件不适用于并存的债务承担，因为并存的债务承担中，由于第三人加入债的关系，并未导致原债务人脱离债的关系，并且第三人加入债的关系有利于加强对债权人利益的保护，增加了债权实现的可能性，所以，第三人与债务人订立并存的债务承担合同，不必征得债权人的同意，但应通知债权人，自通知之时起并存的债务承担对债权人生效。

2．免责债务承担的效力

免责的债务承担的效力表现为：

（1）第三人取得债务人的法律地位。

（2）新债务人应当承担与主债务有关的从债务，但该从债务专属于原债务人自身除外。从债务包括利息债务、违约金债务和损害赔偿债务等。

（3）新债务人可以主张原债务人对债权人的抗辩权；新债务人不得以对抗原债务人的事由对抗债权人。

（4）由第三人为债权设定的担保，除担保人继续同意担保外，因债务承担而消灭。

（5）如果只转让债务的，债权不变。

（三）并存的债务承担

并存的债务承担的设立方式与免责的债务承担基本相同。

在并存债务承担中，第三人加入原债务人一方成为新债务人，使原来的单一之债转变为债务人为多数的多数人之债，故债权人与债务人之间的关系，以及各债务人之间的关系，应适用多数人之债的一般规则处理，具体如下：

（1）若原债务为可分之债时，如果新债务人与原债务人约定按照份额分担债务且债权人同意的，则该债务应按照按份之债来处理。

（2）若债的性质为不可分之债，或者第三人与债务人并未约定按照确定的份额分担债务，或者第三人与债务人约定了份额但没有经过债权人同意的，则第三人与原债务人对债务承担连带责任。

三、债权债务的概括移转

（一）债权债务概括转移的概念与类型

1．概念

债权债务的概括转移，是指债的一方主体将其债权债务一并移转给第三人，使该第三人代替出让人的地位，成为债的新的当事人。

2．类型

债的概括承受的发生原因包括合同承受和法定承受。

合同承受与法定承受的主要区别有二：

（1）合同承受中的承受人可为任意第三人；法定承受中的承受人只能是法定第三人。

（2）合同承受须债的当事人一方与承受人订立转让协议，并取得另一方当事人的同意；法定承受不须取得承受人同意，且对另一方当事人为通知或公告即发生效力。

（二）合同承受

1．合同承受的概念

合同承受，是指合同的一方当事人经对方当事人同意，与第三人订立合同将其在合同中的债权债务全部或者部分移转给第三人。

合同承受实为债权让与和债务承担同时发生，故合同承受的法律效力适用有关债权让与和债务承担效力的规定。在合同承受中，第三人完全取代了合同的一方当事人而成为新的合同当事人，原合同当事人一方完全退出合同关系。

2．合同承受的要件

（1）合同承受须经合同一方当事人与第三人达成移转协议，并取得合同的对方当事人同意。

（2）被移转的合同须为双务合同。

（3）法律、行政法规规定必须采取特定形式的，合同承受应遵循法律、行政法规的规定。

（三）法定承受

法定承受是指基于法律的直接规定而产生的债权债务的概括移转。常见的法定承受包括：

1．法人合并或分立

对此《合同法》第90条有规定。

2．财产继承

依据继承法，继承人欲继承遗产，需要先用遗产来还债。

3．买卖不破租赁

租赁期间发生所有权变动的，买受人获得标的物权利的同时，继续承担提供合格租赁物的义务。

四、合同的变更

此处的合同内容的变更即是民法理论中狭义的合同变更。

（一）合同变更的概念与类型

1．概念

合同变更是指在合同成立以后，尚未履行或尚未完全履行以前，当事人就合同的内容达成修改或补充的协议。

2．类型

（1）法定变更，又称单方变更权，是指一方依法享有的单方通知变更合同的权利。对于此种变更，我国合同法在某些具体合同中有规定。

《合同法》第258条 定作人中途变更承揽工作的要求，造成承揽人损失的，应当赔偿损失。

《合同法》第308条 在承运人将货物交付收货人之前，托运人可以要求承运人中止运输、返还货物、变更到达地或者将货物交给其他收货人，但应当赔偿承运人因此受到的损失。

由此可见，单方变更权属于其中一方当事人，但是，因单方变更合同给另一方造成损失的，应当承担损害赔偿责任。

（2）裁判变更。指基于法院或仲裁机构的裁判使合同的内容发生变更。

若发生了情事变更，当事人可请求法院酌定变更或解除合同。对此，下文详述。

（3）合意变更。指合同双方当事人就达成新的协议变更合同。

（二）合同变更的条件与效力

1. 合同变更的条件

（1）原已存在有效的合同关系。合同的变更，是改变原合同关系，无原合同关系便无变更的对象，所以，合同变更以原已存在合同关系为前提。

（2）合同内容发生局部变化。合同内容的变化包括：标的物数量的增减、标的物品质的改变、价款或者酬金的增减、履行期限的变更、履行地点的改变、履行方式的改变、结算方式的改变、所附条件的增添或除去、单一债权变为选择债权、担保的设定或取消、违约金的变更、利息的变化等。

（3）经当事人协商一致，或根据司法裁判，或根据法律规定。

（4）法律、行政法规规定变更合同应当办理批准、登记等手续的，应遵守其规定。

2. 合同变更的效力

（1）合同变更仅对合同未履行部分发生效力，对已履行部分没有溯及力，但法律另有规定或当事人另有约定的除外。

（2）在有保证的合同，合同变更增加债务人的负担时，非经保证人书面同意，保证人只在原保证范围内承担保证责任，对增加的部分不承担保证责任。

（3）当事人协议变更时，如果变更会给一方当事人带来损失，双方应对于损失的处理做出约定；如没有约定，受益方应当向另一方补偿。因一方违约而协商变更合同的，并不因为变更了合同而免除违约人的责任。这意味着，若因为一方违约而达成变更协议的，不影响非违约方主张赔偿的权利。

（三）情事变更原则

《<合同法>解释（二）》第26条 合同成立以后客观情况发生了当事人在订立合同时无法预见的、非不可抗力造成的不属于商业风险的重大变化，继续履行合同对于一方当事人明显不公平或者不能实现合同目的，当事人请求人民法院变更或者解除合同的，人民法院应当根据公平原则，并结合案件的实际情况确定是否变更或者解除。

1. 情事变更的概念

合同成立后，履行完毕之前，发生了当事人不可预见的非属不可抗力和商业风险的客观情况，使得合同原定权利与义务丧失了存在的基础。

2. 情事变更的构成要件

（1）情事发生变更，也即合同成立时所赖以存在的客观情况发生了重大变化，如物价飞涨、汇率大幅度变化、国家政策出现重大调整等。

（2）情事变更发生在合同成立之后，履行完毕之前。

（3）该情事变更并非不可抗力造成，也不属于商业风险。

（4）当事人在订立合同时无法预见到该情事变更。

（5）情事发生变更后，若继续履行原合同对一方当事人明显不公或不能实现合同目的。

3. 情事变更的法律效力

出现情事变更后，当事人可请求人民法院变更或者解除合同，人民法院应当根据公平原则，并结合案件的实际情况确定是否变更或者解除。

[例题] 甲与乙教育培训机构就课外辅导达成协议，约定甲交费 5 万元，乙保证甲在接受乙的辅导后，高考分数能达到二本线。若未达到该目标，全额退费。结果甲高考成绩仅达去年二本线，与今年高考二本线尚差 20 分。关于乙的承诺，下列哪一表述是正确的？ ①

A. 属于无效格式条款　　　　　　B. 因显失公平而可变更

C. 因情事变更而可变更　　　　　D. 虽违背教育规律但属有效

---

① 【答案】D。解析：本题中高考二本分数线的调整，不是情事变更，即使是格式条款也没有排除对方主要权利，不属于无效，没有显失公平。

29 | 第二十九讲
合同的消灭

 阅读提示

　　合同履行即债的清偿，是合同消灭最正常的原因，由于在合同履行一节已经进行了讲述，故本讲讲述合同消灭的原因，主要包括解除、提存、抵销、混同和免除。其中，解除既是重点，也是难点，属于常考内容。

　　合同的消灭即合同权利与义务的终止，是指由于出现某种法律事实而使得合同设立的权利义务归于消灭的法律现象。那么，可以引起合同权利与义务消灭主要有哪些原因呢？

　　合同法第91条　有下列情形之一的，合同的权利义务终止：

　　（一）债务已经按照约定履行；

　　（二）合同解除；

　　（三）债务相互抵销；

　　（四）债务人依法将标的物提存；

　　（五）债权人免除债务；

　　（六）债权债务同归于一人；

　　（七）法律规定或者当事人约定终止的其他情形。

　　据此规定，合同的履行、解除、抵销、提存、免除、混同皆可导致合同权利义务关系的终止。第7项规定的其他事由包括当事人死亡或破产而债务无人继受、约定的终止期限届至等情形。不管因什么原因导致合同消灭的，在合同的权利义务终止后，当事人应当遵循诚实信用原则，根据交易习惯履行通知、协助、保密等义务，若因违反此义务，造成另一方当事人损失，都应当承担损害赔偿责任。

一、解除

　　《合同法》第93条　当事人协商一致，可以解除合同。

　　当事人可以约定一方解除合同的条件。解除合同的条件成立时，解除权人可以解除合同。

　　《合同法》第94条　有下列情形之一的，当事人可以解除合同：

　　（一）因不可抗力致使不能实现合同目的；

　　（二）在履行期限届满之前，当事人一方明确表示或以自己的行为表明不履行主要债务；

（三）当事人一方迟延履行主要债务，经催告后在合理期限内仍未履行；

（四）当事人一方迟延履行债务或者有其他违约行为致使不能实现合同目的；

（五）法律规定的其他情形。

据上述规定，结合民法关于解除的理论认识，合同解除的概念结构如图 29-1 所示。

图 29-1　合同解除的概念结构

（一）合同解除的概念与特征

1．概念

合同解除，是指在合同有效成立之后尚未开始履行或者尚未全部履行之前，因当事人一方或双方的意思表示，提前终止合同效力的行为。

2．特征

（1）合同解除发生在合同有效成立至全部履行之前这段时间，即解除以有效的合同作为前提。

（2）合同解除必须具备一定条件。这一条件可以是当事人约定的，也可以是法律直接规定的。

（3）合同解除必须通过解除行为而实现。解除行为可以是单方法律行为，也可以是双方法律行为。所谓单方行为，是指通过单方通知行使解除权；双方行为是指达成合同解除的协议。

（4）合同解除的后果，是使基于合同发生的债权债务关系消灭，因此，它是合同终止的原因之一。

（二）合同解除的类型

1．单方解除与协议解除

根据上图，合同解除首先可以分为单方解除与协议解除。

（1）单方解除是指依法享有解除权的一方当事人依单方意思表示解除合同关系。

（2）协议解除是指当事人双方通过协商同意将合同解除的行为。

其中单方解除，是一方享有解除权的情况，单方做出解除合同的决定。协议解除是双方协商的结果，不存在哪一方享有解除权的问题。

2．法定解除与约定解除

在单方解除中，根据解除权的来源不同，又可以分为法定解除与约定解除。

（1）法定解除，是指合同解除的条件由法律直接加以规定的解除。

在法定解除中，有的以适用于所有合同的条件为解除条件，有的则以仅适用于特定合同的条件为解除条件。前者称为一般法定解除（如《合同法》第94条规定的解除原因），后者称为特别法定解除（主要《合同法》分则中规定的只适用于某种特定合同的解除权，如不定期租赁合同，双方都有权随时解除合同）。

（2）约定解除，是当事人以合同形式约定为一方或双方设定解除权的解除。

其中，有关解除权的合意称为解约条款，解除权可以赋予当事人一方，也可以赋予当事人双方。设定解除权，可以在订立合同时约定，也可以在合同成立后另订设定解除权的合同。

例如，甲乙双方签订合同，约定如果未来出现情况A甲方可以解除合同，如果出现情况B乙方可以解除合同，如果出现情况C甲乙双方均可解除合同。如果在未来履行合同过程中，出现A时，甲方可以单方解除合同，出现情况B时乙方可单方解除合同，出现C时，甲乙双方均可解除合同。

（三）合同协议解除的条件

合同协议解除的条件，是双方当事人协商一致解除原合同关系，其实质是在原合同当事人之间重新形成了一个合同，其主要内容为废弃双方原合同关系，使双方基于原合同发生的债权债务归于消灭。

协议解除采取合同（即解除协议）方式，因此应具备合同的有效要件，即当事人具有相应的行为能力；意思表示真实自由；内容不违反强行法规范和社会公共利益；采取适当的形式。否则，解除合同的协议，也会存在效力方面的瑕疵，不能直接实现解除合同之目的。

（四）法定解除权产生的事由

根据《合同法》第94条规定，法定解除权产生的事由，主要包括：

1. 不可抗力

出现不可抗力，意味着非当事人主观原因导致不能履行合同，而是客观上导致合同目的根本不能实现，此时，享有解除权主体为双方当事人，即双方都有解除权。

同时，由于此种原因导致解除的，没有任何一方当事人具有可归责性，故因不可抗力解除合同，彼此均不需要向对方负损害赔偿责任，各自的损失各自承担。

2. 迟延履行主要债务

（1）何时可立即解除。当事人一方迟延履行主要债务，经催告后在合理期限内仍未履行，此即债务人迟延履行。根据合同的性质和当事人的意思表示，履行期限在合同的内容中非属特别重要时，即使债务人在履行期届满后履行，也不致使合同目的落空，在此情况下，原则上不允许当事人立即解除合同，而应由债权人向债务人发出履行催告，给予一定的履行宽限期，债务人在该履行宽限期届满时仍未履行的，债权人有权解除合同。

（2）约定了履行迟延违约金的合同中，若不解除时的救济。

《合同法》第 114 条第 3 款　当事人就迟延履行约定违约金的，违约方支付违约金后，还应当履行债务。

据此规定，在履行迟延时，如果有约定关于迟延的违约金的，权利人可以主张继续履行的同时，主张支付违约金。这是实际履行与违约金的并用。

 特别提醒

> 既然两者可以并用，如果说权利人可以选择其一主张当然也是正确的。

3．预期违约

在履行期限届满之前，当事人一方明确表示或者以自己的行为表明不履行主要债务。此即债务人拒绝履行，也称毁约，包括明示毁约和默示毁约。作为合同解除条件，有三项要求：其一，是要求债务人有过错；其二，是拒绝行为违法（无合法理由）；其三，是有履行能力。

《合同法》第 108 条　当事人一方明确表示或者以自己的行为表明不履行合同义务的，对方可以在履行期限届满之前要求其承担违约责任。

据此，在此种情况下，非违约方既可以要求解除合同主张另一方进行赔偿，也可直接主张违约责任。

4．根本违约

当事人一方迟延履行债务或者有其他违约行为致使不能实现合同目的的，合同目的不能实现，即为根本违约。

（1）因迟延导致目的不能实现的情况。对某些合同而言，履行期限至关重要，如债务人不按期履行，合同目的即不能实现，对此情形，债权人有权解除合同。

例如，某高校计划在某年 9 月 8 日举行建校 50 周年庆典，为此，向某承揽人定做了一个在开幕式上使用的大钟，要求必须在 9 月 8 日前送到，结果到了 9 月 8 日，由于承揽人没有完成钟的组装，未能按时送货。对此，学校可立即解除合同。

（2）因其他违约导致合同目的不能实现的情况。

例如，甲在离自家附近的健身房办了一张健身年卡，步行 10 分钟即可到达。后来，健身俱乐部将健身房搬至距离现址 20 千米以外的郊区。此时，甲可基于合同目的不能实现解除合同。

 特别提醒

> 关于迟延履行、预期违约与根本违约解除后赔偿的共性原理。
>
> 这三种原因，非违约方的当事人均可选择解除合同，并根据实际需要主张违约方赔偿损失。那么，接下来的问题是，赔什么？即可以主张什么范围内的赔偿？各自的理由又是什么呢？
>
> 根据民法理论的认识及实践中的需求，在因上述三种原因解除合同后，非违约方有可能选择主张信赖利益的损害赔偿，即缔约过失责任范围内的赔偿，也有可能

主张履行利益的损害赔偿，即违约责任范围内的赔偿，赔偿范围与直接主张违约相同。

通常而言，履行利益的赔偿会明显多于信赖利益赔偿呢？这是由实践中的需要决定的。有时候，非违约方没有必要让违约方赔偿履行利益。比如，当非违约方看到违约方迟延、预期违约等情形，作为一个正常的市场主体通常会积极行动起来，在可能的情况下，再签一单合同，把本来想通过与违约方的合同获得履行利益弥补回来。此时，非违约方就没有必要再主张履行利益的赔偿，但其因为签订合同而支出的成本费用当然是要主张赔偿的，此时就会出现解除合同后，主张信赖利益的赔偿。

如果非违约方采取了可能的措施后，没有将自己本来预期的履行利益弥补回来，则在解除合同后，则就会选择履行利益的赔偿。

那么接下来的问题是，不管是迟延履行、预期违约还是根本违约，显然已经有一方陷入了违约状态，三种情况下均可直接主张违约。既然直接主张违约就可以主张履行利益的赔偿，那为什么《合同法》第94条还在这种情况下通过法律规定赋予非违约方解除合同的权利呢？那一定是因为加上解除合同这一招，有着单纯的违约不可替代的价值。区别如下：

解除合同之后，也是主张违约范围内履行利益的赔偿，与直接主张违约相同，但直接主张违约时，尽管可以让对方赔偿履行利益的损失，但是非违约方还需要履行自己的合同义务。在履行迟延、预期违约和根本违约的三种情况下，既然法律赋予了非违约方解除合同的权利，就意味着一旦非违约方选择了解除合同，自己的义务不需要履行了，同时还可以主张违约方赔偿履行利益的损失。可以说，这是对于非违约方最为周延的法律保护。

[例题] 某热电厂从某煤矿购煤200吨，约定交货期限为2007年9月30日，付款期限为2007年10月31日。9月底，煤矿交付200吨煤，热电厂经检验发现煤的含硫量远远超过约定标准，根据政府规定不能在该厂区燃烧。基于上述情况，热电厂的哪些主张有法律依据？[①]

A. 行使顺序履行抗辩权　　　　　B. 要求煤矿承担违约责任

C. 行使不安抗辩权　　　　　　　D. 解除合同

（五）合同解除的程序

1. 单方解除权的行使

单方解除，即享有合同解除权的一方出事人通过行使解除权而解除合同。解除权属形成权，不需对方当事人同意，只需解除权人的单方意思表示，即可发生解除合同的法律效果但解除权的行使并非毫无限制，合同法对其行使期限和行使方式均有明确规定：

---

① 【答案】ABD。解析：电厂的履行顺序在后，故其抗辩权不是不安抗辩权，而是顺序履行抗辩权，A正确C错误；煤矿履行不合格导致电厂目的不能实现，故可以解除合同，主张违约责任，BD正确。

（1）行使期限

《合同法》第95条 法律规定或者当事人约定解除权行使期限，期限届满当事人不行使的，该权利消灭。

法律没有规定或者当事人没有约定解除权行使期限，经对方催告后在合理期限内不行使的，该权利消灭。

（2）行使方式：单方通知与相对方的异议权

《合同法》第96条 当事人一方依照本法第九十三条第二款、第九十四条的规定主张解除合同的，应当通知对方。合同自通知到达对方时解除。对方有异议的，可以请求人民法院或者仲裁机构确认解除合同的效力。

法律、行政法规规定解除合同应当办理批准、登记等手续的，依照其规定。

《〈合同法〉解释（二）》第24条 当事人对合同法第九十六条、第九十九条规定的合同解除或者债务抵销虽有异议，但在约定的异议期限届满后才提出异议并向人民法院起诉的，人民法院不予支持；当事人没有约定异议期间，在解除合同或者债务抵销通知到达之日起三个月以后才向人民法院起诉的，人民法院不予支持。

2. 协议解除的程序

协议解除实质为原合同当事人之间重新成立一个以解除原合同为目的的合同，因此，应遵循由要约到承诺的一般缔约程序及其他相关要求，以实现当事人双方意思表示一致。法律、行政法规规定解除合同应当办理批准、登记等手续的，依照其规定。

（六）合同解除权的效力

《合同法》第97条 合同解除后，尚未履行的，终止履行；已经履行的，根据履行情况和合同性质，当事人可以要求恢复原状、采取其他补救措施，并有权要求赔偿损失。

区分一时性的合同和继续性的合同。

1. 一时性合同

一时性合同被解除后，具有恢复原状的可能性，一般可发生恢复原状的义务，即解除后，有溯及力。

2. 继续性合同

继续性合同被解除后，要么无恢复原状的可能性，要么不宜恢复原状，故通常可通过采取其他补救措施维护合同当事人的权益，即通常没有溯及力，面向未来终止。

解除之后，不能采取其他补救措施的，可主张损害赔偿，赔偿的范围问题，可参见前文关于"迟延履行、预期违约和根本违约解除后赔偿的共性原理"部分。

[例题] 甲房产开发公司在交给购房人张某的某小区平面图和项目说明书中都标明有一个健身馆。张某看中小区健身方便，决定购买一套商品房并与甲公司签订了购房合同。张某收房时发现小区没有健身馆。下列哪些表述是正确的？①

---

① 【答案】AB。解读此题有两个角度。首先，合同目的不能实现构成根本违约，可以解除合同，构成欺诈可以撤销合同；其次，解除权单方通知即可实现，主张撤销需要提起诉讼或仲裁；解除合同与违约责任可以并用；没有双倍返还购房款的情形，AB正确，CD错误。

A．甲公司不守诚信，构成根本违约，张某有权退房

B．甲公司构成欺诈，张某有权请求甲公司承担缔约过失责任

C．甲公司恶意误导，张某有权请求甲公司双倍返还购房款

D．张某不能滥用权利，在退房和要求甲公司承担违约责任之间只能选择一种

（七）特别法定解除权

有名合同中对解除权的特别规定的总结，如表 29-1 所示。

表 29-1　有名合同中对解除权的特别规定的总结

任意解除权	信任关系	① 承揽合同的定作人；② 货运合同的托运人；③ 委托合同的双方；④ 保管合同中寄存人和没有约定保管期限或者约定不明时的保管人
	无期限合同	不定期租赁合同和不定期仓储合同
	行使任意解除权给对方造成损失的，均需要赔偿损失	
违约解除权	①不安抗辩权人有解除权 ②分期付款买受人未付款达总额 1/5 以上时，出卖人有解除权 ③借款人违反贷款用途时，贷款人有解除权 ④承租人擅自转租时，出租人有解除权 ⑤租赁物危及安全、健康时，承租人有解除权 ⑥承揽人擅自转包时，定作人有解除权	

二、提存

（一）提存的概念与条件

1．提存的概念

提存是指由于债权人的原因而无法向其交付履行标的物时，债务人将该标的物交付给提存机关以消灭债务的行为。

2．提存的条件

（1）须有因债权人方面的原因使债务人难以履行债务的客观情况发生。根据合同法规定，这种客观情况包括：

债权人无正当理由拒绝受领；债权人下落不明；债权人死亡未确定继承人或者丧失行为能力未确定监护人；法律规定的其他情形。

（2）须提存的标的物适宜提存。如果标的物不适于提存或者提存费用过高，债务人依法可以拍卖或者变卖标的物，提存所得的价款。

（3）须经法定程序进行。

（二）提存的效力

《合同法》第 103 条　标的物提存后，毁损、灭失的风险由债权人承担。提存期间，标

的物的孳息归债权人所有。提存费用由债权人负担。

《合同法》第104条　债权人可以随时领取提存物，但债权人对债务人负有到期债务的，在债权人未履行债务或者提供担保之前，提存部门根据债务人的要求应当拒绝其领取提存物。

债权人领取提存物的权利，自提存之日起五年内不行使而消灭，提存物扣除提存费用后归国家所有。

提存的效力，包括提存在债务人与债权人之间、提存人与提存部门之间及债权人与提存部门之间发生的效力三个方面：

1. 债务人与债权人之间的效力

提存之日起，债务人的债务归于消灭。提存物在提存期间所产生的<u>孳息归提存受领人所有</u>。提存的不动产或其他物品的收益，除用于维护费用外，剩余部分应当存入提存账户。标的物提存使债权得到清偿，<u>标的物毁损灭失的风险也转移归于债权人负担</u>。但因提存部门过错造成毁损、灭失的，提存部门负有赔偿责任。

2. 提存人与提存部门之间的效力

<u>提存部门有保管提存标的物的权利和义务</u>。提存部门应当采取适当的方法妥善保管提存标的物，以防毁损、变质或灭失。对不宜保存的，提存受领人到期不领取或超过保管期限的提存物品，提存部门可以拍卖，保存其价款。

3. 债权人与提存部门之间的效力

（1）债权人可以随时领取提存物，但债权人对债务人负有到期债务的，在债权人未履行债务或者提供担保之前，提存部门根据债务人的要求应当拒绝其领取提存物。

（2）债权人领取提存物的权利，自提存之日起5年内不行使而消灭，提存物扣除提存费用后归国家所有。

（3）除当事人另有约定外，提存费用由提存受领人承担。提存受领人未支付提存费用前，提存部门有权留置价值相当的提存标的物。

三、抵销

抵销，是指互负债务的双方当事人将两项债务相互充抵，以使双方债务在对等数额内消灭的行为。抵销依其产生根据的不同，可分为法定抵销与合意抵销。

（一）法定抵销

1. 法定抵销的概念

法定抵销，是指依法律规定以当事人一方的意思表示所作的抵销。用作抵销的债权称为<u>主动债权或自动债权</u>，被抵销的债权称为<u>被动债权</u>。

2. 法定抵销的构成要件

（1）须双方当事人互负债务、互享债权。此处双方互相享有的债权都需是可以正常行使的债权，如果一方享有法律上正当抗辩权，则另一方不得作为主动债权提出抵销。

例如，超过诉讼时效期间的债权，不得作为主动债权而主张抵销，否则无异于强迫对方履行自然债务。如果被动债权已过诉讼时效期间，则可用于抵销。对此，可认为债务人抛弃了时效利益。

[例题] 甲装修公司欠乙建材商场货款 5 万元，乙商场需付甲公司装修费 2 万元。现甲公司欠款已到期，乙商场欠费已过诉讼时效，甲公司欲以装修费充抵货款。可否？①

（2）须自动债权即提出抵销的债权已届清偿期。债权人通常仅在清偿期届至时，才可以现实地请求清偿。若债权未届清偿期也允许抵销，就等于在清偿期前强制债务人清偿，牺牲其期限利益，显属不合理。所以，自动债权已届清偿期才允许抵销。

自动债权未定清偿期的，只要债权人给债务人以宽限期，宽限期满即可抵销。虽然合同法规定双方债权均应届履行期，但因债务人有权抛弃期限利益，在无相反的规定或约定时，债务人可以在清偿期前清偿。所以，受动债权即使未届清偿期，也应允许抵销。

（3）须双方债务的标的物种类、品质相同。正因为要求标的物的种类、品质相同，故抵销通常在金钱债务以及其他种类物债务适用较多。双方当事人的给付物的种类虽然相同，但品质不同时，原则上不允许抵销。

例如，同样是享有请求对方交付一吨东北大米的权利，一方应当交付的优级，另一方应当交付的是特优级，此时则不能抵销。

以特定物为给付物时，即使双方的给付物属于同一种类，也不允许抵销。但是，在双方当事人均以同一物为给付物时，仍属同一种类的给付，可以抵销。

例如，甲有向乙请求交付某特定物的债权，同时，对于丙负有交付该物的债务，嗣后在乙继承丙的遗产场合就可发生这种抵销。

（4）须不存在按照合同性质或者依照法律规定不得抵销的情形。所谓依债的性质不能抵销，是指依给付的性质，如果允许抵销，将不能达到合同的目的。

例如，以不作为债务抵销不作为债务，就达不到合同目的，故不允许抵销。

依照法律规定不能抵销是指法律出于保护特定情形下的当事人利益而对抵销做出的限制性规定。

例如，故意实施侵权行为的人，不得主张抵销侵权损害赔偿之债。甲曾借乙 10 万元，后来乙在一次纠纷中将甲打伤，需要赔偿医药费 8 万元，乙不得主张抵销。

3. 权利的性质与行使

（1）抵销权属于形成权，享有抵销权的当事人只需通知对方即可发生抵销后果，无须对方同意。

（2）当事人主张抵销的，应当通知对方，通知自到达对方时生效，但抵销不得附条件或者期限，且一旦行使权利，不得反悔。

因为是形成权，民法中形成权的行使原则上均不得附条件或期限，也只能行使一次。形

① 【答案】可以，但是，要经过乙商场同意方可抵销。

成权，单方决定双方法律关系的命运，如果允许附条件和期限，则意味着让对方陷入双重不确定性之中。

（3）抵销使当事人双方的债权在对等数额内消灭，对于未抵销的债务部分，债务人仍然负有清偿义务。

（4）抵销具有溯及力，溯及抵销权成立之时。

特别提醒

法定抵销为何具有溯及力？因为一旦可以抵销，当事人即可享有对于抵销利益的期待，这种期待值得法律保护，但是，在抵销权发生之时，当事人未必一定行使抵销权。如果抵销仅向未来发生效力，难免发生不公平之结果。在两个债权迟延履行时赔偿金不同的场合，这种不公尤其明显。

（二）合意抵销

合意抵销，是指当事人协商一致时，双方的债权债务按对等数额消灭的抵销方式。

合意抵销是当事人意思自治的具体体现，法律不应禁止。合意抵销的发生条件、法律后果均须遵从当事人的约定，双方的抵销协议只需满足合同的成立及生效要件即可，不受法定抵销的限制。除当事人有特别约定外，抵销没有溯及效力。

特别提醒

为什么合意抵销没有溯及力呢？

因为种类品质不同，本来不能抵销，在达成抵销合同之前，不可能存在对于抵销利益的期待，只有抵销合同达成了，才启动了抵销的可能。因此，面向未来发生效力。

四、混同

1. 混同的概念

混同，是指债权和债务同归一人，致使债的关系消灭的事实。

2. 混同的成立

债权债务的混同，由债权或债务的承受而产生，债权债务的概括承受是发生混同的主要原因。

例如，企业合并，合并前的两个企业之间有债权债务时，企业合并后，债权债务因同归一个企业而消灭。

3. 混同的效力

合同关系及其他债之关系，因混同而绝对地消灭。债权的消灭，也使从权利（如利息债权、违约金债权、担保权等）归于消灭。

债权系他人权利的标的时，从保护第三人的合法权益出发，债权不消灭。

例如，债权为他人质权的标的，为了保护质权人的利益，不使债权因混同而消灭。

五、免除

1．免除的概念

免除，是指债权人抛弃债权，从而全部或部分消灭债的关系的单方行为。

2．免除的性质

免除，仅依债权人表示免除债务的意思而发生效力，其原因如何，在所不问。所以，免除为无因行为。

3．免除的方法

免除应由债权人向债务人以意思表示为之。向第三人为免除的意思表示的，不发生免除的法律效力。

免除的意思表示构成民事法律行为。因此，民法关于民事法律行为的规定适用于免除。免除可以由债权人的代理人为之，也可以附条件或期限。

免除为单独行为，自向债务人或其代理人表示后，即产生债务消灭的效果。因而，一旦债权人做出免除的意思表示，即不得撤回。

4．免除的效力

免除发生债务绝对消灭的效力。因免除使债权消灭，故债权的从权利，如利息债权、担保权等，也同时归于消灭。仅免除部分债务的，债的关系仅部分终止。

免除为处分行为，仅就各个债务成立免除。因合同所生的全部债务，如两个对立的债务，只有一一将它们免除时，才发生全部免除的效力，即合同关系消灭的结果。

例如，双务有偿的买卖合同，买方免除卖方交货的债务，卖方免除买方付款的债务，两者同时具备，方可使得合同关系消灭，如果只具备其一，则不能消灭合同。

5．免除的限制

免除不得损害第三人的合法权益。

例如，已就债权设定质权的债权人不得免除债务人的债务，而以之对抗质权人。

基于主从权利关系的民法原理，保证债务的免除不影响被担保债务的存在，被担保债务的免除则使保证债务消灭。

[例题]甲和乙之间有借贷关系，后二人结婚。此时，甲、乙之间的债权债务可以因下列哪一情形消灭？ ①

A．因混同而消灭　　　　　　　B．因结婚而消灭

C．因免除而消灭　　　　　　　D．因混合而消灭

①【答案】C。解析：结婚本身不会消灭债务，主体也不存在混同，混合是指客体的混合，故只能通过免除而消灭。

30 | 第三十讲 违约责任

阅读提示

本讲讲述违约责任的类型、责任构成、责任方式、免责事由等问题，违约责任问题属于常考点，尤其是违约责任的承担方式，重要性尤其突出。

一、违约责任概述

违约责任，是指当事人不履行或不适当履行合同义务而应承担的民事责任。其主要具有以下特征。

（1）违约责任属于财产性的民事责任；

（2）违约责任具有相对性。

违约责任的相对性是由合同的相对性决定的，其含义是：一方面，违约责任是违反合同的一方当事人承担的责任，不是当事人的辅助人的责任；另一方面，合同当事人对于自己一方因第三人的原因造成的违约应承担责任，承担责任后，可向第三人追偿。

《合同法》第121条　当事人一方因第三人的原因造成违约的，应当向对方承担违约责任。当事人一方和第三人之间的纠纷，依照法律规定或者按照约定解决。

[例题]　甲、乙签订货物买卖合同，约定由甲送货上门。甲遂与丙签订运输合同，合同中载明乙为收货人。运输途中，因丙的驾驶员丁的重大过失发生交通事故，致货物受损，无法向乙按约交货。下列哪种说法是正确的？①

A．乙有权请求甲承担违约责任

B．乙应当向丙要求赔偿损失

C．乙尚未取得货物所有权

D．丁应对甲承担责任

（3）违约责任是当事人不履行合同债务而产生的责任；

（4）违约责任具有一定的任意性，可由当事人在法定范围内约定。这是由合同自由原则决定的。

二、违约责任的基本类型

根据不同标准，可对违约行为作以下分类：

---

① 【答案】AC。解析：如果题中的送货上门，改为代办托运，则正确答案为A。

（一）实际违约与预期违约

1．实际违约

实际违约，即实际发生的违约行为。

实际违约的具体形态包括：履行不能、拒绝履行、迟延履行、瑕疵履行、加害给付等。

2．预期违约

（1）概念。预期违约也称先期违约，是指在合同履行期限到来之前，一方无正当理由但明确表示其在履行期到来后将不履行合同，或者其行为表明其在履行期到来后将不可能履行合同。

（2）特征。

① 当事人在合同履行期到来之前的违约。

② 侵害的是对方当事人期待的债权而不是现实的债权。

（3）类型。预期违约的类型主要有两种，即明示预期违约（也叫明示毁约）和默示预期违约（也叫默示毁约）：

① 明示毁约，是指一方当事人无正当理由，明确地向对方表示将在履行期届至时不履行合同。其要件有三：

其一，一方当事人明确肯定地向对方做出毁约的表示；

其二，须表明将不履行合同的主要义务；

其三，无正当理由。

② 默示毁约，是指在履行期到来之前，一方以自己的行为表明其将在履行期届至后不履行合同。其特点是，债务人虽然没有表示不履行合同，但其行为表明将不履行合同或不能履行合同。

例如，特定物买卖合同的出卖人在合同履行期届至前，将标的物转卖给第三人并完成交付，或买受人在付款期到来之前转移财产和存款以逃避债务等。

（二）其他类型

1．单方违约与双方违约

单方违约，是指只有一方违反了合同义务。

双方违约，是指双方当事人分别违反了自己的合同义务。

根据《合同法》第120条规定，当事人双方都违反合同的，应当各自承担相应的责任。

2．根本违约与非根本违约

以违约行为是否导致另一方订约目的不能实现为标准，违约行为可作此分类。区分的主要意义在于，根本违约可构成合同法定解除的理由。

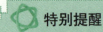 **特别提醒**

《合同法》第108条 当事人一方明确表示或者以自己的行为表明不履行合同义务的，对方可以在履行期限届满之前要求其承担违约责任。

三、违约责任的归责原则、责任构成与免责事由

（一）归责原则

1. 原则：无过错原则

《合同法》第107条 当事人一方不履行合同义务或者履行合同义务不符合约定的，应当承担继续履行、采取补救措施或者赔偿损失等违约责任。

所谓无过错责任，是指在追究违约人责任时，不考虑其是否有过错，只要没有履行合同或者没有适当履行合同的，就应当承担之。

2. 例外

合同法分则中某些有名合同采过错原则。但凡采取过错原则的规定，一定都是考虑到其特殊性，考虑过错更为合理的缘故。试举几例：

《合同法》第189条 因赠予人故意或者重大过失致使赠予的财产毁损、灭失的，赠予人应当承担损害赔偿责任。

《合同法》第222条 承租人应当妥善保管租赁物，因保管不善造成租赁物毁损、灭失的，应当承担损害赔偿责任。

《合同法》第265条 承揽人应当妥善保管定作人提供的材料以及完成的工作成果，因保管不善造成毁损、灭失的，应当承担损害赔偿责任。

《合同法》第303条第1款 在运输过程中旅客自带物品毁损、灭失，承运人有过错的，应当承担损害赔偿责任。

《合同法》第374条 保管期间，因保管人保管不善造成保管物毁损、灭失的，保管人应当承担损害赔偿责任，但保管是无偿的，保管人证明自己没有重大过失的，不承担损害赔偿责任。

《合同法》第406条 有偿的委托合同，因受托人的过错给委托人造成损失的，委托人可以要求赔偿损失。无偿的委托合同，因受托人的故意或者重大过失给委托人造成损失的，委托人可以要求赔偿损失。

受托人超越权限给委托人造成损失的，应当赔偿损失。

（二）责任构成

违约责任的构成要件主要包括：

1. 当事人之间存在有效合同

2. 客观上有违约行为

违约行为主要表现为两种情况：

其一，是不履行，包括实际不履行和预期违约行为。

其二，是不适当履行，即当事人虽有履行合同义务的行为，但履行不符合合同的要求。

3. 不存在免责事由

（三）免责事由

1. 不可抗力

当事人一方因不可抗力不能履行合同的，应当及时通知对方，以减轻可能给对方造成的损失，并应当在合理期限内提供证明。

根据不可抗力的影响，违约方可部分或全部免除责任，但有以下例外：

（1）金钱债务的迟延责任不得因不可抗力而免除；

（2）迟延履行期间发生的不可抗力不具有免责效力。

2. 合同法具体有名合同中的特别规定

这是指由法律特别规定的只适用于个别合同的违约责任免责事由。

《合同法》第 302 条　在客运合同中，承运人应对运输过程中旅客的伤亡承担损害赔偿责任，但伤亡是旅客自身健康原因造成的或者承运人证明伤亡是旅客故意、重大过失造成的除外。

此处的旅客自身健康原因、旅客故意、重大过失就属于特殊的法定免责事由。

3. 约定免责事由

约定的免责事由是指当事人在合同中约定的违约方免予承担违约责任的条件。当事人关于免责事由的约定不得违反法律、国家政策和社会公共利益，不违背善良风俗。两种情况不得约定免责：

（1）造成一方人身伤亡免责的，如劳动合同中，工伤概不负责之约定免责无效。

（2）约定因一方故意、重大过失造成对方财产损失免责的，无效。

四、违约责任的形式

《合同法》第 107 条　当事人一方不履行合同义务或者履行合同义务不符合约定的，应当承担继续履行、采取补救措施或者赔偿损失等违约责任。

据此，违约责任有三种基本形式，即继续履行、采取补救措施和赔偿损失。当然，除此之外，违约责任还有其他形式，如违约金和定金责任。

（一）继续履行

1. 继续履行的概念

继续履行，也叫强制履行，是指在合同债务人不履行合同义务或者履行合同义务不符合约定条件时，债权人要求违约方继续按照合同的约定履行义务。

继续履行作为违约责任形式中的一种，是实际履行原则的延伸和补充，其内容是强制违约方交付按照合同约定本应交付的标的。我国采用继续履行为主，赔偿为辅的救济原则。

2. 继续履行的适用及其限度

继续履行的适用，因债务性质的不同而不同。

（1）金钱债务。无条件适用继续履行，金钱债务只存在迟延履行，不存在履行不能，因此，应无条件适用继续履行的责任形式。

（2）非金钱债务。有条件适用继续履行。对非金钱债务，原则上可以请求继续履行，但下列情形除外：

① 法律上或者事实上不能履行（履行不能）。

法律上履行不能的，例如，特定物的一物二卖中标的物的所有权已经被第二个买受人取得，第一个买卖合同就构成法律上履行不能。

事实上履行不能的，例如，特定物的买卖中，标的物在履行之前毁损灭失的。

② 债务的标的不适用强制履行或者强制履行费用过高。

标的不适于强制履行的，例如，劳务之债关系到人身自由，不适用强制履行；再如，租赁合同约定5年，承租人到了第3年违约的，就不适用强制履行，如果承租人要调到外地工作，则不适于强制履行。

强制履行费用过高的，例如，甲应当卖给乙普通瓦片100万片，甲没有如约发货。乙请求甲强制履行，如果甲此时已经停止了对于瓦片的烧制，如甲对于乙的赔偿需要20万元，如果让甲重新开工烧制瓦片至少需要30万元，则强制履行成本过高，一般的瓦片，市场上很容易买到，没有必要非要强制甲来履行。

③ 债权人在合理期限内未请求履行。

例如，如季节性物品之供应。

（二）采取补救措施

1. 采取补救措施的概念及作用

补救措施是指继续履行、赔偿损失、支付违约金等之外的其他补救方法，如恢复原状、修理、重作、更换、退货、减少价款或者报酬。

采取补救措施作为一种独立的违约责任形式，是指矫正合同不适当履行（质量不合格）、使履行缺陷得以消除的具体措施。这种责任形式与继续履行（解决不履行问题）和赔偿损失具有互补性。如果采取补救措施后对方还有其他损失的，违约方还应对损失予以赔偿。

2. 具体适用

在采取补救措施的适用上，应注意以下几点：

（1）采取补救措施的适用以合同对质量不合格的违约责任没有约定或者约定不明确，而依《合同法》第61条仍不能确定违约责任为前提。换言之，对于不适当履行的违约责任形式，当事人有约定者应依其约定；没有约定或约定不明者，首先应按照《合同法》第61条规定确定违约责任；没有约定或约定不明又不能按照《合同法》第61条规定确定违约责任的，才适用这些补救措施。

（2）应以标的物的性质和损失大小为依据，确定与之相适应的补救方式。

（3）受害方对补救措施享有选择权，但选定的方式应当合理。

（三）赔偿损失

1．赔偿损失的概念

赔偿损失是指违约方以支付金钱的方式弥补受害方因违约行为而遭受损失的责任形式。承担赔偿损失的责任除应具备违约责任的必要条件外，还必须有违约行为造成对方财产损失的事实。

2．赔偿损失的适用及计算方法

赔偿损失是以支付金钱的方式弥补损失。金钱为一般等价物，任何损失一般都可以转化为金钱，因此，赔偿损失主要指金钱赔偿。但在特殊情况下，也可以以其他物代替金钱作为赔偿。关于损失数额的计算方法，有约定的按照约定的方法来计算，如果没有约定，计算损失数额遵循如下规则：

（1）完全赔偿原则。违约方对于守约方因违约所遭受的全部损失承担的赔偿责任。

具体包括：直接损失与间接损失。直接损失主要表现为标的物灭失、为准备履行合同而支出的费用、停工损失、为减少违约损失而支出的费用、诉讼费用等。间接损失是指在合同适当履行后可以实现和取得的财产利益。

（2）合理预见规则。既然包括间接损失，在计算时就必然要受到合理预见规则的限制。当然，在计算直接损失时，在有的项目中合理预见也有重要作用，如上述停工损失即是。

合理预见规则是限制法定违约损害赔偿范围的一项重要规则，其理论基础是意思自治原则和公平原则。对此应把握以下几点：

① 合理预见规则是限制包括现实财产损失和可得利益损失的损失赔偿总额的规则，不仅用以限制可得利益损失的赔偿。

② 合理预见规则不适用于约定损害赔偿。

③ 是否预见到或者应当预见到可能的损失，应当根据订立合同时的事实或者情况，从一个正常人角度加以判断。

（3）减轻损失规则。一方违约后，另一方应当及时采取合理措施防止损失的扩大；否则，不得就扩大的损失要求赔偿。这一要求是为了避免社会资源不必要的浪费。

（四）违约金

《合同法》第114条　当事人可以约定一方违约时应当根据违约情况向对方支付一定数额的违约金，也可以约定因违约产生的损失赔偿额的计算方法。

约定的违约金低于造成的损失的，当事人可以请求人民法院或者仲裁机构予以增加；约定的违约金过分高于造成的损失的，当事人可以请求人民法院或者仲裁机构予以适当减少。

当事人就迟延履行约定违约金的，违约方支付违约金后，还应当履行债务。

1．违约金的概念

违约金是指依据法律规定或者当事人的约定，一方不履行或不适当履行合同时应当向对方支付的一定数额的金钱。合同法规定，违约金是约定的，即只在当事人有约定时才适用。在其他法有特别规定时，也会有法定违约金。[①]

2．违约金的调整

违约金的调整，是指根据实际情况，对于违约金的增加或减少。

违约金是对损害赔偿额的预先约定，既可能高于实际损失，也可能低于实际损失，畸高和畸低均会导致不公平结果。为此，各国法律规定法官对违约金具有变更权，我国《合同法》第 114 条第 2 款也作了规定。其特点是：首先，以约定违约金"低于造成的损失"或"过分高于造成的损失"为条件；其次，经当事人请求；最后，由法院或仲裁机构裁量。

（1）关于违约金的增加，可以增加多少呢？

《＜合同法＞解释（二）》第 28 条　当事人依照合同法第一百一十四条第二款的规定，请求人民法院增加违约金的，增加后的违约金数额以不超过实际损失额为限。增加违约金以后，当事人又请求对方赔偿损失的，人民法院不予支持。

（2）关于违约金的减少，高出多少可以请求减少呢？

《＜合同法＞解释（二）》第 29 条　当事人主张约定的违约金过高请求予以适当减少的，人民法院应当以实际损失为基础，兼顾合同的履行情况、当事人的过错程度以及预期利益等综合因素，根据公平原则和诚实信用原则予以衡量，并做出裁决。

当事人约定的违约金超过造成损失的百分之三十的，一般可以认定为合同法第一百一十四条第二款规定的"过分高于造成的损失"。

 特别提醒一

什么叫违约金超过损失的 30%？举例说明，如果实际损失是 100 万元，约定的违约金多于 130 万元的，为超过损失 30%。

特别提醒二

当约定了违约金时，违约金通常优先适用，直接适用违约金足以弥补损失的，不得再主张赔偿损失。

[①]《中华人民共和国电信条例》第 31 条：电信用户申请安装、移装电信终端设备的，电信业务经营者应当在其公布的时限内保证装机开通；由于电信业务经营者的原因逾期未能装机开通的，应当每日按照收取的安装费、移装费或者其他费用数额 1% 的比例，向电信用户支付违约金。

[例题] 甲乙签订一份买卖合同，约定违约方应向对方支付 18 万元违约金。后甲违约，给乙造成损失 15 万元。下列哪一表述是正确的？ ①

A．甲应向乙支付违约金 18 万元，不再支付其他费用或者赔偿损失

B．甲应向乙赔偿损失 15 万元，不再支付其他费用或者赔偿损失

C．甲应向乙赔偿损失 15 万元并支付违约金 18 万元，共计 33 万元

D．甲应向乙赔偿损失 15 万元及其利息

（五）违约责任与侵权责任的竞合

1．两者竞合的概念

违约责任与侵权责任的竞合，是指行为人实施的某一违法行为，同时违反了合同规范和侵权规范，并符合违约责任和侵权责任的构成要件，导致违约责任与侵权责任同时产生，又互相排斥、彼此不能包容的法律现象。

违约责任与侵权责任竞合的原因主要有：

（1）当事人实施了侵权性的违约行为，即侵权行为直接构成违约的原因，如保管合同中的保管人非法使用保管物而致保管物毁损灭失即属于此。

（2）当事人实施了违约性的侵权行为，即违约行为造成了侵权的后果，如卖方交付的货物有瑕疵并因此导致买方财产或人身受损。

2．适用规则

《合同法》第 122 条　因当事人一方的违约行为，侵害对方人身、财产权益的，受损害方有权选择依照本法要求其承担违约责任或者依照其他法律要求其承担侵权责任。

据此，在违约责任与侵权责任发生竞合时，受损害方有权选择其中一种责任要求对方承担。由于违约责任与侵权责任存在着诸多不同，故受害人选择不同的责任，对其权益的保护有着重大的影响。通常如果造成了人身权伤害并伴有严重精神损害的，需要通过侵权的方式来主张救济。

---

① 【答案】A。违约金比实际损失多了 3 万元，只超出了损失 20%，因此可以直接适用违约金。

第三十一讲 买卖合同

阅读提示

　　本讲买卖合同属于重点内容。其中，买卖合同中风险转移、孳息收取、所有权变动、一物多卖、所有权保留与分期付款的买卖等问题均属于命题的重点。

一、买卖合同的概念与特征

（一）概念

　　《合同法》第 130 条　买卖合同是出卖人转移标的物的所有权于买受人，买受人支付价款的合同。

　　移转标的物所有权的一方为出卖人，支付价款的一方为买受人，由出卖人出卖而买受人受领的对象是买卖的标的物。

（二）特征

　　1. 买卖合同是典型的有偿合同

　　买卖合同的实质是以等价有偿方式转让标的物的所有权，即出卖人移转标的物的所有权于买方，买方向出卖人支付价款。这是买卖合同的基本特征，使其与赠予合同相区别。

　　2. 买卖合同是典型的双务合同

　　在买卖合同中，买方和卖方都享有一定的权利，承担一定的义务，而且，其权利和义务存在对应关系，即买方的权利就是卖方的义务，买方的义务就是卖方的权利。

　　3. 买卖合同是典型的诺成合同

　　买卖合同自双方当事人意思表示一致就可以成立，不需要交付标的物。

　　4. 买卖合同一般是不要式合同

　　通常情况下，买卖合同的成立并不需要具备一定的形式要件，但法律另有规定的除外。

二、买卖合同的效力相关问题

（一）无权处分时订立买卖合同的效力

出卖人在缔约时对标的物没有所有权或者处分权的，当事人一方不能以此为由主张合同无效。

出卖人因未取得所有权或者处分权致使标的物所有权不能转移，买受人有权要求出卖人承担违约责任或者要求解除合同并主张损害赔偿。

（二）出卖人的义务

出卖人的第一项义务是交付标的物，并转移标的物的所有权于买受人。这项义务是出卖人的主要合同义务，它由两个方面的内容组成：其一为交付标的物；其二为转移标的物的所有权于买受人。

1. 交付标的物

买卖合同中，出卖人应将买卖合同的标的物交付买受人。传统民法上，交付标的物可分为现实交付和观念交付。观念交付，包括简易交付、指示交付和占有改定。对于各种交付方式，本书在物权法部分已经详细讲述，在此不赘述。

（1）交付时间。合同约定交付期间的，出卖人可以在该交付期间内的任何时间交付，但应当在交付前通知买受人。出卖人提前交付标的物的，应取得买受人的同意，否则买受人有权拒收。当事人未约定标的物的交付期限或者约定不明确的，可以协议补充；不能达成补充协议的，按照合同有关条款或交易习惯确定；仍不能确定的，可以随时交付，但应当给买受人必要的准备时间。

例如，2015 年 1 月，甲公司与乙公司签订合同，合同中约定甲公司应当在 12 月 31 日前向乙公司交付一批货物。此种情形，具体的交付时间，如果没有进一步的补充协议又没有交易习惯的，甲可以随时交付，但是要给乙必要的准备时间。

（2）交付地点。出卖人应当按照约定的地点交付标的物。当事人未约定交付地点或者约定不明确，可以协议补充；不能达成补充协议的，按照合同有关条款或者交易习惯确定；仍不能确定的，适用《合同法》第 141 条的规定，按照以下标准确定：

① 标的物需要运输的，出卖人应当将标的物交付给第一承运人以运交给买受人；即货交承运人的地点为交付地点；

② 标的物不需要运输的，出卖人和买受人订立合同时知道标的物在某一地点的，出卖人应当在该地点交付标的物；

③ 不知道标的物在某一地点的，应当在出卖人订立合同时的营业地交付标的物。

（3）交付数量。出卖人应当按照约定的数量交付标的物。出卖人多交标的物的，买受人可以接受或者拒绝接受多交的部分。买受人接受多交部分的，按照原合同的价格支付价款。出卖人少交标的物的，除不损害买受人利益的以外，买受人可以拒绝接受。买受人拒绝接受标的物的，应当及时通知出卖人。买受人怠于通知的，应当承担因此产生的损害赔偿责任。但出卖人交付的标的物数量在合理的磅差或尾差之内的，应为视为交付的数量符合约定的标准。合同中约定分批交付的，出卖人应按照约定分批交付。出卖人未按照约定的时间和数量交付的，应就每一次的不适当交付负违约责任。

2．转移所有权

《合同法》第133条 标的物的所有权自标的物交付时起转移，但法律另有规定或者当事人另有约定的除外。

取得标的物的所有权是买受人的主要交易目的。移转标的物的所有权，是在交付标的物的基础上，实现标的物所有权的转移，使买受人获得标的物所有权。根据我国《合同法》、《物权法》及相关法律的规定，买卖中的权利转移，动产、不动产和知识产权产品各有不同的规则。

（1）动产

① 一般情形：交付即转移。就动产而言，除法律有特别规定或当事人另有约定的以外，标的物的所有权依交付而移转。此时，我们就应当结合前面对于交付时间和地点的知识，来把握动产所有权移转问题。但无论什么情况下的交付，动产的不交付都只是不转移所有权，若没有交付的，均不影响买卖合同作为债权合同的效力。

例如，长沙甲公司和广州乙公司订立一个买卖合同，长沙甲公司将50台彩电卖给广州乙公司，但买卖合同中没有约定彩电的交付地点。那么，如何确定这50台彩电的所有权什么时候移转归广州乙公司呢？首先我们应当确定，彩电属于动产，在法律没有特别规定、当事人也没有特别约定时，其所有权应当从标的物交付之时起移转。因为在交付地点完成交付行为的时间，就是交付的时间。在此例中，双方当事人没有约定交付地点，首先就应该依据《合同法》第61条来确定，仍不能确定的，依据《合同法》第141条第2款第1项的规定，长沙甲公司将货物交给第一承运人的地点，就是交付地点。所以，长沙甲公司将货物交给第一承运人的时间也就是交付时间，就是货物所有权移转的时间。

［例题］张某欲将祖传的青花瓷瓶一件卖给李某，双方约定价款为15万元人民币，交货时间为2015年8月1日，王某知道此事后，找到张某，提出愿以20万元购买此瓷瓶，张某同意，并当即将瓷瓶交给王某，但王某当时未付款，下列陈述正确的是：①

A．李某可直接要求王某瓷瓶交给自己，因为李某与张某已签订买卖合同且在先

B．李某有权要求张某承担违约责任

C．李某无权要求王某交付瓷瓶，只能向张某主张该项权利

D．张某应当向王某请求返还瓷瓶，王某应返还

---

① 【答案】B。解析：本题是特定物的一物多卖，先被交付的买受人优先获得保护。瓷瓶已经交付给王某，王某已经获得所有权，此时第一个买受人李某只能主张张某承担违约责任，但由于是特定物不能请求实际履行，因此，只有B正确。

②另有约定：所有权保留。所谓当事人另有约定，就包括当事人可以约定出卖人先行交付标的物，在买受人未履行支付价款或者其他义务的，标的物的所有权仍旧归出卖人所有，以担保买受人合同义务的履行，这就是所谓的所有权保留制度。

例如，商场出售一批价格比较高的音响设备。为了促销，商场决定采用分期付款的方式出售。规定只要消费者首期支付商品价格的 1/3，就可以将音响设备现实交付给消费者进行使用。同时商场又和消费者约定，在剩余价款没有交清之前，音响设备的所有权仍归商场所有。这个交易就是所有权保留制度的体现。

在所有权保留制度中，为了保护买受人防止出卖人滥用保留的所有权，或者为保护善意第三人的利益，《买卖合同解释》[①]对于出卖人的取回权，做出了如下限制性规定：

《买卖合同解释》36 条　买受人已经支付标的物总价款的百分之七十五以上，出卖人主张取回标的物的，人民法院不予支持。

在本解释第三十五条第一款第（三）项情形下，第三人依据《物权法》第一百零六条的规定已经善意取得标的物所有权或者其他物权，出卖人主张取回标的物的，人民法院不予支持。

这就意味着，当第三人善意取得物权的，或者只要买受人愿意履行合同，并且支付的价款已经达到了总价款的 75% 以上，出卖人均不能取回。自后者的情形下，即使所有权依然在出卖人的手中，此时，出卖人也不能滥用权利，取回标的物。此时在所有权保留期间，如果出卖人再处分标的物的，依然是有权处分，如果因此而造成第一个买受人损失的，应当承担违约责任。

③特殊动产。就船舶、航空器、车辆等价值较大的动产，所有权的转移应当依照法律的规定，办理登记手续，未办理登记手续的，所有权的移转不具有对抗第三人的效力。

这意味着，车辆等标的物的过户登记手续既不是买卖合同的生效要件，也不是车辆等标的物所有权移转的要件。车辆的买卖，在当事人未有约定时，完成交付行为的时间，就是所有权移转的时间，登记仅是所有权具有对抗第三人效力的条件。

例如，甲把一辆卡车卖给乙，已将车交由乙驾驶运营，乙即取得所有权。但其所有权没有对抗善意第三人的效力。如果甲随后又将同一辆汽车出卖给丙，并为丙办理了过户登记手续。只要乙不能举证证明丙为恶意的第三人，汽车的所有权即归丙所有。不过这种情形，实践中较为少见。

（2）不动产。不动产所有权的转移须依法办理所有权的转移登记。未办理登记的，尽管买卖合同已经生效，但标的物的所有权不发生转移。

例如，房屋买卖合同中，办理过户登记手续属于出卖人的合同义务，没有办理过户登记手续，属于出卖人没有履行合同义务，从而不能在当事人之间发生房屋所有权移转的法律效果。所以，过户登记手续的办理，仅是房屋所有权是否发生移转的要件，而非房屋买卖合同的生效要件。

---

① 全称为《最高人民法院关于审理买卖合同纠纷案件适用法律问题的解释》已于 2012 年 3 月 31 日由最高人民法院审判委员会第 1545 次会议通过，自 2012 年 7 月 1 日起施行。

3．瑕疵担保

出卖人的瑕疵担保义务分为物的瑕疵担保义务和权利的瑕疵担保义务。

（1）物的瑕疵担保义务。

《合同法》第153条　出卖人应当按照约定的质量要求交付标的物。出卖人提供有关标的物质量说明的，交付的标的物应当符合该说明的质量要求。

据此，出卖人应当承担物的瑕疵担保义务。

出卖人负担物的瑕疵担保义务，是由买卖合同的有偿性决定的。在我国合同法中，物的瑕疵担保义务被表述为质量担保义务，即出卖人应当担保其交付给买受人的标的物符合合同约定的或者法律确定的质量标准。因此，确定标的物的质量标准是判断出卖人是否履行合同该项义务的前提。

买卖合同中，当事人对标的物的质量标准没有约定或约定不明确的，可以协议补充；不能达成补充协议的，按照合同有关条款或者交易习惯确定；仍然不能确定的，出卖人交付标的物，应当具有同种物的通常标准或者为了实现合同目的该物应当具有的特定标准。

出卖人交付的标的物不符合质量标准的，属于对物的瑕疵担保义务的违反，出卖人应当按照当事人的约定承担违约责任。对违约责任没有约定或者约定不明确，也不能达成补充协议或者按照合同有关条款以及交易习惯仍不能确定的，受损害方根据标的物的性质及损失的大小，依据《合同法》第155条，可以合理选择请求修理、更换、重作、减价或者退货。质量不符合约定造成其他损失的，依据《合同法》第112条，受损方可以请求赔偿损失。

> **特别提醒**
>
> 买受人要求出卖人承担违反物的瑕疵担保义务的违约责任，除非法律另有规定，以买受人及时向出卖人通知标的物质量不合格为条件。

（2）权利瑕疵担保。

《合同法》第150条　出卖人就交付的标的物，负有保证第三人不得向买受人主张任何权利的义务，但法律另有规定的除外。

据此，出卖人应当承担关于标的物权利的瑕疵担保义务。

> **特别提醒**
>
> 依据《合同法》第151条的规定，在买卖合同订立时，买受人知道或者应当知道第三人对买卖的标的物享有权利的，出卖人不负担该项义务。买受人有确切证据证明第三人可能就标的物主张权利的，可以在出卖人未提供适当担保时，依据《合同法》第152条，行使合同履行的抗辩权，中止支付相应的价款。

4. 交付有关单证和资料

出卖人还应当按照约定或者交易习惯向买受人交付提取标的物单证以外的有关单证和资料。该项义务系出卖人在买卖合同中所负担的从合同义务，该项义务辅助主合同义务实现买受人的交易目的。

除负担上述主合同义务和从合同义务外，出卖人还应遵循诚实信用原则，根据合同的性质、目的，负担通知、协助、保密等附随义务，以及相应的不真正义务等法定义务。

5. 交付标的物不合约定时的处理规则——合同的解除

（1）因标的物的主物不符合约定而解除合同的，解除合同的效力及于从物。因标的物的从物不符合约定被解除的，解除的效力不及于主物。

（2）标的物为数物，其中一物不符合约定的，买受人可以就该物解除合同，但该物与他物分离使标的物的价值明显受损害的，当事人可以就数物解除合同。

（3）出卖人分批交付标的物的，出卖人对其中一批标的物不交付或者交付不符合约定，致使该批标的物不能实现合同目的的，买受人可以就该批标的物解除。出卖人不交付其中一批标的物或者交付不符合约定，致使今后其他各批标的物的交付不能实现合同目的的，买受人可以就该批及今后其他各批标的物解除。买受人如果就其中一批标的物解除，该批标的物与其他各批标的物相互依存的，可以就已经交付和未交付的各批标的物解除。

（三）买受人的义务

1. 支付价款的义务

（1）支付价款的数额

① 买受人应当按照约定的数额支付价款。

② 对价款没有约定或约定不明确的，可以协议补充；不能达成补充协议的，按照合同有关条款或者交易习惯确定。如仍不能确定，按照订立合同时履行地的市场价格履行，依法应当执行政府定价或者政府指导价的，按照规定履行。

③ 当事人在合同中约定执行政府定价的，在合同约定的交付期限内政府价格调整时，按照交付时的价格计价。逾期交付标的物的，遇价格上涨时，按照原价格执行；价格下降时，按照新价格执行。逾期提取标的物或者逾期付款的，遇价格上涨时，按照新价格执行；价格下降时，按照原价格执行。

（2）支付价款的时间

① 可以由双方当事人约定。买受人应当按照约定的时间支付价款。

② 对支付时间没有约定或者约定不明确的，可以协议补充。

③ 不能达成补充协议的，按照合同有关条款或者交易习惯确定。

④ 仍不能确定的，按照同时履行的原则，买受人应当在收到标的物或者提取标的物单证的同时支付。

⑤ 价款支付迟延时，买受人不但有义务继续支付价款，而且还有责任支付迟延利息。

（3）支付价款的地点

① 对于价款的支付地点可由双方当事人约定。买受人应当按照约定的地点支付价款。

② 对支付地点没有约定或者约定不明确，可以协议补充。

③ 不能达成补充协议的，按照合同有关条款或者交易习惯确定。

④ 仍不能确定的，买受人应当在出卖人的营业地支付，但约定支付价款以交付标的物或者交付提取标的物的单证为条件的，在交付标的物或者提取标的物单证的所在地支付。

（4）支付价款的抗辩。买受人在出卖人违约的情况下，有拒绝支付价款、请求减少价款、请求返还价款的权利。如出卖人交付的标的物虽有瑕疵，但买受人同意接受，买受人可以请求减少价款。标的物在交付后部分或全部被第三人追索，买受人不但有权解除合同、请求损害赔偿，也有权要求返还全部或部分价款。

2．受领标的物的义务

买受人有依照合同约定或者交易惯例受领标的物的义务，对于出卖人不按合同约定条件交付的标的物，例如多交付、提前交付、交付的标的物有瑕疵等，买受人有权拒绝接受。

3．及时检验出卖人交付的标的物

买受人收到标的物时，有及时检验义务。

（1）当事人约定检验期间的，买受人应当在约定期间内，将标的物的数量或质量不符合约定的情形通知出卖人，买受人怠于通知的，视为标的物的数量或质量符合约定。

（2）当事人没有约定期间的，买受人应当在发现或者应当发现标的物数量或质量不符合约定的合理期间内通知出卖人。

（3）买受人在合理期间内未通知或者自标的物收到之日起 2 年内未通知出卖人的，视为标的物数量或质量符合约定。

（4）对标的物有质量保证期的，适用质量保证期，不适用该 2 年的规定。

（5）在约定的检验期间，或者在买受人发现或者应当发现标的物数量或者质量不符合约定的期间内，或者在标的物的质量保证期内，买受人没有通知标的物的数量和质量不符合约定的，通知期间过后，标的物的数量和质量被视为符合约定。

此时，买受人请求出卖人承担违约责任的请求权，也发生诉讼时效期间届满的法律效果。但出卖人知道或应当知道提供的标的物不符合约定的，买受人请求出卖人承担违约责任的请求权，不受上述通知时间的限制，适用《合同法》关于诉讼时效期间的一般规定。

据此分析，该项义务属买受人所负担的不真正义务。该项义务的违反不发生违约责任的承担，但由此造成的损失由买受人自己负担。

4．暂时保管及应急处置拒绝受领的标的物

在特定情况下，买受人对于出卖人所交付的标的物，虽可做出拒绝接受的意思表示，但有暂时保管并应及时处置标的物的义务。买受人拒绝接受时的保管义务是有条件的：

（1）必须是在异地交付的情况下，货物到达交付地点时，买受人发现标的物的品质瑕疵而做出拒绝接受的意思表示；

（2）出卖人在标的物接受交付的地点没有代理人；

（3）一般物品由买受人暂时保管；

（4）对于不易保管的易变质物品，如水果、蔬菜等，买受人可以紧急变卖，但变卖所得在扣除变卖费用后须退回出卖人。

> **特别提醒**
>
> 　　买受人在拒绝接受交付时为出卖人保管及紧急变卖标的物的行为，必须是基于善良的动机，不得扩大出卖人的损失。出卖人也不能因买受人在上述情况下的保管或紧急变卖行为而免除责任。该项义务属买受人所应负担的附随义务。

三、标的物的风险负担与孳息归属

（一）风险分担规则

买卖合同中标的物的风险，是指买卖合同的标的物因不可归责于双方当事人的事由毁损、灭失所致的损失。

《合同法》第 142 条　标的物毁损、灭失的风险，在标的物交付之前由出卖人承担，交付之后由买受人承担，但法律另有规定或者当事人另有约定的除外。

据此，无论是动产还是不动产，只要没有特别约定，均以交付为标志转移风险。

关于交付，如图 31-1 所示，需要注意以下问题：

（1）不动产的交付，在不动产所在地完成交付，风险在不动产所在地自交付时转移。

（2）动产交付中，如果有约定交付地点的，在约定地点完成交付时转移。

（3）如果没有约定地点，则看运输方式：

①如果买受人上门取货，则在出卖人提供货物的地点转移；

②如果出卖人送货上门，则买受人指定的收货地点为风险转移的地点；

③如果约定由出卖人代办托运，则自货交第一承运人时风险转移给买受人。

（4）所有权保留的买卖，自交付给买受人之时风险转移。

（5）试用买卖中，尽管试用人实际占有试用物，但风险依然由所有权人承担。

（6）在途货物，自买卖双方合同成立时，风险由买受人承担，除非在订立合同时，出卖人知道货物已经受损。

（7）如果一方违约在先，则违约方承担风险。

（8）出卖人按照约定未交付有关标的物的单证和资料的，不影响风险的转移。

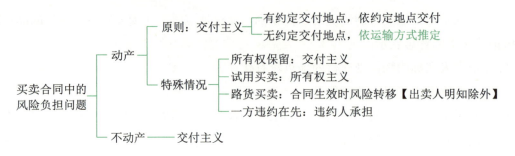

图 31-1　交付的相关内容

特别提醒一

纵观上述规则，风险的承担者和所有权的享有者似乎并不一致，但是要强调的是，在常态（即没有出现违约时）情况下，所有权的享有者与风险的承担者一般都是一致的，只有两种情况下，会出现常态下的分离：其一，所有权保留的买卖；其二，不动产的买卖。

特别提醒二

何谓当事人之外的原因导致的风险？通说认为，包括不可抗力、意外事件和第三人侵权。不可抗力与意外事件均较易理解。如果出现了第三人侵权时，如何协调其与《合同法》第 121 条的关系呢？《合同法》第 121 条规定："当事人一方因第三人的原因造成违约的，应当向对方承担违约责任。当事人一方和第三人之间的纠纷，依照法律规定或者按照约定解决。"理解这两者的关系，应该准确认识到风险的转移制度与违约责任的承担制度是截然不同的。《合同法》第 149 条规定："标的物毁损、灭失的风险由买受人承担的，不影响因出卖人履行债务不符合约定，买受人要求其承担违约责任的权利。"即使风险转移给买受人了，也不影响当履行不合格时买受人主张违约责任的权利。何况即便风险已经转移给买受人，风险也不一定会发生。

例如，甲向乙出售一台机器设备，但设备的仪表盘不能正常运转，在交付后，由于不可归责于买受人的原因导致设备毁损灭失的，在灭失后，买受人依然可以就卖方的不合格履行主张违约责任。

［例题 1］甲、乙签订货物买卖合同，约定由甲代办托运。甲遂与丙签订运输合同，合同中载明乙为收货人。运输途中，因丙的驾驶员丁的重大过失发生交通事故，致货物受损，无法向乙按约交货。下列哪种说法是正确的？[①]

A．乙有权请求甲承担违约责任　　　　　　B．乙应当向丙要求赔偿损失

---

① 【答案】A。解析：本题中，货交承运人风险转移，但是，由于承运人原因导致货物受损，是由于第三人的原因导致出卖人向买受人履行不合格，故出卖人应当承担违约责任。当然，因为代办托运的，一旦货交承运人，所有权已经转移给买受人，此时，买受人也可以基于侵权主张承运人承担赔偿责任。

C．乙尚未取得货物所有权　　　　　　　　　D．丁应对甲承担责任

[例题2] 在以下哪种情况下，出卖人应承担标的物毁损、灭失的风险？①

A．合同约定卖方代办托运，出卖人已将标的物发运，即将到达约定的交付地点

B．买受人下落不明，出卖人将标的物提存

C．标的物已运抵交付地点，买受人因标的物质量不合格而拒收货物

D．合同约定在标的物所在地交货，约定时间已过，买受人仍未前往提货

（二）孳息归属规则

《合同法》第163条　标的物在交付之前产生的孳息，归出卖人所有，交付之后产生的孳息，归买受人所有。

例如，甲将房屋卖给乙，合同达成后，立即交付，但约定半年后再办理过户登记，登记前的半年内，如果乙将房屋出租获得的租金归乙所有。

> **特别提醒**
>
> 　　在买卖合同中，当风险与所有权不属于同一人时，孳息归属于风险的承担者，不归所有权人。这主要体现在所有权保留与不动产买卖之中。

四、特种买卖

（一）试用买卖

1．试用买卖合同的概念

试用买卖合同，是指根据双方当事人的约定，出卖人在合同成立时将标的物交付给买受人试验或检验，并以买受人认可标的物为生效要件的买卖合同。本质上是一种附条件的买卖合同。

2．试用期的确定与推定购买

《合同法》第170条　试用买卖的当事人可以约定标的物的试用期间。对试用期间没有约定或者约定不明确，依照本法第六十一条的规定仍不能确定的，由出卖人确定。

《合同法》第171条　试用买卖的买受人在试用期内可以购买标的物，也可以拒绝购买。试用期间届满，买受人对是否购买标的物未作表示的，视为购买。

《买卖合同解释》第41条　试用买卖的买受人在试用期内已经支付一部分价款的，人民法院应当认定买受人同意购买，但合同另有约定的除外。

---

① 【答案】AC。解析：A项有约定交付地点，尚未到达，故出卖人承担风险，正确；提存后风险转移给买受人，B错误（提示：注意和国际法中的差异）；标的物质量不合格是出卖人违约，故违约方承担风险，C正确；D项买受人违约，买受人承担风险，错误。

在试用期内，买受人对标的物实施了出卖、出租、设定担保物权等非试用行为的，人民法院应当认定买受人同意购买。

（1）试用期无约定的，出卖人确定。

（2）以下情形，推定购买：

① 试用期间届满，买受人对是否购买标的物未作表示的，视为购买。

② 试用买卖的买受人在试用期内已经支付一部分价款的，除合同另有约定的外，应当认定买受人同意购买。

③ 在试用期内，买受人对标的物实施了出卖、出租、设定担保物权等非试用行为的，应当认定买受人同意购买。

3．费用问题

试用买卖的当事人没有约定使用费或者约定不明确的，出卖人无权要求买受人支付使用费。

（二）样品买卖

1．样品买卖合同的概念

样品买卖合同，是指当事人双方约定一定的样品，出卖人交付的货物必须与样品具有相同品质的买卖。

2．样品买卖的标准认定

当事人应当封存样品，并可以对样品质量予以说明，出卖人交付的标的物应当与样品及其说明的质量相同。合同约定的样品质量与文字说明不一致且发生纠纷时当事人不能达成合意，样品封存后外观和内在品质没有发生变化的，应当以样品为准；外观和内在品质发生变化，或者当事人对是否发生变化有争议而又无法查明的，应当以文字说明为准。

3．出卖人责任

买受人不知道样品有隐蔽瑕疵的，即使交付的标的物与样品相同，出卖人交付的标的物的质量仍然应当符合同种物的通常标准。

（三）分期付款

《合同法》第 167 条　分期付款的买受人未支付到期价款的金额达到全部价款的五分之一的，出卖人可以要求买受人支付全部价款或者解除合同。

出卖人解除合同的，可以向买受人要求支付该标的物的使用费。

1．分期付款买卖合同的概念

分期付款买卖合同，是指双方当事人约定买受人于一定期限内分批支付价款的买卖。在分期付款买卖中，买受人将应付的总价款在一定期间内至少分三次向出卖人支付。

2．所有权与风险转移

在分期付款买卖中，当事人可以约定标的物所有权和风险承担的转移时间；没有约定的，该时间应当是标的物交付之日。

3．出卖人的特殊保护规则

如果买受人未支付到期价款的金额达到全部价款的 1/5 的，出卖人可以要求买受人支付全部价款或者解除合同。出卖人解除合同的，可以向买受人要求支付该标的物的使用费。此种规则，显然是为了保护出卖人防止买受人违约而设计的。

此外，最高人民法院进一步规定：分期付款买卖合同约定出卖人在解除合同时可以扣留已受领价金，出卖人扣留的金额超过标的物使用费及标的物受损赔偿额，买受人有权请求返还超过部分；当事人对标的物的使用费没有约定的，可以参照当地同类标的物的租金标准确定。

 特别提醒

如果在一个案例中，既约定了所有权保留，也约定了分期付款的，面对买受人已付价款达到 75%。以上出卖人不能取回标的物和未支付到期价款达到总金额 1/5 时可以解除合同取回标的物并请求买受人支付使用费的两个不同的规定，到底该适用哪一个呢？关键看哪一方违约。如果买受人要履行合同而且已经支付达到了 75%，出卖人要违约取回，则不能；如果是买受人违约，只要未付到期价款部分达到总价款的 1/5 的，出卖人就可以解除合同取回标的物。

分期付款与所有权保留的比较如表 31-1 所示。

表 31-1　分期付款与所有权保留的比较

分期付款	风险所有权转移		无特别约定，交付时风险与所有权均转移给买受人
	法定解除	前提	买受人未支付到期价款金额达到全部价款的 1/5
		后果	1．可解除合同返还标的物并主张支付使用费 2．要求买受人一次支付剩余全部价款
所有权保留	风险所有权转移		只能适用于动产；交付时风险转移给买受人，但付清价款之前所有权不转移
	效力		若买受人未按照约定支付价款或有不当行为，出卖人可给予所有权取回的物，但有两种例外： 1．第三人已经善意取得的标的物物权的 2．买受人支付的价款达到总价款的 75% 以上的
两者比较			买卖合同约定分期付款的同时也约定了所有权保留，需把握如下要点： 1．买受人违约，只要未支付价款达到总价款 1/5，出卖人可解除合同取回标的物 2．如果买受人已支付价款达到 75%，出卖人就不能基于所有权取回标的物；但此时，如果买受人支付 75% 后就不再支付的，出卖人可基于分期付款的规则（未支付价款达到 1/5），解除合同取回标的物并要求买受人支付使用费

（四）互易合同

互易合同，是指双方当事人约定相互移转金钱以外的标的物的所有权的合同。互易合同的双方当事人均称为互易人。

互易合同中当事人的义务主要有：

（1）交付标的物并移转标的物的所有权；

（2）对交付的标的物互负瑕疵担保义务；

（3）合同中有补足金条款时，负有补足金义务的当事人一方应按照约定支付补足金。

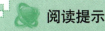

32 | 第三十二讲
供电、热、水、气合同

阅读提示

　　本讲内容为非重点，偶尔考察，了解卖方的强制缔约义务和双方需要承担违约责任的情形即可。

一、概念和特征

　　供电、热、水、气合同，是指当事人一方向另一方提供电、热、水、气，另一方使用这些能源并支付报酬的合同。在传统民法中，供用电、水、气、热力合同是一种特殊的买卖合同，故买卖合同中有关财产所有权移转的规定可适用于此类合同。

　　供电、热、水、气合同的特征主要有以下几方面。

　　（1）合同主体具有特定性。供用电、水、气、热力合同的供应人通常是专营的，而电、水、气、热力的使用人往往是社会公众。

　　（2）合同标的具有垄断经营性。电、水、气、热力一般由国家垄断经营，故国家对其价格实行严格控制。同时，电、水、气、热力的供给需要特定的设施才能到达使用人。

　　（3）债务履行具有持续性。供应人供应电、水、气、热力和使用人支付价款都处于持续状态。

　　（4）合同目的具有公益性。供用电、水、气、热力合同的主要目的是满足社会公众的生活需要，而不是为了营利，故供应人有强制缔约义务，其不能拒绝使用人通常、合理的要求。

二、供用电合同

（一）概念

　　供用电合同，是指供电人向用电人供电，用电人支付电费的合同。供用电合同的履行地点，按照当事人约定；当事人没有约定或者约定不明确的，<u>供电设施的产权分界处为履行地点</u>。

（二）供电合同的效力

1. 供电人的主要义务

（1）按照国家规定的供电质量标准和约定安全供电的义务；

（2）中断供电时按照国家有关规定事先通知的义务；

（3）因自然灾害等原因断电时按照国家有关规定及时抢修的义务。

2. 用电人的主要义务

（1）及时交付电费和其他法定费用的义务，经催告不交电费的，供电局可依据国家有关规定中止供电；

（2）保持安全用电的义务；

（3）供电人有正当理由停电、限电时的配合和协助义务。

（三）参照适用

供用水、供用气、供用热力合同，参照供用电合同的有关规定。

[例题]某冷冻厂与供电局签订了供电合同，双方对合同履行地点缺乏规定。2011年5月，由于供电设施受大风袭击，需要及时抢修，因此供电局在没有通知冷冻厂的情况下，便切断了供电。事后，冷冻厂声称由于没有接到任何通知，致使其食品大面积腐烂变质。下列说法错误的是：①

A. 断电因为自然灾害所致，属于不可抗力，供电局无须承担责任

B. 合同履行地点为供电局所在地

C. 冷冻厂可以供电局未承担损害赔偿责任为由拖欠电费

D. 某冷冻厂逾期不交付电费，经催告在合理期限内仍不交付电费的，供电局可以按照国家规定的程序中止供电。

---

① 【答案】ABC。解析：断电应当通知，故A错误；无约定的履行地点为供电设施的产权分界处，B错误；电费是合同义务，供电局的赔偿责任是侵权责任，故两者无直接关联，C错；D项符合中止供电的规定，正确。

33 第三十三讲 赠予合同

 阅读提示

　　赠予合同属于常考知识点。其中，赠予人的任意撤销权、法定撤销权和赠予人的瑕疵担保责任是在命题中的重要性较为突出。

一、赠予合同的概念与特征

　　1. 概念

　　赠予合同，是指赠予人将自己的财产无偿给予受赠人，受赠人表示接受赠予的合同。在赠予合同中，转让财产的一方当事人为赠予人，接收财产的一方当事人为受赠人。赠予的财产可以是物，也可以是财产权利。

　　2. 特征

　　根据我国《合同法》的规定，赠予合同具有以下特征。

　　（1）单务合同。

 特别提醒

　　赠予可以附义务，赠予附义务的，受赠人应当按照约定履行义务，但因该义务不是赠予的对待给付义务，故不改变赠予合同的单务性。

　　（2）无偿合同。

 特别提醒

　　在附负担的赠予中，受赠人的给付与赠予人的给付无对价关系，故仍然为无偿合同。

　　（3）诺成合同。赠予人与受赠人意思表示一致，则赠予合同成立，赠予财产的交付不是合同的成立要件。

　　（4）不要式合同。我国合同法对赠予合同的形式未作特别规定，故赠予合同是不要式合同，但赠予的财产依法需要办理登记等手续的，应当办理有关手续。

二、赠予人的义务

1．交付赠予财产并移转其权利

当事人订立赠予合同的目的在于使赠予物的权利移归受赠人，赠予人的主要义务就是依照约定的期限、地点、方式等将赠予物移转给受赠人并移转其权利。

赠予人应按约定将赠予物之所有权交付给受赠人，在赠予物为不动产时，还应协助办理有关登记手续。赠予物的所有权转移时间，可准用买卖合同的规定。

根据我国《合同法》第188、189条规定，在具有救灾、扶贫等社会公益、道德义务性质的赠予合同，以及经过公证的赠予合同中，受赠人可以请求交付赠予的财产。赠予人因故意或重大过失致使赠予财产毁损、灭失的，应负损害赔偿责任。

> **特别提醒**
>
> 其一，只有公益性赠予、道德性赠予和经过公证的赠予，受赠人才可以请求强制履行。除此之外的其他赠予，在权利转移之前，赠予人可以任意撤销赠予，所以不能请求履行。其二，只有赠予人故意或重大过失致使赠予财产毁损、灭失的，才向受赠人负赔偿责任。

2．瑕疵担保义务

赠予的财产有瑕疵的，赠予人不承担责任，但在附义务的赠予中，赠予的财产有瑕疵的，赠予人在附义务的限度内承担与出卖人相同的责任。同时，赠予人故意不告知瑕疵或者保证无瑕疵，造成受赠人损失的，应当承担损害赔偿责任。

[例题] 甲有一部汽车，赠予其友人乙，未附任何条件。乙接受赠予后，非常高兴，开着汽车沿路兜风。但在行驶过程中，因汽车故障致该车与另一车相撞，损失六万元。乙要求甲赔偿损失，甲拒绝赔偿。后经查明，该汽车确有故障，但甲因事务繁忙，忘记告诉乙此故障。本案中，赠予为无偿合同，甲未告诉乙汽车有故障，虽有过失，但不存在故意，不应当承担损害赔偿责任。

三、赠予合同的终止事由

赠予合同除可以适用清偿、混同等合同终止的一般事由外，还存在3种特殊终止事由，具体表现为赠予人权利的享有，如图33-1所示。

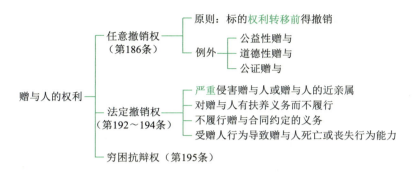

图 33-1 赠予合同的特殊终止事由

（一）赠予人的任意撤销权

赠予的任意撤销权，是指在赠予合同成立后，赠予人可基于自己的意思而任意撤销赠予的权利。根据我国合同法的规定，赠予人在赠予财产的权利转移之前可以撤销赠予，但具有救灾、扶贫等社会公益、道德义务性质的赠予合同或者经过公证的赠予合同，赠予人不得任意撤销。

（二）赠予人的法定撤销权

赠予人的法定撤销权，是指在具备法律所规定的撤销原因时，赠予人依法撤销赠予的权利。根据我国合同法的规定，在下列情形下，赠予人可以自知道或者应当知道撤销原因之日起一年内撤销赠予：

（1）受赠人严重侵害赠予人或者赠予人的近亲属；

（2）受赠人对赠予人有扶养义务而不履行；

（3）受赠人不履行赠予合同约定的义务。

同时，因受赠人的违法行为致使赠予人死亡或者丧失民事行为能力的，赠予人的继承人或者法定代理人可以自知道或者应当知道撤销原因之日起 6 个月内撤销赠予。

撤销权人撤销赠予的，可以向受赠人要求返还赠予的财产。

（三）赠予人的穷困抗辩权

赠予人的穷困抗辩权，是指赠予人在经济状况显著恶化时享有的拒绝履行的抗辩权。根据我国合同法的规定，赠予人的经济状况显著恶化，严重影响其生产经营或者家庭生活的，可以不再履行赠予义务。

> **特别提醒**
>
> 穷困抗辩的效果是面向未来终止履行，而法定撤销的效果不仅面向未来终止履行，而且已经履行的还可以请求返还。

［例题］甲公司员工魏某在公司年会抽奖活动中中奖，依据活动规则，公司资助中奖员工子女次年的教育费用，如员工离职，则资助失效。下列哪些表述是正确的？[①]

A．甲公司与魏某成立附条件赠予

B．甲公司与魏某成立附义务赠予

C．如魏某次年离职，甲公司无给付义务

D．如魏某次年未离职，甲公司在给付前可撤销资助

四、不得逃避法定义务而赠予

如果赠予人逃避法定义务而赠予的，无论受赠人是谁，利害关系人均可以撤销赠予。

---

① 【答案】AC。解析：员工是否离职属于未来、不确定、可能、合法的事实，故是附条件合同，而且事实附解除条件，故A正确B错误；由于是教育类赠予，有公益性质，不得任意撤销，但是如果离职，则解除条件成就，赠予合同直接解除，C正确D错误。

34 | 第三十四讲

借款合同

阅读提示

借款合同属于常考知识点。其中，以新司法解释为依据的民间借贷合同中，自然人之间借款的实践合同性质是最重要的考点。

一、借款合同的概念和特征

（一）概念

借款合同是指借款人向贷款人借款，到期返还借款并支付利息的合同。在借款合同中，交付借款方为贷款人，接受借款方为借款人。

（二）特征

借款合同的主要特征有以下几方面。

（1）借款合同的标的物是货币。

（2）借款合同一般为有偿合同（有息借款），也可以是无偿合同（无息借款）。

（3）借款合同是转移货币的所有权的合同。

借款合同依贷款人的不同，可以分为金融机构借款合同和自然人之间的借款合同。根据2015 年 6 月 23 日，最高人民法院审判委员会通过《关于审理民间借贷案件适用法律若干问题的规定》，放宽了民间借贷的主体，不再限于自然人之间借款。下面分别讲述。

二、金融机构借款合同

（一）概念与特征

金融机构借款合同，是指金融机构作为贷款人一方办理贷款业务，向借款人提供贷款，借款人到期返还借款并支付利息的合同。

金融机构借款合同是有偿合同、要式合同、诺成合同。

（二）金融机构借款合同的效力

1. 贷款人的主要义务

（1）按期、足额提供贷款的义务。根据我国《合同法》的规定，贷款人未按照约定的日期、数额提供借款，造成借款人损失的，应当赔偿损失；借款的利息不得预先在本金中扣除，利息预先在本金中扣除的，应当按照实际借款数额返还借款并计算利息。

（2）保密义务。金融机构作为贷款人一方，对于其在合同订立和履行阶段所了解的借款人的业务活动和财务状况负有保密义务，不得泄密或进行不正当使用。

2. 借款人的主要义务

（1）提供真实情况的义务。订立借款合同时，借款人应当按照贷款人的要求提供与借款有关的业务活动和财务状况的真实情况。

（2）按照约定的日期和数额收取借款的义务。贷款人提供借款是为了通过收取利息来实现其营利目的，如果借款人未按照约定的日期和数额收取借款，可能损害贷款人的合法利益，故合同法规定，借款人未按照约定的日期、数额收取借款的，应当按照约定的日期、数额支付利息。

（3）按照约定用途使用借款的义务。借款用途与借款人能否按期偿还贷款及按照约定支付利息密切相关。借款人擅自改变借款用途的，将增加贷款人的经营风险，故借款人未按照约定的借款用途使用借款的，贷款人可以停止发放借款、提前收回借款或者解除合同。

（4）按期支付利息的义务。金融机构借款合同是有偿合同，借款人应当按照约定的期限支付利息。

对支付利息的期限没有约定或者约定不明确，依照本法第61条的规定仍不能确定，借款期间不满1年的，应当在返还借款时一并支付；借款期间1年以上的，应当在每届满1年时支付，剩余期间不满1年的，应当在返还借款时一并支付。

（5）按期返还借款的义务。借款人应当按照约定的期限返还借款。借款人未按照约定的期限返还借款的，应当按照约定或者国家有关规定支付逾期利息。借款人提前偿还借款的，除当事人另有约定的以外，应当按照实际借款的期间计算利息。借款人可以在还款期限届满之前向贷款人申请展期，贷款人同意的，可以展期。

对借款期限没有约定或者约定不明确，依照本法第61条的规定仍不能确定的，借款人可以随时返还；贷款人可以催告借款人在合理期限内返还。

（6）容忍检查、监督的义务。在当事人双方有约定时，贷款人按照约定可以检查、监督借款的使用情况，借款人应当按照约定向贷款人定期提供有关财务会计报表等资料。

三、民间借贷合同

（一）民间借贷的界定

民间借贷，是指自然人、法人、其他组织之间及其相互之间进行资金融通的行为。

经金融监管部门批准设立的从事贷款业务的金融机构及其分支机构，因发放贷款等相关金融业务引发的纠纷，属于上述金融机构借款的范围。

（二）民间借贷合同的生效

《合同法》第 210 条规定，自然人之间的借款合同，自贷款人提供借款时生效。自然人之间借款，双方均为自然人、是否有偿当事人自己约定、是实践合同、不要式合同。

具有下列情形之一，可以视为具备《合同法》第 210 条关于自然人之间借款合同的生效要件：

（1）以现金支付的，自借款人收到借款时；

（2）以银行转账、网上电子汇款或者通过网络贷款平台等形式支付的，自资金到达借款人账户时；

（3）以票据交付的，自借款人依法取得票据权利时；

（4）出借人将特定资金账户支配权授权给借款人的，自借款人取得对该账户实际支配权时；

（5）出借人以与借款人约定的其他方式提供借款并实际履行完成时。

有上述特征可见，自然人之间借款合同是实践合同。同时，按照合同法的规定，自然人之间的借款，可以是有偿的，也可以是无偿的，如果未约定利息的，推定为无偿。

除自然人之间的借款合同外，当事人主张民间借贷合同自合同成立时生效的，人民法院应予支持，但当事人另有约定或者法律、行政法规另有规定的除外。由此可见，并非所有的民间借贷合同均为实践合同。

（三）民间借贷的利率与利息

（1）没有约定利息，不可主张。

（2）利息约定不明，自然人之间借款不予支持，其他由法院裁量。

（3）利率：年利率不超过（小于等于）24%，支持；大于 24%，不超过（小于等于）36%，自然债务；超过 36% 的部分，无效。

（4）没有约定利息，但自愿支付后又主张对方构成不当得利的，不可主张。超过年利率 36% 除外。

（5）借款合同提前扣除利息者，以实际借款金额为准计算本息。

（6）逾期利率有约定的，从约定（年利率不超过 24%），没有约定或约定不明的：

①既未约定借款利率，也未约定逾期利率，可主张 6%；

②约定了借款利率的，对于逾期期间可按照借款利率主张；

③同时约定逾期利率、违约金和其他费用的，可单独或一并主张，但不得超过年利率 24%。

（7）除非特别约定，可以提前还款，并主张以实际借款期间计算利息。

35 | 第三十五讲 租赁合同

阅读提示

　　租赁合同属于常考知识点。其中，房屋租赁合同是命题中更为突出的内容。房屋租赁中，承租人优先购买权问题、租赁权和抵押权的关系尤其重要。

一、租赁合同的概念和特征

（一）概念

　　租赁合同，是指出租人将租赁物交付承租人使用、收益，承租人支付租金的合同。在租赁合同中，将自己的财产提供给对方使用、收益的一方为出租人，使用他人财产并支付租金的一方为承租人。出租人提供给承租人使用的财产为租赁物，租赁物可以是不动产，也可以是动产，还可以是财产权利。

（二）特征

　　1. 租赁合同是有期限地转移标的物使用权的合同

　　租赁合同以承租人取得租赁物的使用、收益为目的，因出租人仅需向承租人移转标的物的使用、收益权，并不移转标的物的所有权。而且根据我国合同法的规定，租赁期限不得超过 20 年，超过 20 年的，超过部分无效。

　　2. 租赁合同是双务合同、有偿合同和诺成合同

　　3. 其标的物为非消耗物

　　在我国，租赁合同终止时，承租人须返还原物，因此作为租赁物应当是特定物、非消耗物。此外，租赁期限 6 个月以上的租赁合同应当采用书面形式；当事人未采用书面形式的，视为不定期租赁。作为不定期租赁，双方都可以随时解除合同。

二、租赁合同的效力

（一）出租人的义务与权利

　　（1）按约定将租赁物交付承租人，并在租赁期间保持租赁物符合约定的用途。

（2）保证租赁物上不存在权利瑕疵与质量瑕疵。

当租赁物有质量瑕疵或存在权利瑕疵致使承租人不能依约使用收益时，承租人有权解除合同，承租人因此所受的损失，出租人应负赔偿责任，但承租人订约时明知有瑕疵的除外。

（3）对租赁物进行维修，但当事人另有约定的除外。

（4）出租人的权利包括保留租赁物的所有权，收取租金。

（二）承租人的义务与权利

（1）按照约定的方法正确使用并妥善保管租赁物。

（2）未经出租人同意，不得擅自转租租赁物，也不得擅自对租赁物进行改善或增设其他设施。反之，经过出租人同意，承租人可以进行上述行为。

关于转租，值得特别注意。

《合同法》第224条　承租人经出租人同意，可以将租赁物转租给第三人。承租人转租的，承租人与出租人之间的租赁合同继续有效，第三人对租赁物造成损失的，承租人应当赔偿损失。承租人未经出租人同意转租的，出租人可以解除合同。

关于转租，根据上述规定及民法理论，需要掌握如下问题：

①经过同意转租，意味着出租人将租赁物的使用收益权赋予了承租人，故承租人即便与第三人约定了高于出租人与承租人之间租金的，也不构成不当得利。

②经同意的转租，严守相对性，出租人不能直接向次承租人主张支付租金或违约责任。

③未经同意的转租，承租人违约，出租人可解除合同。一旦解除，出租人可基于所有权从第三人处取回租赁物，若承租人收取的租金高于其向出租人支付的租金，多出的部分认定构成不当得利。

④通常情况下，承租人与第三人之间的转租合同有效，第三人可基于转租合同向承租人主张违约责任。

（3）按约定支付租金。

（4）于合同终止时返还租赁物。

（5）通知义务。在租赁关系存续期间，出现以下情形之一的，承租人应当及时通知出租人：

①租赁物有修理、防止危害的必要；

②其他依诚实信用原则应该通知的事由。

承租人怠于通知，致出租人不能及时救济而受到损害的，承租人应负赔偿责任。

（6）承租人的权利包括：请求出租人交付租赁物，对租赁物进行使用和收益。

三、租赁权物权化

租赁权物权化，是指为了强化承租人的地位，保护承租人的利益，法律赋予作为债权的租赁权一定的物权效力以对抗第三人的现象。租赁权物权化是对传统合同之债的相对性原理的突破，"买卖不破租赁"规则是其具体表现。

根据我国法律规定，租赁物在租赁期间发生所有权变动的，不影响租赁合同效力；订立抵押合同前抵押财产已出租的，原租赁关系不受该抵押权的影响。

此规则适用于所有的租赁关系，无论是动产还是不动产。

四、房屋租赁合同

（一）一房数租

出租人就同一房屋订立数份租赁合同，在合同均有效的情况下，承租人均主张履行合同的，人民法院按照下列顺序确定履行合同的承租人：

（1）已经合法占有租赁房屋的；

（2）已经办理登记备案手续的；

（3）合同成立在先的。

不能取得租赁房屋的承租人请求解除合同、赔偿损失的，依照合同法的有关规定处理。

（二）转租

（1）出租人解除权的限制。出租人知道或者应当知道承租人转租，但在 6 个月内未提出异议，其以承租人未经同意为由请求解除合同或者认定转租合同无效的，人民法院不予支持。

据此，房屋擅自转租的，出租人如果要主张解除租赁合同或主张转租合同无效的，应当在 6 个月内提出。此处的 6 个月，性质上为除斥期间。

（2）因租赁合同产生的纠纷案件，人民法院可以通知次承租人作为第三人参加诉讼。

（3）经同意转租，若出租人以承租人不交租金为由解除合同的，次承租人可通过代付租金对抗出租人的解除权。

（三）"买卖不破租赁"规则的例外

租赁房屋在租赁期间发生所有权变动，承租人请求房屋受让人继续履行原租赁合同的，人民法院应予支持，但租赁房屋具有下列情形或者当事人另有约定的除外：

（1）房屋出租前已设立抵押权，因抵押权人为实现抵押权发生所有权变动的，破租赁。

（2）房屋在出租前已被人民法院依法查封的，破租赁。

（四）房屋承租人的优先购买权

1. 优先购买权的行使及其救济

出租人出卖租赁房屋未在合理期限内通知承租人或者存在其他侵害承租人优先购买权情形，承租人请求出租人承担赔偿责任的，人民法院应予支持。但请求确认出租人与第三人签订的房屋买卖合同无效的，人民法院不予支持。

2. 优先购买权的排除

下列情形，承租人主张优先购买房屋的，人民法院不予支持：

（1）房屋共有人行使优先购买权的；

（2）出租人将房屋出卖给近亲属，包括配偶、父母、子女、兄弟姐妹、祖父母、外祖父母、孙子女、外孙子女的；

> **特别提醒**
>
> 承租人主张优先购买房屋的，必须是近亲属，如果不是近亲属，即便依生活常识来看是很亲近的人，也不能直接排除优先购买权。

（3）出租人履行通知义务后，承租人在 15 日内未明确表示购买的；

（4）第三人善意购买租赁房屋并已经办理登记手续的。

> **特别提醒**
>
> 首先，这里的优先购买权不得对抗善意第三人，但是此时承租人可依优先购买权受到侵害为由主张损害赔偿；其次，此处的善意第三人可以取得房屋是继受取得，不是善意取得，因为出租人有权处分。

[例题] 甲将房屋租给乙，在租赁期内未通知乙就把房屋出卖并过户给不知情的丙。乙得知后劝丙退出该交易，丙拒绝。关于乙可以采取的民事救济措施，下列哪一选项是正确的？[①]

A. 请求解除租赁合同，因甲出卖房屋未通知乙，构成重大违约

B. 请求法院确认买卖合同无效

C. 主张由丙承担侵权责任，因丙侵犯了乙的优先购买权

D. 主张由甲承担赔偿责任，因甲出卖房屋未通知乙而侵犯了乙的优先购买权

（五）和房屋承租人共同居住者、共同经营人或其他合伙人的继续承租权

《合同法》第 234 条　承租人在房屋租赁期间死亡的，与其生前共同居住的人可以按照原租赁合同租赁该房屋。

《城镇房屋租赁合同解释》[②] 第 19 条　承租人租赁房屋用于以个体工商户或者个人合伙方式从事经营活动，承租人在租赁期间死亡、宣告失踪或者宣告死亡，其共同经营人或者其他合伙人请求按照原租赁合同租赁该房屋的，人民法院应予支持。

[①]【答案】D。解析：承租人优先购买权是法定权利，故是侵权而不是违约，此时，承租人不能主张合同无效，应当承担赔偿责任的是出租人而不是第三人，D 正确。

[②] 全称为《最高人民法院关于审理城镇房屋租赁合同纠纷案件具体应用法律若干问题的解释》，于 2009 年 6 月 22 日由最高人民法院审判委员会第 1469 次会议通过，自 2009 年 9 月 1 日起施行。

五、融资租赁合同

（一）融资租赁合同的概念和特征

1．概念

融资租赁合同是出租人根据承租人对出卖人、租赁物的选择，向出卖人购买租赁物，提供给承租人使用，承租人支付租金的合同。与传统租赁合同不同，融资租赁合同除出租人与承租人外，还涉及第三人即出卖人，该合同集信贷、租赁和买卖为一体。其结构如图35-1所示：

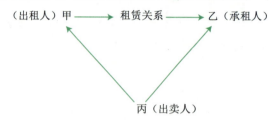

图 35-1　融资租赁的结构

甲乙之间为租赁、融资关系；甲丙之间为买卖关系；甲是应乙的要求从出卖人丙处买来租赁物的，而且买的目的就是租给乙。

2．特征

融资租赁合同的主要特征是：

（1）对合同的当事人有资格限制，出租人为经过有关机关批准有权经营融资租赁业务的法人；

（2）合同中的承租人向出租人支付的租金并非单纯使用租赁物的代价，而是"融资"的代价；

（3）租赁合同的标的物是应承租人的要求购买的，而且通常是价值较高的固定资产；

（4）租赁合同是双务、有偿、诺成性的要式合同，应当采用书面形式。

（二）融资租赁合同的效力

1．出租人的权利与义务

（1）权利。在租赁期间保有租赁物的所有权，收取租金，在合同终止时收回租赁物。

（2）义务。

① 购买租赁物并向出卖人支付货款，交付租赁物给承租人，协助承租人向出卖人索赔。

> **特别提醒**
>
> 　　租赁物有质量问题的，承租人可直接向出卖人索赔，出租人只是协助。

② 在承租人依赖出租人的技能确定租赁物或者出租人干预选择租赁物时，出租人还应对租赁物的瑕疵承担担保责任。

特别提醒

对于租赁物的瑕疵，出租人一般不负责任，只有在承租人对于出租人有技术依赖或出租人干预租赁物选择时，才需要负责。

2．承租人的权利和义务

（1）权利

① 选择租赁物的出卖人并决定租赁物的条件。

② 接受出卖人交付的标的物并有权就该标的物的瑕疵请求出卖人承担瑕疵担保责任。

③ 在租赁期间占有、使用租赁物。

（2）义务

① 依合同约定及时接受出卖人交付的标的物。

② 按照约定向出租人支付租金，妥善保管、使用与维修标的物，承担占有期间损毁灭失的风险。

特别提醒

1．在一般的租赁中，没有特别约定的，维修租赁物的义务由出租人承担。而在融资租赁中，没有约定的，维修租赁物的义务由承租人承担。

2．承租人占有租赁物期间，租赁物毁损、灭失的风险由承租人承担，出租人可请求承租人继续支付租金。

③ 对租赁物致人损害承担赔偿责任。

④ 于合同终止时返还标的物。

（三）租赁终止时租赁物的归属

1．租赁合同期满时

（1）融资租赁合同的期间届满，出租人与承租人对租赁物的归属有约定的，按照约定处理。双方当事人既可以约定租赁物在期限届满时归出租人所有，也可以约定归承租人所有。

（2）双方当事人对租赁物的归属没有约定或者约定不明确的，可以在合同生效后达成补充协议；不能达成补充协议的，可以按照合同的有关条款或者交易习惯确定。

（3）通过上述方式仍不能确定租赁物归属的，租赁物的所有权归出租人所有。

2．租赁合同无效时

协商不成的，租赁物返还给出租人，但是，有例外如下：

因承租人导致合同无效，出租人不要求返还租赁物，或者租赁物正在使用，返还出租人后会显著降低租赁物价值和效用的，人民法院可以判决租赁物所有权归承租人，并根据合同履行情况和租金支付情况，由承租人就租赁物进行折价补偿。

36 | 第三十六讲
承揽合同

阅读提示

　　承揽合同是偶尔考查的知识点，命题主要集中在任意解除权和违约解除权方面，而且，命题通常与合同相对性综合考查。

一、承揽合同的概念与特征

（一）概念

　　承揽合同，是指承揽人按照定作人的要求完成工作，交付工作成果，定作人给付报酬的合同。完成工作交付成果方为承揽人，接受工作成果并给付报酬方为定作人。承揽合同包括加工合同、定作合同、修理合同、复制合同、测试合同、检验合同及其他类型的承揽合同。

（二）特征

　　（1）以完成一定工作为目的。承揽合同的标的不是工作过程而是工作成果。

　　（2）标的物为承揽人应向定作人交付的工作成果，该成果具有特定性。承揽人必须根据定作人的要求完成工作成果，从而使得该工作成果具有特定性。

　　（3）承揽人的义务具有不可让与性，即具有人身信任性质。承揽人应当以自己的设备、技术等独立完成工作成果，一般情况下不能将承揽的工作交由第三人完成，故承揽人一般不得将自己的义务移转给他人承担。

　　（4）承揽合同是双务、有偿、诺成性的不要式合同。

二、承揽合同的效力

（一）承揽人的义务与权利

1. 以自己的设备、技术和劳力完成主要工作并按期交付工作成果

特别提醒

基于合同的相对性，承揽人将其承揽的主要工作交由第三人完成的，应当就该第三人完成的工作成果向定作人负责；未经定作人同意的，定作人也可以解除合同。承揽人可以将其承揽的辅助工作交由第三人完成，但是应当就该第三人完成的工作成果向定作人负责。

2．对完成的工作成果负瑕疵担保义务和保管义务

承揽人应当妥善保管定作人提供的材料以及完成的工作成果，因保管不善造成毁损、灭失的，应当承担损害赔偿责任。

3．按约定提供材料或者妥善处理定作人提供的材料

承揽人对定作人提供的材料，应当及时检验，发现不符合约定时，应当及时通知定作人更换、补齐或者采取其他补救措施。承揽人不得擅自更换定作人提供的材料，不得更换不需要修理的零部件。

4．接受定作人必要的监督、检查

5．按定作人的要求保守秘密

6．共同承揽人的连带责任

共同承揽人仅指对定作人均负直接完成承揽工作义务的多数承揽人。共同承揽人对定作人承担连带责任，但当事人另有约定的除外。

7．具有报酬请求权及符合法定条件时的留置权

在承揽合同中，定作人未向承揽人支付报酬或者材料费等价款的，承揽人对完成的工作成果享有留置权。由于留置权是法定担保物权，故无须双方当事人在承揽合同中做出特别约定，但双方当事人可以在承揽合同中约定排除承揽人的留置权。

（二）定作人的义务与权利

1．依约定提供材料并对承揽人进行协助

承揽工作需要定作人协助的，定作人有协助义务。定作人不履行协助义务致使承揽工作不能完成的，承揽人可以催告定作人在合理期限内履行义务，并可以顺延履行期限；定作人逾期不履行的，承揽人可以解除合同。

承揽人发现定作人提供的图纸或者技术要求不合理的，应当及时通知定作人。因定作人怠于答复等原因给承揽人造成损失的，应当赔偿损失。

2．按时接受、验收承揽人交付的工作成果

3．按约定的期限和方式向承揽人支付报酬

4．其权利是：监督承揽人工作，请求承揽人交付工作成果

三、承揽合同的终止

关于承揽合同的终止，需要格外注意的是承揽合同因当事人行使合同解除权而终止的两种情况。

（一）定作人的任意解除权

《合同法》第268条　定作人可以随时解除承揽合同，造成承揽人损失的，应当赔偿损失。

（二）承揽合同因当事人一方严重违约而解除

这种情况主要包括：

（1）承揽人未依约按时完成合同工作义务而使其工作对于定作人已无意义的；

（2）承揽人未经定作人同意将承揽合同的主要工作转由第三人完成的；

（3）定作人在检验监督中发现承揽人工作中存在问题，经向承揽人提出，而承揽人拒不更改的；

（4）定作人未尽到协助义务，经承揽人通知仍不履行的。

以上各种情况出现时，当事人均可行使合同解除权，有损害存在的可同时请求损害赔偿。

37 | 第三十七讲
建设工程合同

 阅读提示

　　建设工程合同，作为一种特殊的承揽合同，属于常考点。命题主要集中在发包人与承包人的权利和义务、承包人工程款优先权等方面。

一、建设工程合同的概念与特征

（一）概念

　　建设工程合同，是指建设工程的发包方为完成工程建设任务，与承包人签订的约定由承包人按照发包方的要求完成工作并交付建设工程，由发包人支付价款的合同，包括工程勘察、设计合同和施工合同。在建设工程合同中，勘察、设计、施工单位一方为承包方，建设单位一方为发包方。

（二）特征

　　（1）主体具有限定性。承包人必须是经过批准的具有相应资质的单位。

　　（2）标的具有特殊性。为基本建设工程，并非一般的加工定作物。

　　（3）合同管理具有严格性。建设工程合同的订立与履行受到国家的严格管理和监督。

　　（4）形式具有要式性。建设工程合同必须采用书面形式，这是国家对该合同进行监管的需要。

　　（5）建设工程合同是双务合同、有偿合同和诺成合同。

　　（6）建设工程合同是承揽的一种特殊形式，因此，在建设合同中没有规定的，可参照承揽合同的规定。

二、建设工程合同的效力

（一）勘察、设计合同

1. 发包人的主要义务

　　（1）按照合同约定，全面、准确、及时地提供开展勘察、设计工作所需要的基础资料、技术要求，按照合同约定提供必要的协作条件。

（2）按照合同约定向勘察、设计人支付勘察费、设计费。

（3）维护勘察、设计成果。

2. 承包人的主要义务

（1）按照合同约定按期完成勘察、设计工作，向发包人提交勘察、设计成果，并对勘察、设计成果负瑕疵担保责任。

（2）按照合同约定完成协作事项。

（二）施工合同

1. 发包人的主要义务

（1）做好施工前的准备工作，按照合同约定提供材料、设备、施工场地、建设资金、技术资料等。

（2）为承包人提供必要的条件，保证工程建设顺利进行。

（3）组织工程验收。

（4）接收建设工程并依约定支付工程价款。

2. 承包人的主要义务

（1）按时开工和按要求施工。

（2）接受发包人的必要监督。

（3）按期按质完工并交付建设工程。

（4）对建设工程合理使用期限内的质量安全负担保责任。

因承包人致使建设工程在合理使用期限内造成人身和财产损害的，承包人应当承担损害赔偿责任。

三、建设工程承包人的优先受偿权

（一）优先受偿权的行使

在建设工程合同中，如果发包人未按照约定向承包人支付价款，承包人可以催告发包人在合理期限内支付价款。发包人逾期不支付的，除按照建设工程的性质不宜折价、拍卖的以外，承包人可以与发包人协议将该工程折价，也可以申请人民法院将该工程依法拍卖，就该工程折价或拍卖的价款，承包人有优先受偿的权利。

（二）适用限制

建设工程承包人的优先受偿权在司法适用中存在较大争议，最高人民法院在司法解释中对此做出如下限制：

（1）建筑工程的承包人的优先受偿权优于抵押权和其他债权；

（2）消费者交付购买商品房的全部或者大部分款项后，承包人就该商品房享有的工程价款优先受偿权不得对抗买受人；

（3）建筑工程价款包括承包人为建设工程应当支付的工作人员报酬、材料款等实际支出的费用，不包括承包人因发包人违约所造成的损失；

（4）建设工程承包人行使优先权的期限为 6 个月，自建设工程竣工之日或者建设工程合同约定的竣工之日起计算。此处的 6 个月，性质上为除斥期间。

38 | 第三十八讲
运输合同

 阅读提示

　　运输合同属于偶尔考查的知识点。命题主要集中在客运合同的免责事由、货运合同中的风险承担、承运人的留置权、托运人的任意解除权等方面。

一、运输合同的概念和特征

（一）概念

　　运输合同，又称运送合同，是指承运人将旅客或者货物从起运地点运输到约定地点，旅客、托运人或者收货人支付票款或者运输费用的合同。

　　运输合同分为客运合同、货运合同和多式联运合同。在运输合同中，承担运送旅客及其行李或货物的当事人一方为承运人或运送人，与承运人订立运输合同的当事人一方为旅客或托运人，承运人所运输的货物为运送物。其中，承运人必须经申请取得道路运输经营许可证，并持有车辆营运证。

（二）特征

　　运输合同的特征主要有以下几方面。

　　（1）标的是承运人的运输行为。承运人的工作是运送旅客或货物至目的地。

　　（2）运输合同是双务合同和有偿合同。运输合同的双方当事人承担的义务互为条件，故运输合同为双务合同。同时，承运人从事运输业务的目的是获得收益，旅客或托运人、收货人应向承运人支付对价，故运输合同为有偿合同。

　　（3）运输合同一般为诺成合同。通常情形下，双方当事人意思表示一致，运输合同即可成立。

 特别提醒

　　对于客运合同而言，尽管合同法规定，自交付客票时成立，但这并不意味着是实践合同。因为这里交付的不是标的物，客票只是作为证明客运合同关系存在的凭证。

（4）运输合同通常是格式合同。由于承运人要与不特定的人随时订立，为了快捷方便，事先拟定格式合同成为通例，合同多采用票证式和表格式。

二、客运合同

（一）客运合同中承运人的义务

1．对重要事项向旅客予以告知

2．按照约定时间、班次、运输工具运送旅客

3．尽力救助旅客

4．保证旅客人身安全

在运输过程中旅客伤亡的，<u>无论是持正常客票的旅客，还是按规定免票、持优待票或经承运人许可搭乘的无票旅客</u>，除伤亡是旅客自身健康原因造成的或者承运人证明伤亡是旅客故意、重大过失造成的以外，承运人均应承担损害赔偿责任。

[例题] 根据合同法的规定，承运人对运输过程中发生的下列哪些旅客伤亡事件不承担赔偿责任？①

A．一旅客因制止扒窃行为被歹徒刺伤

B．一旅客在客车正常行驶过程中突发心脏病身亡

C．一失恋旅客在行车途中吞服安眠药过量致死

D．一免票乘车婴儿在行车途中因急刹车受伤

5．保证旅客行李安全

在运输过程中旅客自带行李毁损灭失，<u>承运人有过错的，应当承担赔偿责任</u>。如毁损灭失的是旅客托运的行李，承运人应当按照货物运输的有关规定，就行李的毁损灭失情况承担责任。

> **特别提醒**
>
> 客运合同中，对于旅客携带行李带来的损害，承运人承担的是过错责任。对于旅客的人身安全承担的是无过错责任。

（二）客运合同中旅客的义务

旅客的主要义务是：

1．支付票款

2．持有效客票按客票记载的时间乘运

3．遵守安全事项，按限量携带行李，不得携带危险或违禁物品

---

① 【答案】BC。解析：B项是自身健康原因，C项是旅客故意造成损害，故均可免责。

（三）客运合同的变更和解除

1. 因旅客自身原因导致的变更或解除

旅客运输合同成立后，旅客因自身原因不能按照客票记载的时间乘坐的，应当在约定时间内办理退票或者变更手续。逾期办理的，承运人可以不退票款，并不再承担运输义务。

2. 因承运人的原因导致的变更或解除

因承运人的原因导致的变更或解除主要包括两种情况：

（1）因承运人的迟延运输导致的变更或解除。承运人迟延运输的，应当根据旅客的要求安排改乘其他班次、变更运输路线以到达目的地或者退票。

（2）承运人擅自变更运输工具引起的合同变更。在客运合同订立后，承运人擅自变更运输工具而降低服务标准的，旅客有权要求退票或者减收票款。承运人变更运输工具，提高服务标准的，无权向旅客加收票款。

三、货运合同

 特别提醒

货运合同往往涉及第三人。货运合同由托运人与承运人订立，托运人与承运人为合同的当事人。但在第三人为收货人的情况下，收货人虽不是订立合同的当事人，但却是合同的利害关系人。在此情况下的货运合同即属于为第三人利益订立的合同。

（一）托运人的主要义务

1. 如实申报托运货物的义务

托运人在将货物交付运输时，有对法律规定或当事人约定的事项进行如实申报的义务。因托运人申报不实或者遗漏重要情况，造成承运人损失的，托运人应当承担损害赔偿责任。

2. 托运人有按规定向承运人提交审批、检验等文件的义务

有的货物运输需要先经过有关机关的检验方可运输。托运人对需要办理审批、检验手续的货物运输，应将办完有关手续的文件提交承运人。

3. 托运人的包装义务

合同中对包装方式有约定的，托运人有按照约定方式包装货物的义务。合同中对包装方式没有约定或者约定不明确时，可以协议补充，不能达成补充协议的，按照合同有关条款或者交易习惯确定；仍不能确定的，应当按照通用方式包装；没有通用方式的，应当采取足以保护标的物的包装方式。

4. 托运人托运危险物品时的义务

托运人托运易燃、易爆、有毒、有腐蚀性、有放射性等危险物品的，应当按照国家有关危险物品运输的规定对危险物品妥善包装，做出危险物标志和标签，并将有关危险物品的名称、性质和防范措施的书面材料提交给承运人。托运人违反规定的，承运人可以拒绝运输，也可以采取相应措施以避免损失的发生，因此产生的费用由托运人承担。

5. 支付运费、保管费以及其他运输费用的义务

托运人或者收货人不支付运费、保管费以及其他运输费用的，承运人对相应的运输货物享有留置权，但当事人另有约定的除外。

货物在运输过程中因不可抗力灭失，未收取运费的，承运人不得要求支付运费；已收取运费的，托运人可以要求返还。

（二）承运人的主要义务

（1）按照合同约定接受托运人托运的货物并交付运输单证。

（2）遵从托运人中止运输、返还货物、变更到达地点的有关要求。

（3）通知收货人或托运人并交付货物。

（4）安全运送货物。

若货物在运输途中毁损灭失，承运人应承担损害赔偿责任，除非承运人能够证明货物的毁损灭失是由于不可抗力、货物本身的自然属性或合理损耗以及托运人、收货人的过错造成的。

（三）收货人的义务

1. 及时提货的义务

收货人逾期提货的，应当向承运人支付保管费等费用。收货人不及时提货的，承运人有提存货物的权利。

根据《合同法》第316条的规定，在货物运输合同履行中，承运人提存货物的法定事由有两项：

（1）收货人不明。这主要包括无人主张自己是收货人，通过现有证据（主要是货物运输合同）也无法确认谁是收货人，以及虽有人主张自己是收货人，但根据现有证据（包括货物运输合同及主张人提供的证据），无法认定其是收货人等情形。

（2）收货人无正当理由拒绝受领货物。主要是指虽有明确的收货人，但其没有正当理由而拒绝受领货物。

2. 支付托运人未付或者少付的运费以及其他费用

如果合同约定由收货人到站支付或者托运人未支付的，收货人应支付。在运输中发生的其他费用，应由收货人支付的，收货人也必须支付。不支付的，承运人可以留置相应的货物。

3. 收货人有在一定期限内检验货物的义务

收货人应当按照约定的期限检验货物。对检验货物的期限没有约定或者约定不明确，当事人可以协议补充；不能达成补充协议的，按照合同有关条款或者交易习惯确定；仍不能确

定的，应当在合理期限内检验货物。收货人在约定的期限或者合理期限内对货物的数量、毁损等未提出异议的，视为承运人已经按照运输单证的记载交付的初步证据。

（四）货运合同的变更或解除

《合同法》第308条　在承运人将货物交付收货人之前，托运人可以要求承运人中止运输、返还货物、变更到达地或者将货物交给其他收货人，但应当赔偿承运人因此受到的损失。

据此，托运人或货物凭证持有人可以请求货物运输合同中如下具体内容的变更或解除：

（1）要求解除合同，由承运人中止运输、返还货物。这是托运人的任意解除权。

（2）要求承运人变更到达目的地。

（3）要求承运人将货物交给其他收货人，即变更收货人。

39 | 第三十九讲
保管与仓储合同

阅读提示

　　保管与仓储合同属于偶尔考查的知识点。命题主要集中在保管合同的实践性质、保管合同有偿与无偿时保管人责任的不同、保管与仓储人的留置权、保管与仓储合同的差异等方面。

一、保管合同

（一）保管合同的概念和特征

1. 概念

保管合同，是指保管人保管寄存人交付的保管物，并返还该物的合同。

保管合同中将物品交付他人保管的当事人为寄存人；保管寄托人交付的物品的当事人为保管人；保管人保管的物品，为保管合同的标的物，称为保管物。

2. 特征

（1）原则上是实践性合同。除当事人有约定以外，保管合同自保管物交付时成立。

（2）保管合同是否有偿由当事人约定，没有约定或者约定不明确，依照交易习惯也无法确定时，保管合同是无偿的。

（3）以保管行为为标的。保管合同属于一种劳务合同，保管合同的劳务为保管寄存物。

（4）是不要式合同。保管合同的成立，口头形式或书面形式均可。

（二）保管合同的效力

1. 保管人的义务

（1）给付保管凭证。寄存人向保管人交付保管物的，除另有交易习惯外，保管人应当给付保管凭证。

（2）妥善保管保管物。当事人可以约定保管场所或者方法。除紧急情况或者为了维护寄存人利益的以外，不得擅自改变保管场所或者方法。在保管期间，因保管人保管不善造成保管物毁损、灭失的，保管人应当承担损害赔偿责任。但保管是无偿的，保管人证明自己没有重大过失的，不承担赔偿责任。

[例题]贾某因装修房屋，把一批古书交朋友王某代为保管，王某将古书置于床下。一日，王某楼上住户家的水管被冻裂，水流至王某家，致贾某的古书严重受损。对此，下列说法哪一个是正确的？①

A．王某具有过失，应负全部赔偿责任

B．王某具有过失，应给予适当赔偿

C．此事对王某而言属不可抗力，王某不应赔偿

D．王某系无偿保管且无重大过失，不应赔偿

（3）亲自履行保管义务。除当事人另有约定外，保管人不得将保管物转交第三人保管，保管人将保管物转交第三人保管，对保管物造成损失的，应当承担损害赔偿责任。

（4）不得使用或许可他人使用保管物的义务。

① 保管人有权占有保管物，但不得使用保管物，也不能让第三人使用，但经寄存人同意或基于保管物的性质必须使用（即保管物的使用属于保管方法的一部分）的情形除外。

② 如果保管人擅自使用保管物或者让第三人使用保管物的，则无论保管人主观上有无过错，均应向寄存人支付相当的报酬，以资补偿。报酬的数额可比照租金标准计算，保管物为金钱的，保管人应自使用之日起支付利息。

（5）危险通知义务。所谓危险通知，是指在出现寄存人寄存的保管物因第三人或自然原因可能会失去的危险情形时，保管人应通知当事人。第三人原因是指，第三人对保管人提起诉讼或者对保管物申请扣押。此时保管人应当及时通知寄存人。保管人的危险通知义务是与其返还义务相关的，因为在危险发生时会导致保管人不能返还保管物。依据诚实信用原则，在保管物受到意外毁损灭失或者保管物的危险程度增大时，保管人也应及时将有关情况通知寄存人。

（6）返还保管物，包括原物和孳息。

① 在保管合同期限届满或者寄存人提前领取保管物时，保管人应及时返还保管物。

② 合同没有规定返还期限的，保管人可以随时返还，寄存人也可以随时要求返还。如果保管合同规定有返还期限，则保管人非因不得已的事由不得提前返还。寄存人可以在期限届满前随时要求返还，因此给保管人造成损失的，寄存人应予以补偿。

> **特别提醒**
>
> 无约定期限情况下，可随时返还，这意味着此时双方均有任意解除权。有保管期限情况下，寄存人可随时解除合同，但是造成保管人损失的，应当进行赔偿。

③ 保管人返还的物品应为原物，原物生有孳息的，保管人还应返还保管期间的原物孳息。返还地点一般应为保管地，保管人并无送交义务，当事人另有约定的除外。基于合同的相对性原理，保管人返还保管物义务的履行应向保管合同的另一方当事人——寄存人为之。

④ 在第三人对保管物主张权利时，除非有关机关已经对保管物采取了保全或者执行措施，保管人仍应向寄存人履行返还保管物的义务。

---

① 【答案】D。解析：无偿保管，需具有重大过失方需要承担责任。

2．寄存人的主要义务

（1）负担必要费用和支付保管费。若双方当事人未另行约定，寄存人应偿付保管人为保管寄存物支出的必要费用，该必要费用以能维持寄存物原状为准。在有偿的保管合同中，寄存人应当向保管人支付保管费。除当事人另有约定外，寄存人未按照约定支付保管费以及其他费用的，保管人对保管物享有留置权。

[例题]村民康德外出打工，将收获的价值5000元的玉米交给歌德无偿保管，但是因为天气潮湿，并且一直阴雨不断，歌德为了不让玉米发霉变质，花了300元请人对玉米进行烘干处理。康德回来后，请求歌德返还玉米，歌德要求康德支付300元的费用，康德以歌德是无偿保管为由拒绝，于是歌德将康德的玉米留置。问题一：歌德可不可以留置康德的玉米？问题二：如果歌德留置了全部玉米，是否合法？①

（2）告知义务。寄存人交付的保管物有瑕疵或者按照保管物的性质需要采取特殊保管措施的，寄存人应当将有关情况告知保管人。寄存人未告知，致使保管物受损失的，保管人不承担损害赔偿责任；保管人因此受损失的，除保管人知道或者应当知道并且未采取补救措施的以外，寄存人应当承担损害赔偿责任。

（3）声明义务。当寄存人寄存的物品为货币、有价证券或者其他贵重物品时，应向保管人履行声明义务，并经由保管人验收或封存。寄存人未尽声明义务的，保管人仅须按照一般物品的价值予以赔偿。

[例题]旅客康德投宿天达饭店，办好住宿手续后，将一只装有5万元现金和金银首饰的密码箱寄存在饭店的服务总台。当班服务员清点了物品。第二天下午，康德凭取物牌去取密码箱，发现已被他人领走。康德要求饭店赔偿全部损失，饭店拒绝。遂起纠纷。对此案判断错误的是：②

A．保管合同成立，饭店应承担主要损失，康德个人承担部分损失

B．保管合同成立，饭店应赔偿康德全部损失

C．保管合同无效，饭店酌情给予康德补偿

D．保管合同不成立，饭店酌情给予康德补偿

二、仓储合同

（一）仓储合同的概念和特征

1．概念

仓储合同，又称仓储保管合同，是指双方当事人约定由仓储营业人为存货人储存、保管货物，存货人为此支付仓储费的协议。

---

① 【答案】问题一：可以。尽管是无偿保管，但是，产生了必要的费用。问题二：不合法，歌德只能留置与300元费用相当的玉米。
② 【答案】ACD。解析：本题为有偿保管，饭店应当承担全部损失。

仓储合同中将货物交付他方储存并支付仓储费的当事人为存货人；为他人堆藏保管货物的当事人为保管人、仓管人；用以堆藏和保管物品的工作物称为仓库；仓管人堆藏和保管的货物称为仓储物。仓储合同源于保管合同，对于仓储合同，在合同法没有规定明确的内容，可准用保管合同的有关规定。

2. 特征

（1）保管人须为专门从事仓储保管业务的人。

（2）标的是保管行为，而且只能对动产进行保管。

（3）为双务、有偿、诺成性的不要式合同。

虽然仓储合同的保管人于接受储存的货物时应当给付存货人仓单或其他凭证，但开具仓单是保管人合同义务的履行，仓单并非合同的书面形式。所以，仓储合同应为不要式合同。

（4）存货方主张货物已交付或行使返还请求权以仓单为凭证。

仓单是表示一定数量的货物已交付的法律文书，属于有价证券的一种，其性质为记名的物权证券。仓储合同的存货人凭仓单提取储存的货物，存货人或者仓单持有人以背书方式并经保管人签字或盖章，可以将仓单上所载明的物品所有权移转给他人。

（二）仓储合同的效力

1. 保管人的义务

（1）给付仓单的义务。保管人（仓库营业人）应当向存货人给付仓单，这是保管人的一项合同义务。仓单具有以下两方面的效力：

第一，受领保管物的效力。保管人一经填发仓单，持单人对于保管物的受领，不仅应提示仓单，而且还应缴回仓单。

第二，移转保管物的效力。仓单上所记载的货物，非由货物所有人在仓单上背书，并经保管人签名，不发生所有权转移的效力。如因仓单损毁或遗失、被盗而灭失，存货人或仓单持有人丧失仓单的，必须依我国《民事诉讼法》的规定，通过公示催告程序以确认其权利。

（2）接收、验收义务。保管人不能按合同约定的时间、品名（品类）数量接受仓储物入库的，应承担违约责任。

《合同法》第384条　保管人应当按照约定对入库仓储物进行验收。保管人验收时发现入库仓储物与约定不符合的，应当及时通知存货人。保管人验收后，发生仓储物的品种、数量、质量不符合约定的，保管人应当承担损害赔偿责任。

仓储物验收时保管人未提出异议的，视为存货人交付的仓储物符合合同约定的条件。

（3）通知义务。在储存的仓储物出现危险时，保管人有义务及时通知存货人或者仓单持有人。仓储物出现危险，主要包括仓储物有变质或有其他损坏。对于外包装或仓储物标记上标明或者合同中申明了有效期的仓储物，保管人应当提前通知失效期。

第三人对保管人提起诉讼或者对保管物申请扣押时，保管人也应及时通知存货人或者仓单持有人。

保管人对入库仓储物发现有变质或者其他损坏，危及其他仓储物的安全和正常保管的，应当催告存货人或者仓单持有人做出必要的处置。因情况紧急，保管人可以做出必要的处置，但事后应当将该情况及时通知存货人或仓单持有人。

（4）妥善保管义务。因保管人保管不善而非因不可抗力、自然因素或货物（包括包装）本身的性质而发生储存的货物灭失、短少、变质、损坏、污染的，保管人均应承担损害赔偿责任。因仓储物的性质、包装不符合约定或者超过有效仓储期造成仓储物变质、损坏的，保管人不承担损害赔偿责任。

（5）容忍义务。保管人根据存货人或仓单持有人的要求，应当同意其检查仓储物或者提取样品，这就是保管人的容忍义务。

2．存货人的义务

（1）支付仓储费的义务。仓储合同为有偿合同，除非当事人之间另有约定，存货人应负担向保管人支付仓储费的义务。

（2）说明义务。根据《合同法》第383条的规定，存货人应当向保管人说明货物的性质和预防危险、腐烂的方法，提供有关的保管、运输等技术资料，并采取相应的防范措施。存货人违反该义务的，保管人有权拒收该货物；保管人因接受该货物造成损害的，存货人应承担损害赔偿责任。

（3）提取仓储物的义务。

第一，当事人对储存期间没有约定或者约定不明确的，存货人或者仓单持有人可以随时提取仓储物，保管人也可以随时要求存货人或仓单持有人提取仓储物，但应当给予必要的准备时间。

第二，合同中约定有储存期间的，存货人或仓单持有人应当按照合同的约定及时提取仓储物。逾期提取的，应当加收仓储费。在仓储合同期限届满前，保管人不得要求返还或要求由存货人或仓单持有人取回保管物。在存货人或仓单持有人要求返还时，保管人不得拒绝返还，但不减收仓储费。

第三，存货人或仓单持有人对于临近失效期或有异状的货物，应当及时提取或予以处理。于合同约定的期限届满，或者在未约定期限而收到保管人合理的货物出库通知时，存货人或仓单持有人应及时办理货物的提取。存货人或仓单持有人提取货物时须提示仓单并缴回仓单。由于存货人或仓单持有人不能使货物如期出库造成压库时，存货人或仓单持有人应负违约责任。

［例题］关于保管合同和仓储合同，下列哪些说法是错误的？[①]

A．二者都是有偿合同

B．二者都是实践性合同

C．寄存人和存货人均有权随时提取保管物或仓储物而无须承担责任

D．因保管人保管不善造成保管物或仓储物毁损、灭失的，保管人承担赔偿责任

---

① 【答案】ABCD。解析：保管原则上是无偿合同，仓储是诺成合同，任意解除时造成对方损失的，均需要承担赔偿责任，保管与合同中保管人通常均认为是过错责任。

40 | 第四十讲
技术合同

一、技术合同的概念和特征

（一）概念

　　技术合同是当事人就技术开发、转让、咨询或者服务订立的确立相互之间订立的权利和义务的合同。

（二）特征

　　（1）技术合同的标的与技术有密切联系，不同类型的技术合同有不同的技术内容。技术转让合同的标的是特定的技术成果，技术服务与技术咨询合同的标的是特定的技术行为，技术开发合同的标的具有技术成果与技术行为的内容。

　　（2）技术合同履行环节多，履行期限长，价款、报酬或使用费的计算较为复杂，一些技术合同的风险性很强。

　　（3）技术合同的法律调整具有多样性。技术合同标的物是人类智力活动的成果，这些技术成果中许多是知识产权法调整的对象，涉及技术权益的归属、技术风险的承担、技术专利权的获得、技术产品的商业标记、技术的保密、技术的表现形式等，受专利法、商标法、反不正当竞争法、著作权法等法律的调整。

　　（4）当事人一方具有特定性，通常应当是具有一定专业知识或技能的技术人员。

　　（5）技术合同是双务、有偿合同。

二、技术合同的形式和内容

（一）技术合同的形式

《合同法》第330条、第342条分别规定，技术开发合同、技术转让合同应当采用书面形式，但对技术咨询合同、技术服务合同未作规定。

根据合同法的规定，技术合同订立当事人应恪守诚实信用原则，技术合同不得以妨碍技术进步、侵害他人技术成果或非法垄断技术为目的，否则，均为无效。

（二）技术合同的主要内容

合同法对技术合同的主要条款作了示范性规定，包括项目名称、标的、履行、保密、风险责任、成果以及收益分配、验收、价款、违约责任、争议解决方法和专门术语的解释等条款。体现技术合同特殊性的条款主要有：保密条款、成果归属条款、特殊的价金或报酬支付方式条款（如采取收入提成方式支付价金的）和专门名词和术语的解释条款。

三、职务技术成果的归属

职务技术成果是执行法人或者其他组织的工作任务，或者主要是利用法人或者其他组织的物质技术条件所完成的技术成果。

职务技术成果的使用权、转让权和专利申请权原则上归属于单位，单位可根据情况给予个人奖励。转让时，在同等条件下，技术成果的完成人可以优先受让。同时，完成技术成果的个人有在有关技术成果文件上写明自己是技术成果完成者的权利和取得荣誉证书的权利。

四、技术开发合同

（一）技术开发合同的概念和特征

1．概念

技术开发合同是指当事人之间就新技术、新产品、新工艺或者新材料及其系统的研究开发所订立的合同，包括委托开发合同和合作开发合同。其客体是尚不存在的有待开发的技术成果。

2．特征

（1）标的物具有新颖性，包括新技术、新产品、新工艺或者新材料及其系统。

（2）技术开发合同的内容是进行研究开发工作。

（3）技术开发合同是双务有偿合同，合同履行具有协作性。

（4）技术开发合同的失败风险若无约定并且不能达成补充协议的，由双方合理负担。

（二）技术开发合同的效力

1. 委托开发合同当事人的权利义务

（1）委托人的主要义务

① 按照约定交付研究开发费用和报酬。

② 按照合同约定提供技术资料、原始数据，并完成协作事项。

③ 按期接受研究开发成果。

由于委托方无故拒绝或迟延接受成果，造成该研究开发成果被合同外第三人以合法形式善意获取时，或者该成果丧失其应有的新颖性时，或该成果遭到意外毁损或灭失时，委托方应承担责任。

（2）研发人的主要义务

① 制订和实施研究开发计划。研究开发计划是指导研究开发方实现委托开发合同的预期目的的指导性文件，是技术开发合同的组成部分。

② 合理地使用研究开发经费。研究开发人员必须按照合同约定的使用范围使用研究开发经费，精打细算，并应注意及时向委托方通报经费支出情况，接受委托方监督。

③ 按期完成研究开发工作，交付研究开发成果。研究开发方提交的成果，必须真实、正确、充分、完整，以保证委托方实际应用该成果。

④ 为委托方提供技术资料和具体技术指导，帮助委托方掌握应用研究开发成果。

2. 合作开发合同当事人的权利义务

（1）合作各方当事人应按照约定进行投资，包括以技术进行投资。

（2）合作各方当事人应按照约定分工参与研究开发工作。

（3）合作各方当事人应配合完成研究开发工作。

（4）保守技术情报和资料的秘密。

（三）技术开发成果的归属问题

1. 委托开发合同专利申请权的归属

（1）委托开发所完成的发明创造，除当事人另有约定的以外，申请专利的权利属于研究开发人。

（2）研究开发人取得专利权的，委托人可以免费实施该专利。

（3）研究开发人转让专利申请权的，委托人可优先受让该专利申请权。

2. 合作开发合同专利申请权的归属

（1）合作开发所完成的发明创造，除当事人另有约定的外，申请专利的权利属于合作开发的各方共有。

（2）当事人一方转让其专利申请权的，其他各方可优先受让其共有的专利申请权。

（3）合作开发的一方声明放弃其共有的专利申请权的，可由另一方单独或其他各方共同申请。申请人取得专利权的，放弃专利权的一方可免费实施该项专利。

（4）合作开发的一方不同意申请专利的，另一方或其他各方不得申请专利。

3．委托或合作开发合同中完成的技术秘密的使用权与转让权归属

（1）委托开发或合作开发完成的技术秘密成果的使用权、转让权和利益的分配办法，由当事人约定。没有约定或约定不明确的，依《合同法》第61条的规定来确定。

（2）依据《合同法》第61条仍然不能确定的，当事人均有使用和转让的权利。但是，委托开发的研究开发人不得在向委托人交付研究开发成果前，将研究开发成果转让给第三人。

 特别提醒

　　此时，若是许可他人使用，只可普通许可他人使用，独占或排他许可的，未经对方同意无效。因为一旦进行独占或者排他许可，就意味着排除了另一方使用的可能。

五、技术转让合同

（一）技术转让合同的概念和特征

1．概念

技术转让合同，指一方当事人将技术成果的所有权或使用权转让给另一方，另一方支付约定价款的合同。技术转让合同由下列四种具体合同构成：

（1）专利权转让合同；

（2）专利申请权转让合同；

（3）专利实施许可合同；

（4）技术秘密转让合同。

2．特征

（1）合同标的物是一个相对完整的技术方案。这不同于在技术咨询和技术服务合同中当事人一方向对方提供的一定的技术意见、技术知识。

（2）合同标的物是现有的技术方案。这不同于开发合同中技术成果在合同订立时尚不存在或尚未形成。

（3）合同标的物必须是已经权利化的技术成果。所谓权利化，包括取得专利权、专利申请权、专利实施权及技术秘密成果权等权利。

（二）技术转让合同的效力

转让合同 + 登记，未办理登记，转让合同有效，但是专利权和专利申请权不发生变动。

1. 专利权转让合同中当事人的义务

（1）让与人的主要义务

① 按合同约定的时间将专利权移交给受让人。但是，专利权中的人身权并不随专利权的转让而转让。

② 保证自己是转让专利权的合法拥有者，并保证专利权的真实、有效。

③ 按合同约定交付与转让专利权有关的技术资料，并向受让人提供必要的技术指导。

④ 保密义务。

（2）受让人的主要义务

① 向让与人支付合同约定的使用费。

② 按合同约定承担保密义务。

2. 专利申请权转让合同中当事人的义务

（1）让与人的主要义务

① 将合同约定的专利申请权移交受让人，并提供申请专利和实施发明创造所需要的技术情报和资料。

② 保证作为申请权标的的发明创造为让与人自己或自己与他人合作通过创造性劳动合法获得，或者通过委托开发合同获得，即保证自己是所提供的技术的合法拥有者。

③ 按合同的约定承担保密义务。

（2）受让人的主要义务

① 向让与人支付合同约定的使用费。

② 按合同约定承担保密义务。

3. 专利实施许可合同中当事人的义务

（1）专利实施许可合同的类型

① 普通实施许可，可以许可多人使用，而且许可人也可以使用。

② 排他实施许可，只能许可特定的主体使用，不得再许可他人使用，但许可人本人可以用。

③ 独占实施许可，只能许可特定主体使用，一旦许可，包括许可人在内的所有人均不得在许可期间使用。

（2）让与人的主要义务

① 保证自己是所提供的专利技术的合法拥有者，即是自己提出专利申请、经专利机关审查后授予了专利权的技术，或者是让与人通过合法的转让合同获得。

② 提供的专利技术完整、无误，能够达到约定的目的，并许可受让人在合同约定的范围内实施专利技术。

③ 交付实施与专利有关的技术资料，并且提供必要的技术指导。

（3）受让人的主要义务

① 在合同约定的范围内实施专利技术，并不得允许许可合同约定以外的第三人实施该项专利。

特别提醒

> 如果受让人许可第三人使用，第三人的使用行为构成侵权。

② 支付合同约定的使用费。

4．技术秘密转让合同中当事人的义务

（1）让与人的主要义务

① 让与人应是该技术秘密成果的合法拥有者，保证在订立合同时该项技术秘密未被他人申请获得专利。

② 按约定提供技术资料，进行技术指导。

③ 保证此项技术的实用性、可靠性。

④ 承担合同约定的保密义务。

（2）受让人的主要义务

① 在合同约定的范围内使用技术。

② 按合同约定支付使用费。

③ 承担合同约定的保密义务。

（三）技术转让合同的其他问题

1．技术转让合同中的"使用范围"条款

《合同法》第 343 条规定，技术转让合同可以约定让与人和受让人实施专利或者使用技术秘密的范围，但不得限制技术竞争和技术发展。这里的范围主要包括：

（1）期间范围。许可期间，不得超过专利权的剩余有效年限。

（2）使用地区范围。

2．后续改进技术成果的权益分配

所谓后续改进，是指在技术转让合同的有效期内，一方或双方对作为合同标的的专利或技术秘密所做的革新和改良。

在技术转让合同中，当事人可以按照合理的原则，约定实施专利、使用技术秘密的后续改进技术成果的分享办法。在合同没有约定或者约定不明的情况下，当事人可以协议补充；不能达成补充协议的，按照合同有关条款或交易习惯确定；依照合同有关条款或交易习惯仍不能确定的，一方后续改进的技术成果，其他各方无权分享，而由后续改进方享有。

六、技术咨询和技术服务合同

（一）概念

技术咨询合同是指受托人为委托人就特定技术项目提供可行性论证、技术预测、专题技术调查、分析评价报告等所订立的合同。

技术服务合同是指当事人一方以技术知识为另一方解决技术问题所订立的合同，但不包括建设工程合同和承揽合同。

（二）权利和义务

在技术咨询合同中，委托人应当按照约定阐明咨询的问题，提供技术背景材料及有关技术资料、数据；按期接受受托人的工作成果，支付报酬。受托人应当按照约定期限完成咨询报告或者解答问题，提供的咨询报告应当达到约定要求。

在技术服务合同中，委托人应当按照约定提供工作条件，完成配合事项；接受工作成果并支付报酬。受托人应当按照约定完成服务项目，解决技术问题，保证工作质量，并传授解决技术问题的知识。

（三）咨询和服务过程中产生的技术成果归属

在技术咨询合同和技术服务合同的履行过程中，受托人利用委托人提供的技术资料和工作条件完成的新的技术成果，属于受托人。委托人利用受托人的工作成果完成的新的技术成果，属于委托人。当事人另有约定的，按照其约定。

41 | 第四十一讲
委托、行纪与居间合同

阅读提示

委托与行纪合同均是常考点。委托合同中，较为突出的要点是，合同双方当事人均享有的任意解除权、转委托以及委托合同中的间接代理制度。行纪合同中，突出的要点是，行纪人在处理事务中的独立性，其中，活动中多出利益的归属是最为重要的内容。居间合同中，重点是居间人的报酬或费用问题。

一、委托合同

（一）委托合同的概念和特征

1. 概念

委托合同，又称委任合同，是指委托人和受托人约定，由受托人处理委托人事务的合同。

2. 特征

（1）受托人既可以委托人的名义，也可以自己的名义对外开展活动。

（2）通常建立在彼此信任的基础上，委托人和受托人均享有单方解除合同的权利。

特别提醒

任何一方均有任意解除权，但是给对方造成损失的，均应当赔偿。

[例题] 甲委托乙为其购买木材，乙为此花去了一定的时间和精力，现甲不想要这批木材，于是电话告诉乙取消委托，乙不同意。下列哪一论述是正确的？①

A. 甲无权单方取消委托，否则应赔偿乙的损失

B. 甲可以单方取消委托，但必须以书面形式进行

C. 甲可以单方取消委托，但需承担乙受到的损失

D. 甲可以单方取消委托，但需按合同约定支付乙报酬

（3）标的为受托人提供的劳务。

（4）委托合同是双务（有偿）、诺成、不要式合同。

---

① 【答案】C。解析：委托合同双方均有解除权，因解除给对方造成损失的，均要赔偿。

（5）委托合同可以是有偿合同，也可以是无偿合同。

《合同法》第406条 有偿的委托合同，因受托人的过错给委托人造成损失的，委托人可以要求赔偿损失。无偿的委托合同，因受托人的故意或者重大过失给委托人造成损失的，委托人可以要求赔偿损失。受托人超越权限给委托人造成损失的，应当赔偿损失。

（二）委托合同的效力

1．受托人的义务

（1）依委托人的指示处理委托事务的义务

① 受托人在情势紧急时得变更委托人的指示，妥善处理委托事务。这是受托人依委托人指示处理事务的例外。

② 受托人在变更指示后负有报告义务。在变更时，受托人无法与委托人取得联系的，应于变更后及时报告委托人。如果因受托人的怠于报告而给委托人造成损失的，受托人应负赔偿责任。

（2）亲自处理委托事务的义务。

（3）报告义务。受托人应当按照委托人的要求，随时或者定期报告受托事务的处理情况。受托事务终止或者委托合同终止时，受托人应当将处理委托事务的始末和处理结果报告给委托人，并提交必要的证明文件，如各种账目、收支计算情况等。

（4）财产转交义务。受托人因处理委托事务所取得的财产，应当转交给委托人。

例如，康德给了歌德10元钱，让其代自己购买彩票，歌德自己也买了一份，结果歌德自己买的一份未中奖，而为康德买的中奖5万元。歌德应当把购买彩票获得的奖金转交给康德。

2．委托人的义务

（1）支付费用的义务

委托人履行支付费用的义务有两种方式：一是预付费用；二是偿还费用。

（2）支付报酬的义务

委托合同既可以是有偿的，也可以是无偿的，若是无偿的，委托人自然无支付报酬的义务。

（3）赔偿受托人损失的义务

委托人对于受托人在处理委托事务中非因受托人自己过错所造成的损失应负赔偿损失的义务。

（三）委托合同中的间接代理制度

1．概念

间接代理，是指代理人以自己的名义从事代理活动，该代理活动的法律效果间接归属于本人的代理制度。我国《民法通则》对直接代理制度做出了规定，《合同法》则承认了间接代理制度。

2．间接代理的效力

（1）委托人的自动介入。受托人以自己的名义，在委托人的授权范围内与第三人订立的合同，第三人在订立合同时知道受托人与委托人之间代理关系的，该合同直接约束委托人和第三人，即此时委托人自动介入受托人与第三人订立的合同关系中，取代受托人的合同当事人地位。

当然，在有确切证据证明该合同只约束受托人和第三人时，不发生委托人自动介入受托人和第三人之间的合同关系的后果。

（2）委托人的介入权

① 概念：委托人的介入权，是指当受托人因第三人的对委托人不履行义务时，受托人应当向委托人披露第三人，以便委托人介入受托人与第三人之间的合同关系而直接向第三人主张权利。

② 意义：确认委托人的介入权制度的目的是提高权利救济效率，维护委托人的利益。

③ 行使介入权的条件：

A. 受托人以自己的名义与第三人订立合同；

B. 第三人在订立合同时，不知道受托人和委托人之间存在代理关系；

C. 受托人因第三人的对委托人不履行义务；

D. 受托人在因第三人的对委托人不履行义务时，向委托人披露了第三人。

④ 介入权的行使的限制：如果第三人与受托人订立合同时知道该委托人就不会订立合同的情形下，委托人不得介入。

⑤ 抗辩权的延续：在委托人行使介入权时，第三人可以向委托人主张其对受托人的抗辩权。

（3）第三人的选择权

① 概念：第三人的选择权，是指当受托人因委托人的对第三人不履行义务时，受托人向第三人披露委托人，第三人可以选择委托人或者受托人作为相对人主张权利。

② 性质：第三人选择权性质为形成权。

③ 第三人选择权的行使条件：

A. 受托人以自己的名义与第三人订立合同；

B. 第三人在订立合同时，不知道受托人和委托人之间存在代理关系；

C. 受托人因委托人的对第三人不履行义务；

D. 受托人向第三人披露了委托人。

④ 选择权的行使及限制：第三人可以在受托人和委托人中选择一方作为相对人主张权利，但不能同时选择受托人和委托人为共同相对人，且第三人在做出选择后不得变更选定的相对人。

⑤ 抗辩权的延续：第三人选定委托人作为其相对人的，委托人可以向第三人主张其对受托人的抗辩以及受托人对第三人的抗辩权。

［例题］甲委托乙购买一套机械设备，但要求以乙的名义签订合同，乙同意，遂与丙签

订了设备购买合同。后由于甲的原因，乙不能按时向丙支付设备款。在乙向丙说明了自己是受甲委托向丙购买机械设备后，关于丙的权利，下列说法正确的是？ [1]

    A．只能要求甲支付

    B．只能要求乙支付

    C．可选择要求甲或乙支付

    D．选择甲之后，即使甲没有清偿能力，也不得再选择乙

二、行纪合同

（一）行纪合同的概念和特征

1．概念

行纪合同，是指行纪人以自己的名义为委托人从事贸易活动，委托人支付报酬的合同。

2．特征

（1）行纪人是以自己的名义办理行纪事务的，并且行纪人仅限于经过审查、登记可从事贸易活动的主体。

（2）行纪人为委托人办理的事务仅限于商品的寄售、购销等贸易活动。

（3）行纪合同是双务、有偿、诺成性的不要式合同。

（4）行纪合同是委托合同的特殊形态，当行纪合同没有规定时，可参照适用委托合同的规定。

 特别提醒

    我国《合同法》第 423 条规定，行纪合同除另有规定的，适用委托合同的有关规定。行纪合同与委托合同的区别见表 41-1。

表 41-1　行纪合同与委托合同的区别

项　　目	行 纪 合 同	委 托 合 同
所为事项	买卖寄售等贸易活动	可以是法律行为，也可以是事实行为
行为名义	行纪人只能以自己名义	既可以自己名义，也可以委托人名义
是否有偿	有偿	可以有偿，也可以无偿

（二）行纪合同的效力

1．行纪人的义务

（1）负担行纪费用的义务。我国《合同法》第 415 条明确规定："行纪人处理委托事务支出的费用，由行纪人负担，但当事人另有约定的除外。"可见，在我国行纪费用以行纪人

---

[1] 【答案】CD。解析：第三人选择权只能行使一次，在委托人和受托人之间选择其一，并且一旦行使，不得变更相对人，故 CD 正确。

负担为原则，但当事人另有约定的除外。

（2）妥善保管委托物的义务。行纪人占有委托物的，应当妥善保管委托物。

（3）合理处分委托物的义务。委托物交付给行纪人时有瑕疵或者容易腐烂、变质的，经委托人同意，行纪人可以处分该物；和委托人不能及时取得联系的，行纪人可以合理处分。

（4）依委托人的指示处理事务的义务。对于委托人指定的卖出委托物的价格或买入价格，行纪人有遵从指示的义务。该项义务可分为以下两种情况来具体考察：

① 行纪人以低于指定价格卖出或者高于指定价格买进的。依《合同法》第418条第1款规定，行纪人低于委托人指定的价格卖出或者高于委托人的价格买入的应当经委托人同意。未经委托人同意，行纪人补偿其差额的，该买卖对委托人发生效力。

② 行纪人以高于指定价格卖出或低于指定价格买进委托物的。

依《合同法》第418条第2款的规定，可以按照约定增加报酬。没有约定或者约定不明确，双方当事人可以协议补充；不能达成补充协议的，按照合同有关条款或者交易习惯确定；仍不能确定的，该利益属于委托人。

2．委托人的义务

（1）支付报酬的义务。委托人应当按照约定支付报酬。因不可归责于行纪人的事由发生，致使行纪人不能完成行纪行为的，如果行纪人已做了部分履行，且该部分履行相对于全部委托事务来说可以独立存在，则行纪人有权就委托事务完成的部分请求委托人支付报酬。

虽然仅完成了部分委托事务，但委托人的经济目的已完全达到的，行纪人得请求全部报酬的支付。

行纪人全部完成或部分完成委托事务，委托人应当支付报酬却逾期不支付的，行纪人享有留置委托物，并依照法律规定以委托物折价或从拍卖、变卖该财产所得的价款中优先受偿的权利。

（2）受领或取回标的物的义务。行纪人按照行纪合同的约定为委托人买回委托物的，委托人应当及时受领。在经过行纪人催告，委托人无正当理由拒绝受领的，行纪人可以提存委托物。

（三）行纪人的介入权

1．概念

行纪人接受委托买卖有市场定价的证券或其他商品时，除委托人有相反的意思表示以外，行纪人自己可以作为出卖人或买受人的权利，称为行纪人的介入权，或称行纪人的自约权。

2．行纪人介入权行使的条件

行纪人行使介入权的要件，又称介入要件，包括积极要件和消极要件：

（1）积极要件。指所受委托的物品须为有市场定价的有价证券或其他商品。

（2）消极要件。包括：委托人未做出反对行纪人介入的意思表示，行纪人尚未对委托事务做出处理，行纪合同有效存在。

特别提醒

行纪人行使介入权之后，仍有报酬请求权。委托人应按合同约定付给行纪人报酬。

三、居间合同

（一）居间合同的概念和特征

1．概念

居间合同，是指居间人向委托人报告订立合同的机会或者提供订立合同的媒介服务，委托人支付报酬的合同。

2．特征

（1）居间人所提供的服务是为他方报告订约机会或为订约媒介，但居间人只是委托人与第三人之间进行交易的中介人，既不是任何一方代理人，也不是当事人。

（2）委托人给付义务的履行具有不确定性。

居间人的活动能否达到目的，委托人与第三人之间能否交易成功，是决定委托人是否支付报酬的关键，而这一目的的达成有不确定性。

（3）居间合同为有偿、诺成性的不要式合同。

（二）居间合同的效力

《合同法》第426条 居间人促成合同成立的，委托人应当按照约定支付报酬。对居间人的报酬没有约定或者约定不明确，依照本法第61条的规定仍不能确定的，根据居间人的劳务合理确定。因居间人提供订立合同的媒介服务而促成合同成立的，由该合同的当事人平均负担居间人的报酬。

居间人促成合同成立的，居间活动的费用由居间人负担。

《合同法》第427条 居间人未促成合同成立的，不得要求支付报酬，但可以要求委托人支付从事居间活动支出的必要费用。

1．居间人的义务

（1）报告订约机会或媒介订约的义务。

① 在报告居间中，居间人对于订约事项，应就其所知，据实报告给委托人。

② 在媒介居间中，居间人应将有关订约的事项据实报告给各方当事人。

无论居间人是同时接受主合同当事人双方的委托，还是仅接受委托人一方委托的，居间人都负有向双方报告的义务。

（2）忠实和尽力的义务。居间人的忠实义务包括以下方面的要求：

① 居间人应将所知道的有关订约的情况或商业信息如实告知给委托人。

我国《合同法》第 425 条规定："居间人应当就有关订立合同的事项向委托人如实报告。居间人故意隐瞒与订立合同有关的重要事实或者提供虚假情况，损害委托人利益的，不得要求支付报酬并应当承担损害赔偿责任。"

② 居间人不得对订立合同实施不利影响，主要指影响合同的订立或者损害到委托人的利益。

③ 居间人对于所提供的信息、成交机会以及后来的订约情况，负有对其他人保密的义务。

④ 居间人负有尽力义务。

报告居间人的任务在于报告订约机会给委托人。

媒介居间人的任务除向委托人报告订约信息外，应尽力促进将来可能订约的当事人双方达成合意。

（3）负担居间合同费用的义务。居间人促成合同成立的，居间活动的费用由居间人负担。

2. 委托人的义务

（1）支付报酬的义务。支付报酬通常以促成合同为前提。

（2）支付必要居间费用的义务：

① 居间人促成合同成立的，居间费用未经约定不得请求委托人偿还，由居间人负担。

② 居间人未促成合同成立的，可以要求委托人支付从事居间活动支出的必要费用。

[例题] 甲公司欲购买一批文具，委托乙提供媒介服务。甲公司和有关当事人对乙提供媒介服务的费用承担问题没有约定，后又不能协商确定。在此情况下，对乙提供媒介服务的费用应怎么确定？ ①

---

① 【答案】在乙促成合同成立时，应当由乙承担提供媒介服务的费用；在乙未促成合同成立时，应当由委托人承担提供媒介服务的费用。

第四十二讲

侵权法基本原理

⚛ **阅读提示**

　　本讲是侵权法基本原理，对于侵权法体系的建构和各种侵权的理解具有基础性意义。其中，归责原则的含义与具体适用情形、一般侵权的构成要件、免责事由等内容均需要深入理解。

一、侵权法体系结构

　　侵权法的体系结构如图 42-1 所示。

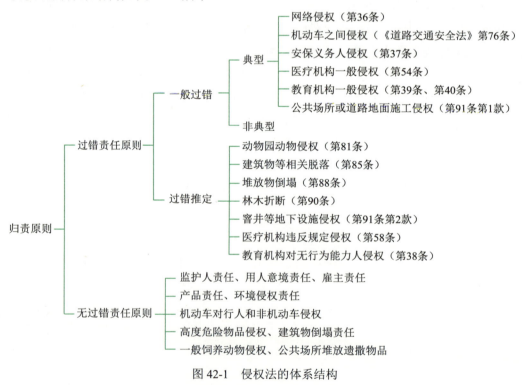

图 42-1　侵权法的体系结构

　　如图 42-1 所示，侵权法的核心概念是归责原则。以归责原则为中心可以将所有侵权纳入一个完整的体系之中。因此，在学习侵权法部分时，一定要有意识地将自己零散的知识，以归责原则为中心加以整合，这样方可实现知识的系统化。

二、侵权行为概述

（一）概念

所谓侵权行为，是指民事主体侵害他人受保护的民事权益，依法应承担侵权责任的行为。

（1）侵权行为是侵害他人受保护的民事权益的行为。

（2）侵权行为主要是行为人基于过错而实施的行为，但在特殊情况下，行为人没有过错也可以构成侵权行为。

（3）侵权行为是依法应承担侵权责任的行为。《侵权责任法》[①]第2条第1款规定，侵害民事权益，应当依照本法承担侵权责任。该条事实上明确了侵权行为是依法应承担侵权责任的行为。另外，侵权行为承担的责任是民事责任，而不是刑事责任或者行政责任，这也是侵权行为与刑事犯罪和行政违法行为的区别。《侵权责任法》第4条规定，侵权人因同一行为应当承担行政责任或者刑事责任的，不影响依法承担侵权责任。因同一行为应当承担侵权责任和行政责任、刑事责任，侵权人的财产不足以支付的，先承担侵权责任。据此，在财产方面，侵权责任相对于公法上的责任，具有优先性。

（4）侵权行为的形态具有多样性。从行为形态来看，侵权行为既包括行为人自己直接实施的加害行为，也包括行为人自己控制的物致人损害的加害行为，如物件坠落致人损害和饲养动物致人损害，还包括自己须对他人负责的他人行为，如监护人对被监护人行为的责任，以及用工者对被用工者的责任等。

（5）侵权行为是能够引起民事法律关系发生的法律事实的一种，是一种违法行为。法律事实包括事件和行为，行为当中又可以分为适法行为与不适法行为。所谓不适法，即是指违法。这种法律事实所引起的民事法律关系后果，和当事人的意志没有关系，依据法律的规定直接发生。因此，因侵权行为而发生的债，是一种典型的法定之债。

（二）基本类型

1. 单独侵权行为与数人侵权行为

单独侵权行为与数人侵权行为的区分依据是侵权行为人的数目及侵权人承担责任的方式。

单独侵权行为是指由一人实施且由一人承担侵权责任的侵权行为。

数人侵权行为是指由二人以上实施且多个加害人一起承担连带责任或按份责任的侵权行为。数人侵权行为包括共同侵权行为和无意思联络的数人侵权。共同侵权行为又可以进一步区分为共同加害行为、教唆帮助行为和共同危险行为。

2. 作为的侵权行为与不作为的侵权行为

作为的侵权行为与不作为的侵权行为的区分依据是行为的形态。

[①] 全称为《中华人民共和国侵权责任法》，已由中华人民共和国第十一届全国人民代表大会常务委员会第十二次会议于2009年12月26日通过，自2010年7月1日起施行。

作为的侵权行为，是指行为人违反不得侵害他人合法权益的不作为义务，积极作为而致人损害，因此承担侵权责任的行为。

例如，开车撞伤他人、强行劝酒致人酒精中毒住院治疗等。

不作为的侵权行为，是指依据法律规定、合同约定或先前行为等对他人负有某种作为义务，却不履行或未正确履行该义务从而造成他人损害，应承担侵权责任的行为。

例如，洗浴中心因地板湿滑导致客人摔伤、幼儿园的老师离开教室去打电话导致幼童之间打闹致伤等。

三、归责原则

（一）概念

侵权行为归责原则，即是指归责的一般规则，是确定行为人承担侵权民事责任的根据和标准，也是贯穿于侵权法之中，并对各个侵权责任规则起着统帅作用的指导方针。归责原则在侵权法中居于核心地位，一定的归责原则反映了民法的基本理念和立法政策取向，决定了侵权行为的构成要件、举证责任的负担、免责条件、损害赔偿的原则和方法等方面。

根据《侵权责任法》第6条和第7条的规定，侵权责任归责原则应当包括过错责任原则和无过错责任原则。这两种归责原则各自反映了不同的立法政策，在实现侵权责任法功能方面起着不同的作用。

> **特别提醒一**
>
> 区分过错与无过错责任的关键不是有没有过错，而是在追究加害人责任时考虑不考虑过错，即是否将行为人的过错作为认定其责任构成的要素。考虑的，为过错责任，不考虑的，则为无过错责任。

> **特别提醒二**
>
> 在过错责任中，又根据考虑责任方法的不同，区分为一般过错责任与过错推定责任。考虑过错的方法区别如下：
>
> 一般的过错责任原则：受害人举证证明加害人有过错，若不能证明，则加害人无责任。
>
> 过错推定责任原则：首先推定加害人有过错，若加害人不能证明自己没过错，则有责。

（二）过错责任原则

过错责任原则是侵权行为的一般归责原则，在法律没有特别规定的情况下，都适用过错责任原则。

1．过错责任原则的一般理解

何谓过错责任原则呢？是指以行为人的过错作为归责根据的原则。

《侵权责任法》第6条第1款　行为人因过错侵害他人的民事权益，应当承担侵权责任。

过错责任原则，通俗而言，是在追究责任时考虑并且必须有过错才承担责任的一种归责。包含两层含义：

一是以行为人的过错作为责任的构成要件，行为人具有故意或者过失才能承担侵权责任；

二是以行为人的过错程度作为确定责任形式、责任范围的依据。

2．过错推定责任原则

过错推定属于过错责任原则。过错推定责任只是过错责任原则的特殊形态，而非一项独立的归责原则。

《侵权责任法》第6条第2款　根据法律规定推定行为人有过错，行为人不能证明自己没有过错的，应当承担侵权责任。

因此，所谓过错推定，是指在某些侵权行为的构成中，法律推定行为人实施该行为时具有过错。行为人可以通过证明自己没有过错来获得免责，故过错推定也被称为过错举证责任的倒置。

适用过错推定责任的情况，需要有法律的明确规定，主要情形有：

教育机构对无民事行为能力人遭受损害的赔偿责任（第38条）；非法占有的高度危险物致害时，所有人、管理人与非法占有人之间的连带责任（第75条）；动物园的动物致害责任（第81条）；建筑物、构筑物或者其他设施及其搁置物、悬挂物致害责任（第85条）；堆放物倒塌致害责任（第88条）；林木折断致害责任（第90条）；窨井等地下设施致害责任（第91条第2款）等。

（三）无过错责任原则

只要是法律明文规定应当承担侵权责任的情形，就不考虑行为人的过错。

1．无过错原则的含义及表现

无过错责任原则，也称无过失责任原则，是指不论行为人主观是否有过错，只要有行为、损害后果以及二者之间存在因果关系，就应承担民事责任的归责原则。

《侵权责任法》第7条　行为人损害他人民事权益，不论行为人有无过错，法律规定应当承担侵权责任的，依照其规定。

无过错责任原则包含以下含义：一是无过错责任原则不以行为人的过错为构成要件；二是无过错责任原则的适用必须有法律的明确规定。根据《侵权责任法》的相关规定，适用无过错责任原则的情形主要有：

产品责任（第5章）；机动车交通事故责任（第6章）；环境污染责任（第8章）；高度危险责任（第9章）；饲养动物损害责任（第10章）；建筑物等倒塌致害责任（第86条）；监护人责任（第32条）；用人单位责任（第34条第1款）；接受劳务提供者的责任（第35条）等。

2. 无过错原则的正当性基础

无过错责任原则的归责事由和依据包括两个方面：

其一，危险。现代社会，高科技的发展带来了很多危险活动和危险物品利用，这些通常是对人类社会有利的，因而法律容许这些危险活动和危险物品利用的进行，但是为了实现对受害人的救济，要求行为人对自己所产生的危险给他人造成的伤害，承担危险责任。

其二，控制力。某人对于他人基于特定关系而具有控制力，依法具有监督管理的义务，并且可能从这种控制力中获取利益。此外，享有控制力的主体一般比被控制的对象拥有更为雄厚的偿付能力，因此，该享有控制力的主体须对被控制对象造成他人损害的行为承担替代责任。

（四）双方都没有过错，但又没有法律明确规定适用无过错责任的情形

1. 公平归责原则不再成立

《侵权责任法》第24条 受害人和行为人对损害的发生都没有过错的，可以根据实际情况，由双方分担损失。

本条规定改变了《民法通则》第132条规定的在这种情形下由双方分担民事责任的表述。

因此，在侵权责任法通过以后，我国民法理论上普遍不再将公平责任当作一种归责原则。对于《侵权责任法》第24条中规定的"受害人和行为人对损害的发生都没有过错的，可以根据实际情况，由双方分担损失。"可以从两个方面来理解为何公平责任不再是归责原则。

首先，立法的表述不再认为这是责任。而是认为在行为人不构成侵权，不承担侵权责任的情形下，由当事人适当分担损失。

其次，从理论上讲，公平责任在此处解决的是损害的分担问题，而非侵权行为归责的依据问题。

2. 见义勇为的情形下：受益人的适当补偿，注意"可以"与"应当"补偿的情况

《民法总则》第183条 因保护他人民事权益使自己受到损害的，由侵权人承担民事责任，受益人可以给予适当补偿。没有侵权人、侵权人逃逸或者无力承担民事责任，受害人请求补偿的，受益人应当给予适当补偿。

《侵权责任法》第23条 因防止、制止他人民事权益被侵害而使自己受到损害的，由侵权人承担责任。侵权人逃逸或者无力承担责任，被侵权人请求补偿的，受益人应当给予适当补偿。

3. 完全行为能力人暂时没有意识或失去控制时

《侵权责任法》第33条 完全民事行为能力人对自己的行为暂时没有意识或者失去控制造成他人损害有过错的，应当承担侵权责任；没有过错的，根据行为人的经济状况对受害人适当补偿。

完全民事行为能力人因醉酒、滥用麻醉药品或者精神药品对自己的行为暂时没有意识或者失去控制造成他人损害的，应当承担侵权责任。

据此，简要总结如下：

（1）有过错的，赔偿；

（2）没有过错，据经济状况适当补偿；

（3）因醉酒、擅服麻醉精神药品所致，一律赔偿。

四、一般过错侵权的构成要件

（一）主观过错

1．过错的概念

过错，是指行为人在行为的过程中，主观上具有可谴责性，应当进行否定性评价的心理状态。

通俗地讲，就是看在行为时，是否尽到了"正常人"的注意。尽到了，则无过错，没有尽到，则有过错。

2．过错的判断标准

对于过错这种主观的心理状态，该如何进行判定呢？

在民法理论上有客观标准和主观标准两种理论。

（1）客观标准。客观标准是指以某种客观的行为标准来衡量行为人的行为，从而认定其有无过错。这里客观的行为标准是在特定的时空条件下，以一般人的行为标准为依据来对于具体行为人的行为进行判断。

这里的"一般人"，是一个抽象的假设，说得通俗一点，既不能是好人，也不能是坏人，而是一个不好不坏的正常人。什么是正常人呢？请看下面的例子：

假设某晚一人驾车行驶在公路上，突然发现前面横着一个貌似人的身体形状的不明物，由于光线不好，不能看清到底是什么。此时，应当如何处理这件事呢？这里可能有三种结果：

第一，如果驾车的人是一个好人，比如雷锋同志，他就会停车，然后下来察看一下，是不是一个需要帮助的人，如果是，就尽力帮助；如果仅仅是一个没有用的东西，就把它移到路边，以方便他人。

第二，如果是一个坏人，品质比较恶劣，以追求刺激为乐趣，他就会撞过去，管他是人还是物。

第三，以上两种都不是一般正常人的选择，一个正常人的做法，通常来说，既不会下来察看，也不会撞过去，而是绕过去。

通过这个例子，可以大致感觉到"绕过去的人"即是正常的一般人，在此，着眼于生活的常识就显得特别重要了。

（2）主观标准。主观标准是指通过判断行为人的主观心态来确定其有无过错。这个标准，如果在能够准确判断行为人主观心理状态的情况下，当然是最理想的。但遗憾的是，这个标准没有任何客观标准，缺乏可操作性。因此，民法实践中通常以客观标准来判断行为人是否存在过错。

3. 过错的类型

通常所说的过错包括两种，即故意和过失。

在《侵权责任法》中过失又分为一般过失和重大过失。两者区分颇为困难。为便于读者掌握，在此总结三项标准：

（1）一般人行为中出现了正常人看来可笑的错误。

例如，保姆给婴儿喂奶，在冲奶粉时，误将白酒倒入奶瓶，造成对孩子的伤害。此处保姆的行为即构成重大过失。

（2）专业人士犯了一般人的错误。

例如，给一个10岁的孩子吃错了药，造成了对孩子健康权的侵害，在此，是重大过失还是一般过失的决定因素在于是谁给孩子吃错了药。如果是这个小孩的不识字的祖母，就是一般过失，如果是一个医生给错了，即是重大过失。

（3）行为具有明显的违法性造成他人伤害。行为违法与过错本是两个构成要件，但是，当一个人的行为明显违法造成他人伤害时，在其没有故意的情况下，往往认定其具有重大过失。

例如，酒后驾车上路，撞上他人正常行驶的车辆构成侵权的情形。

［例题1］甲乙两家各有小院，隔墙而居，院墙高约两米。一天，甲家夫妇下田务农，将两周岁的儿子丙锁在自家的院子里独自玩耍。不巧，乙家的一只公鸡飞过院墙，将丙的左眼啄伤。甲家为此支出医药费近万元。对甲家所受的损失应如何承担？ ①

［例题2］送奶人误将王某订的牛奶投入其邻居张某家的奶箱中，张某不明所以，取而弃之。张某行为的性质应如何认定？ ②

A. 构成不当得利　　　　　　　　　　B. 构成侵权行为

C. 构成无权代理　　　　　　　　　　D. 并无不当

（二）违法行为

1. 违法行为概念

违法行为，是指民事主体所实施的违反法定义务的行为。对此，可以从正反两方面进行理解：一方面，违法行为在客观上违反了法律的相关规定；另一方面，违法行为具体是说受到意思支配的人的行为，该行为不包括不受意思支配的无意思的举止，如梦游中伤人。

这里的"违法"，指的是违反广义的法，既包括违反广义的法律，也包括违背公序良俗和法定义务。违反法律和法定义务，比较好理解，善良风俗的违反构成侵权的情形较为少见，试举一例，加以说明。

---

① ［答案］《侵权责任法》第78条规定："饲养的动物造成他人损害的，动物饲养人或者管理人应当承担侵权责任，但能够证明损害是因被侵权人故意或者重大过失造成的，可以不承担或者减轻责任。"据此，饲养动物侵权不问过错，但是受害人如果故意，饲养人管理人即可以免责，如果受害人有重大过失，则饲养人管理人减轻责任。分析本例，需要分两步：首先，乙是饲养人管理人，甲的儿子受伤，乙应当承担责任；其次，看受害人有无故意或重大过失，甲将儿子留在家里肯定不是故意，过失显然具有，因为甲没有很好地履行监护义务，但是，就农村的实践来看，尽管有过失，这样的做法也尚属正常，故甲无重大过失，因此，乙应承担全部责任。

② 【答案】D。解析：符合正常人做法，并无不当。

甲乙两人在某市同一条街的相邻铺面开了两家餐厅，甲经营有方，生意火爆。乙的生意却非常惨淡。于是乙对于甲的好生意充满了羡慕嫉妒恨。后来，乙改行卖丧葬用品。出于对于甲的火气，乙就将花圈、寿衣等摆在甲的餐厅旁边，但没有越界。甲为了避免对于自己生意的影响，于是在与乙的临界处架起了一道薄席遮挡，以避免来用餐的人看到。乙又故意将花圈架高，甲就再将遮挡的薄席增高。后来，乙索性直接将花圈等挂在屋檐上，使得甲不可能用薄席遮挡。甲的生意因此也变得惨淡。于是甲到法院起诉乙侵权。此时，乙的违法性，即是对于公序良俗的违反。

2. 违法行为的表现形态

依其表现形态不同，违法行为可以分为作为的违法行为和不作为的违法行为。

（1）作为的违法行为。是指行为人违反法定的不作为义务而实施的行为。

例如，纵火烧毁他人房屋、在大庭广众之下发表毁谤他人的言论等。

（2）不作为的违法行为。是指行为人违反法定的作为义务而未实施该作为义务所要求实施行为的行为。

不作为的违法行为，是以行为人有先前负有某种特定的作为义务为前提。特定作为义务通常有三种来源：

其一，来自法律的直接规定。

例如，父母对子女的管教义务、有关主体违反《侵权责任法》第37条的安全保障义务等都是来自法律直接规定的义务。

其二，来自业务自身的要求。

例如，救生员没有及时施救。

其三，来自自己先前的行为。

例如，成年人带未成年人去泳池游泳，则对于未成年人就有保护义务。

（三）损害事实：财产、人身（物质和精神）；直接和间接

1. 概念

损害事实是指他人财产或者人身权益所遭受的不利影响，包括财产损害、非财产损害，非财产损害又包括人身损害、精神损害。

2. 构成侵权法上损害事实的要求

在法律上，并非所有损害都能获得救济。侵权责任法提供救济的损害必须满足三项条件：

（1）损害是受害人遭受的、依法可以提供补救的不利后果。

（2）损害事实是一个确定的事实。依据我国《侵权责任法》的规定，这里所谓确定的损害事实，不仅包括现实的已经存在的不利后果，也包括构成现实威胁的不利后果。

（3）损害是侵害合法权益的结果，依据损害的后果不同，损害可以分为财产性损害和非财产性损害。

财产性损害是一种经济损失，可以用金钱来估量，而非财产性损害则通常不能用金钱来估量。另外，加害人造成了受害人财产性损害时，其承担的侵权责任一般是赔偿损失，而若

加害人造成受害人非财产性损害时，受害人除了要求加害人赔偿损失之外，还可以要求其承担赔礼道歉、恢复名誉、消除影响等其他侵权责任。

3．一种特殊的损害事实的理解

这里要说的是传说中的"同命同价问题"。

《侵权责任法》第17条　因同一侵权行为造成多人死亡的，可以以相同数额确定死亡赔偿金。

既然规定的是可以相同，就意味着可以不同。那么，为什么法律不规定应当呢？

背后的法理基础在于，造成人死亡，无论是赔偿的金额是高还是低，都不是关于生命的价格，所以"同命同价"的表述本身就存在重大问题。这是根据被侵权丧失生命的人死后所遗留下来的身后事的多少来判定赔偿数额的大小。

（四）因果关系

1．概念

因果关系是指行为人的行为及其物件与损害事实之间存在引起与被引起的客观联系。

2．意义

侵权责任法中因果关系的认定，一方面可以过滤无关原因，令行为人为且仅为自己的行为负责；另一方面可以控制责任范围，避免合理的行为自由受到妨碍。

3．判定

法学上关于因果关系的理论极其复杂，就民法上的侵权而言，通说采纳相当因果关系说。简单概括就是：没有行为没有结果；有该行为通常会有该结果。

［例题］一小偷利用一楼住户甲违规安装的防盗网，进入二楼住户乙的室内，在行窃过程中将乙打伤。下列哪一种说法是正确的？[①]

A．乙的人身损害应由小偷和甲承担连带责任

B．乙的人身损害只能由小偷承担责任

C．乙的人身损害应由甲和小偷根据过错大小，各自承担责任

D．乙的人身损害应先由小偷承担责任，不足部分由甲承担

五、侵权责任的责任方式

（一）侵权责任及其方式的概念

1．侵权责任

侵权责任是指民事主体因实施侵权行为而应承担的民事责任。《侵权责任法》第2条规定，侵害民事权益，应当依照本法承担侵权责任。

---

① 【答案】B。解析：只有小偷需要承担，甲安装防盗网的行为，与乙的侵权之间没有因果关系。

2．侵权责任的方式

侵权责任的方式是指侵权行为人就自己实施的侵权行为应当承担的具体民事责任方式。对此，《侵权责任法》第15条做出了详细列举。

《侵权责任法》第15条　承担侵权责任的方式主要有：（一）停止侵害；（二）排除妨碍；（三）消除危险；（四）返还财产；（五）恢复原状；（六）赔偿损失；（七）赔礼道歉；（八）消除影响、恢复名誉。以上承担侵权责任的方式，可以单独适用，也可以合并适用。下面分别阐述。

（二）具体的责任方式

1．停止侵害

停止侵害是指被侵权人要求侵权人停止正在实施过程中的侵害行为。

例如，侵权人在被侵权人家窗户对面长期架设一台摄像机拍摄被侵权人的日常活动，涉及侵犯被侵权人的隐私权，停止侵害就是要求侵权人拆除该摄像机。

该方式可以适用于权利遭受持续性侵害的场合，但是对于尚未发生或者已经停止的侵权行为，则不得适用。停止侵害的作用在于及时制止侵害行为，防止损害后果的扩大。

2．排除妨碍

排除妨碍是指侵权人的侵害行为已经使得被侵权人无法行使或者难以正常行使其权利的，被侵权人可以要求侵权人将妨碍权利实施的有关障碍予以排除。

例如，甲未经允许将他的车停在乙的小区停车位，致使乙无法在自己的停车位上停车，此时乙可以要求甲将他的车移走。

所要排除的妨碍必须是不正当的妨碍，妨碍行为是违法的，且对被侵权人的权利行使造成了持续性的不利影响。如果侵权人拒绝被侵权人的排除妨碍请求，被侵权人可以请求人民法院责令侵权人排除妨碍。

3．消除危险

消除危险是指侵权行为虽然尚未对他人的权利造成实际损害，也没有产生现实的持续侵害或妨碍，但是却存在着造成他人权利受损害或受妨碍的现实危险，被侵权人有权要求侵权人消除这一危险。

《关于贯彻执行〈中华人民共和国民法通则〉若干问题的意见（试行）》第103条　相邻一方在自己使用的土地上挖水沟、水池、地窖等或者种植的竹木根枝伸延，危及另一方建筑物的安全和正常使用的，应当分别情况，责令其消除危险、恢复原状、赔偿损失。

这是对消除危险侵权责任方式的具体运用。

4．返还财产

返还财产，既包括物权法中的返还财产，也包括债权法上的返还财产。但是在我国侵权责任法中作为侵权责任方式之一的返还财产是指返还原物，故仅涉及物权法上的返还财产。

例如，甲依约借用乙的汽车1年，日期届满却不愿归还，乙此时可以要求甲返还财产。

可以请求返还财产的人，一般是财产的所有权人、合法占有人或合法使用人。返还财产的前提是该财产还存在，如果原物已经灭失，则权利人只能要求赔偿损失。另外，权利人只能针对非法占有人提出返还财产，而不能要求合法占有人返还，如善意取得的情形。

5．恢复原状

恢复原状在我国侵权责任法上主要是针对财产遭受损害的情况而适用的。在被侵权人的财产遭受侵权人侵害后，可以通过修理、重作、更换等方式使受损的财产恢复到被损坏前的状况。

采用恢复原状的方式必须符合一定条件：

一是受到损坏的财产仍然存在且恢复原状有可能。

二是恢复原状有必要，即受害人认为恢复原状是必要的且一般要求具有经济上的合理性。当然，这一条件的适用要结合受害人的具体需求来衡量，不能仅仅考虑经济合理性。

6．赔偿损失

赔偿损失是指侵权人因侵权行为造成他人损害的，应向被侵权人支付一定数额的金钱或给付同样的物来弥补被侵权人所遭受的损害。

赔偿损失是我国民法上最常使用和最为普遍的民事责任方式，包括人身损害赔偿、财产损害赔偿和精神损害赔偿。在我国，赔偿损失不仅可以赔偿被侵权人各项权益的价值利益的损失，也可以用于支付被侵权人恢复原状的费用，如表42-1所示。

表42-1　赔偿损失的种类

财产损害赔偿	侵害人身	赔偿范围	1．一般包括医疗费、护理费、交通费和因误工减少的收入 2．残疾的，残疾生活辅助具费和残疾赔偿金 3．死亡的，还包括丧葬费和死亡赔偿金
		计算方法	1．按照被侵权人因人身权被害受到的损失计算 2．损失难以确定，侵权人因此获得利益的，按其获利赔偿 3．侵权人获得的利益也难以确定，协商赔偿数额，协商不成的，由人民法院根据实际情况确定赔偿数额
	侵害财产		财产损失按发生时**市场价格**或其他方式计算，包括直接损失和间接损失
精神损害赔偿	适用情形		各种侵害他人人身权益造成严重精神损害后果的 **注意**：人格象征意义的财产永久灭失的目的在于保护人格利益
	数额计算		根据侵权人的过错程度、侵害的手段、场合、行为方式等具体情节、侵权行为所造成的后果、侵权人的获利情况、侵权人承担责任的经济能力，以及受诉法院所在地平均生活水平进行综合考量后确定
责任竞合规则	1．承担行政、刑事责任的，不影响民事责任的承担 2．财产不足以支付的，优先承担民事责任		

7．赔礼道歉

赔礼道歉是指侵权人以口头形式或书面形式向被侵权人公开认错，表达歉意。

赔礼道歉仅适用于那些给被侵权人造成精神损害的侵权行为，如侵害名誉权、肖像权、隐私权等人格权，或者侵害死者的肖像、隐私、名誉等人格利益，又或者侵害著作权等一些包含明显精神利益的权利。

赔礼道歉应由侵权人主动履行，如其拒不履行，则法院可以把判决书的内容在媒体上予以公开，强制执行赔礼道歉，并且由此支出的费用应由侵权人承担。

8. 消除影响、恢复名誉

消除影响是指侵权人在其给被侵权人的人格权利造成不良影响的范围内，消除此不利后果。恢复名誉是指侵权人使被侵权人的名誉恢复到未曾遭受侵权人的侵权行为损害时的状态。

根据《侵权责任法》第 15 条第 2 款的规定，侵权责任的方式，<u>可以单独适用，也可以合并适用。一切旨在全面满足被侵权人的需求。</u>

六、侵权责任的抗辩事由

从理论上说，侵权责任的免责事由通常包括正当理由和外来原因。前者如依法执行职务、正当防卫、紧急避险、受害人同意和自助行为；后者如不可抗力、意外事件、受害人过错、第三人原因等。

（一）正当理由

正当理由着眼于加害行为本身的合法性或合理性进行抗辩，即承认某行为是损害发生的原因，但主张行为的实施有其合法的根据。

1. 依法执行公务，其构成要件包括：

（1）执行公务的行为必须有合法根据。

（2）执行公务的行为必须有合法程序。

（3）造成他人损失的行为必须为执行公务所必需。

2. 正当防卫

《侵权责任法》第 30 条　因正当防卫造成损害的，不承担民事责任。正当防卫超过必要的限度，造成不应有的损害的，正当防卫人应当承担适当的民事责任。

正当防卫是指为了使公共利益、本人或他人的财产、人身或者其他合法利益免受正在进行的不法侵害，而对不法侵害人所实施的不超过必要限度的行为。其构成要件包括：

（1）正当防卫的目的是保护公共利益、本人或他人的财产、人身或者其他合法利益免受侵害。

（2）防卫手段针对的对象只能是不法侵害人。如果加害行为来自动物，对于动物也可以采取防卫手段。

（3）防卫所针对的行为必须是正在实施的不法侵害行为。正当防卫不得针对尚未发生或者已经发生的侵权行为，否则构成假想防卫和事后防卫。

（4）正当防卫必须是必要的。当事人在只有实施正当防卫行为否则不足以制止侵害行为或者避免损害结果的发生和扩大时，才能实施正当防卫。

（5）正当防卫不得超过必要的限度。足以制止侵害行为和避免损害结果的发生和扩大是正当防卫行为的防卫限度。

3．紧急避险

《侵权责任法》第31条 因紧急避险造成损害的，由引起险情发生的人承担责任。如果危险是由自然原因引起的，紧急避险人不承担民事责任或者给予适当补偿。因紧急避险人采取措施不当或者超过必要的限度，造成不应有的损害的，紧急避险人应当承担适当的责任。

紧急避险是指为了使公共利益、本人或他人的财产、人身或者其他合法权益免受正在发生的危险，而不得已采取的致他人较少损害的行为。其构成要件包括：

（1）危险具有紧迫性。紧急避险要求合法利益处于受到现实存在的某种有可能使其遭受损害的危险状态中。

（2）紧急避险是必要的。紧急避险人如果不采取紧急避险的行为就不足以制止侵害行为和避免损害结果的发生和扩大。

（3）紧急避险不得超过必要限度。采取紧急避险方式所造成的损害不应当大于危险可能造成的损害。

[例题]村民甲（18周岁）路过村民乙家门口时，用一块石头向乙家所养且卧在乙家门口的狗打去，该狗立即扑向甲，甲迅速躲到了路人丙的后面，结果狗看错人，冲着丙猛扑过去，丙急忙躲闪，将路边卖鸡蛋的丁的蛋筐踢翻，鸡蛋全部打碎，损失若干。对于丁的损失，应由谁来承担？①

4．受害人同意

受害人同意是指受害人在侵权行为或者损害结果发生之前明确自愿地表示自己愿意承担某种损害后果的意思表示。

受害人的同意必须满足以下要求方可构成抗辩事由：

（1）受害人有愿意承担损害后果的意思表示。

（2）受害人的意思表示是明确、自愿的。

（3）受害人同意的意思表示不得违背法律、法规的规定，不得违背公序良俗。

（4）受害人同意发生在侵权行为或者损害结果之前。

5．自助行为

自助行为是指权利人为保护自己的权利，在来不及请求公力救济的情况下，对义务人的财产予以扣押或者对其人身自由予以约束等行为。其构成要件包括：

（1）为保护自己的权利。

（2）情势紧迫来不及通过法院或者其他国家机关解决。

---

① 【答案】甲承担。

（3）采取的方法适当。

（4）自助行为不能超过必要限度。

6. 紧急救助他人

《民法总则》第184条　因自愿实施紧急救助行为造成受助人损害的，救助人不承担民事责任。

（二）外来原因

外来原因是指行为人将损害发生的全部或部分原因归结于某种外部事件或他人的行为，从而主张其行为不构成或不单独构成法律上应负责的原因。

1. 不可抗力

《侵权责任法》第29条　因不可抗力造成他人损害的，不承担责任。法律另有规定的，依照其规定。

不可抗力，是指不能预见、不能避免并不能克服的客观情况。构成不可抗力需要符合以下三个条件：

（1）不可抗力独立于人的行为,既不是由当事人的行为派生的,也不受当事人的意志左右。

（2）不可抗力是导致受害人损害结果发生的原因。

（3）不可抗力具有人力不可抗拒的性质。

2. 意外事件。

意外事件是指由于当事人意志以外的原因而偶然发生的意外事故或突发事件。

意外事件与不可抗力都是外来原因，但两者有区别：

（1）不可抗力作为客观情况，其整个事件发生以及结果的发生都是一般人不能预见、不能避免和不能克服的，是人力暂时不可抗拒的事实。

（2）意外事件也是客观情况，但就事件本身而言，并不是完全不可预见、不可避免和不能克服的。

意外事件具有三个特征：一是行为人的行为客观上造成了损害结果；二是行为人主观上没有故意或者过失；三是损害结果由一般情形不能预见的原因所引起。

[例题] 刘婆婆回家途中，看见邻居肖婆婆带着外孙小勇和另一家邻居的孩子小囡（均为4岁多）在小区花园中玩耍，便上前拿出几根香蕉递给小勇，随后离去。小勇接过香蕉后，递给小囡一根，小囡吞食时误入气管导致休克，经抢救无效死亡。小囡的死亡，即属于意外事件。

3. 受害人过错

行为人对于因受害人的过错而导致的侵权行为发生或者损害结果的发生和扩大不承担民事责任或者减轻民事责任。

（1）受害人有过失

《侵权责任法》第26条　被侵权人对损害的发生也有过错的，可以减轻侵权人的责任。

例如，甲在施工时不慎失手将几块墙砖从五层楼上扔出去，恰好砸中来监察施工的乙，由于乙未按规定佩戴安全帽，乙被砸伤致死，此即属于过失相抵的具体情形之一。再比如，甲与乙打赌举重物，因用力过猛身体受伤也是受害人有过错之情形。

（2）受害人有故意

《侵权责任法》第 27 条　损害是因受害人故意造成的，行为人不承担责任。

需要注意的是，只有在行为人虽然有在先的行为，但是该行为并未实际给受害人造成损害，损害完全是因为受害人的故意造成的，即受害人故意的行为是损害发生的唯一原因时，才能让行为人免责。

例如，甲以正常的速度开车行驶在高速公路上，乙从隐蔽处突然蹿出并冲向甲车，致使甲车避让不及将乙撞死。事后查到乙的遗书一封，声明自己身患绝症，一心寻死。此时受害人乙的死亡完全是因为乙自己的故意造成的，因此甲可以免责。

4．第三人过错

作为抗辩事由的第三人过错，是指当第三人对于损失的发生或者扩大存在过错时，可以减轻或者免除行为人的侵权责任。

第三人过错作为抗辩事由，可以分为以下两种情况：

（1）第三人过错导致的行为是损害发生的唯一原因。行为人和受害人对损失的发生都没有过错。此时责任完全由第三人承担，行为人完全免除责任。

（2）第三人和行为人对损失的发生都存在过错。在此情况下，行为人的责任可能因第三人的过错而减轻。

七、侵权损害赔偿

损害赔偿法律关系，是因侵权而引起的财产法律关系。无论是对于物质利益的赔偿，还是对于精神利益的赔偿，只要是损害赔偿，在性质上均属于财产关系。损害赔偿也是最为常用的侵权责任方式。

（一）财产损害赔偿

1．概念

财产损害赔偿，是指侵害他人民事权益并造成财产损失的，侵权人应当向被侵权人承担的损害赔偿责任。

2．引起财产损害赔偿的具体情形

财产损害赔偿，既可能是因为侵害财产权益所致，如砸坏他人电脑导致的电脑价值的赔付，也可能是侵害人身权益所引起的。例如，打伤他人导致医疗费用的赔付。

依据被侵害的民事权益的类型，财产损害赔偿可以进一步分为：

（1）侵害生命权、身体权、健康权等人身权益的财产损害赔偿（人身伤亡的财产损害赔偿）；

（2）侵害名誉权、荣誉权、姓名权、肖像权和隐私权等人身权益的财产损害赔偿（侵害其他人身权益的财产损害赔偿）；

（3）侵害财产的财产损害赔偿。

3．财产损害赔偿的计算方式

（1）造成人身伤害时的赔偿计算

《侵权责任法》第16条　侵害他人造成人身损害的，应当赔偿医疗费、护理费、交通费等为治疗和康复支出的合理费用，以及因误工减少的收入。造成残疾的，还应当赔偿残疾生活辅助具费和残疾赔偿金。造成死亡的，还应当赔偿丧葬费和死亡赔偿金。

被侵权人死亡的，其近亲属有权请求侵权人承担侵权责任。被侵权人为单位，该单位分立、合并的，承继权利的单位有权请求侵权人承担侵权责任。被侵权人死亡的，支付被侵权人医疗费、丧葬费等合理费用的人有权请求侵权人赔偿费用，但侵权人已支付该费用的除外。

（2）因侵犯人身权而带来的财产损失计算

《侵权责任法》第20条　侵害他人人身权益造成财产损失的，按照被侵权人因此受到的损失赔偿；被侵权人的损失难以确定，侵权人因此获得利益的，按照其获得的利益赔偿；侵权人因此获得的利益难以确定，被侵权人和侵权人就赔偿数额协商不一致，向人民法院提起诉讼的，由人民法院根据实际情况确定赔偿数额。

侵害名誉权、荣誉权、姓名权、肖像权和隐私权等能够被商业化利用的人身权益时，有可能会造成被侵权人的财产损失。

例如，某企业未经某明星的允许在其商品包装上使用该明星的肖像，依据《侵权责任法》第20条的规定，侵害他人人身权益造成财产损失的，按照被侵权人因此受到的损失赔偿，被侵权人的损失难以确定，侵权人因此获得利益的，按照其获得的利益赔偿。某企业未经某明星的允许在其商品包装上使用该明星的肖像，因而节省了一笔本应支付的代言费，这笔代言费就可以视为该企业因侵权行为所获得的利益。

（3）因侵犯财产权而带来的损失计算

《侵权责任法》第19条　侵害他人财产的，财产损失按照损失发生时的<u>市场价格或者其他方式</u>计算。

被侵权人的财产损害包括直接损害（财产的直接损害）和间接损害（应得利益损害）。

①直接损害包括积极财产的减少和消极财产的增加。

积极财产的减少，如物品毁损灭失或者物品损坏带来的技术性贬值和交易性贬值。消极财产的增加，如甲损坏了乙的电脑，乙因送电脑维修而产生的交通费用。

②间接损害不是现有财产的减少，而是被侵权人基于财产而可能导致的利益的减少。

例如，的士被人撞坏后，在维修期间，该的士司机没办法载客赚钱。

（二）精神损害赔偿

1. 概念

精神损害赔偿，是指因侵害他人的人身权益造成严重精神损害的，侵权人应当向被侵权人支付精神损害抚慰金。

《侵权责任法》第22条 侵害他人人身权益，造成他人严重精神损害的，被侵权人可以请求精神损害赔偿。

> **特别提醒**
>
> 此处的"他人"只包括自然人，而不包括法人或者其他组织。所谓严重精神损害，通常如果造成人身权中物质性人格权侵害时（如健康、身体等），身体自身的痛苦一般都会带来严重的精神损害。如果侵犯的是隐私、名誉等权利的侵害，则需要明确交代对于被侵权人带来重大影响（如受到众人的嘲讽和指责，精神极度痛苦等），如果没有提到造成的影响，则通常没有精神损害。
>
> 过错推定责任原则：首先推定加害人有过错，若加害人不能证明自己没过错，则有责。

2. 适用情形

根据《精神损害赔偿解释》第1~4条的规定，精神损害赔偿的范围包括：

（1）侵害生命权、健康权、身体权、姓名权、肖像权、名誉权、荣誉权，人格尊严权、人身自由权；

（2）违反社会公共利益、社会公德侵害他人隐私或者其他人格利益；

（3）非法使被监护人脱离监护，导致亲子关系或者近亲属间的亲属关系遭受严重损害；

（4）自然人死亡后，侵权人以侮辱、诽谤、贬损、丑化或者违反社会公共利益、社会公德的其他方式，侵害死者姓名、肖像、名誉、荣誉，侵权人非法披露、利用死者隐私，或者以违反社会公共利益、社会公德的其他方式侵害死者隐私，侵权人非法利用、损害遗体、遗骨，或者以违反社会公共利益、社会公德的其他方式侵害遗体、遗骨等，导致死者近亲属遭受精神痛苦；

（5）具有人格象征意义的特定纪念物品，因侵权行为而遭受永久性灭失或者毁损。

3. 精神损害赔偿的计算

精神损害赔偿的数额，应当根据侵权人的过错程度、侵害的手段、场合、行为方式等具体情节、侵权行为所造成的后果、侵权人的获利情况、侵权人承担责任的经济能力，以及受诉法院所在地平均生活水平来进行综合考量后确定。

（三）责任竞合的处理

《民法总则》第187条　民事主体因同一行为应当承担民事责任、行政责任和刑事责任的，承担行政责任或者刑事责任不影响承担民事责任；民事主体的财产不足以支付的，优先用于承担民事责任。

（1）承担行政、刑事责任的，不影响民事责任的承担。

（2）财产不足以支付的，优先承担民事责任。

43 | 第四十三讲 多数人侵权

阅读提示

　　本讲内容理论性较强。其中，典型的共同侵权行为是重点，在没有主观上的共同过失时，两个以上的加害人承担连带责任还是按份责任的辨析是难点。

　　多数人侵权，是指侵权人有两个以上的主体的情形。根据这多个侵权人之间关系的不同又分为如下几种情况：

一、共同加害行为

　　《侵权责任法》第 8 条　二人以上共同实施侵权行为，造成他人损害的，应当承担连带责任。

（一）概念

　　共同加害行为，又称"狭义共同侵权行为"，是指两人以上的行为人基于共同过错致使他人合法权益遭受损害，依法应承担连带责任的侵权行为。

　　共同加害行为是最典型的共同侵权行为。

（二）特征

　　共同加害行为具有如下特征：

　　1. 加害主体的复数性

　　共同加害行为中的加害人必须是两人以上，而且各行为人均应当具有民事权利能力和相应的民事行为能力。加害行为人既可以是自然人，也可以是法人。

　　2. 主观过错的共同性

　　共同加害必须以数个行为人主观上具有主观意思的"共同"为要件。主观意思共同包括：

　　（1）共同故意。共同故意是指每一行为人不仅对其加害行为都存在个别认知上的故意，而且行为人相互之间还具备意思联络。

　　例如，熊大和熊二共谋，某日把光头强猛揍一顿，此时，对于光头强的伤害，熊大、熊二承担连带责任。

　　既然有共同认知的要求，则对于任一共同加害人超越事前意思联络确定的计划所为的行为，其他加害人不负连带责任。

　　例如，甲、乙两个小偷合作偷盗一户民宅。在合作偷盗民宅的过程中，甲趁乙在楼下偷盗之机，在楼上对女业主施暴，乙对甲的施暴行为，不负连带责任。

　　（2）共同过失。关于共同过失的理解，理论上争议甚大。

　　① 有观点认为，共同过失是指数个行为人对损害发生的可能性有共同的认知，但是都有可避免损失发生的自信。按照这样的理解，如果两人没有共同的认知，则不能构成共同加害行为。这种观点被认为是判断共同过失的主观说。

　　例如，张三和李四在工厂共同操作一台大型仪器设备，皆欲图简便而想要不完全按照安全规程操作，经过简单沟通后均认为不致发生不利后果，之后因一起违规操作导致该大型仪器失火报废。（以下称张三李四设备案）

　　② 也有观点认为，共同过失与共同故意不同，不需要两个以上的主体对于各自的过失存在共同的认知，只要两个以上主体的过失行为对于损害结果的出现具有关联性，即便两者是各自的行为，但是，损害结果的出现确是因为两者发生了事实上的联系所导致。此种主张，是判断共同过失的客观说。

　　例如，甲超速驾驶，将违章逆行的乙驾驶的摩托车撞飞，摩托车落到人行道上将行人丙、丁砸伤。此时，依据客观说，甲乙对于丙丁的损失，构成共同侵权，应承担连带责任。因为甲、乙的行为尽管没有主观上的联系，但是，对于丙丁的损害而言，甲乙的行为存在事实上的联系。（下称甲乙撞飞案）

　　③ 应当掌握的结论：

　　在认定共同侵权时，是否要求主观上的共同认知，《侵权责任法》在立法时，对此并没有明确，只是在第 8 条中规定："二人以上共同实施侵权行为，造成他人损害的，应当承担连带责任。"是在侵权责任法之前的人身损害赔偿的司法解释中提到了关于共同加害行为构成共同侵权时的主观状态要求。该司法解释第 3 条第 1 款规定："二人以上共同故意或者共同过失致人损害，或者虽无共同故意、共同过失，但其侵害行为直接结合发生同一损害后果的，构成共同侵权，应当依照民法通则第一百三十条规定承担连带责任。"可以说，此规定，同时认可了认定共同过失的主观说和客观说，这里所谓的直接结合，就意味着两个以上的行为发生了事实上的联系，对于损害后果的出现具有共同关联性，这在理论上也叫作客观联系型的共同侵权。

　　要求主观上对于彼此之间的过失有共同的认知，当然构成共同侵权，应当承担连带责任，比如，上述张三李四设备案即是。如果固守这一认识来判断共同侵权，固然符合民法中个人只对于自己行为负责的价值理念，但是，这将大大限制共同侵权的适用范围，对于受害人不公。

　　因为数个侵权人的行为虽然是独立的，彼此之间没有共同的主观认知，但是，由于各个独立的行为之间发生了事实上的联系，而这种联系的结果，导致了不可分的损害后果时，若不以共同侵权论，意味着受害人不能在同一诉讼中同时对于数个侵权人提起共同诉讼，只能分别起诉，而且需要分别举证各加害人责任的大小，如果不能确定责任比例时则不能主张明确的权利。这种主张的可能结果是，宁可让受害人得不到赔偿，也不能让加害人承担不必要的责任份额。这显然有悖于私法的救济功能。

例如，在实践中，在驾驶员均有过失的情况下，两车相撞，造成乘车旅客受伤的情形中，法院通常都认定为连带责任。此时两个驾驶员对于彼此的过失，不可能有共同的认知，但那时，其各自的过失行为发生了事实上的联系，导致了受害人受伤，依据客观说，就应当承担连带责任。再看下述案例：

甲晚10点30分酒后驾车回家，车速每小时80千米，该路段限速60千米。为躲避乙逆向行驶的摩托车，将行人丙撞伤，丙因住院治疗花去10万元。关于丙的损害责任承担，甲乙之间是连带还是按份责任？

本题当中，甲酒后超速驾驶有过错，乙驾驶摩托车逆行也有过错，甲是为了躲避乙才将行人丙撞伤的，所以甲的行为目的使得甲乙各自实施的过失行为具有了事实上的关联，故构成共同侵权，应当承担连带责任。

与此相似的情形还有这样一道命题：

甲参加乙旅行社组织的旅游活动。未经甲和其他旅游者同意，乙旅行社将本次业务转让给当地的丙旅行社。丙旅行社聘请丁公司提供大巴运输服务。途中，由于丁公司司机黄某酒后驾驶与迎面违章变道的个体运输户刘某货车相撞，造成甲受伤。

本题中，丁公司的司机酒后驾车，有过错。个体运输户刘某违章变道，也有过错。两者相撞后造成乘车人甲的伤害。这两个有过失的侵权人之间，对于各自的过失不可能有共同的认知。但是，两车的相撞意味着两个有过失的行为发生了事实上的联系，属于客观联系型的共同侵权，两者应当对于甲的损失承担连带责任。

3．加害行为的协作性

加害行为的协作性是指加害人之间存在互相利用、彼此支持的行为分担，每个人的行为和最终结果之间并不一定都有直接的因果关系，在共同故意中，只要共同加害人具有以他人的行为作为自己行为的意思，就足以认定因果联系的存在。在客观联系的共同过失侵权中，两个以上行为以共同导致同一损害后果的出现，表现了事实上的协作。

例如，甲、乙、丙共同策划报复其共同的仇人丁，甲因生病而未能参与乙、丙实际实施的报复行动，如果乙丙在实际行动中将丁打伤，甲仍然要与乙、丙一起承担连带责任。

4．损害结果的同一性

共同加害行为的特点之一就是数个侵权行为造成了同一的损害结果。如果数个行为人是针对不同的受害人实施了侵权行为，又或是针对同一受害人的不同合法权益实施了侵权行为，就有可能构成分别的侵权行为，而非共同加害行为。

例如，学生甲乙在某大学校园内进行轮滑鞋旱冰比赛，由于速度极快，甲将在路上行走的丙的电脑撞落在地导致摔坏，乙则直接将丙撞倒摔伤。此时，就不构成共同加害行为，甲对于电脑负责，乙对于丙的人身伤害负责。

二、教唆、帮助的共同侵权行为

《侵权责任法》第9条　教唆、帮助他人实施侵权行为的，应当与行为人承担连带责任。

教唆、帮助无民事行为能力人、限制民事行为能力人实施侵权行为的，应当承担侵权责任；该无民事行为能力人、限制民事行为能力人的监护人未尽到监护责任的，应当承担相应的责任。

（一）概念

教唆帮助侵权行为同样属于共同侵权行为，只不过是共同侵权行为的一种特殊形态。在正常情况下，教唆者、帮助者都要与实际行为人一起承担连带责任。

教唆行为，是指利用言语对他人进行开导、说服，或者通过刺激、利诱、怂恿等方法使被教唆者接受教唆意图，进而从事某种侵权行为。

帮助行为，是指通过一些具体行为，如提供工具、指示目标或言语激励等方式，从物质或精神上帮助实施加害行为的人。

（二）构成要件

教唆、帮助侵权行为，要具备四项构成要件：

（1）教唆人、帮助人实施了教唆、帮助行为，教唆、帮助行为通常是积极的作为；

（2）教唆行为或帮助行为系出于故意；

（3）被教唆人、被帮助人实施了相应的侵权行为；

（4）教唆、帮助行为与被教唆人、被帮助人实施的侵权行为之间具有因果关系。

[例题]　赵某在公共汽车上因不慎踩到售票员而与之发生口角，售票员在赵某下车之后指着他大喊："打小偷！"赵某因此被数名行人扑倒在地致伤。对此应由谁承担责任？[①]

A．售票员　　　　　　　　　　　B．公交公司

C．售票员和动手的行人　　　　　D．公交公司和动手的行人

（三）教唆帮助没有完全行为能力人侵权时的责任

教唆或帮助无民事行为能力人、限制民事行为能力人实施侵权行为的情形下，教唆人、帮助人实际上是为了实现自己的非法目的，将被教唆人、被帮助人的身体动作作为侵犯他人权益的工具，此时应由教唆人或帮助人就被教唆人、被帮助人的加害行为负单独的侵权责任。

此外，同样是为了维护无民事行为能力人、限制民事行为能力人的合法权益，法律还规定了

---

① 【答案】C。解析：售票员是教唆者，行人是实际侵权人，两者是连带责任；打人不是职务行为，故公交公司不需要承担责任。

该无民事行为能力人、限制民事行为能力人的监护人未尽到监护责任的，应当承担相应的责任。

也就是说，监护人此时应当与教唆人或帮助人一起对受害人承担责任，但是监护人的这一"相应的责任"不是连带责任或补充责任，而是按份责任，即监护人有多少过错，就应在其过错范围内承担多大的责任。如果没有过错，就没有责任。监护人只要尽到了监护义务，就没有过错。

特别提醒

注意监护人在一般情况下的责任与有教唆者和帮助者时的不同。

《侵权责任法》第 32 条　无民事行为能力人、限制民事行为能力人造成他人损害的，由监护人承担侵权责任。监护人尽到监护责任的，可以减轻其侵权责任。有财产的无民事行为能力人、限制民事行为能力人造成他人损害的，从本人财产中支付赔偿费用。不足部分，由监护人赔偿。

这就意味着，监护人尽了监护责任的是否承担责任的问题，教唆者、帮助者的存在与否具有决定意义。

三、主观无意思联络的数人侵权

《侵权责任法》第 11 条　二人以上分别实施侵权行为造成同一损害，每个人的侵权行为都足以造成全部损害的，行为人承担连带责任。

《侵权责任法》第 12 条　二人以上分别实施侵权行为造成同一损害，能够确定责任大小的，各自承担相应的责任；难以确定责任大小的，平均承担赔偿责任。

（一）概念

无意思联络的数人侵权行为，是指二人以上没有进行意思联络，客观上分别实施侵权行为造成同一损害的行为。

（二）类型

无意思联络的数人侵权行为属于数人侵权中的分别侵权，有时两个以上侵权人承担按份责任，有时承担连带责任。结合《侵权责任法》第 11、12 条的规定，无意思联络的数人侵权行为可以分为两种类型。

1. 承担按份责任的无意思联络数人侵权

此种情形，理论上称为行为的间接结合。

根据《侵权责任法》第 12 条的规定，二人以上分别实施侵权行为造成同一损害，而且任何一个人的行为都不足以造成全部损害时，能够确定责任大小的，各自承担相应的责任；难以确定责任大小的，平均承担赔偿责任。在能够确定责任大小时，应综合考虑各行为人的行为对损害后果的原因力的大小和各自的过错程度来确定责任分担。

承担按份责任的无意思联络数人侵权需要具备以下要件：

（1）行为人为二人以上；

（2）数个行为人分别实施了侵权行为，彼此之间没有任何意思联络；

（3）损害后果同一；

（4）每个人的行为均不足以造成全部后果。

[例题]一天夜晚，甲开车逆行迫使骑车人乙为躲避甲向右拐，跌入修路挖的坑里（负责修路的施工单位对该坑未设置保护措施），造成车毁人伤。对乙的损失应如何承担责任？[①]

A．只能由甲承担责任　　　　　　　　B．只能由施工单位承担责任

C．甲和施工单位各自承担责任　　　　D．甲和施工单位承担连带责任

2．承担连带责任的无意思联络数人侵权

此种情形，理论上称为行为的直接结合。

根据《侵权责任法》第11条的规定，二人以上分别实施侵权行为造成同一损害，每个人的侵权行为都足以造成全部损害的，行为人承担连带责任。

承担连带责任的无意思联络数人侵权需要具备以下要件：

（1）行为人为二人以上；

（2）数个行为人分别实施了侵权行为，彼此之间没有任何意思联络；

（3）损害后果同一；

（4）每个人的行为都足以造成全部损害结果。

> **特别提醒**
>
> 这里的"足以"并不是实际上足以导致损害后果的出现，而是只要有足够的可能造成损害结果的出现，就认定为是这里的"足以造成全部损害后果"。
>
> 例如，设计单位对一栋建筑物的设计存在重大问题，足以导致建筑物倒塌，另外施工单位在施工中偷工减料，也足以导致建筑物倒塌，之后建筑物果然倒塌，那么设计单位和施工单位应对此承担连带责任。
>
> 再比如，甲开车将丙撞倒，造成致命伤害，乙驾车随后又从丙身上碾过导致丙的死亡。对此，甲乙需要承担连带责任。
>
> 之所以此时会规定要求承担连带责任，一方面是因为每个行为人的行为都足以造成全部损害，行为人应当预见到要对受害人承担全部责任，故要求其承担连带责任，并没有显著超出预期或加重负担；另一方面是因为连带责任的承担实际上扩大了责任财产的范围，有利于更好地实现对受害人的救济。

---

① 【答案】C．本题中甲的逆行和修路人的挖坑直接不存在任何事实上的联系，而且任何一个单独的行为均不可能造成损害结果的发生，故为按份责任。

特别提醒

当认定共同侵权采取客观说时，这种类型的侵权中的很多类型，都可以纳入共同侵权。但是，两者并不完全重合。具体而言，其与客观联系的共同侵权之不同至少表现在如下两个方面：

其一，此种侵权，强调两行为中的任何一个行为均足以造成损害结果的发生，客观联系的共同侵权中，很多都不具备这一点。比如上述甲超速驾驶为了躲避乙逆行的摩托车将丙撞伤，还有酒驾司机与违章变道的运输户相撞导致大巴车中的乘客受伤的案例都不具备这一点。

其二，认定过错的客观说，毕竟还是以考虑过错为前提的，在无过错的侵权中，如果有两个以上的加害人，依据第11条的规定，只要任何一方的行为均足以造成损害后果的发生就可以认定为数人之间承担连带责任了，此时，由于不考虑过错，也就无所谓客观的共同过错了。比如，三家化工厂都向甲养鱼的湖中排放污水，任何一家的排污均足以造成全部损害，此时，依据第11条，三家就应当承担连带责任。

3. 两者的区别

直接结合与间接结合的区分：

（1）两个行为共同导致损害结果的发生，如果少了其中一个行为，也可能导致损害结果发生。此为直接结合，连带责任。

（2）两个行为共同导致损害结果的发生，如果少了其中一个行为，结果就不会发生。此为间接结合，按份责任。

四、共同危险行为

《侵权责任法》第10条 二人以上实施危及他人人身、财产安全的行为，其中一人或者数人的行为造成他人损害，能够确定具体侵权人的，由侵权人承担责任；不能确定具体侵权人的，行为人承担连带责任。

（一）概念

共同危险行为，又称"准共同侵权行为"，指二人以上实施危及他人人身安全或财产安全的危险行为，仅是其中的一人或数人的行为实质上造成他人的损害，但又无法确定实际侵害人的情形。

例如，几个厨师在酒店厨房里吸烟且随地乱扔烟头，其后引致酒店着火，但却无法确定是由何人所扔烟头导致的火灾，这几个厨师乱扔烟头的行为就是共同危险行为。

（二）构成要件

（1）数人均实施了危及他人人身或财产安全的行为；

（2）各个共同危险行为具有时间和空间上的同一性；

（3）共同危险行为人中的部分人实际造成了损害结果；

（4）无法确定具体造成损害结果的人。

（三）责任承担与免责事由

1. 责任承担

共同危险行为的侵权责任的承担分为内外两个方面。对外承担连带责任，对内而言，如果一方承担了全部责任，可以向其他人追偿。一般来说，各共同行为人之间承担等额的责任。

2. 免责事由

根据《侵权责任法》的规定，免责事由只有一个，即确定具体的侵权行为人。这一点和《人身损害赔偿解释》的规定有重大区别，如果行为人中的某一人举证证明损害不是由自己造成的不再能够免责。

> ✳ **特别提醒**
>
> 《侵权责任法》中对此行为的免责事由，之所以仅仅选择确定具体侵权行为人，而不再将行为人证明损害后果的发生非自己所为作为免责事由，目的在于加强对于共同危险情形下的受害人保护。因为法律上认定的事实毕竟不是客观事实，如果举证证明非自己所为即可免责的话，很可能出现所有行为人均可证明非自己所为的情况。

　　[例题] 假设甲、乙、丙各持一大小相同的砖头向居民楼下投掷，比赛看谁扔得远，不巧其中一块正中路过此地的丁的脑门致丁重伤，但不知三人谁投掷的石块击中了丁。

　　问题一，此时该如何承担责任？①

　　问题二，如果甲在自己的砖头上做了记号，后查明，击中丁头部的砖头没有记号，此时，甲可否免责？除此之外，还有什么情况使甲可以免责？②

表 43-1　多数人侵权要点总结

共同加害行为	1. 主观共同故意＋共同行为 2. 主观共同过失＋共同行为 3. 分别过失行为＋行为发生事实上的联系 总结：以上三个方面均为连带责任

---

① 【答案】甲乙丙连带。

② 【答案】不能免责，只要不能举证证明责任人，都不能免责。

续表

教唆帮助侵权	1. 教唆行为或帮助行为系出于故意，方为共同侵权，行为人与教唆者承担连带责任 2. 教唆、帮助非完全行为能力人实施侵权行为的，教唆者帮助者承担责任 3. 非完全行为能力人的监护人未尽到监护责任的，应当承担相应的责任
共同危险行为	1. 共同危险行为人承担连带责任 2. 能够确定具体侵权人的，由侵权人承担责任 3. 不能确定具体侵权人的，行为人承担连带责任
分别行为结合侵权	直接结合　每个人的行为都足以造成全部损害结果，连带责任
	间接结合　每个人的行为均不足以造成全部后果，且两人以上的行为没有发生任何事实上的联系，按份责任
难点说明	分别过失行为且每人的行为均不足以造成全部损害时，连带与按份责任的辨析标准： 1. 看两个行为造成损害时是否发生了事实上的联系 2. 举例：甲开车逆行，迫使骑自行车的乙右拐，跌入施工单位（未采取保护措施）所挖坑中。开车逆行，修路挖坑，两者之间没有任何事实上的联系，此时为按份责任。 如果改为：甲逆行，为了躲坑，将乙撞伤，则甲与施工单位即为连带责任，因为在行为目的上，两者发生了事实上的联系。

（四）和共同危险相似的行为

《侵权责任法》第87条　从建筑物中抛掷物品或者从建筑物上坠落的物品造成他人损害，难以确定具体侵权人的，除能够证明自己不是侵权人的外，由可能加害的建筑物使用人给予补偿。

此规定是不明抛掷物、坠落物的侵权责任。理解此种责任，应注意以下问题：

（1）本条文的规定，不是严格意义上的过错推定责任，而是通过让可能承担责任的人举证证明自己和损害的发生没有因果关系来免除责任，也就是说，本条立法的切入点不是过错这一要件而是因果关系。

（2）适用范围：限于从建筑物中抛出或坠落的、不明主体的物件致损，如果是非建筑物中抛掷或者坠落则不适用。

（3）责任主体：可能进行加害的建筑物使用人。在此，建筑物使用人包括建筑物的所有人、承租人、借用人及其他任何实际占有使用建筑物的人。所谓可能的加害人是指，按照社会生活实践经验、科学手段及其他方法可以推测为抛掷物、坠落物有可能是从某人使用的建筑物中出来的。这种可能的范围必须具有合理性。

（4）可能的加害人之间不承担连带责任，而是按份责任。即受害人不能要求一个可能的加害人承担全部责任，只能要求其承担应当承担的份额。当然，在发现了真正的侵权人之后，承担了责任的人可以对真正加害人进行追偿。

（5）免责事由。包括两个方面：一是确定具体侵权行为人；二是举证证明不是自己所为。

［例题］某甲在一高20层塔楼的西北角打电话，正和朋友聊得兴起，突然不知从哪个窗户里飞出一个半截砖大小的烟灰缸，致甲受重伤。对于本案下列说法正确的是：[①]

---

① 【答案】CD。解析：不抽烟不能排除家有烟灰缸的可能性，家中无人可以排除自己的责任。

A. 甲可以向可能的加害人请求承担连带责任

B. 可能的加害人包括整栋建筑物的所有住户

C. 窗户朝向西面的一住在四层的住户举证证明自己从不抽烟不能免责

D. 窗户朝向北面的一住在十层的住户举证证明家中案发时无人可免责

 特别提醒

　　此种侵权类型和共同危险行为有本质的不同，复习时将两者进行比较有利于知识点的辨别。共同危险和不明抛掷物、坠落物责任的区别主要体现在四个方面：

表 43-2　共同危险和不明抛掷物、坠落物责任的区别

项　　目	共　同　危　险	不明抛掷物、坠落物责任
责任人行为性质	每个人都有危险行为	只有一个人实施了侵权行为
承担责任方式	所有人连带责任	可能由建筑物使用人分担损失
责任定性不同	赔偿	补偿
免责事由	确定具体侵权行为人	确定具体侵权人或证明不是自己所为

44 | 第四十四讲
侵权法规定的各种侵权

🔬 **阅读提示**

    本讲讲述侵权法中规定的各种侵权。侵权法部分的题目，最常见的命题就是，从这些特别规定的侵权中选择一二加以考查，故对于这些特别规定的侵权，都应作为复习重点。其中，监护人责任、网络侵权、安保义务人侵权、用人单位侵权、教育机构侵权、产品责任侵权、饲养动物侵权和环境侵权的重要性尤其突出。

一、网络侵权

《侵权责任法》第 36 条　网络用户、网络服务提供者利用网络侵害他人民事权益的，应当承担侵权责任。

网络用户利用网络服务实施侵权行为的，被侵权人有权通知网络服务提供者采取删除、屏蔽、断开链接等必要措施。网络服务提供者接到通知后未及时采取必要措施的，对损害的扩大部分与该网络用户承担连带责任。

网络服务提供者知道网络用户利用其网络服务侵害他人民事权益，未采取必要措施的，与该网络用户承担连带责任。

（一）概念

网络侵权责任是指对发生在互联网上的各种侵害他人民事权益的行为而承担的侵权责任。没有网络，也就不存在网络侵权。网络侵权的特殊性也是由网络技术的特殊性决定的。此种侵权适用的归责原则为一般的过错责任原则。

（二）责任主体：网络用户、网络服务提供者

1. 网络用户的侵权责任

根据《侵权责任法》第 36 条第 1 款的规定，网络用户利用网络侵害他人民事权益的，应当承担侵权责任。此种情况下，网络是加害人侵害他人民事权益的手段。网络用户的侵权行为是否构成，要根据一般侵权行为以及网络侵权行为的构成要件综合判断。

2. 网络服务提供者的侵权责任

网络服务提供者的侵权责任又可以分为：

（1）网络服务提供者的直接侵权责任。根据《侵权责任法》第 36 条第 1 款的规定，网络服务提供者利用网络侵害他人民事权益的，应当承担侵权责任。此种情况下，网络服务提供者和网络用户承担的责任一样，故两者都放在第 36 条第 1 款中加以规定。

（2）网络用户侵权时网络服务提供者的侵权责任。网络用户侵权时网络服务提供者的侵权责任，根据网络服务提供者知悉侵权事实途径的不同，分为两种情况：

第一，网络服务提供者接到通知后未采取必要措施的侵权责任。

对于此种责任的规定，理论上称为提示规则。《侵权责任法》第 36 条第 2 款规定，网络用户利用网络服务实施侵权行为的，被侵权人有权通知网络服务提供者采取删除、屏蔽、断开链接等必要措施。<u>网络服务提供者接到通知后未及时采取必要措施的，对损害的扩大部分与该网络用户承担连带责任。</u>

> **特别提醒**
>
> 理解这里的连带责任，应注意两点：其一，网络服务者接到通知没有及时删除的，只是对于扩大的损失承担连带责任，而不是对于全部损失承担连带责任；其二，如果网络服务者接到通知后就立即删除，不构成侵权，而不是构成侵权但可以免责。

第二，网络服务提供者知道侵权行为未采取必要措施的侵权责任。

对于此种责任的规定，理论上称为明知规则。《侵权责任法》第 36 条第 3 款规定，网络服务提供者知道网络用户利用其网络服务侵害他人民事权益，未采取必要措施的，与该网络用户承担连带责任。

[例题] 甲到乙医院做隆鼻手术效果很好。乙为了宣传，分别在美容前后对甲的鼻子进行拍照（仅见鼻子和嘴部），未经甲同意将照片发布到丙网站的广告中。介绍该照片时使用甲的真实姓名。丙网站在收到甲的异议后立即删除。下列哪一说法是正确的？[①]

A. 乙医院和丙网站侵犯了甲的姓名权，应承担连带赔偿责任

B. 乙医院和丙网站侵犯了甲的姓名权，应承担按份赔偿责任

C. 乙医院侵犯了甲的姓名权

D. 乙医院和丙网站侵犯了甲的姓名权和肖像权，但丙网站可免予承担赔偿责任

二、公共场所的管理人、群众性活动的组织者违反安全保障义务的侵权责任

《侵权责任法》第 37 条　宾馆、商场、银行、车站、娱乐场所等公共场所的管理人或

---

① 【答案】C。解析：因为网站接到通知就进行了及时删除，根本就不构成侵权，只有医院承担责任，照片只见鼻子和嘴部，不足以通过肖像识别特定人，故没有构成对于肖像的使用，不侵犯肖像权。

者群众性活动的组织者，未尽到安全保障义务，造成他人损害的，应当承担侵权责任。

因第三人的行为造成他人损害的，由第三人承担侵权责任；管理人或者组织者未尽到安全保障义务的，承担相应的补充责任。

（一）安全保障义务的概念

安全保障义务是指宾馆、商场、银行、车站、娱乐场所等公共场所的管理人或者群众性活动的组织者，应尽的合理限度内使他人免受损害的义务。

公共场所，包括以公众为对象进行商业性经营的场所，以及对公众提供服务的场所，如宾馆、商场、银行、车站、机场、码头、公园、餐厅、娱乐场所等。

群众性活动，是指面向社会公众举办的参加人数较多的活动，如展览、展销、游园、灯会、庙会、花会、音乐会、演唱会等。

（二）违反安全保障义务致人损害侵权责任的内容

1. 责任主体

责任主体是负有安全保障义务的主体，即宾馆、商场、银行、车站、娱乐场所等公共场所的管理人或者群众性活动的组织者。

2. 加害行为

此种责任中的加害行为表现为负有安全保障义务的主体违反了法定的作为义务，应当履行作为的安全保障义务而未履行，即不作为。

3. 归责原则

违反安全保障义务侵权责任适用过错责任原则。安全保障义务就其性质而言属于注意义务，未尽到适当的注意义务，即应认定为过错的存在。

4. 受保护主体

不以与义务人有交易关系为限，即使与公共场所的管理人或公共活动的组织者没有交易关系，只要出现在这些场所，安保义务人均应当尽到安全保障的义务。

5. 违反安全保障义务侵权责任的承担

根据《侵权责任法》第37条的规定，违反安全保障义务的责任包括两种情况：

（1）直接责任。在没有第三人行为介入的情况下，公共场所的管理人或者群众性活动的组织者未尽到安全保障义务，造成他人损害的，应当承担直接侵权责任。

（2）补充责任。在损害是由第三人的行为所致的情况下，由第三人承担侵权责任；管理人或者组织者未尽到安全保障义务的，承担相应的补充责任。

[例题] 小偷甲在某商场窃得乙的钱包后逃跑，乙发现后急追。甲逃跑中撞上欲借用商场厕所的丙，因商场地板湿滑，丙摔成重伤。下列哪些说法是错误的？①

① 【答案】CD。本题是第三人侵权，先由第三人甲承担；商场地板湿滑说明商场有过错，故承担过错范围内的补充责任，AB正确，CD错误。

A．小偷甲应当赔偿丙的损失　　　　B．商场须对丙的损失承担补充赔偿责任
C．乙应适当补偿丙的损失　　　　　D．甲和商场对丙的损失承担连带责任

三、教育机构的侵权

《侵权责任法》第38条　无民事行为能力人在幼儿园、学校或者其他教育机构学习、生活期间受到人身损害的，幼儿园、学校或者其他教育机构应当承担责任，但能够证明尽到教育、管理职责的，不承担责任。

《侵权责任法》第39条　限制民事行为能力人在学校或者其他教育机构学习、生活期间受到人身损害，学校或者其他教育机构未尽到教育、管理职责的，应当承担责任。

《侵权责任法》第40条　无民事行为能力人或者限制民事行为能力人在幼儿园、学校或者其他教育机构学习、生活期间，受到幼儿园、学校或者其他教育机构以外的人员人身损害的，由侵权人承担侵权责任；幼儿园、学校或者其他教育机构未尽到管理职责的，承担相应的补充责任。

（一）概念

学校、幼儿园和其他教育机构的侵权责任，是指在学校、幼儿园和其他教育机构的教育、教学活动中或者在负有管理责任的校舍、场地、其他教育教学设施、生活设施中，由于幼儿园、学校或者其他教育机构未尽教育、管理职责，致使学习或者生活的无民事行为能力人和限制民事行为能力人遭受损害或者致他人损害的，学校、幼儿园或者其他教育机构应当承担的与其过错相应的侵权责任。

（二）学校、幼儿园等教育机构的侵权责任的类型

1．无民事行为能力人在教育机构中受到损害的责任承担

无民事行为能力人在幼儿园、学校或者其他教育机构学习、生活期间受到人身损害的，幼儿园、学校或者其他教育机构应当承担责任，但能够证明尽到教育、管理职责的，不承担责任。由此可见，无民事行为能力人在幼儿园、学校或者其他教育机构学习、生活期间受到人身损害的，适用过错推定规则。

2．限制民事行为能力人在教育机构中受到损害的责任承担

限制民事行为能力人在学校或者其他教育机构学习、生活期间受到人身损害，学校或者其他教育机构未尽到教育、管理职责的，应当承担责任。由此可见，限制民事行为能力人在幼儿园、学校或者其他教育机构学习生活期间受到人身损害的，采用一般过错责任原则。

3．无民事行为能力人、限制民事行为能力人在教育机构中受到第三人侵害时的责任承担

无民事行为能力人或者限制民事行为能力人在幼儿园、学校或者其他教育机构学习、生活期间，受到幼儿园、学校或者其他教育机构以外的人员人身损害的，由侵权人承担侵

权责任；幼儿园、学校或者其他教育机构未尽到管理职责的，承担相应的补充责任。

由此可见，第三人造成无民事行为能力人或者限制民事行为能力人损害的，由第三人承担侵权责任。幼儿园、学校或者其他教育机构在未尽到管理职责的范围内，承担相应的补充责任。

 特别提醒

第三人是谁？通说认为，是教师、学生和其他工作人员以外的人员。那接下来的问题是学生对学生侵权，该负什么责任？通说认为，此时为监护人责任，学校有过错的，与过错相应责任。此处的相应责任，与上述第三人侵权时的"相应补充责任"不同。补充责任，意味着第二顺位责任。

四、医疗损害赔偿责任

《侵权责任法》第 54 条　患者在诊疗活动中受到损害，医疗机构及其医务人员有过错的，由医疗机构承担赔偿责任。

《侵权责任法》第 58 条　患者有损害，因下列情形之一的，推定医疗机构有过错：

（一）违反法律、行政法规、规章以及其他有关诊疗规范的规定；

（二）隐匿或者拒绝提供与纠纷有关的病历资料；

（三）伪造、篡改或者销毁病历资料。

《侵权责任法》第 59 条　因药品、消毒药剂、医疗器械的缺陷，或者输入不合格的血液造成患者损害的，患者可以向生产者或者血液提供机构请求赔偿，也可以向医疗机构请求赔偿。患者向医疗机构请求赔偿的，医疗机构赔偿后，有权向负有责任的生产者或者血液提供机构追偿。

（一）概念

医疗损害责任，是指因医疗机构及其医疗人员的过错，致使患者在诊疗活动中受到损害，由医疗机构承担的侵权责任。

（二）构成要件

1. 医疗机构及其医务人员实施了具有违法性的医疗行为

医疗侵权行为发生在医务人员以医疗机构名义从事的医疗活动中。因此，医务人员是行为主体，医疗机构是责任主体。

2. 患者遭受非正常的损害

大多数医疗行为都具有侵袭性，但这种侵袭必须是正常医疗行为导致的正常损害。如果超出了合理范围，则构成了非正常损害。可能的损害主要包括如下类型：

（1）人身伤害。人身伤害包括患者的生命权、身体权或者健康权等遭受侵害。

（2）名誉权、隐私权遭受损害。根据《侵权责任法》第 62 条的规定，医疗机构及其医务人员应当对患者的隐私保密。泄露患者的隐私或者未经患者同意公开其病历资料，造成患者损害的，应当承担侵权责任。

（3）财产损害。根据《侵权责任法》第 63 条的规定，医疗机构及其医务人员不得违反诊疗规范实施不必要的检查。医疗机构的过度医疗行为可能会不恰当地增加患者的医疗费用支出，造成财产损失。当然，过度医疗行为同样可能导致患者身体健康的损害。

（4）精神损害。对以上权益的侵害都有可能造成患者的精神损害。

3．医疗行为与患者遭受的非正常损害之间具有因果关系

4．医疗机构、医务人员有过错

医疗机构在诊疗活动中承担一定的义务。《侵权责任法》规定了医疗机构及其医务人员的诊疗义务、告知同意义务等，没有尽到这些义务，即存在过错。如《侵权责任法》第 57 条规定，医务人员在诊疗活动中未尽到与当时的医疗水平相应的诊疗义务，造成患者损害的，医疗机构应当承担赔偿责任。

（三）重要考点

重要考点如表 44-1 所示。

表 44-1　重要考点

过错责任原则	一般过错责任	通常情况下适用
	过错推定责任	1．违反法律、行政法规、规章以及其他有关诊疗规范的规定 2．隐匿或者拒绝提供与纠纷有关的病历资料 3．伪造、篡改或者销毁病历资料
责任主体	医疗机构	
不真正连带责任	因药品、消毒药剂、医疗器械的缺陷，或者输入不合格的血液造成患者损害时 1．患者的选择权：可以向生产者或者血液提供机构请求赔偿，也可以向医疗机构请求赔偿 2．医疗机构的追偿权：患者向医疗机构请求赔偿的，医疗机构赔偿后，有权向负有责任的生产者或者血液提供机构追偿	
特殊免责事由	1．患者或者其近亲属不配合医疗机构进行符合诊疗规范的诊疗 若医疗机构及其医务人员也有过错的，应当承担相应的赔偿责任 2．医务人员在抢救生命垂危的患者等紧急情况下已经尽到合理诊疗义务 因抢救生命垂危的患者等紧急情况下，不能取得患者或者其近亲属意见的，经医疗机构负责人或者授权的负责人批准，可以立即实施相应的医疗措施 3．限于当时的医疗水平难以诊疗	

五、物件致人损害责任

（一）物件致人损害责任的概念

物件损害责任，是指建筑物、构筑物、道路、林木等物造成他人损害时，责任人应当承担的侵权责任。

物件损害责任是替代责任，物件致人损害的基础是物而非人的行为，所以是物件的所有人、管理人或者使用人替致人损害的物件承担的责任。

（二）物件损害责任应具备的构成要件

1. 存在物件致害行为，如物件倒塌、脱落、坠落、抛掷、物件表面剥落等。

2. 存在被侵权人遭受损害的事实。包括人身损害和财产损害。

3. 物件致害行为与损害事实之间存在因果关系。

（三）物件损害责任的归责原则

物件损害责任在《侵权责任法》上规定有数种类型，不同类型适用不同的归责原则，具体如下：

1. 适用一般过错责任的，以行为人存在过错为必要

例如，《侵权责任法》第91条第1款规定的地面施工致害责任。

2. 适用过错推定责任的，也以行为人存在过错为必要，只是行为人需要证明自己对物件致害行为没有过错，否则需要承担侵权责任

此种归责原则在物件损害责任中采用得最为普遍，如《侵权责任法》第85条规定的建筑物等脱落、坠落致害责任，第88条规定的堆放物倒塌致害责任，第90条规定的林木折断致害责任，以及第91条第2款规定的窨井等地下设施致害责任。

3. 适用无过错责任的，不以过错为构成要件

例如，《侵权责任法》第86条规定的建筑物、构筑物或者其他设施倒塌致害责任和第89条规定的公共道路遗撒物等致害责任。

4. 公平分担损失的，也不以过错为构成要件

例如，《侵权责任法》第87条规定的抛掷物、坠落物致害责任。

（四）物件损害责任的基本类型

1. 建筑物等设施及其搁置物、悬挂物脱落、坠落损害责任

《侵权责任法》第85条　建筑物、构筑物或者其他设施及其搁置物、悬挂物发生脱落、坠落造成他人损害，所有人、管理人或者使用人不能证明自己没有过错的，应当承担侵权责任。所有人、管理人或者使用人赔偿后，有其他责任人的，有权向其他责任人追偿。

（1）责任主体：所有人、管理人和使用人。所有人是指对建筑物等设施拥有所有权的人；管理人是指对建筑物等设施及其搁置物、悬挂物负有管理、维护义务的人；使用人是指因租赁、借用或者其他情形使用建筑物等设施的人。

> **特别提醒**
>
> 当三者并存时，如何区分责任主体？关键看导致脱落、坠落的原因。如果是建筑物自身的质量问题，通常是所有人、管理人负责；若是使用人与所有人、管理人分离，由于使用人的行为导致的脱落、坠落，则由使用人负责。

（2）归责原则：典型的过错推定。

（3）追偿权。

[例题] 甲、乙、丙按不同的比例共有一套房屋，约定轮流使用。在甲居住期间，房屋廊檐脱落砸伤行人丁。下列哪些选项是正确的？①

A．甲、乙、丙如不能证明自己没有过错，应对丁承担连带赔偿责任

B．丁有权请求甲承担侵权责任

C．如甲承担了侵权责任，则乙、丙应按各自份额分担损失

D．本案侵权责任适用过错责任原则

2．堆放物倒塌、林木折断致人损害责任

《侵权责任法》第88条　堆放物倒塌造成他人损害，堆放人不能证明自己没有过错的，应当承担侵权责任。

《侵权责任法》第90条　因林木折断造成他人损害，林木的所有人或者管理人不能证明自己没有过错的，应当承担侵权责任。

据此，有两方面内容需要掌握：

（1）堆放物倒塌造成他人损害，堆放人不能证明自己没有过错的，应当承担侵权责任，堆放人如果能够举证证明堆放物的倒塌是因为不可抗力、第三人过错或受害人故意造成的，则无须承担侵权责任。

> **特别提醒**
>
> 此处适用过错推定原则的堆放物倒塌不包括在公共道路上的堆放，如果在公共道路上堆放的则应适用第89条，不问过错。

（2）因林木折断造成他人损害，林木的所有人或者管理人不能证明自己没有过错的，应当承担侵权责任。如果林木折断完全是因不可抗力、第三人过错或者受害人过错造成的，而且林木的所有人或者管理人能够证明自己没有过错的，则不承担侵权责任。

---

① 【答案】ABCD。本题中是建筑物质量的问题，所以是共有人一起承担连带责任，不是使用人甲承担；由于归责时考虑过错，因此是过错责任原则。

 **特别提醒**

此处的林木折断，除了包括最常见的树枝脱落之外，还包括果实的脱落。

3．公共场所、道路施工和窨井等地下设施致人损害的赔偿责任

《侵权责任法》第91条　在公共场所或者道路上挖坑、修缮安装地下设施等，没有设置明显标志和采取安全措施造成他人损害的，施工人应当承担侵权责任。

窨井等地下设施造成他人损害，管理人不能证明尽到管理职责的，应当承担侵权责任。

（1）责任主体：施工人和地下设施的管理人。

（2）过错原则的适用不同：

对于在公共场所或道路上的施工者，通常认为是一般过错责任，受害人只要证明施工人没有设置明显标志和采取了安全措施的，施工人就应当承担责任。

而对于窨井等地下设施的管理人，通常认为是过错推定责任，只有举证证明自己尽到了管理和注意的义务方可免责。

4．建筑物、构筑物或者其他设施倒塌致人损害责任

《侵权责任法》第86条　建筑物、构筑物或者其他设施倒塌造成他人损害的，由建设单位与施工单位承担连带责任。建设单位、施工单位赔偿后，有其他责任人的，有权向其他责任人追偿。

因其他责任人的原因，建筑物、构筑物或者其他设施倒塌造成他人损害的，由其他责任人承担侵权责任。

（1）建设单位与施工单位的连带责任。建筑物、构筑物或者其他设施倒塌造成他人损害的，由建设单位与施工单位承担连带责任。

（2）建设单位和施工单位的追偿权。建设单位、施工单位赔偿后，有其他责任人的，有权向其他责任人追偿。此处的其他责任人主要包括勘察单位、设计单位、监理单位以及勘察、设计、监理单位以外的人，如建筑材料的供应商等和建筑物的质量有关系的主体。总之，这里的其他责任人是指参与了建筑活动的主体。

（3）独立的第三人责任。因其他责任人，建筑物、构筑物或者其他设施倒塌造成他人损害的，由其他责任人承担侵权责任。这里的其他责任人主要是指没有参与建筑活动的其他主体。

例如，业主不当使用（破坏承重墙等）、超过合理期限使用等造成的倒塌，建设单位、施工单位就不需要负责。

5．在公共道路上堆放、倾倒、遗撒妨碍通行的物品致人损害责任

《侵权责任法》第89条　在公共道路上堆放、倾倒、遗撒妨碍通行的物品造成他人损害的，有关单位或者个人应当承担侵权责任。

需要掌握两层含义：

（1）直接堆放、倾倒、遗撒妨碍通行物的单位或者个人，对于自己的行为造成的损害需要承担的是无过错责任。

（2）对公共道路负有维护、管理职责的单位，在其存在过错的情形下，也应当承担其他相应的责任，具体说是过错推定责任。

《道路交通事故损害赔偿解释》第 10 条规定："因在道路上堆放、倾倒、遗撒物品等妨碍通行的行为，导致交通事故造成损害，当事人请求行为人承担赔偿责任的，人民法院应予支持。道路管理者不能证明已按照法律、法规、规章、国家标准、行业标准或者地方标准尽到清理、防护、警示等义务的，应当承担相应的赔偿责任。"

6. 建筑物中抛掷物品或者建筑物上坠落的物品致人损害责任

《侵权责任法》第 87 条　从建筑物中抛掷物品或者从建筑物上坠落的物品造成他人损害，难以确定具体侵权人的，除能够证明自己不是侵权人的外，由可能加害的建筑物使用人给予补偿。

此种责任，是公平分担损失的一种体现，其内在逻辑在"共同危险"责任部分已经讲述，在此不赘述。

六、监护人的侵权责任

侵权责任法第 32 条　无民事行为能力人、限制民事行为能力人造成他人损害的，由监护人承担侵权责任。监护人尽到监护责任的，可以减轻其侵权责任。

有财产的无民事行为能力人、限制民事行为能力人造成他人损害的，从本人财产中支付赔偿费用。不足部分，由监护人赔偿。

（一）概念

监护人责任是指作为被监护人的无民事行为能力人、限制民事行为能力人造成他人损害的，由监护人承担的侵权责任。

（二）特征

监护人责任具有以下特征：

1. 监护人责任是替代责任

在被监护人侵权行为中，行为主体和责任主体相互分离，行为主体是被监护人，责任主体是其监护人。

2. 监护人责任为无过错责任

监护人承担的是无过错责任，即只要被监护人的行为构成侵权行为，监护人就应当承担侵权责任。即使监护人尽到了监护责任，也只能减轻其责任，不能免责。

3．监护人在承担赔偿责任时，并非必须使用监护人的财产

有财产的被监护人造成他人损害的，先从本人财产中支付赔偿费用。不足部分，才由监护人赔偿。

[例题] 甲的儿子乙（8岁）因遗嘱继承了祖父遗产10万元。某日，乙玩耍时将另一小朋友丙的眼睛划伤。丙的监护人要求甲承担赔偿责任2万元。后法院查明，甲已尽到监护职责。此时，因乙的财产足以赔偿丙，故不需用甲的财产赔偿。

[例题] 甲、乙为无行为能力人丙的父母，因感情不和离异，丙与母亲甲共同生活。在学校期间，由于老师李某看管疏忽，打伤同学丁。丁父母以学校、老师李某和甲、乙为被告，其间责任如何承担？①

七、用人单位、用工单位责任

《侵权责任法》第34条　用人单位的工作人员因执行工作任务造成他人损害的，由用人单位承担侵权责任。

劳务派遣期间，被派遣的工作人员因执行工作任务造成他人损害的由接受劳务派遣的用工单位承担侵权责任；劳务派遣单位有过错的，承担相应的补充责任。

（一）概念

用人单位责任是指用人单位的工作人员因执行工作任务造成他人损害的，由用人单位承担的侵权责任。此处的用人单位，既包括国家机关，也包括一般法人及其他组织。

（二）特征

用人单位责任具有以下特征：

（1）用人单位责任是替代责任。用人单位为其工作人员的侵权行为承担责任。用人单位为工作人员职务行为负责具有正当性。因为用人单位通过使用工作人员而获益，且指令、控制和监督其工作人员执行工作任务，理应对工作人员执行工作任务过程中造成的他人损害负责，并且，如此设计制度，也有利于督促用人单位更好地履行管理监督责任，有助于更好地保护受害者的合法权益。

（2）用人单位责任为无过错责任。对用人单位责任适用无过错责任原则，即不考虑用人单位责任的过错。

（3）用人单位责任以用人单位与直接侵权人存在特定关系为前提，即用人单位与工作人员存在隶属关系、管理关系等，既包括正式工，也包括临时工。

（4）用人单位责任是用人单位对工作人员在执行职务时致害行为所承担的责任。用人单位是否承担侵权责任，取决于致人损害的行为是否属于执行工作任务即职务行为。

---

① 【答案】甲承担，学校有过错承担相应责任。

特别提醒

关于职务行为的认定，有主观说和客观说。主观说是以法人或者组织的意思或者其工作人员的意思为标准。客观说则以行为的外在表现为标准。一般认为，如果就外观来看，行为人的行为属于职务行为，则应当由用人单位承担责任。以客观说为通说。

例如，某出租车公司内部明文规定不得代驾，但司机王某为了获得高额报酬而去为人代驾，发生交通事故的，公司依然要承担责任。

（三）劳务派遣时的单位责任

（1）对劳务派遣场合被派遣人员致人损害的责任承担，在劳务派遣期间，被派遣的工作人员因执行工作任务造成他人损害的，由接受劳务派遣的用工单位承担侵权责任。

（2）劳务派遣单位有过错的，承担相应的补充责任。

由此可见，被派遣人员行为的后果由接受派遣单位承担。劳务派遣单位仅在自己过错的范围内承担相应的补充责任。

特别提醒

劳务派遣是指劳务派遣单位与接受劳务派遣的单位签订劳务派遣协议后，将工作人员派遣到用工单位工作。劳务派遣期间，实际上是作为用工单位的接受劳务派遣的单位，而非作为用人单位的劳务派遣单位，在对被派遣的工作人员进行指示、管理和监督，因此应由接受劳务派遣的单位对被派遣的工作人员因执行工作任务造成他人的损害承担侵权责任。如果劳务派遣单位违反劳务派遣协议，派遣了不符合要求的工作人员到用工单位，以致该工作人员因工作任务给他人造成损害的，劳务派遣单位在接受劳务派遣的单位无法承担全部赔偿责任的情形下，依其过错程度而承担相应的补充赔偿责任。

例如，保安公司就是典型的派遣单位。

八、个人之间形成劳务关系中接受劳务一方的侵权责任

《侵权责任法》第35条　个人之间形成劳务关系，提供劳务一方因劳务造成他人损害的，由接受劳务一方承担侵权责任。提供劳务一方因劳务自己受到损害的，根据双方各自的过错承担相应的责任。

个人劳务关系中的侵权责任分为对内与对外两种情况。

1. 对外情况

对外情况是指提供劳务一方因劳务造成第三人损害的情形。提供劳务一方的劳务活动成果由接受劳务一方享有，提供劳务一方因劳务造成他人损害，产生的责任也由接受劳务一方承担。

2. 对内情况

对内情况是指提供劳务一方因劳务自身受到损害的情形。提供劳务一方因劳务受到损害的情形，要根据提供劳务一方和接受劳务一方各自的过错来承担责任。

[例题]甲在乙承包的水库游泳，乙的雇工丙、丁误以为甲在偷鱼苗将甲打伤。下列哪一说法是正确的？①

A．乙、丙、丁应承担连带责任　　　B．丙、丁应先赔偿甲的损失，再向乙追偿

C．只能由丙、丁承担连带责任　　　D．只能由乙承担赔偿责任

九、产品责任

《侵权责任法》第41条　因产品存在缺陷造成他人损害的，生产者应当承担侵权责任。

《侵权责任法》第42条　因销售者的过错使产品存在缺陷，造成他人损害的，销售者应当承担侵权责任。销售者不能指明缺陷产品的生产者也不能指明缺陷产品的供货者的，销售者应当承担侵权责任。

《侵权责任法》第43条　因产品存在缺陷造成损害的，被侵权人可以向产品的生产者请求赔偿，也可以向产品的销售者请求赔偿。

产品缺陷由生产者造成的，销售者赔偿后有权向生产者追偿。

因销售者的过错使产品存在缺陷的，生产者赔偿后，有权向销售者追偿。

《侵权责任法》第44条　因运输者、仓储者等第三人的过错使产品存在缺陷，造成他人损害的，产品的生产者、销售者赔偿后，有权向第三人追偿。

（一）概念

产品责任是指产品的生产者和销售者，因制造、销售的产品存在缺陷造成他人的人身或者财产损害而应当承担的侵权责任。

（二）构成要件

（1）产品有缺陷。产品是指经过加工、制作，用于销售或以其他方式投入流通的产品，产品责任中的产品除了包括依据侵权责任法和产品质量法界定的普通产品之外，还包括食品、药品、消毒药剂、医疗器械、血液、农产品、汽车等特殊产品，但是不包括建筑工程、动物、军工产品、核设施、核产品、电力、人体器官和信息产品等。通常而言，但凡不包括的，均是有法律专门规定调整的。

---

① 【答案】D。解析：乙为接受劳务的一方，应对丙丁造成第三人的损害承担责任，实际行为人丙丁此时无责。

根据产品质量法的规定,产品缺陷是指产品存在危及人身、他人财产安全的不合理的危险;产品有保障人体健康和人身、财产安全的国家标准、行业标准的，是指不符合该标准。

（2）他人人身、财产遭受损害。

（3）产品缺陷与他人损害之间具有因果关系。

（三）归责原则

通常产品责任的归责原则是无过错责任。但是，根据我国侵权责任法的规定，这种说法是不够准确的，因为无过错责任只能概括生产者、销售者对于受害人的责任，对于生产者和销售者之间的责任则无法说明。

以下分别从不同主体之间的关系来分析归责原则的适用。

1. 适用无过错责任原则的情况

（1）生产者和销售者直接对受害人承担责任的，均适用无过错责任原则。详言之，只要因使用或消费缺陷产品而受到损害的被侵权人向该产品的生产者、销售者主张赔偿，生产者和销售者均不得以无过错抗辩，即使是无过错的销售者，也应首先向被侵权的受害人承担侵权责任。受害人享有选择权，可以在生产者和销售者之间任选其一主张权利。

> **特别提醒**
>
> 此处，产品的生产者和销售者对缺陷产品的受害人承担的是不真正连带责任，而非连带责任。因为两者承担责任的原因不同，而且最终是由一个人承担的，而不是由两者分担。

（2）生产者的最终责任。无过错的销售者向受害者承担直接责任后，必须向生产者追偿，由生产者承担最终责任，生产者的最终责任属于无过错责任。如果受害者直接向生产者主张赔偿，这时适用的也是无过错责任。

（3）销售者承担最终责任时不问过错的特殊情形。销售者不能指明缺陷产品的生产者也不能指明缺陷产品供货者的，销售者即被视为生产者，其对最终责任的承担也适用无过错责任原则。

2. 适用过错责任原则的情况

（1）销售者的最终责任。由于销售者的过错使产品存在缺陷，销售者应承担最终责任。于此情形，如果销售者承担了责任，则不得再向生产者追偿；如果生产者承担了直接责任，生产者则可通过证明缺陷是销售者过错所致，而向销售者追偿。

（2）运输者、仓储者及中间供货人的最终责任。运输者、仓储者及中间供货人不是直接责任的承担者，但如果产品的缺陷是因其过错所致，生产者或销售者在承担无过错的直接责任后，则可向有过错的运输者、仓储者及中间供货人追偿。运输者、仓储者及中间供货人对这种最终责任的承担适用过错责任原则。

[例题] 李某用 100 元从甲商场购买了一只电热壶，使用时因漏电致李某手臂灼伤，花去医药费 500 元。经查该电热壶是乙厂生产的。下列哪一表述是正确的？①

A．李某可直接起诉乙厂要求其赔偿 500 元损失

B．根据合同相对性原理，李某只能要求甲商场赔偿 500 元损失

C．如李某起诉甲商场，则甲商场的赔偿范围以 100 元为限

D．李某只能要求甲商场更换电热壶，500 元损失则只能要求乙厂承担

（四）产品责任的承担方式

《侵权责任法》第 45 条　因产品缺陷危及他人人身、财产安全的，被侵权人有权请求生产者、销售者承担排除妨碍、消除危险等侵权责任。

《侵权责任法》第 46 条　产品投入流通后发现存在缺陷的，生产者、销售者应当及时采取警示、召回等补救措施。未及时采取补救措施或者补救措施不力造成损害的，应当承担侵权责任。

《侵权责任法》第 47 条　明知产品存在缺陷仍然生产、销售，造成他人死亡或者健康严重损害的，被侵权人有权请求相应的惩罚性赔偿。

产品责任的承担方式主要包括以下几种：

1．排除妨碍、消除危险

依据《侵权责任法》第 45 条的规定，因产品缺陷危及他人人身、财产安全的，被侵权人有权请求生产者、销售者承担排除妨碍、消除危险等侵权责任。在满足产品存在缺陷和危及他人人身、财产安全的条件下，被侵权人可以要求产品的生产者或者销售者承担包括但不限于排除妨碍、消除危险的侵权责任，其他责任包括停止侵害、恢复原状等。

这意味着，没有造成现实损害时，就可以通过主张将可能发生的危害防消除。

2．缺陷产品的警示和召回

产品投入流通后发现存在缺陷的，生产者、销售者应当及时采取警示、召回等补救措施。这种责任也是为了防患于未然。

3．损害赔偿

因产品存在缺陷造成他人损害的，生产者、销售者应当承担赔偿责任。依据《产品质量法》第 44 条的规定，具体赔偿范围如下：

（1）因产品存在缺陷造成受害人人身伤害的，侵害人应当赔偿医疗费、治疗期间的护理费、因误工减少的收入等费用。

（2）造成残疾的，还应当支付残疾者生活自助具费、生活补助费、残疾赔偿金以及由其扶养的人所必需的生活费等费用。

（3）造成受害人死亡的，应当支付丧葬费、死亡赔偿金以及由死者生前扶养的人所必需的生活费等费用。

---

① 【答案】A。解析：产品责任侵权，受害人既可以向生产者，也可以向销售者主张赔偿全部损失。

（4）因产品存在缺陷造成受害人财产损失的，侵害人应当恢复原状或者折价赔偿。受害人因此遭受其他重大损失的，侵害人应当赔偿损失。

4．惩罚性赔偿

依据《侵权责任法》第47条的规定，明知产品存在缺陷仍然生产、销售，造成他人死亡或者健康严重损害的，被侵权人有权请求相应的惩罚性赔偿。

> **特别提醒**
>
> 　　这里的惩罚性赔偿的适用前提是，明知产品有缺陷仍然生产、销售，并且必须是产生了人身伤亡的后果。与消费者权利保护法中规定的惩罚性赔偿制度有所不同。因为通过侵权而主张的惩罚性赔偿，在数额上是没有明确上限的。

十、机动车交通事故责任

《侵权责任法》第48条　机动车发生交通事故造成损害的，依照道路交通安全法的有关规定承担赔偿责任。

（一）概念

机动车交通事故责任，是指因在道路上驾驶机动车，过失或意外造成人身伤亡、财产损失而应当承担的侵权责任。

（二）构成要件

（1）事故须是机动车造成的。此处的机动车包括各种汽车、电车、电瓶车、摩托车、拖拉机和轮式专用机械车。如果通常不能正常上路行驶的，则不是这里机动车的范畴，如挖掘机。

（2）事故须是机动车在使用中或运行中发生的交通事故，即机动车交通事故必须是机动车"在道路上"发生的。

（3）事故造成了他人的损害。此处的受害者包括行人、非机动车驾驶人和其他机动车上的人员，甚至包括本机动车上的人员。损害包括人身伤亡和财产损失。

（4）机动车事故与损害之间须具有因果关系。

（5）如果是机动车之间发生交通事故，行为人应具有过错。

（三）归责原则

《道路交通安全法》第76条　机动车发生交通事故造成人身伤亡、财产损失的，由保险公司在机动车第三者责任强制保险责任限额范围内予以赔偿；不足的部分，按照下列规定承担赔偿责任：

（一）机动车之间发生交通事故的，由有过错的一方承担赔偿责任；双方都有过错的，按照各自过错的比例分担责任。

（二）机动车与非机动车驾驶人、行人之间发生交通事故，非机动车驾驶人、行人没有过错的，由机动车一方承担赔偿责任；有证据证明非机动车驾驶人、行人有过错的，根据过错程度适当减轻机动车一方的赔偿责任；机动车一方没有过错的，承担不超过百分之十的赔偿责任。

交通事故的损失是由非机动车驾驶人、行人故意碰撞机动车造成的，机动车一方不承担赔偿责任。

据此规定，机动车交通事故责任的归责原则是过错责任和无过错责任的结合，不同情形下，适用不同的归责原则。

（1）机动车之间发生的交通事故责任适用过错责任原则。

（2）机动车与非机动车驾驶人、行人之间发生的交通事故责任适用无过错责任原则。即便机动车一方没有过错，在行人有过错时，也应当在交强险赔偿的范围之外，赔偿不超过10%的责任。只有受害人故意时，如碰瓷现象，没有过错的机动车一方方可免责。

（四）机动车实际控制人责任制度

在机动车交通事故侵权中，原则上承担责任的是机动车的所有人、管理人，但是，当实际控制的使用人与所有人、管理人分离时，发生交通事故侵权的，原则上由实际使用人承担责任。承担责任的主体简单概括就是"谁开车，谁撞人，谁承担"，但法律另有规定的除外。

1. 租赁、借用机动车发生交通事故的责任承担

《侵权责任法》第49条规定，因租赁、借用等情形机动车所有人与使用人不是同一人时，发生交通事故后属于该机动车一方责任的，由保险公司在机动车强制保险责任限额范围内予以赔偿。不足部分，由机动车使用人承担赔偿责任；机动车所有人对损害的发生有过错的，承担相应的赔偿责任。

何谓所有人有过错呢？

根据《道路交通事故损害赔偿解释》之规定，包括如下情形：

（1）知道或者应当知道机动车存在缺陷，且该缺陷是交通事故发生原因之一的；

（2）知道或者应当知道驾驶人无驾驶资格或者未取得相应驾驶资格的；

（3）知道或者应当知道驾驶人因饮酒、服用国家管制的精神药品或者麻醉药品，或者患有妨碍安全驾驶机动车的疾病等依法不能驾驶机动车的；

（4）其他应当认定机动车所有人或者管理人有过错的。

2. 转让机动车但未办理所有权移转手续期间发生交通事故后的责任承担

《侵权责任法》第50条规定，当事人之间已经以买卖等方式转让并交付机动车但未办理所有权移转登记，发生交通事故后属于机动车一方责任的，由保险公司在机动车强制保险责任限额范围内予以赔偿。不足部分，由受让人承担赔偿责任。

《道路交通事故损害赔偿解释》对此的补充是，如果被多次转让但未办理转移登记的机动车发生交通事故造成损害，属于该机动车一方责任，当事人请求由最后一次转让并交付的

受让人承担赔偿责任的，人民法院应予支持。

3．转让拼装或者报废机动车发生交通事故后的责任承担

《侵权责任法》第51条规定，以买卖等方式转让拼装或者已达到报废标准的机动车，发生交通事故造成损害的，由转让人和受让人承担连带责任。

《道路交通事故损害赔偿解释》对此的补充是，拼装车、已达到报废标准的机动车或者依法禁止行驶的其他机动车被多次转让，并发生交通事故造成损害，当事人请求由所有的转让人和受让人承担连带责任的，人民法院应予支持。

这种方式规定为连带，是因为这种类型的车辆本不应该买卖，这种行为本身对于人们的正常生活秩序，具有公共危险性。

4．盗窃、抢劫或者抢夺的机动车发生交通事故后的责任承担

《侵权责任法》第52条规定，盗窃、抢劫或者抢夺的机动车发生交通事故造成损害的，由盗窃人、抢劫人或者抢夺人承担赔偿责任。保险公司在机动车强制保险责任限额范围内垫付抢救费用的，有权向交通事故责任人追偿。

特别提醒

机动车被盗抢，发生交通事故的，原则上被盗抢人没有责任。但是在机动车被盗抢的情况下，如果机动车的所有人没有为此车投交强险的，依然要在交强险的范围内负赔偿责任。对此，《道路交通事故侵犯人身权的司法解释》第19条规定，未依法投保交强险的机动车发生交通事故造成损害，当事人请求投保义务人在交强险责任限额范围内予以赔偿的，人民法院应予支持。投保义务人和侵权人不是同一人，当事人请求投保义务人和侵权人在交强险责任限额范围内承担连带责任的，人民法院应予支持。

[例题] 甲为父亲祝寿宴请亲友，请乙帮忙买酒，乙骑摩托车回村途中被货车撞成重伤，公安部门认定货车司机丙承担全部责任。经查：丙无赔偿能力。丁为货车车主，该货车几天前被盗，未买任何保险。对于乙人身损害的赔偿责任承担，由于没有保险，投保义务人丁应在交强险的范围内承担赔偿责任，不足部分，甲作为被帮工人，予以适当补偿。

5．发生交通事故后机动车驾驶人逃逸的责任承担

《侵权责任法》第53条规定，机动车驾驶人发生交通事故后逃逸，该机动车参加强制保险的，由保险公司在机动车强制保险责任限额范围内予以赔偿；机动车不明或者该机动车未参加强制保险，需要支付被侵权人人身伤亡的抢救、丧葬等费用的，由道路交通事故社会救助基金垫付。道路交通事故社会救助基金垫付后，其管理机构有权向交通事故责任人追偿。

十一、饲养动物致人损害责任

《侵权责任法》第78条　饲养的动物造成他人损害的，动物饲养人或者管理人应当

承担侵权责任，但能够证明损害是因被侵权人故意或者重大过失造成的，可以不承担或者减轻责任。

（一）概念

饲养动物损害责任，是指饲养的动物致人损害，动物饲养人或管理人依法承担的侵权责任。

（二）构成要件

1．须为饲养的动物

强调"饲养"，是为了与"野生"相区分。野生动物致人损害的，无人承担侵权责任，一般由受害人自己承担损失。但是，根据《侵权责任法》第82条的规定，遗弃、逃逸的动物在遗弃、逃逸期间造成他人损害的，依然由原动物饲养人或者管理人承担侵权责任。

2．须饲养的动物独立加害

所谓动物独立加害，是指要么是基于动物的本性，要么是动物受到外界刺激的自然反应。如果动物的饲养人、管理人或第三人通过发出指令的方式促使饲养动物致人损害的，或者饲养人、管理人、第三人直接以饲养动物为工具伤害他人的，例如，有人用饲养的刺猬扔向他人造成他人的伤害，就不是饲养动物侵权。此种情形下，动物只是其致人损害的工具，那么这里就不是饲养动物损害责任这种特殊侵权责任，而是一般侵权责任。

3．须他人受到损害

这种损害包括人身损害和财产损害。前者如狗咬人、猪将人绊倒摔伤等；后者如牛马损害庄稼。

4．须动物加害事实与损害之间具有因果关系。

5．动物园的饲养动物还需要饲养人管理人具有过错的要件。

饲养动物损害责任原则上是无过错责任，构成要件不以存在过错为必要，但是，《侵权责任法》第81条规定的动物园的动物致人损害的责任则适用过错推定责任，其构成要件以过错存在为必要，动物园要想免责需要证明自己没有过错。

（三）免责事由

动物饲养人或者管理人依法用于减轻或者免除自己侵权责任的抗辩事由包括：

1．被侵权人故意或者重大过失

依据《侵权责任法》第78条规定，饲养的动物造成他人损害的，动物饲养人或者管理人应当承担侵权责任，但能够证明损害是因被侵权人故意或者重大过失造成的，可以不承担或者减轻责任。

据此，如能证明是被侵权人重大过失造成的，可以减轻责任；如果能够证明是被侵权人故意造成的，则饲养人、管理人可以完全免责。但是，这种免责事由的适用有例外：

《侵权责任法》第79条　违反管理规定，未对动物采取安全措施造成他人损害的，动物饲养人或者管理人应当承担侵权责任。

《侵权责任法》第80条　禁止饲养的烈性犬等危险动物造成他人损害的，动物饲养人或者管理人应当承担侵权责任。

据此，在这两种特殊情形下，因为此时的饲养人或者管理人具有严重过错，所以即便是被侵权人对于损失的发生具有重大过失，也不能减轻责任。

2. 第三人过错

《侵权责任法》第83条　因第三人的过错致使动物造成他人损害的，被侵权人可以向动物饲养人或者管理人请求赔偿，也可以向第三人请求赔偿。动物饲养人或者管理人赔偿后，有权向第三人追偿。

据此，因第三人过错导致饲养动物侵权的，饲养人管理人不能再直接免责，而是两者之间成立不真正连带责任，虽然在承担责任后，可以向第三人追偿，但从最终意义上讲，饲养人管理人是不承担责任的。

[例题] 关于动物致害侵权责任的说法，下列哪些选项是正确的？①

A．甲8周岁的儿子翻墙进入邻居院中玩耍，被院内藏獒咬伤，邻居应承担侵权责任

B．小学生乙和丙放学途经养狗的王平家，丙故意逗狗，狗被激怒咬伤乙，只能由丙的监护人对乙承担侵权责任

C．丁下夜班回家途经邻居家门时，未看到邻居饲养的小猪趴在路上而绊倒摔伤，邻居应承担侵权责任

D．戊带女儿到动物园游玩时，动物园饲养的老虎从破损的虎笼蹿出将戊女儿咬伤，动物园应承担侵权责任

十二、环境污染侵权责任

《侵权责任法》第65条　因污染环境造成损害的，污染者应当承担侵权责任。

《环境侵权司法解释》第1条　因污染环境造成损害的，<u>不论污染者有无过错，污染者应当承担侵权责任</u>。污染者以排污符合国家或者地方污染物排放标准为由主张不承担责任的，人民法院不予支持。

（一）概念

环境污染责任，是指污染环境造成他人财产或者人身损害而应承担的侵权责任。是典型的无过错责任侵权。

---

① **【答案】**ACD。解析：藏獒是危险动物，饲养人管理人承担责任更为严格，即使受害人有重大过失，也不能减轻责任，A 正确；B 项是由第三人过错导致的侵权，此时受害人享有选择权，错误；C 项是一般饲养动物侵权，受害人无故意，邻居应承担责任，正确；D 项中，动物园具有过错，应承担责任，正确。

（二）构成要件

1. 污染环境的行为

污染环境的行为，一般为积极的作为责任，<u>且行为人不得以排污符合国家规定的标准或者行为不具有违法性主张免责</u>。侵权责任法并未要求以违法性作为认定污染环境行为的标准，故即使是国家环境保护管理部门批准的排污行为，排污没有超过批准的指标，但是只要造成他人人身、财产损害的，也构成污染环境的行为，进而应当承担赔偿责任。因为环境污染责任是一种危险责任，而危险责任本身不是对违法行为的制裁，而是对不幸损害的分配，所以根本不需要考虑违法性。

2. 受害人遭受损害

污染环境致人损害，既有财产损害，也有人身损害。人身伤害，如造成他人身患癌症；财产损失，如庄稼因污染而枯败。这其中，财产损失包括直接损失和间接损失。<u>诉讼时效为3年。</u>

另外，哪怕污染行为没有造成损失，但是构成侵害或妨害的，受害人可以请求污染者承担停止侵害、排除妨碍、消除危险等侵权责任。<u>而且根据《环境侵权司法解释》第17条的规定，该项请求不受《环境保护法》第66条规定的3年时效期间的限制。</u>

3. 污染环境行为与损害之间存在因果关系

根据《侵权责任法》第66条的规定，环境污染责任实行的是因果关系推定，受害人无须证明污染行为与损害之间存在因果关系，而是<u>污染者应当就其行为与损害之间不存在因果关系承担举证责任。</u>

（三）两个以上的污染者时责任的承担规则

《侵权责任法》第67条　两个以上污染者污染环境，污染者承担责任的大小，根据污染物的种类、排放量等因素确定。

（四）环境污染责任的免责事由

（1）受害人故意；

（2）不可抗力；

（3）证明排污与损害之间无因果关系。

（五）第三人原因导致侵权时的不真正连带责任

《侵权责任法》第68条　因第三人的过错污染环境造成损害的，被侵权人可以向污染者请求赔偿，也可以向第三人请求赔偿。污染者赔偿后，有权向第三人追偿。

据此，因第三人过错导致环境污染侵权的，污染者不能再直接免责，而是两者之间成立不真正连带责任。既然在承担责任后，可以向第三人追偿，但从最终意义上讲，污染者是不承担责任的。

十三、高度危险责任

《侵权责任法》第 69 条　从事高度危险作业造成他人损害的，应当承担侵权责任。

（一）概念

高度危险责任，是指因从事高度危险作业造成他人损害或者保有高度危险物品致人损害而应承担的侵权责任。这两种类型的责任均是典型的无过错责任。

（二）构成要件

（1）行为人实施了高度危险作业行为。高度危险作业是指从事高空、高速、高压、易燃、剧毒及放射性等对周围的人身或者财产安全具有高度危险性的活动。

例如，使用民用核设施，民用航空器和高速轨道运输工具，从事高空、高压、地下挖掘活动，占有或者使用易燃、易爆、剧毒、放射性等高度危险物等。

（2）受害人遭受损害损失，包括人身伤亡和财产损失。

（3）高度危险作业与受害人损害之间具有因果关系，即受害人的损害是由高度危险作业本身所固有的危险发生所造成的。

（三）主要类型

高度危险责任分为两大类：

1. 高度危险作业致人损害责任

高度危险责任又分为三种：

（1）民用核设施致人损害责任。民用核设施发生核事故造成他人损害的，民用核设施的经营者应当承担侵权责任，但能够证明损害是因战争等情形或者受害人故意造成的，不承担责任。

（2）民用航空器致人损害责任。民用航空器造成他人损害的，民用航空器的经营者应当承担侵权责任，但能够证明损害是因受害人故意造成的，不承担责任。

（3）从事高空、高压、地下挖掘活动或者使用高速轨道运输工具致人损害责任。从事高空、高压、地下挖掘活动或者使用高速轨道运输工具造成他人损害的，经营者应当承担侵权责任，但能够证明损害是受害人故意或者不可抗力造成的，不承担责任。被侵权人对损害的发生有过失的，可以减轻经营者的责任。

> **特别提醒**
>
> 在适用无过错责任原则的特殊侵权中，若因受害人的过失而减轻加害人责任的，通常要求受害人有重大过失，但是，此处只要受害人有过失就可以免责。原因在于，对于高空、高压、地下挖掘活动或者使用高速轨道运输等具有高度危险性的活动，作为正常人，但凡稍加注意就是可以避免的。

2. 高度危险物品致人损害责任

高度危险责任又分为四种:

(1)占有或者使用高度危险物致人损害责任。占有或者使用易燃、易爆、剧毒、放射性等高度危险物造成他人损害的,占有人或者使用人应当承担侵权责任,但能够证明损害是因受害人故意或者不可抗力造成的,不承担责任。被侵权人对损害的发生有重大过失的,可以减轻占有人或者使用人的责任。

(2)遗失、抛弃高度危险物致人损害责任。遗失、抛弃高度危险物造成他人损害的,由所有人承担侵权责任。所有人将高度危险物交由他人管理的,由管理人承担侵权责任;所有人有过错的,与管理人承担连带责任。

(3)非法占有高度危险物致人损害责任。非法占有高度危险物造成他人损害的,由非法占有人承担侵权责任。所有人、管理人不能证明对防止他人非法占有尽到高度注意义务的,与非法占有人承担连带责任。

(4)未经许可非法进入高度危险区域损害责任。未经许可进入高度危险活动区域或者高度危险物存放区域受到损害,管理人已经采取安全措施并尽到警示义务的,可以减轻或者不承担责任。

综上所述,高度危险责任的减免事由不尽相同,因为不同的高度危险作业性质不同,高度危险物品的危险程度也不一样,法律难以统一规定减免事由,因而《侵权责任法》根据危险程度的高低设置了不同责任减免事由。

PART IV

第四部分

婚姻家庭法

45 第四十五讲
婚姻家庭法概述

 阅读提示

　　本讲主要讲述婚姻家庭法的调整对象、基本原则、亲等、亲系等基本概念。虽然直接考点不多，但是，理解这些基本概念，是学习婚姻家庭法具体制度的基础。

一、婚姻家庭法的概念及调整对象

　　婚姻家庭法，是调整婚姻家庭关系的法律规范的总称。婚姻家庭法的调整对象可概括为婚姻家庭关系。

　　1. 从调整对象的范围来看，婚姻家庭法既调整婚姻关系，又调整家庭关系

　　（1）婚姻关系因结婚而成立，因离婚或一方死亡而终止。关于结婚的条件和程序、夫妻间的权利和义务、离婚的条件和程序、离婚时财产的分割以及离婚后未成年子女的抚养等问题，都属于婚姻关系的范畴。

　　（2）家庭关系是基于结婚、出生、法律拟制等原因而发生，又可基于离婚、亲属死亡、拟制血亲关系解除等原因而消灭。父母子女之间、兄弟姐妹之间、祖孙之间等亲属身份关系以及彼此之间的权利与义务，都属于家庭关系的范畴。

　　上述婚姻关系和家庭关系均由婚姻家庭法来规范。

　　2. 从调整对象的性质来看，婚姻家庭法既调整基于婚姻家庭而产生的人身关系，又调整基于婚姻家庭而产生的财产关系

　　（1）婚姻家庭中的人身关系，是指存在于具有特定的亲属身份的主体之间、本身并无直接财产内容的社会关系，如夫妻之间因姓名、人身自由而发生的权利义务关系，父母对未成年子女因监护而发生的权利义务关系等。

　　（2）婚姻家庭中的财产关系，是指以人身关系为前提、直接具有财产内容的社会关系，这种财产关系只能随着人身关系的发生而发生，终止而终止，如夫妻之间因扶养、继承而发生的权利义务关系均以夫妻这一特定身份为前提，这也是婚姻家庭法上的财产关系区别于物权法、债权法上财产关系的重要标志。

特别提醒

　　人身关系占主导地位，财产关系依附于人身关系，居于从属地位。因此，婚姻家庭法的性质应认定为身份法而非财产法。

二、我国婚姻家庭法的基本原则

　　1．婚姻自由原则

　　婚姻自由是指当事人有权根据法律规定，自主自愿地决定自己的婚姻问题，任何第三人不得强制和干涉。婚姻自由是婚姻家庭法的首项原则，是私法上的"意思自治原则"在婚姻家庭领域的体现。

　　婚姻自由包括结婚自由和离婚自由两个方面。为保障该项原则的实行，《婚姻法》[①]禁止包办、买卖婚姻和其他干涉婚姻自由的行为，并且我国《侵权责任法》将婚姻自主权作为该法所保护的民事权益之一。

　　2．一夫一妻原则

　　一夫一妻是指一男一女结为夫妻的个体婚姻形式。一夫一妻原则即指任何人不得同时有两个或者两个以上的配偶。为保障该项原则的贯彻实施，婚姻法明确规定，禁止重婚；禁止有配偶者与他人同居。重婚为无效婚姻；因重婚或者有配偶者与他人同居导致离婚的，无过错方在离婚诉讼中有权请求损害赔偿。

　　3．男女平等原则

　　男女平等原则是指男女两性在婚姻家庭生活的各个方面都享有平等的权利，承担平等的义务，不因性别差异而受到影响。《婚姻法》明确规定，男女平等；夫妻在家庭中的地位平等。我国《婚姻法》中所规定的权利，男方享有，女方也享有；所规定的义务男方承担，女方也承担。

　　4．保护妇女、儿童和老人的合法权益原则

　　保护妇女、儿童和老人的合法权益原则，是指对妇女、儿童和老人的合法权益给予特殊保护。妇女肩负着社会生产和人类自身生产的两副重担，与男子在客观事实上存在差异，保护妇女的合法权益是对男女平等原则的必要补充，也是实现男女平等原则的有效保证。儿童和老人是需要他人照顾的弱势群体，他们的合法权益易受侵害，法律对他们的合法权益有予以特殊保护的必要。

　　为贯彻这一原则，《婚姻法》既从正面做出了规定，如"女方在怀孕期间，男方不得提出离婚父母对子女有抚养教育的义务；子女对父母有赡养扶助的义务"等，也从反面做出了"禁止家庭暴力""禁止家庭成员间的虐待和遗弃"等规定。

　　5．计划生育原则

---

① 全称为《中华人民共和国婚姻法》，由第五届全国人民代表大会第三次会议通过，自1981年1月1日起施行。

计划生育是指有计划地调节人口增长速度和提高人口素质。实行计划生育是我国的基本国策，婚姻家庭同生育制度有着密切的联系，婚姻家庭领域是决定这项国策能否实现的关键性领域。《婚姻法》明确规定夫妻双方都有实行计划生育的义务，《收养法》中有关"收养不得违背计划生育的法律、法规"等规定就是计划生育原则在婚姻家庭法中的体现。

三、因婚姻家庭关系而产生的亲属制度

（一）亲属的概念和特征

法学意义上的亲属是指由法律确认和调整的，在自然人之间因婚姻、血缘和法律拟制而产生的具有法定权利义务的社会关系。其主要具有以下特征：

1. 亲属具有固定的身份和称谓

除法律另有规定外，不得任意变更或解除。

2. 亲属关系只能产生于特定的民事法律事实

亲属关系的产生基于两种法律事实，即自然事实和行为。

自然事实是指出生，基于出生而产生的亲属关系为自然血亲关系；行为包括结婚、收养和抚养教育。

因结婚而产生的亲属关系为配偶关系，因收养而产生的亲属关系为法律拟制的血亲关系，因继父母对继子女进行抚养教育而产生的亲属关系为法律拟制的血亲关系。除此之外，其他事实均不能产生亲属关系。

3. 亲属具有相应的法定权利和义务

这主要表现为亲属之间在身份和财产上的权利和义务。当代的家庭是唯一实体性的亲属团体，它担当着重要的社会职能，因而法律有必要赋予该共同生活体一定的权利义务，以维持共同生活秩序。

（二）亲属的种类

亲属关系纵横交错，在不同的历史时期，按照不同的标准，亲属被划分的种类不同。现代婚姻家庭法根据亲属关系产生的不同原因，将亲属分为配偶、血亲和姻亲三种。

1. 配偶

配偶即夫妻，男女因结婚而互为配偶。配偶在亲属关系中居于重要的核心地位，它是血亲和姻亲产生的源泉和纽带。

2. 血亲

血亲是指有血缘联系的亲属。法律上的血亲包括自然血亲和拟制血亲。

（1）自然血亲，是指出自同一祖先，因出生而自然形成的具有真实血缘联系的亲属。如父母与子女、兄弟姐妹、祖父母与孙子女、叔叔与侄子、舅舅与外甥等，不分父系、母系，无论是婚生还是非婚生，也无论是全血缘（同父同母），还是半血缘（同父异母、同母异父），都属于自然血亲范畴。

（2）拟制血亲，是指本无该种血亲应具有的血缘关系，而是由法律确认其与该种自然血亲具有同等权利义务的亲属。可见，此种血亲不是自然形成的，而是由法律设定的。

我国婚姻法确认的拟制血亲有两类：一是因收养形成的养父母与养子女以及养子女与养父母的其他近亲属；二是在事实上形成了抚养教育关系的继父母与继子女。

3．姻亲

姻亲是指以婚姻为中介而产生的亲属，即配偶一方与对方的血亲之间产生的亲属关系，但配偶本身不在姻亲之列。根据姻亲联系的环节，姻亲可分为血亲的配偶、配偶的血亲、配偶的血亲的配偶及血亲的配偶的血亲。

（三）亲系与亲等

1．亲系

亲系是指亲属间的联络系统。亲属以婚姻、血缘为基础，构成纵横交错、互相交织的亲属网络。除配偶外，一切亲属都有一定的亲系可循。我国婚姻法将亲系分为直系亲和旁系亲两种。由此血亲可分为直系血亲和旁系血亲，姻亲可分为直系姻亲和旁系姻亲。

（1）直系血亲与旁系血亲。直系血亲，是指生育自己或自己所生育的上下各代血亲。上溯至父母、祖父母、外祖父母等，下至子女、孙子女、外孙子女等，皆为直系血亲。直系血亲除自然直系血亲外，还包括法律拟制的直系血亲。

旁系血亲，是指双方之间无从出关系但同由一共同祖先所生育的血亲。如同源于父母的兄弟姐妹，同源于祖父母的伯、叔、姑，同源于外祖父母的舅、姨等，皆为旁系血亲。旁系血亲包括全血缘血亲和半血缘血亲，旁系血亲除自然旁系血亲外，还包括法律拟制的旁系血亲。

（2）直系姻亲与旁系姻亲。以配偶为媒介，与配偶的直系血亲为直系姻亲，但二人共同生育的后代除外，如儿媳与公婆，女婿与岳父母等。与配偶的旁系血亲为旁系姻亲，如妻与夫的兄弟、叔叔，夫与妻的姐妹、姑姑等。

2．亲等

亲等是衡量亲属关系新疏远近的指数和尺度，亲等越多亲属关系越远。

而我国婚姻法则采用独特的"代数"计算法，以"代"作为计算亲属关系亲疏远近的基本单位。代即指世辈，一代为一辈。代数越小，亲属关系越近；代数越大，亲属关系越远。计算亲属的代数分为直系血亲和旁系血亲两个方面。

（1）直系血亲的计算方法。计算自己与长辈直系血亲之间的亲属关系时，以己身作为计算起点，己身为一代，向上数至父母时为二代，再数至祖父母、外祖父母时为三代，依此类推。计算自己与晚辈直系血亲之间的亲属关系时，仍以己身为一代，向下数至子女时为二代，再数至孙子女、外孙子女时为三代，依此类推。

（2）旁系血亲的计算方法。首先找出要计算的两个旁系血亲的同源直系血亲，然后按照直系血亲的计算方法，分别计算出每一方与同源直系血亲之间的代数。如果两边的代数相同，则用一边的代数定代数。如果两边的世代数不同，则取世代数大的一边定代数。因此，亲兄弟姐妹之间为二代旁系血亲，自己与叔、姑、姨、舅为三代旁系血亲。

（四）亲属关系的发生与终止

亲属关系因一定的民事法律事实而发生或终止。亲属的种类不同，亲属关系发生和终止的法律事实也不尽相同。

1. 配偶关系的发生与终止

配偶关系因男女双方结婚而发生，因双方离婚或一方死亡（包括自然死亡和宣告死亡）而终止。

2. 血亲关系的发生与终止

（1）自然血亲关系。人的出生是自然血亲关系发生的唯一法律事实，而自然血亲关系终止的法律事实有两个，即一方死亡或子女送养他人。

（2）拟制血亲关系。不同类型的拟制血亲，其发生和终止的民事法律事实也不同。

首先，收养关系。

养父母与养子女之间因收养而产生了拟制直系血亲关系，同时这种拟制效力还及于养父母其他近亲属，即养子女与养父母的其他近亲属也发生拟制血亲关系。

养父母子女关系可因一方死亡而终止，也可因收养解除而终止。两者法律效果不同：

① 因养父母死亡而终止拟制血亲关系的，终止的效力仅及于死者本人，不及于死者的其他近亲属，即当养父母死亡时，养子女与养父母的其他血亲关系不变。

② 因解除收养终止养父母子女间拟制血亲关系的，该拟制血亲关系终止的效力及于养父母的其他近亲属。

其次，继父母子女关系。

继父母与继子女之间本为姻亲关系，但在两者之间能够形成拟制血亲关系，是因为继父或继母对未成年的继子女进行了抚养教育。继父母子女之间形成拟制血亲关系后，这种拟制效力并不及于继父母的其他近亲属。继父母子女拟制血亲关系可因一方死亡而终止，也可因生父（母）与继母（父）离婚，继父母终止抚养未成年继子女而终止。如果继子女已被继父母抚养成年，则二者之间的拟制血亲关系不因生父（母）与继母（父）的离婚而终止。

3. 姻亲关系的发生与终止

姻亲关系是因男女双方结婚而发生。姻亲关系是否因离婚或配偶一方死亡而终止呢？各国立法规定不同。

我国婚姻法未规定姻亲关系，更没有规定姻亲关系终止的原因及后果。就离婚而言，基于我国民间传统习惯，通常认为姻亲关系应因离婚而终止。就配偶一方死亡而言，我国继承法规定，丧偶儿媳对公、婆，丧偶女婿对岳父、岳母，尽了主要赡养义务的，作为第一顺序继承人。从其立法精神看，我国姻亲关系不因配偶一方死亡而终止。

46 | 第四十六讲
结婚

 阅读提示

本讲主要讲述结婚的条件与婚姻的效力瑕疵。其中，效力瑕疵中的婚姻无效和可撤销婚姻是最为突出的考点。

一、结婚的概念和特征

（一）概念

结婚，又称婚姻的成立，是指男女双方依照法律规定的条件和程序，确立夫妻关系的民事法律行为。

作为一种法律行为，其成立必然要符合一般法律行为的成立要件。同时，由于婚姻相对于合同而言，具有人身性、伦理性等特点，故其具有自身的特征。

（二）特征

依据我国《婚姻法》的规定，结婚之法律行为的特征如下：

（1）结婚行为的主体必须是男女双方，同性别的人之间不能结婚。

（2）结婚行为必须依照法律规定的条件和方式进行，即须符合《婚姻法》所规定的实质要件和形式要件，否则不具有合法婚姻的效力。

（3）结婚行为的法律后果是确立夫妻关系。夫妻关系，既包括人身关系，又包括财产关系。

二、结婚的条件

（一）实质要件

1．积极条件

积极条件是指男女双方结婚时必须具备的法定条件。

（1）必须男女双方完全自愿。《婚姻法》第 5 条规定："结婚必须男女双方完全自愿，不许任何一方对他方加以强迫或者任何第三者加以干涉。"这是结婚的首要条件，是婚姻自由原则在结婚制度上的具体体现。这就要求各方尊重当事人的意志自由，排斥一方当事人、当事人父母或第三人对他方进行强迫、包办或干涉。当然，法律并不排除当事人的父母或第三人出于关心，对当事人提出意见和建议，但是，是否结婚最终应由当事人自己决定。这种要求，不但是为了尊重当事人意思自治，而且是有利于培养作为独立主体的责任意识，只有对于自己的选择，让自己对于选择的后果负责方有正当性。

（2）男女双方必须达到法定婚龄。即男不得早于 22 周岁，女不得早于 20 周岁。凡当事人一方或双方未达到法定婚龄的，婚姻登记机关不予登记，但根据《婚姻法》第 50 条规定的精神，民族自治地方的人民代表大会基于本民族、宗教、风俗习惯等实际情况，可以对法定婚龄作变通性规定。

（3）必须符合一夫一妻制。《婚姻法》第 2、3 条对一夫一妻制、禁止重婚作了明确规定。《婚姻登记条例》第 6 条指出，一方或双方已有配偶的，婚姻登记机关不予登记。要求结婚的男女，必须双方都是无配偶的人。无配偶包括未婚、丧偶和离婚三种情形。

2. 禁止条件

禁止条件是指男女双方结婚时不得具有法律不允许结婚的情形。

（1）直系血亲和三代以内的旁系血亲禁止结婚。三代以内的旁系血亲不得结婚。何谓三代以内？这还要用到亲等的概念。

旁系血亲的计算方法：

首先，找出要计算的两个旁系血亲的同源直系血亲。

其次，按照直系血亲的计算方法，分别计算出每一方与同源直系血亲之间的代数。

如果两边的代数相同，则用一边的代数定代数；如果两边的世代数不同，则取世代数大的一边定代数。依据此方法计算，亲兄弟姐妹之间为二代旁系血亲，自己与叔、姑、姨、舅为三代旁系血亲。

［例题］如果甲的祖父与乙的母亲是亲兄妹，那么，甲乙可否结婚呢？

计算如下：先找到甲祖父与乙母亲的同源血亲，即甲的曾祖父母，也就是乙的外祖父母。就甲这一边从上往下数：曾祖父母、祖父母、父母、甲，共四代。乙的这边从上往下数：外祖父母、父母、乙，共三代。两边代数不同，取大的。故甲乙已经超出了三代旁系血亲，可以结婚。

（2）患有医学上认为不应当结婚的疾病。经婚前医学检查，对患指定传染病在传染期内或者有关精神病在发病期内的当事人，医师应当提出医学意见，准备结婚的男女双方应当暂缓结婚。

（二）形式要件

1. 结婚形式要件的含义及意义

结婚的形式要件，是指男女双方结婚时必须履行的法定程序。男女双方结婚，除必须符合结婚的实质要件外，还必须符合一定的形式要件。只有在履行法律规定的结婚程序后，婚姻才具有法律上的效力。所以，结婚的形式要件既是婚姻公示的法定方式，也是婚姻的有效要件。

在我国，结婚必须履行的法定程序是结婚登记，即要求结婚的男女双方必须亲自到婚姻登记机关进行结婚登记。男女双方在完成结婚登记后，无论是否同居，也无论是否举行结婚仪式，都具有了法律上的夫妻身份。

2. 我国关于事实婚姻的规范设定

我国学者将未办理结婚登记而以夫妻名义共同生活的现象称为事实婚姻。我国现行法律对"以夫妻名义公开的同居关系"处理原则是：

（1）1994年2月1日前确立同居关系并符合结婚实质要件的，仍可认定为事实婚姻，当事人之间形成夫妻关系。

若一方起诉离婚的，按照离婚案件受理；当事人同居期间的财产关系适用我国婚姻法关于夫妻财产关系的规定；一方当事人在同居期间死亡的，另一方有权以配偶身份继承其遗产；当事人在同居期间所生子女属于婚生子女。

（2）1994年2月1日后形成的同居关系。

① 可以通过补办婚姻登记确立婚姻关系，即给同居当事人提供弥补结婚形式瑕疵的机会。男女双方补办结婚登记的，适用《婚姻登记条例》中有关结婚登记的规定。补办结婚登记后，其婚姻关系的效力从双方均符合婚姻法所规定的结婚的实质要件时起算，即补办结婚登记的效力具有溯及力。

② 如未补办结婚登记，性质上属于同居关系。当事人起诉要求解除同居关系的，人民法院不予受理。但因同居引起财产分割与子女抚养纠纷而起诉的，人民法院应当受理。认定为同居关系的，当事人之间不形成夫妻关系。同居期间因共同生活而形成的财产关系，按照共同共有关系处理。同居期间一方死亡的，另一方不能以配偶身份继承其遗产；当事人在同居期间所生子女属于非婚生子女，但法律地位与婚生子女相同。

③ 特殊同居关系的处理。如上所述，当事人起诉请求解除同居关系的，人民法院原则上不予受理。但当事人请求解除的同居关系，属于婚姻法规定的"有配偶者与他人同居"的，人民法院应当受理并依法予以解除。

三、无效的婚姻

（一）无效婚姻的概念与法定情形

1. 概念

无效婚姻，是指不符合结婚实质要件但已办理结婚登记的男女两性的结合。

2. 无效婚姻的法定情形

我国婚姻法规定，婚姻无效的情形有以下方面：

（1）重婚的（重婚是指有配偶又与他人结婚或者明知他人有配偶而与之结婚的行为）；

（2）有禁止结婚的亲属关系的；

（3）婚前患有医学上认为不应当结婚的疾病，婚后尚未治愈的；

（4）未达到法定婚龄的。

当事人以上述以外的情形申请宣告婚姻无效的，人民法院应当判决驳回当事人的申请。

（二）无效婚姻的申请主体

根据《婚姻法解释（一）》第7条的规定，通常是当事人及其近亲属，简要总结如表46-1所示。

表 46-1　　无效婚姻申请主体的简要总结

无 效 原 因	申请主体：当事人及利害关系人
重婚的	当事人的近亲属及基层组织
有禁止结婚的亲属关系的	当事人的近亲属
婚前患有医学上认为不应当结婚的疾病，婚后尚未治愈的	与患病者共同生活的近亲属
未到法定婚龄的	未达法定婚龄者的近亲属

 **特别提醒**

　　重婚，除了当事人及其近亲属之外，基层组织也可以申请婚姻无效。

（三）无效婚姻的补正

（1）近亲结婚的，不能补正。

（2）有病的，病好了，可以补正。

（3）未达到法定婚龄的，达到后，可以补正。

（4）重婚的，若能够与前任离婚，后面的婚姻效力可以补正，但不影响重婚罪的构成。

（四）无效婚姻的处理程序

（1）只能由法院宣告。

① 请求权人提起诉讼，请求人民法院宣告婚姻无效；

② 法院受理离婚案件后，依职权主动审查婚姻的效力。

（2）如果条件已经符合，再请求宣告婚姻无效者，法院不予支持。

（3）婚姻效力本身的诉讼如何处理？

不得调解，不得撤诉，不得上诉，一经判决，立即生效。

（4）婚姻无效同时涉及财产分割和子女抚养的，可调解，但应另行制定调解书，并且此部分可以上诉。

（5）离婚案件和无效诉讼同时存在时，无效优先，因为一旦无效就不存在离婚的前提了。婚姻关系被宣告无效后，涉及财产分割和子女抚养的，应当继续审理。

（6）当事人死亡与婚姻无效制度。

当事人死亡后，之所以还会有申请婚姻无效，是因为婚姻关系的存在与否将决定夫妻财产的分配，也关系到遗产继承。

① 夫妻一方或者双方死亡后 1 年内，生存一方或者利害关系人依据《婚姻法》第 10 条的规定申请宣告婚姻无效的，人民法院应当受理。

② 利害关系人依据《婚姻法》第 10 条的规定，申请人民法院宣告婚姻无效的，利害关系人为申请人，婚姻关系当事人双方为被申请人。夫妻一方死亡的，生存一方为被申请人。夫妻双方均已死亡的，不列为被申请人。

[例题] 甲（男，22 周岁）为达到与乙（女，19 周岁）结婚的目的，故意隐瞒乙的真实年龄办理了结婚登记。两年后，因双方经常吵架，乙以办理结婚登记时未达到法定婚龄为由向法院起诉，请求宣告婚姻无效。人民法院应如何处理？①

A．以办理结婚登记时未达到法定婚龄为由宣告婚姻无效

B．对乙的请求不予支持

C．宣告婚姻无效，确认为非法同居关系，并予以解除

D．认定为可撤销婚姻，乙可行使撤销权

（五）婚姻无效的后果

无效婚姻是违法婚姻，自始不发生合法婚姻的效力，在当事人之间不产生夫妻人身及财产方面的权利义务关系。同居期间所得的财产，除有证据证明为当事人一方所有的外，按共同共有处理，当事人所生的子女为非婚生子女，与婚生子女有同等的权利。

四、可撤销的婚姻

《婚姻法》第 11 条　因胁迫结婚的，受胁迫的一方可以向婚姻登记机关或人民法院请求撤销该婚姻。受胁迫的一方撤销婚姻的请求，应当自结婚登记之日起一年内提出。被非法限制人身自由的当事人请求撤销婚姻的，应当自恢复人身自由之日起一年内提出。

（一）概念

可撤销婚姻，是指已经成立的婚姻关系，因欠缺婚姻合意，依法享有撤销权的人可以向有关机关请求撤销的婚姻。

作为一种法律行为，婚姻可撤销的原因只有胁迫一种。

---

① 【答案】B。解析：结婚两年后，已经符合了法定婚龄，故不得再主张婚姻无效，同时，不存在可撤销的理由。

（二）可撤销婚姻的要件

当事人一方以胁迫为由撤销婚姻关系必须具有以下要件：

（1）须有胁迫的故意。即胁迫行为人有通过胁迫行为使被胁迫人产生恐惧心理并因此而为意思表示的故意。

（2）须有胁迫的行为。即胁迫人须有以加害威胁被胁迫人的行为，并达到使被胁迫人产生恐惧的程度。

（3）胁迫须具有违法性，包括目的非法和手段非法。

（4）须被胁迫人因恐惧心理而为意思表示与胁迫行为之间具有因果关系。

（三）请求撤销的程序与期间限制

1．程序

向法院或者登记机关请求，并递交相应的材料。

2．法定除斥期间

撤销权的除斥期间：自结婚登记之日起1年，被非法限制人身自由的当事人请求撤销婚姻的，自恢复人身自由之日起1年内。

［例题］网名"我心飞飞"的21岁女子甲与网名"我行我素"的25岁男子乙在网上聊天后产生好感，乙秘密将与甲裸聊的镜头复制保存。后乙要求与甲结婚，甲不同意。乙威胁要公布其裸聊镜头，甲只好同意结婚并办理了登记。下列哪些说法是错误的？[①]

A．甲可以自婚姻登记之日起1年内请求撤销该婚姻

B．甲可以在婚姻登记后以没有感情基础为由起诉要求离婚

C．甲有权主张该婚姻无效

D．乙侵犯了甲的隐私权

---

① 【答案】BCD。解析：注意没有感情基础不是离婚的法定理由，本题构成胁迫，是可撤销婚姻，没有无效的理由，由于乙没有公开裸聊镜头，无隐私权的侵犯。

47 | 第四十七讲
婚姻家庭关系

> **阅读提示**
>
> 　　本讲主要讲述，婚姻关系成立后夫妻之间发生的人身关系与财产关系。其中，财产关系是重点，几乎每年必考。最重要的考点是，夫妻共同财产制中，判断哪些财产专属于个人。

一、夫妻人身关系

　　1. 概念

　　夫妻人身关系，是指基于夫妻身份而在夫妻之间当然产生的、没有直接财产内容的权利义务关系。

　　2. 内容

　　夫妻人身关系的内容由法律直接规定，夫妻双方不能通过约定加以改变或消灭。《婚姻法》第13条规定，夫妻在家庭中的地位平等。这是我国处理夫妻人身关系的基本依据。此外，我国婚姻法还规定了夫妻人身关系的具体内容，包括：

　　（1）夫妻的姓名权。夫妻双方都有各用自己姓名的权利。

　　（2）夫妻的人身自由权。夫妻双方都有参加生产、工作、学习和社会活动的自由，一方不得对他方加以限制或干涉。

　　（3）夫妻的计划生育义务。夫妻双方都有实行计划生育的义务。

　　（4）夫妻相互忠实义务。夫妻应当互相忠实，互相尊重。忠实义务主要是指保守贞操的义务、专一的夫妻性生活义务、不为婚外性行为。其具体有：不重婚；不与配偶以外的第三人通奸与姘居；不从事性交易等。

二、夫妻财产关系

　　夫妻财产关系，是指基于夫妻身份而产生的以财产为内容的权利义务关系。

　　我国《婚姻法》所规定的夫妻财产制度包括两种，一种是法定财产制，另一种是约定财产制，并且以法定财产制为主、约定财产制为辅。

（一）法定财产制

法定财产制，是指在夫妻对婚前或婚后所得财产归属没有约定的情况下，当然适用法律规定的夫妻财产制度。

法定财产制包括夫妻共同财产制和夫妻个人特有财产制：

1. 夫妻共同财产制

夫妻共同财产制，是指在婚姻关系存续期间，夫妻双方或一方所得的财产，除法律另有规定或夫妻另有约定外，均为夫妻共同所有的制度。

我国婚姻法规定，夫妻在婚姻关系存续期间所得的下列财产，归夫妻共同所有：

（1）工资、奖金。

（2）生产、经营的收益。

（3）知识产权的收益。这里的"知识产权收益"，是指婚姻关系存续期间，实际取得或者已经明确可以取得的财产性收益。

（4）继承或赠予所得的财产，但遗嘱或赠予合同中确定只归夫或妻一方的财产除外。

（5）其他应当归共同所有的财产。

> **🌸 特别提醒**
>
> 根据婚姻法司法解释的规定，其他应当归共同所有的财产可能包括：
>
> ① 一方以个人财产投资取得的收益；
>
> ② 男女双方实际取得或者应当取得的住房补贴、住房公积金；
>
> ③ 男女双方实际取得或者应当取得的养老保险金、破产安置补偿费；
>
> ④ 夫妻一方个人财产在婚后产生的收益，除孳息和自然增值外，应认定为夫妻共同财产；
>
> ⑤ 由一方婚前承租、婚后用共同财产购买的房屋，房屋权属证书登记在一方名下的，应当认定为夫妻共同财产；
>
> ⑥ 发放到军人名下的复员费、自主择业费等一次性费用的，以夫妻婚姻关系存续年限乘以年平均值 [发放总额 /（70 岁～入伍时年龄）]，所得数额为夫妻共同财产。

2. 夫妻个人特有财产制

夫妻个人特有财产制，是指在实行夫妻共同财产制的情况下，夫妻依法各自保留一定范围的财产为个人所有的制度。

我国《婚姻法》规定，有下列情形之一的，为夫妻一方的财产：

（1）一方的婚前财产及其孳息和自然增值；

（2）一方因身体受到伤害获得的医疗费、残疾人生活补助费等费用；

（3）遗嘱或赠予合同中确定只归夫或妻一方的财产；

（4）一方专用的生活用品；

（5）婚后由一方父母出资为子女购买的不动产，产权登记在出资人子女名下的，视为只对自己子女一方的赠予，该不动产应认定为夫妻一方的个人财产；

（6）其他应当归一方的财产。

例如，军人的伤亡保险金、伤残补助金、医药生活补助费等。再如，当事人结婚前，父母为双方购置房屋出资的，该出资应当认定为对自己子女的个人赠予，但父母明确表示赠予双方的除外。

 特别提醒一

我国法定财产制以共有为原则，以个人所有为例外，当事人不能证明具有个人财产属性的，应认定为夫妻共有财产。一方婚前财产只要没有特别约定转化为共同财产，共同生活本身不能使之转化为共同财产。

 特别提醒二

夫妻一方婚前按揭购房登记在一方名下，婚后共同还款情形下的财产归属：

夫妻一方婚前签订不动产买卖合同，以个人财产支付首付款并在银行贷款，婚后用夫妻共同财产还贷，不动产登记于首付款支付方名下的，离婚时该不动产由双方协议处理。

不能达成协议的，人民法院可以判决该不动产归产权登记一方，尚未归还的贷款为产权登记一方的个人债务。双方婚后共同还贷支付的款项及其相对应财产增值部分，离婚时应根据《婚姻法》第39条第1款规定的原则，由产权登记一方对另一方进行补偿。

[例题1] 甲乙夫妻的下列哪一项婚后增值或所得，属于夫妻共同财产？①

A. 甲婚前承包果园，婚后果树上结的果实

B. 乙婚前购买的1套房屋升值了50万元

C. 甲用婚前的10万元婚后投资股市，得利5万元

D. 乙婚前收藏的玉石升值了10万元

[例题2] 胡某与黄某长期保持同性恋关系，胡某创作同性恋题材的小说发表。后胡某迫于父母压力娶陈某为妻，结婚时陈某父母赠予一套房屋，登记在陈某和胡某名下。婚后，胡某收到出版社支付的小说版税10万元。此后，陈某得知胡某在婚前和婚后一直与黄某保持同性恋关系，非常痛苦。下列哪一说法是正确的？②

① 【答案】C。解析：A是婚前财产之孳息，属于个人；BD项是婚前财产之增值，属于个人；C项是婚前财产的婚后投资收益，属于夫妻共有。
② 【答案】D。解析：可撤销婚姻原因只有胁迫；房屋赠予和婚姻欺诈无必然关系，赠予法律行为的意思表示是真实的，赠予给双方，故房屋是共同共有财产；版税属于婚后知识产权收益，属于共有。

A．胡某隐瞒同性恋重大事实，导致陈某结婚的意思表示不真实，陈某可请求撤销该婚姻

B．陈某受欺诈而登记结婚，导致陈某父母赠予房屋意思表示不真实，陈某父母可撤销赠予

C．该房屋不属于夫妻共同财产

D．10万元版税属于夫妻共同财产

3．法定财产制下夫妻共有财产权的行使

（1）共同共有关系及其例外。在婚姻关系存续期间，夫妻共有财产原则上是一种共同共有关系。夫妻因共有财产而发生的债务，属于夫妻共同债务，夫妻对外承担连带责任。

但值得注意的是，随着时代的变迁，这种共同共有关系有了例外：

《婚姻法解释（三）》[①]规定，婚后由双方父母出资购买的不动产，产权登记在一方子女名下的，该不动产可认定为双方按照各自父母的出资份额按份共有，但当事人另有约定的除外。

（2）夫妻对共同所有的财产，有平等的处理权。这里的"有平等的处理权"有两层含义：

其一，夫或妻在处理夫妻共同财产上的权利是平等的。因日常生活需要而处理夫妻共同财产的，任何一方均有权决定。

其二，夫或妻非因日常生活需要对夫妻共同财产做重要处理决定，夫妻双方应当平等协商，取得一致意见。

 特别提醒一

表见代理制度的具体体现：

如果他人有理由相信其为夫妻双方共同意思表示的，另一方不得以不同意或不知道为由对抗善意第三人。

 特别提醒二

善意取得制度的具体体现：

如果一方未经另一方同意出售夫妻共同共有的房屋，第三人善意购买、支付合理对价并办理产权登记手续，另一方主张追回该房屋的，人民法院不予支持。夫妻一方擅自处分共同共有的房屋造成另一方损失，离婚时另一方请求赔偿损失的，人民法院应予支持。

（3）共有财产婚内分割的禁止及其例外。婚姻关系存续期间，夫妻双方对共有财产的管理和处分不能协商一致，一方要求分割夫妻共有财产的，原则上不予支持。因为夫妻共同共有的财产是夫妻共同生活的物质基础，为维系婚姻关系，法律不支持婚内析产的主张。

---

① 全称为《最高人民法院关于适用＜中华人民共和国婚姻法＞若干问题的解释（三）》，2011年7月4日最高人民法院审判委员会第1525次会议通过。

特别提醒一

现实中如果夫妻双方有约定对于共同财产处理的，依据其约定。

《婚姻法解释（三）》第16条 夫妻之间订立借款协议，以夫妻共同财产出借给一方从事个人经营活动或用于其他个人事务的，应视为双方约定处分夫妻共同财产的行为，离婚时可按照借款协议的约定处理。

特别提醒二

现实中如果有夫妻一方利用管理共有财产之便，大肆侵害另一方共同财产权之现象，法律做出了例外规定。

《＜婚姻法＞解释（三）》第4条 婚姻关系存续期间，夫妻一方请求分割共同财产的，人民法院不予支持，但有下列重大理由且不损害债权人利益的除外：（一）一方有隐藏、转移、变卖、毁损、挥霍夫妻共同财产或者伪造夫妻共同债务等严重损害夫妻共同财产利益行为的；（二）一方负有法定扶养义务的人患重大疾病需要医治，另一方不同意支付相关医疗费用的。

（二）约定财产制

约定财产制，是指夫妻以协议方式对婚前和婚后所得财产的归属做出约定，从而排除适用法定财产制的制度。约定财产制主要包括下列内容：

1. 夫妻财产约定的范围及形式

夫妻可以约定婚姻关系存续期间所得的财产以及婚前财产归各自所有、共同所有或部分各自所有、部分共同所有。约定应当采用书面形式。没有约定或约定不明确的，适用法定财产制。

2. 夫妻财产约定的效力

夫妻对婚姻关系存续期间所得的财产以及婚前财产的约定，对双方具有约束力。夫妻对婚姻关系存续期间所得的财产约定归各自所有的，夫或妻一方对外所负的债务，第三人知道该约定的，以夫或妻一方所有的财产清偿。

三、父母与子女的关系

（一）自然血亲的父母子女关系

1. 概念

自然血亲的父母子女关系是基于子女出生的法律事实而在子女与父母亲之间形成的法律上的权利义务关系。依出生事实发生时间不同，自然血亲又分为婚生和非婚生的亲子关系。

自然血亲的父母子女关系因血缘而存在，不能人为解除。

2．亲子关系的确认与否定制度

如果当事人一方起诉请求确认亲子关系，并提供必要证据予以证明，另一方没有相反证据又拒绝做亲子鉴定的，人民法院可以推定请求确认亲子关系一方的主张成立。此种请求一般为女方提出。

夫妻一方向人民法院起诉请求确认亲子关系不存在，并已提供必要证据予以证明，另一方没有相反证据又拒绝做亲子鉴定的，人民法院可以推定请求确认亲子关系不存在一方的主张成立。此种请求一般为男方提出。

[例题] 牛魔王发现自己的儿子红孩儿，没有自己的任何特征，而且具有自己和妻子铁扇公主都不具有的特异功能。在后来的一次全民体检中，牛魔王发现红孩儿的血型既不和自己的一致，也不和妻子的一致。于是，牛魔王向铁扇公主提出要做亲子鉴定。另悉，红孩儿跟随母亲一起生活。关于本案，下列说法正确的是：①

A．如果铁扇公主拒绝做鉴定，则可以推定牛魔王与红孩儿的亲子关系不存在

B．根据牛魔王提供的血型不一致的证据，可直接认定亲子关系不存在

C．如果经鉴定，红孩儿不是自己的亲生子，在离婚时牛魔王对于已经支付的抚养费可主张不当得利返还

D．如果铁扇公主同意做鉴定，则应以鉴定意见为依据认定亲子关系是否存在

3．婚生父母子女关系

（1）概念及形成条件。婚生父母子女关系是指在婚姻关系存续期间受胎或出生的子女与父母形成的权利义务关系。婚生父母子女关系的形成须具备下列条件：

① 该婚姻关系合法有效；

② 该子女的血缘必须来自合法配偶身份的男女双方；

③ 该子女的出生时间在法定时间内，即在夫妻关系存续期间。

（2）父母与子女的权利义务

① 父母的权利义务：抚养、管理教育、法定代理。

② 子女的权利义务：不能独立生活的子女有权要求父母给付抚养费；在父母无劳动能力或生活困难时，成年子女有义务给付赡养费并且不因父母的婚姻关系变化而终止；子女有义务尊重父母的婚姻权利，不得干涉父母再婚以及婚后的生活。

③ 父母子女间有相互继承遗产的权利。

4．非婚生的父母子女关系

《婚姻法》第25条规定，非婚生子女享有与婚生子女同等的权利。不直接抚养非婚生子女的生父或生母，应当负担子女的生活费和教育费，直至子女能独立生活为止。

---

① 【答案】ACD。解析：血型问题为合理理由，但是，不能直接认定，如铁扇公主不配合，可推动牛魔王的主张成立，经鉴定若不是亲生子，已经支付的抚养费，牛魔王可基于不当得利请求返还，鉴定意见是确定关系的最终依据。

（二）继父母与子女关系

1．概念

继父母子女关系是指配偶一方，与配偶和其前配偶生育的子女所形成的法律上的权利义务关系。

2．类型

根据继子女与继父母之间是否形成了抚养关系，其可分为以下两类：

一是由共同生活的法律事实形成的拟制血亲的继父母子女关系。

二是直系姻亲的继父母子女关系，这仅是一种伦理意义上的父母子女关系。

3．不同类型关系的法律后果

（1）拟制直系血亲的继父母子女关系。这种关系除了父母的再婚行为外，还须有共同生活的条件，其产生的法律后果与血亲关系的父母子女间的权利义务关系相同。

如《继承法》第10条规定，有抚养关系的继父母子女间有继承权，且继子女对继父母有赡养义务。

但生父与继母或继父与生母离婚时，对受其抚养的继子女，继父或继母不同意继续抚养的，则继父、继母与继子女间的拟制血亲关系解除，仍由生父母抚养。但是，生父母死亡的，继母或继父仍有义务继续抚养继子女。

（2）仅为直系姻亲的继父母子女间的关系。这种关系没有法定的权利义务关系，随生父、生母与继母、继父间婚姻关系的消灭而消灭。

（三）养父母与子女关系

养父母子女关系是通过收养法律行为在收养人与被收养人之间形成的权利义务关系。

收养是指自然人依照法律规定，领养他人的子女为自己的子女，在本无自然血亲关系的收养人与被收养人间形成拟制血亲的父母子女关系的民事法律行为。

作为一种法律行为，收养作为变更亲属身份时，须合法、自愿、意思表示真实；被收养人为年满10周岁的未成年人的，须经被收养人同意。

1．收养的条件与例外

收养的条件与例外如表47-1所示。

表 47-1　收养的条件与例外

收养的条件	1．没有子女，收养孤残儿童的除外； 注意：孤残儿童，是指孤儿或者残疾儿童，不是要求两者同时具备 2．有抚养教育被收养人的能力； 3．没有患在医学上认为不应当收养子女的疾病； 4.年满30周岁； 注意：没有配偶男性收养女性的，年龄差40周岁。此种要求是为了规避道德风险 5．只能收养一名，收养孤残儿童的除外； 6．被收养人未满14周岁； 7．一方死亡的，另一方决定送养未成年子女，死亡一方父母有优先抚养权

续表

条件的例外	1. 收养三代以内同辈旁系血亲的子女，有两项例外：（2008/3/18） （1）可以14周岁以上；（2）无配偶男性收养女性，不受相差40周岁的限制。 2. 华侨收养三代以内同辈旁系血亲的子女，有三项例外： （1）可以14周岁以上；（2）无配偶男性收养女性，不受相差40周岁的限制；（3）可以有子女。 3. 收养孤残儿童的，有两项例外： （1）可以有子女；（2）不限于收养1名。
特别提醒	被收养人一定是未成年人

[例题] 吴某（女）16岁，父母去世后无其他近亲，吴某的舅舅孙某（50岁，离异，有一个19岁的儿子）提出愿将吴某收养。孙某咨询律师收养是否合法，律师的下列哪一项答复是正确的？①

A. 吴某已满16岁，不能再被收养

B. 孙某与吴某年龄相差未超过40岁，不能收养吴某

C. 孙某已有子女，不能收养吴某

D. 孙某可以收养吴某

2. 送养人的范围

根据收养法规定，送养人须为下列自然人或社会组织：

（1）孤儿的监护人。

（2）社会福利机构。

（3）有特殊困难无力抚养子女的生父母。子女送养作为夫妻关系中的重大事项，必须由夫妻双方共同协商决定。但生父母一方下落不明或查找不到的，可以单方送养。

（4）特定情形下未成年人的监护人。在未成年人的父母均不具备完全民事行为能力又对该未成年人有严重危害可能时，未成年人的监护人可以将其送养。

3. 收养的程序

《收养法》第15条　收养应当向县级以上人民政府民政部门登记。收养关系自登记之日起成立。

收养查找不到生父母的弃婴和儿童的，办理登记的民政部门应当在登记前予以公告。

收养关系当事人愿意订立收养协议的，可以订立收养协议。

收养关系当事人各方或者一方要求办理收养公证的，应当办理收养公证。

4. 收养的效力

（1）拟制效力。建立全新的亲属关系。收养的拟制效力，即形成收养拟制血亲的父母子女关系，效力与自然血亲的父母子女关系相同。

（2）解消效力。消除原来的亲属关系。收养的解消效力是指收养使被收养人与生父母间

---

① 【答案】D。吴某是孤儿，且是三代以内的旁系血亲的子女，故可以收养。

的权利义务关系依法终止消除的效力。但是，由于血缘关系无法消除，婚姻法关于禁止结婚的条件——直系血亲和三代以内旁系血亲——的规定仍然适用于养子女与生父母以及生父母的近亲属之间的结婚行为。

5．收养关系的解除

（1）收养关系解除条件。养父母与成年养子女关系恶化，无法共同生活的；收养人不履行抚养义务，有虐待、遗弃等侵害未成年养子女合法权益的行为；送养人行使对养父母子女关系解除权的；因养子女成年后，虐待、遗弃养父母的。

养子女年满10周岁的，收养应征得本人同意。被收养人仍未成年的，收养人不得解除收养关系；但收养、送养双方协议解除的除外。

（2）解除的程序和方式。若能达成解除协议，然后办理解除收养登记即可。

若不能达成解除协议，通过诉讼解决。

（3）解除的效力。收养关系解除后，发生如下效力：

① 养子女与养父母及其他近亲属间的权利义务关系即行解除，与生父母及其他近亲属的权利义务关系自行恢复；但成年养子女与生父母及其他近亲属间的权利义务关系是否恢复，可以协商确定。

② 经养父母抚养的成年养子女，对缺乏劳动能力又缺乏生活来源的养父母，应当给付生活费。

③ 因养子女成年后虐待、遗弃养父母而解除收养关系的，养父母可以要求养子女补偿收养期间支出的生活费和教育费。

④ 生父母要求解除收养关系的，养父母可以要求生父母适当补偿收养期间支出的生活费和教育费，但因养父母虐待、遗弃养子女而解除收养关系的除外。对于养父母要求解除收养关系的，一般不予补偿其支出的生活费与教育费。

四、家庭成员之间的扶养关系

（一）扶养的概念

扶养的概念有广义和狭义之分。

广义的扶养，是指一定范围的亲属间相互供养和扶助的法定权利和义务关系，它没有辈分的区别，是赡养、扶养、抚养的统称，包括长辈亲属对晚辈亲属的抚养、晚辈亲属对长辈亲属的赡养和平辈亲属间的扶养。

狭义的扶养，仅指平辈亲属之间相互供养和扶助的法定权利和义务关系。

我国现行婚姻法根据扶养权利人和义务人之间辈分的不同，将扶养分为赡养、扶养、抚养，对于夫妻之间和兄弟姐妹之间经济上的供养义务使用"扶养"一词，即采用狭义的扶养概念。但目前世界上多数国家是在广义上使用扶养这个概念的。

（二）我国现行的扶养制度

1．夫妻之间的扶养

《婚姻法》第 20 条规定，夫妻有互相扶养的义务。一方不履行扶养义务时，需要扶养的一方，有要求对方付给扶养费的权利。对夫妻之间的扶养，应把握四点：

（1）夫妻间的扶养权利义务以经济上相互供养、生活上相互扶助为内容，就其性质来看，夫妻之间的扶养属于生活保障义务的范畴，是婚姻或家庭共同体得以存续的基本保障。

（2）夫妻间的扶养既是双方的权利，也是双方的义务，因而不履行义务的行为，必然是一种侵权行为。

（3）夫妻间的扶养作为法定义务，具有强制性。

（4）夫妻间的扶养从婚姻成立时开始产生，至婚姻终止时消灭。

2．父母子女间的扶养

对此问题，已在父母与子女关系中进行了讲述，在此不赘。

3．祖孙间的扶养

我国婚姻法规定，有负担能力的祖父母、外祖父母，对于父母已经死亡或父母无力抚养的未成年的孙子女、外孙子女，有抚养的义务。有负担能力的孙子女、外孙子女，对于子女已经死亡或子女无力赡养的祖父母、外祖父母，有赡养的义务。

上述规定，不仅适用于自然血亲的祖父母、外祖父母与孙子女、外孙子女，也适用于养祖父母、养外祖父母与养孙子女、养外孙子女，以及有抚养关系的继祖父母、继外祖父母与继孙子女、继外孙子女。

需要注意的是，祖孙间的扶养是有条件的。

（1）祖父母、外祖父母对孙子女、外孙子女承担抚养义务的条件

① 孙子女、外孙子女必须为未成年人；

② 孙子女、外孙子女的父母已经死亡或父母无力抚养；

③ 祖父母、外祖父母有负担能力。

以上三个条件同时具备，才产生祖父母、外祖父母对孙子女、外孙子女承担抚养义务。

（2）孙子女、外孙子女对祖父母、外祖父母承担赡养义务的条件

① 孙子女、外孙子女为有负担能力的成年人；

② 祖父母、外祖父母的子女已经死亡或子女无力赡养；

③ 祖父母、外祖父母必须是需要赡养的人。

以上三个条件同时具备，才产生孙子女、外孙子女对祖父母、外祖父母的赡养义务。

4．兄弟姐妹之间的扶养

婚姻法规定，有负担能力的兄、姐，对于父母已经死亡或父母无力抚养的未成年的弟、妹，有扶养义务。由兄、姐扶养长大的有负担能力的弟、妹，对于缺乏劳动能力又缺乏生活来源的兄、姐，有扶养义务。

上述规定，不仅适用于同父同母的兄弟姐妹，也适用于同父异母或同母异父的兄弟姐妹、养兄弟姐妹、有扶养关系的继兄弟姐妹。

兄弟姐妹之间的扶养也是有条件的。

（1）兄、姐对弟、妹负担扶养义务的条件

① 兄、姐有负担能力；

② 弟、妹的父母已经死亡或父母无力抚养；

③ 弟、妹必须是未成年人。

以上三个条件同时具备，才能产生兄、姐对弟、妹的扶养义务。

（2）弟、妹对兄、姐负担扶养义务的条件

① 兄、姐必须是缺乏劳动能力又缺乏生活来源的人；

② 弟、妹是由兄、姐扶养长大的；

③ 弟、妹有负担能力。

以上三个条件同时具备，才能产生弟、妹对兄、姐的扶养义务。

48 | 第四十八讲 离婚

 阅读提示

　　本讲讲述的主要内容是，离婚的类型、离婚的法律效果和离婚时的救济，其中，类型中的诉讼离婚、法律效果中的债务清偿与离婚救济中的损害赔偿请求权是最常见的考点。

一、离婚概念和特征

（一）概念

离婚，又称婚姻的解除，是指夫妻一方或者双方依照法律规定解除婚姻关系的法律行为。

（二）特征

离婚具有下列法律特征：

（1）离婚主体具有特定性，不可代理；

（2）离婚双方法律地位平等；

（3）离婚必须以有效婚姻关系的存在为前提；

（4）离婚必须在夫妻双方生存期间进行；

（5）离婚条件、程序具有法定性。

（三）离婚与宣告婚姻无效、撤销婚姻的区别（表48-1）

表48-1　离婚与宣告婚姻无效、撤销婚姻的区别

标　准	离　婚	婚　姻　无　效	婚　姻　撤　销
目的	结束合法婚姻	否认婚姻效力	否认婚姻效力
原因	原因法定，但一般发生在结婚之后	原因法定，结婚时就已经存在	原因法定，结婚时就已经存在
请求人	婚姻当事人本人	当事人或利害关系人	受胁迫的当事人
请求的时间限制	婚姻关系存续期间均可，无时间限制	无时间限制	受1年除斥期间的限制

续表

标　准	离　婚	婚　姻　无　效	婚　姻　撤　销
是否要求当事人存活	发生在配偶生存期间	当事人一方死亡后仍然可以提出	当事人一方死亡后仍然可以提出
溯及力	无溯及力，离婚前婚姻依然有效	有溯及力，婚姻自始不受法律保护	有溯及力，婚姻自始不受法律保护

二、离婚的类型

根据离婚原因分为协议离婚（登记离婚）和诉讼离婚（裁判离婚）。

（一）协议离婚

《婚姻法》第31条　男女双方自愿离婚的，准予离婚。双方必须到婚姻登记机关申请离婚。婚姻登记机关查明双方确实是自愿并对子女和财产问题已有适当处理时，发给离婚证。

1．概念

协议离婚，也称为登记离婚，是指夫妻双方自愿离婚，并就离婚的法律后果达成协议，经婚姻登记机关认可后即可解除婚姻关系的离婚方式。因登记离婚是依行政程序终止婚姻关系，故登记离婚又称为行政离婚。

2．协议离婚的条件

在我国，协议离婚必须符合下列条件：

（1）双方当事人适格。这里有两层含义：一是当事人双方均为完全民事行为能力人，若一方属于无民事行为能力人或者限制民事行为能力的精神病人，则不能适用行政程序的离婚方式，而只能按诉讼程序处理离婚问题；二是双方当事人必须是在中国内地登记的合法夫妻关系。非婚同居、未经登记的事实婚姻关系或不是在中国内地登记的婚姻关系，都不能以登记离婚的方式解除。

（2）双方当事人必须有真实的离婚合意。协议离婚以当事人自愿离婚为前提，离婚合意应是当事人双方在平等自愿的基础上形成的真实的意思表示。

（3）双方当事人对子女的抚养和财产问题已达成协议。离婚协议中关于财产分割的条款或者当事人因离婚就财产分割达成的协议，对男女双方具有法律约束力。当事人因履行上述财产分割协议发生纠纷提起诉讼的，人民法院应当受理。

> ✦ **特别提醒二**
>
> 　　男女双方协议离婚后一年内就财产分割问题反悔，请求变更或者撤销财产分割协议的，人民法院应当受理，但是，人民法院审理后，未发现订立财产分割协议时存在欺诈、胁迫等情形的，应当依法驳回当事人的诉讼请求。

（4）离婚协议的内容必须合法。离婚协议的本质是指夫妻双方依据法律规定合意解除婚姻关系的法律行为，内容若不合法，则协议无效。

3．不准协议离婚的情形

协议离婚的，男女双方必须到婚姻登记机关提出离婚申请。婚姻登记机关查明双方确实是自愿并对子女和财产问题已有适当处理时，发给离婚证。有下列情形之一的，是为例外，不受理离婚登记申请：

（1）仅一方当事人请求登记离婚的；

（2）双方当事人请求离婚，但对子女抚养、夫妻一方生活困难的经济帮助、财产分割、债务清偿未达成协议的；

（3）双方或一方当事人为限制民事行为能力人或无民事行为能力人的；

（4）双方当事人未办理过结婚登记的。

（二）诉讼离婚

《婚姻法》第 32 条第 1 款、第 2 款　男女一方要求离婚的，可由有关部门进行调解或直接向人民法院提出离婚诉讼。人民法院审理离婚案件，应当进行调解；如感情确已破裂，调解无效，应准予离婚。

1．概念

诉讼离婚，是指夫妻一方向人民法院提起离婚诉请，人民法院依法通过调解或判决而解除婚姻关系的离婚方式。在我国，当事人不能或者不愿采用登记离婚的，都可以采用诉讼离婚。调解是诉讼离婚案件的必要程序。

2．无行为能力人如何离婚

《〈婚姻法〉解释（三）》第 8 条　无民事行为能力人的配偶有虐待、遗弃等严重损害无民事行为能力一方的人身权利或者财产权益行为，其他有监护资格的人可以依照特别程序要求变更监护关系；变更后的监护人代理无民事行为能力一方提起离婚诉讼的，人民法院应予受理。

据此，应当先变更监护，再由监护人提起离婚诉讼。

3．离婚中对两种特殊婚姻状态的保护

（1）军婚（《婚姻法》第 33 条）现役军人的配偶要求离婚，须征得军人的同意，军人有重大过错的除外。

所谓重大过错，是指如果由于军人一方有重婚，有配偶与他人同居，实施家庭暴力或虐待、遗弃家庭成员，有吸毒、赌博等恶习又屡教不改或其他情形的过错，导致夫妻感情破裂而使非军人一方要求离婚，军人一方又不同意的，人民法院应通过军人所在部队团以上政治机关做好军人的思想政治工作，准予离婚。

（2）孕妇（《婚姻法》第 34 条）《婚姻法》第 34 条　女方在怀孕期间、分娩后一年内或中止妊娠后六个月内，男方不得提出离婚。女方提出离婚的，或人民法院认为确有必要受理男方离婚请求的，不在此限。

据此，有两种例外：

① 女方提出离婚的；

② 确有必要受理男方请求的。

何谓"确有必要"？

根据司法解释和审判实践，主要指下述两种情况：

其一，在此期间双方确实存在不能继续共同生活的重大而急迫的事由，已对他方有危及生命、人身安全的可能；

其二，女方怀孕或分娩的婴儿是其与他人通奸所致。

4．诉讼离婚的法定条件

根据《婚姻法》第32条第3、4款的规定，以下情形可通过诉讼离婚：

（1）重婚或有配偶者与他人同居的；

"有配偶者与他人同居"，是指有配偶者与婚外异性，不以夫妻名义，持续、稳定地共同居住。

（2）实施家庭暴力或虐待、遗弃家庭成员的；

"家庭暴力"，是指行为人以殴打、捆绑、残害、强行限制人身自由或者其他手段，给其家庭成员的身体、精神等方面造成一定伤害的行为。持续性、经常性的家庭暴力，构成虐待。

（3）有赌博、吸毒等恶习屡教不改的；

（4）因感情不和分居满2年的；

（5）一方被宣告失踪，另一方提出离婚诉讼的。

除上述5种情形之外，还存在其他导致夫妻感情破裂的情形。根据相关司法解释，下列情形可以认定为其他感情破裂：

（1）一方患有法定禁止结婚疾病的或一方有生理缺陷或其他原因不能发生性行为，且难以治愈的；

（2）婚前缺乏了解，草率结婚，婚后未建立夫妻感情，难以共同生活的；

（3）婚前隐瞒了精神病，婚后久治不愈，或者婚前知道对方患有精神病而与其结婚，或一方在夫妻共同生活期间患有精神病，久治不愈的；

（4）双方办理结婚登记后，未同居生活，无和好可能的；

（5）一方被依法判处长期徒刑，或其违法、犯罪行为严重伤害夫妻感情；

（6）夫妻双方因是否生育发生纠纷，致使感情破裂的。

三、离婚的效果

离婚的法律后果，是指离婚在当事人的人身关系、财产关系和父母子女关系方面所引发的一系列变化。主要体现在人身关系与财产关系两个方面的变化。

（一）离婚在原夫妻间人身关系方面的后果

婚姻关系的终结导致配偶身份的丧失，忠实义务的终止，双方均有再婚的自由。

（二）离婚在父母子女关系方面的后果

离婚对于父母对子女的抚养关系、成年子女对于失去生活能力的父母的赡养关系原则上不因离婚而发生变化。

《婚姻法》规定，父母与子女间的关系，不因父母离婚而消除。离婚后，子女无论由父或母直接抚养，仍是父母双方的子女。离婚后，父母对子女仍有抚养教育的权利和义务。

离婚后，不直接抚养子女的父或母，均有探望子女的权利，另一方有协助的义务。关于探望权，需要掌握如下要点：

1．探望权，是权利，不是义务

权利主体是离婚后，未与孩子共同生活的父亲或母亲。

探望权是指离婚后未直接抚养子女的配偶一方依法享有的在一定时间，以一定方式探视、看望子女的权利。探望权是法定权利，任何人都不得非法干预。

2．行使探望权利的方式、时间

行使探望权利的方式、时间由当事人协议；协议不成时，由人民法院判决。

3．探望权的执行

一方探望，与子女共同生活的一方有协助的义务。人民法院可对拒不履行协助另一方行使探望权的有关个人和单位采取拘留、罚款等强制措施，但不能对子女的人身、探望行为强制执行。

4．探望的中止与恢复

（1）中止的事由：不利于子女身心健康。

① 探望权人成为限制行为能力人或无行为能力人的，因为探望权的行使主体客观上要求是具有完全行为能力的成年人，否则极有可能损害未成年子女的身心健康。

② 探望权人患有医学上认为不宜与他人接触或有传染可能的疾病。

③ 探望权人对子女有违法行为的，包括民事侵权和犯罪或者教唆挑拨子女与直接抚养人的关系而影响子女身心健康和直接抚养人的抚养权的。

（2）中止的程序：先由当事人申请，然后由人民法院依法中止探望的权利。

（3）恢复：中止的事由消失后，应当恢复探望的权利。

（三）离婚在当事人财产关系方面的后果

离婚导致夫妻之间扶养义务的终止、夫妻相互间继承权的丧失以及引起夫妻共同财产的分割、夫妻共同债务的清偿。

1．夫妻共同财产的分割

离婚时，夫妻的共同财产由双方协议处理；协议不成时，由人民法院根据财产的具体情况，依据照顾子女和女方权益的原则做出判决。

（1）投资性财产的分割。《婚姻法解释（二）》就投资性财产的分割、有限责任公司出资额的分割、合伙企业出资额的分割以及独资企业财产的分割等做出了具体规定：

① 共同财产以一方名义作为有限公司的出资额：（《婚姻法解释（二）》第16条）

双方协商向配偶转让出资，过半数股东同意，同时其他股东明确表示放弃优先购买权的，配偶可成为股东；

双方协商向配偶转让出资，如果过半数股东不同意但愿意以同等价格购买，则分割转让出资所得，过半数不同意转让也不同意购买的，视为同意转让——配偶成为股东。

② 共同财产以一方名义作为合伙企业的出资额：（《婚姻法解释（二）》第17条）

其他合伙人一致同意的，该配偶依法取得合伙人地位；

其他合伙人不同意转让，在同等条件下行使优先受让权的，可以对转让所得的财产进行分割；

其他合伙人不同意转让，也不行使优先受让权，但同意该合伙人退伙或者退还部分财产份额的，可以对退还的财产进行分割；

其他合伙人既不同意转让，也不行使优先受让权，又不同意该合伙人退伙或者退还部分财产份额的，视为全体合伙人同意转让，该配偶依法取得合伙人地位。

③ 夫妻以一方名义投资设立独资企业：（《婚姻法解释（二）》第18条）

一方主张经营该企业的，对资产进行评估后，由取得企业一方给予另一方相应的补偿；

双方均主张经营该企业的，在双方竞价基础上，由取得的一方给予另一方相应的补偿；

双方均不愿意经营该企业的，依据《个人独资企业法》清算，分割企业财产。

（2）离婚时养老保险金和养老保险费的分割。离婚时夫妻一方尚未退休，不符合领取养老保险金条件，另一方请求按照夫妻共同财产分割养老保险金的，人民法院不予支持；婚后以夫妻共同财产缴付养老保险费，离婚时一方主张将养老金账户中婚姻关系存续期间个人实际缴付部分作为夫妻共同财产分割的，人民法院应予支持。

（3）离婚时一方应当少分或不分财产的情况。离婚时，一方隐藏、转移、变卖、毁损夫妻共同财产，或伪造债务企图侵占另一方财产的，分割夫妻共同财产时，对隐藏、转移、变卖、毁损夫妻共同财产或伪造债务的一方，可以少分或不分。

（4）离婚后发现共同财产的再次分割请求权及其时效。离婚后，一方以尚有夫妻共同财产未处理为由向人民法院起诉请求分割的，经审查该财产确属离婚时未涉及的夫妻共同财产，人民法院应当依法予以分割。

离婚后，另一方发现有上述行为的，可以向人民法院提起诉讼，请求再次分割夫妻共同财产。请求再次分割夫妻共同财产的诉讼时效为3年，从当事人发现之次日起计算。

2．夫妻债务的清偿

夫妻共同债务，是指在婚姻关系存续期间，夫妻一方或双方为共同生活或共同生产、经营活动需要所负的债务。

　　如果夫妻之间订立借款协议，以夫妻共同财产出借给一方从事个人经营活动或用于其他个人事务的，应视为双方约定处分夫妻共同财产的行为，离婚时可按照借款协议的约定处理。

　　如果没有订立清偿协议，则对于债务清偿的原则是：

　　共同债务以共同财产清偿；个人债务以个人财产清偿。

　　何谓共同债务和个人债务？如表 48-2 所示：

表 48-2　共同债务和个人债务的区别

债务问题		法律规则
共同债务		为夫妻家庭共同生活需要所负的债
		为履行共同义务所负的债
		治疗疾病所负的债
		家庭在生产经营中所负的债
个人债务		约定由个人承担的债务
		擅自资助与其无扶养关系的亲友所负的债
		未经对方同意独自筹资进行经营其收入未用于共同生活所负的债
		其他个人债务
一方对外举债	婚前形成的债务	个人债务（债权人能够证明所欠之债用于婚后生活的，为共同债务）
	婚姻关系存续期间	1. 另一方共同签字或事后追认的，视为共同债务；2. 夫妻一方借债为满足家庭日常需要的，视为共同债务；3. 夫妻一方借债超出日常生活需要，原则上不是共同债务，但是若债权人能举证证明用于共同生活、从事共同生产经营活动或者是夫妻共同意思的，认定为共同债务

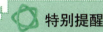

特别提醒

　　夫妻关系存续期间，一方与第三人串通虚构债务，不视为共同债务；夫妻一方从事赌博、吸毒等违法犯罪活动所负的债务，不视为共同债务。

　　[例题] 张某和柳某婚后开了一家美发店，由柳某经营。二人自 2005 年 6 月起分居，张某于 2005 年 12 月向当地法院起诉离婚。审理中查明，柳某曾于 2005 年 9 月向他人借款 2 万元用于美发店的经营。下列哪些选项是正确的？[①]

　　A. 该美发店属于夫妻共同财产

　　B. 该债务是夫妻共同债务，应以共同财产清偿

　　C. 该债务是夫妻共同债务，张某应承担一半的清偿责任

　　D. 该债务系二人分居之后所负，不是用于夫妻共同生活，应由柳某独自承担清偿责任

---

① 【答案】AB。解析：婚后所开美发店属于共同财产，婚姻关系期间所欠债务属于共同债务，应以共同财产清偿，AB 正确，D 错误，共同债务对外应当承担连带责任，C 错误。

四、离婚时的救济

（一）经济补偿请求权

1. 概念

经济补偿请求权，是指在夫妻约定实行分别财产制的情况下，离婚时，因抚育子女、照料老人、协助另一方工作等付出较多义务的一方请求另一方给予经济上补助的权利。

2. 依据及法理基础

我国《婚姻法》第40条规定，夫妻书面约定婚姻关系存续期间所得的财产归各自所有，一方因抚育子女、照料老人、协助另一方工作等付出较多义务的，离婚时有权向另一方请求补偿，另一方应当予以补偿。

此项规定是我国婚姻立法史上首次确立的离婚时经济补偿制度。该制度表明，我国婚姻法直接肯定了家务劳动的经济价值。作为法律上的一种救助手段，给予对家庭承担了较多义务的一方以物质上的补偿。

3. 适用条件

经济补偿请求权的适用条件：

（1）须夫妻书面约定婚姻关系存续期间所得的财产归各自所有；

（2）须一方在共同生活中对家庭承担了更多的义务；

（3）必须于离婚时提出请求。

（二）经济帮助请求权

1. 概念

经济帮助请求权，是指夫妻离婚时，生活确有困难的一方，请求有条件的另一方给予适当帮助的权利。

2. 依据及法理基础

我国《婚姻法》第42条规定，离婚时，如一方生活困难，另一方应从其住房等个人财产中给予适当帮助。具体办法由双方协议；协议不成时，由人民法院判决。

该规定确立了离婚时的经济帮助制度，经济帮助不是夫妻扶养义务的延续，而是法律上的一种救助手段。确立该制度的意义在于对生活困难的一方给予经济上的帮助，目的是消除生活困难一方在离婚问题上的经济顾虑，使他们充分行使离婚自由的权利。

3. 适用的条件

离婚时要求经济帮助必须具备下列条件：

（1）要求帮助的一方确实有生活困难。一方生活困难，是指依靠个人财产和离婚时分得的财产无法维持当地基本生活水平。一方离婚后没有住处的，属于生活困难。

（2）要求帮助一方的生活困难存在于离婚时。

（3）另一方有经济负担能力。

（三）无过错方的损害赔偿请求权

1．概念

离婚损害赔偿请求权，是指因夫妻一方的法定过错行为导致离婚的，无过错方必须向有过错方请求赔偿的权利。

2．赔偿范围

该损害赔偿包括物质损害赔偿和精神损害赔偿。

物质损害赔偿是为补偿无过错方当事人所遭受的财产损失；精神损害赔偿具有抚慰离婚中无过错当事人一方精神痛苦的功能，并最终实现保护合法婚姻关系、保障无过错方配偶的合法权益。

3．适用条件

（1）须当事人双方具有法律认可的夫妻身份。

（2）须夫妻一方实施了法定的过错行为。

法定的过错行为包括：①重婚的；②有配偶者与他人同居的；③实施家庭暴力的；④虐待、遗弃家庭成员的。我国《婚姻法》规定，有上述情形之一导致离婚的，无过错方有权请求损害赔偿。

> **特别提醒**
>
> 离婚中的法定过错，不能任意扩张。同时，重婚的、有配偶与他人同居的、实施家庭暴力的、虐待遗弃家庭成员的，既是离婚中应当向另一方赔偿的法定过错，也是法定诉讼离婚的理由。

（3）须因一方的法定过错行为而离婚。人民法院判决不准离婚的案件，对于当事人基于婚姻法规定提出的损害赔偿请求，不予支持。在婚姻关系存续期间，当事人不起诉离婚而单独依据该条规定提起损害赔偿请求的，人民法院不予受理。简言之，不离婚，无赔偿。

（4）须无过错方因离婚而受到损害。

（5）须请求权人无过错。

4．对离婚损害赔偿请求权的限制

（1）人民法院判决不准离婚的案件，对于当事人提出的损害赔偿请求不予支持。

（2）在婚姻关系存续期间，当事人不起诉离婚而单独依据该条规定提起损害赔偿请求的，人民法院不予受理。

（3）无过错方作为原告，向人民法院提起损害赔偿请求的，必须在离婚诉讼的同时提出。

（4）无过错方作为被告的离婚诉讼案件，被告不同意离婚也不提起损害赔偿请求的，可以在离婚后 1 年内就此单独提起诉讼。

（5）无过错方作为被告的离婚诉讼案件，一审时被告未提出损害赔偿请求，二审期间提出的，人民法院应当进行调解，调解不成的，告知当事人在离婚后 1 年内另行起诉。

（6）登记离婚后，当事人向人民法院提起损害赔偿请求的，人民法院应当受理。但当事人在协议离婚时已经明确表示放弃该项请求，或者在办理离婚登记手续一年后提出的，不予支持。

（7）夫妻双方均有《婚姻法》第 46 条规定的过错情形，一方或者双方向对方提出离婚损害赔偿请求的，人民法院不予支持。

［例题］2003 年 5 月王某（男）与赵某结婚，双方书面约定婚后各自收入归个人所有。2005 年 10 月王某用自己的收入购置了一套房屋。2005 年 11 月赵某下岗，负责照料女儿及王某的生活。2008 年 8 月王某提出离婚，赵某得知王某与张某已同居多年。法院应支持赵某的下列哪些主张？①

A．赵某因抚育女儿、照顾王某生活履行较多义务，王某应予以补偿

B．离婚后赵某没有住房，应根据公平原则判决王某购买的住房属于夫妻共同财产

C．王某与张某同居导致离婚，应对赵某进行赔偿

D．张某与王某同居破坏其家庭，应向赵某赔礼道歉

---

① 【答案】AC。解析：约定财产分别所有，赵某为家庭付出较多，故可以请求补偿，婚后购买住房属于个人，王某与张某同居属于法定过错，应当对赵某赔偿，张某是否有过错无法判断，不存在民法上的责任。

PART V

第五部分

继承法

49 | 第四十九讲
继承与继承权概述

阅读提示

　　本讲讲述继承和继承权的基本内容。继承权的取得、行使、放弃与丧失是较为重要的内容。其中，放弃权利的方式的重要性尤为突出。

一、继承

（一）继承的概念

　　继承是指将自然人于死亡时遗留的个人合法财产依法转移给他人所有的法律制度。

　　我国继承法将继承分为法定继承和遗嘱继承。法定继承是指继承人直接依照法律的规定继承被继承人的遗产，遗嘱继承是指继承人依照被继承人的遗嘱继承被继承人的遗产。

（二）继承的特征

　　（1）继承因自然人死亡而发生；

　　（2）继承的主体是与被继承人生前有特定身份关系的自然人；

　　（3）继承的客体是被继承人死亡时遗留的个人合法财产；

　　（4）继承产生财产权利变动的后果。

二、继承权

（一）继承权的概念与特征

1. 概念

继承权是指自然人根据法律的规定或者有效遗嘱的指定取得被继承人遗产的权利。

2. 特征

　　（1）继承权是自然人基于一定身份关系享有的权利，其主体限于与被继承人生前存在婚姻和血缘关系的自然人；

（2）继承权的产生是基于法律的规定或有效遗嘱的指定；

（3）继承权的标的是遗产；

（4）继承权是于被继承人死亡时才可行使的权利；

（5）继承权具有不可转让性。

继承权在本质上是一项财产权，由于其具有一定的身份色彩，继承人虽然可以放弃继承权，但不能将继承权转让给他人。

（二）继承权的取得

我国继承有法定继承与遗嘱继承两种方式。

在法定继承中，继承权的发生仅需要一个法律事实，即被继承人死亡。

在遗嘱继承中，继承权的发生则需要两个法律事实：一是被继承人立有有效的遗嘱，二是立遗嘱人死亡。

1．法定继承权的取得

自然人可以基于以下三种原因而取得继承权：

（1）因婚姻关系而取得继承权，婚姻法、继承法均明确规定，配偶之间有互相继承遗产的权利，并且是第一顺序继承人。

（2）因血缘关系而取得，父母子女、兄弟姐妹间相互享有继承权正是基于血缘关系产生的。

（3）因抚养、赡养关系而取得。有抚养关系的继父母与继子女间以及有抚养关系的继兄弟姐妹之间有继承权；丧偶儿媳对公婆，丧偶女婿对岳父母，尽了主要赡养义务的，作为第一顺序继承人。这是权利义务相一致原则的体现。

2．遗嘱继承权的取得

自然人取得遗嘱继承权必须依据被继承人生前立下的合法有效的遗嘱。被继承人只能在法定继承人的范围内选定遗嘱继承人或者对法定继承人的继承份额做出规定，而不能任意选定遗嘱继承人。

（三）继承权的行使与放弃

1．资格获得

继承开始后，继承人只是取得了继承的资格。

2．继承权的行使

如果继承人欲参与遗产的继承，还须做出接受继承的意思表示。继承人接受继承的意思表示，可以是明示的，也可以是默示的。

《继承法》[①] 第25条规定，继承开始后，继承人放弃继承的，应当在遗产处理前，做出放弃继承的表示。没有表示的，视为接受继承。

继承开始后至遗产分割前，继承人可以行使继承权，包括对遗产进行管理、清偿债务、

---

① 全称为《中华人民共和国继承法》，由第六届全国人民代表大会第三次会议通过，自1985年10月1日起施行。

收取债权、执行遗赠以及请求分割遗产，没有完全行为能力的继承人，由他的法定代理人代为行使，或者征得法定代理人同意后行使。

3. 继承权的放弃

（1）放弃的概念：继承权的放弃，是指继承人做出的放弃继承被继承人遗产的意思表示。

（2）放弃的方式：继承权放弃必须以明示方式做出。《继承法意见》第 49 条规定："继承人放弃继承的意思表示，应当在继承开始后、遗产分割前做出。遗产分割后表示放弃的不再是继承权，而是所有权。"

（3）放弃的限制：放弃继承权的意思表示必须由本人做出，当继承人为无行为能力人或者限制行为能力人时，其法定监护人（或法定代理人）不能代替他们做出放弃继承的意思表示。

继承权的放弃不是绝对的。《继承法意见》[①] 第 46 条规定，继承人因放弃继承权，致其不能履行法定义务的，放弃继承权的行为无效。

（4）放弃的溯及力：放弃继承的效力，追溯到继承开始的时间。

（四）继承权的丧失

1. 继承权丧失的概念

继承权的丧失，又称继承权的剥夺，是指在发生法定事由时，依法取消继承人继承被继承人遗产的资格。

2. 具体丧失继承权的情形

《继承法》第 7 条规定，继承人有下列行为之一的丧失继承权：

（1）故意杀害被继承人的。继承人故意杀害被继承人的，不论是既遂还是未遂，均可确认其丧失继承权。

（2）为争夺遗产而杀害其他继承人的。无论是法定继承还是遗嘱继承，此行为均导致继承权的丧失。

（3）遗弃被继承人的，或者虐待被继承人情节严重的。虐待被继承人情节严重的，不论是否追究刑事责任，均可确认其丧失继承权。但是，继承人虐待被继承人情节严重的，或者遗弃被继承人的，如以后确有悔改表现，而且被虐待人、被遗弃人生前又表示宽恕，可不确认其丧失继承权。

（4）伪造、篡改或者销毁遗嘱，情节严重的。依照《继承法意见》规定，继承人伪造、篡改或者销毁遗嘱，侵害了缺乏劳动能力又无生活来源的继承人的利益，并造成其生活困难的，应认定其行为情节严重。

（五）继承权的保护

当继承权受到侵犯时，继承人有权提起诉讼。《继承法》第 8 条规定："继承权纠纷提起诉讼的期限为二年，自继承人知道或者应当知道其权利被侵犯之日起计算。但是，自继承

---

① 全称为《最高人民法院关于贯彻执行＜中华人民共和国继承法＞若干问题的意见》。

开始之日起超过二十年的，不得再提起诉讼。"值得提醒的是，根据《民法总则》规定，普通时效均已改为3年，从加强权利人保护的立法目的出发，因继承权侵犯引发的纠纷，也应当适用3年时效。

三、我国继承法的基本原则

继承法的基本原则是指体现继承法的基本价值，贯穿于各项具体继承法律制度的基本准则，是处理继承关系的重要依据。我国继承法确立了如下基本原则：

1. 保护公民私有财产继承权原则

《继承法》第1条明确规定："根据《中华人民共和国宪法》规定，为保护公民的私有财产的继承权，制定本法。"这一原则在继承法律制度中主要表现在以下方面：

（1）凡是公民死亡时遗留的个人合法财产，都可以作为遗产转移给继承人；

（2）公民的继承权受法律保护，不得非法剥夺继承权；

（3）法律保障公民继承权的行使，当公民的继承权受到他人非法侵害时，有权请求司法机关予以保护。

2. 继承权男女平等原则

《继承法》第9条规定的继承权男女平等"这一原则在继承法律制度中主要表现在以下方面：

（1）继承权的主体不因性别不同而存在差异，女子（包括出嫁女子）享有与男子平等的继承权；在代位继承中，男女有平等的代位继承权。

（2）在确定法定继承人的范围和顺序时，是以亲属关系的亲疏远近为依据，而非以性别为依据。

（3）在具体分割遗产时，同一顺序的继承人的继承份额不因性别不同而存在差异。

3. 养老育幼、互助互济原则

养老育幼、互助互济原则，既是道德规范的要求，也是确保实现家庭职能，发挥家庭成员互济作用的现实需要。该项原则主要体现在以下几个方面：

（1）在法定继承中，同一顺序的继承人继承遗产的份额一般应当均等，但对生活有特殊困难的缺乏劳动能力的继承人，应当予以照顾；

（2）遗嘱应当为缺乏劳动能力又没有生活来源的继承人保留必要的份额；

（3）遗产分割时，应当保留胎儿的继承份额；

（4）丧偶的儿媳对公、婆，丧偶的女婿对岳父、岳母尽了主要赡养义务的，可以作为法定第一顺序继承人。

4. 互谅互让、和睦团结原则

在继承法律关系中，遗产继承主要在亲属之间进行，所以互谅互让、和睦团结是处理亲属之间关系的基本要求。

50 | 第五十讲 法定继承

阅读提示

　　法定继承是历年来命题的重点内容。其中，法定继承人的顺位、法定继承中遗产分配的特别规定和代位继承均是需要细致掌握的考点。

一、法定继承的概念和特征

（一）概念

　　法定继承，是指直接根据法律规定的继承人范围、继承顺序以及遗产分配原则，继承被继承人遗产的法律制度。

（二）特征

　　（1）法定继承的内容来自法律的规定。在法定继承中，继承人的范围、继承的顺序和遗产分配的原则等内容都由法律直接规定。这些规定属于强制性的法律规范，除法律另有规定外，任何人都无权改变。

　　（2）法定继承以继承人和被继承人之间存在一定的身份关系为前提。

　　（3）法定继承是对遗嘱继承的补充。在效力上，遗嘱继承优于法定继承。继承开始后，有遗嘱的，应先适用遗嘱继承。不能适用遗嘱继承的遗产，才能适用法定继承。

　　（4）法定继承是对遗嘱继承的限制。尽管遗嘱继承的效力优于法定继承，但是法定继承对遗嘱继承也存在制约作用，如遗嘱继承人只能是法定继承人范围以内的人。

二、法定继承的适用情形

　　我国《继承法》规定，有下列情形之一的，遗产中的有关部分按照法定继承办理：

　　（1）被继承人生前未与他人订立遗赠扶养协议，或虽订立遗赠扶养协议，但只处分了部分遗产，或协议已失去法律效力的。

　　（2）被继承人生前未订立遗嘱、遗赠扶养协议，或虽订立遗嘱、遗赠扶养协议，但只处分了部分遗产，或所立遗嘱、遗赠扶养协议无效或部分无效的。

（3）遗嘱继承人或受遗赠人先于被继承人死亡的。

（4）遗嘱继承人放弃遗嘱继承或受遗赠人放弃受领遗赠的。

> **特别提醒**
>
> 法定继承在继承开始后表示沉默的视为接受。受遗赠人在继承开始后表示沉默的视为拒绝。

（5）遗嘱继承人丧失继承权或受遗赠人丧失遗赠受领权的。

三、法定继承人的范围与继承顺序

（一）法定继承的顺序

第一顺序：配偶、子女、父母

第二顺序：兄弟姐妹、祖父母、外祖父母

> **特别提醒一**
>
> 继承开始后，由第一顺序继承人继承，第二顺序继承人不能继承；没有第一顺序继承人的，才能由第二顺序继承人继承。

> **特别提醒二**
>
> 当夫妻一方死亡后，对于夫妻共同财产，应当首先拿出一半归配偶，另一半方可作为遗产继承。

（二）法定继承中需要注意的问题

（1）子女、父母、兄弟姐妹均包括"亲""养""有扶养关系的继承"三种情况。

（2）丧偶女婿、丧偶儿媳对被继承人尽了主要赡养义务的，为第一顺序继承人。

（3）继承人以外的靠被继承人抚养缺乏劳动能力又没有生活来源的人，或者继承人以外对被继承人抚养较多的人，分得适当财产。

（4）长期与被继承人共同居住的，可以多分。

（5）对死者尽抚养或者赡养义务较多的继承人，可以多分。

（6）没有劳动能力，又没有生活来源的继承人，应当多分。这是唯一的应当多分。

（7）有扶养能力不尽扶养义务，应当不分或者少分。这是唯一的应当不分或少分。

（8）胎儿问题：依据《民法总则》关于胎儿权利能力的规定，胎儿直接享有继承权，若娩出为死体，视为权利能力不存在，则其应得财产由其他法定继承人分割。

（9）遗嘱继承中特别法定继承人的特留份制度。

订立遗嘱，目的就是在法定继承人之中将遗产进行不平等分配（俗称偏心眼），但是如果有的法定继承人缺乏劳动能力又没有生活来源，则必须为其留下应当继承的份额，这是法律对于遗嘱自由的限制，通过这种特留份的规定，保护能力欠缺的法定继承人的利益。

［例题］钱某与胡某婚后生有子女甲和乙，后钱某与胡某离婚，甲、乙归胡某抚养。胡某与吴某结婚，当时甲已参加工作而乙尚未成年，乙跟随胡某与吴某居住，后胡某与吴某生下一女丙，吴某与前妻生有一子丁。钱某和吴某先后去世，下列哪些说法是正确的？[①]

A．胡某、甲、乙可以继承钱某的遗产

B．甲和乙可以继承吴某的遗产

C．胡某和丙可以继承吴某的遗产

D．乙和丁可以继承吴某的遗产

四、代位继承与转继承

（一）代位继承

1．代位继承的概念

代位继承，是指在法定继承中，被继承人的子女先于被继承人死亡，应由被继承人子女继承的遗产份额，由被继承人子女的晚辈直系血亲继承的法律制度。

2．代位继承的条件

（1）须被代位继承人先于被继承人死亡。

（2）须被代位继承人为被继承人的子女。

（3）须被代位继承人未丧失继承权。《继承法意见》第28条规定，继承人丧失继承权的，其晚辈直系血亲不得代位继承。如该代位继承人缺乏劳动能力又没有生活来源，或对被继承人尽赡养义务较多的，可适当分给遗产。

（4）须代位继承人是被继承人子女的晚辈直系血亲。晚辈直系血亲既包括自然血亲，也包括拟制血亲。晚辈直系血亲的范围不受辈数的限制。

《继承法意见》第25条　被继承人的孙子女、外孙子女、曾孙子女、外曾孙子女都可以代位继承，代位继承人不受辈数的限制。

《继承法意见》第26条　被继承人的养子女、已形成扶养关系的继子女的生子女可代

---

① 【答案】CD。解析：此题中，最值得注意的是，乙与吴某形成了抚养关系，而甲没有，故乙可以而甲不可以继承吴某的遗产；胡某已经和钱某离婚，不得再继承钱某的遗产。

位继承；被继承人亲生子女的养子女可代位继承；被继承人养子女的养子女可代位继承；与被继承人已形成扶养关系的继子女的养子女也可以代位继承。

> ## 特别提醒
>
> 　　上述可以代位继承的人，都是与被继承人有血亲关系的，要么是法律拟制的，要么是有自然血亲的。因此，如果是被继承人的子女（无论这里的子女是被继承人亲生的、有抚养关系的继子女还是养子女）先于被继承人死亡的，子女的继子女均无权代位继承。这源自我国关于拟制血亲的规范界定。
>
> 　　关于继子女，一旦与继父母形成了抚养关系，根据《婚姻法》第27条第2款的规定，"继父或继母和受其抚养教育的继子女间的权利和义务，适用本法对父母子女关系的有关规定。"在此拟制的血亲只在继父母子女之间发生，没有扩及继父母的其他近亲属。
>
> 　　关于养子女，一旦办理收养手续，根据《收养法》第23条规定，"自收养关系成立之日起，养父母与养子女间的权利义务关系，适用法律关于父母子女关系的规定；养子女与养父母的近亲属间的权利义务关系，适用法律关于子女与父母的近亲属关系的规定。养子女与生父母及其他近亲属间的权利义务关系，因收养关系的成立而消除。"据此，一旦收养完成，拟制血亲的范围不但在养父母和养子女之间发生，而且，还扩及养父母的其他近亲属。
>
> 　　子女的继子女与子女的父母之间，没有拟制的血亲关系，因此不得代位继承；子女的养子女与子女的父母之间有法律上的拟制血亲关系，因此，可以代位继承。

　　[例题] 王小姐年幼丧母，其父王某又娶妻李某一起生活，李某丧夫，带自己3岁的女儿李晓与王某一起生活。及至王小姐17岁时，其父亲王某去世，三年后王某的父亲老王去世。请问，在老王去世后，谁可以代位继承老王的遗产？①

（二）转继承

　　1. 转继承的概念

　　转继承，是指继承人在被继承人死亡后、遗产分割前死亡，本该由该继承人继承的遗产份额转由其法定继承人继承的法律制度。

　　2. 转继承的条件

　　（1）继承人于被继承人死亡后、遗产分割前死亡。

　　（2）继承人未丧失继承权，也未放弃继承权。

---

① 【答案】只有王小姐可以代位继承，李晓尽管和王某形成了抚养关系。但是，其与老王之间没有法律拟制的血亲关系。

（三）代位继承与转继承的区别

代位继承与转继承的区别如表 50-1 所示。

表 50-1　代位继承与转继承的区别

项　　目	代 位 继 承	转 继 承
本质	继承权的转移	两次继承
发生时间	继承人先于被继承人死亡	继承开始后遗产分割前继承人死亡
适用范围	法定继承	法定继承、遗嘱继承、遗赠
权利主体	继承人的晚辈直系血亲（无辈数限制）	继承人的法定继承人（无限制）

[例题1] 李某死后留下一套房屋和数十万元存款，生前未立遗嘱。李某有三个女儿，并收养了一子。大女儿中年病故，留下一子。养子收入丰厚，却拒绝赡养李某。在两个女儿办理丧事期间，小女儿因交通事故意外身亡，留下一女。下列哪些选项是正确的？[①]

A．二女儿和小女儿之女均是第一顺序继承人

B．大女儿之子对李某遗产的继承属于代位继承

C．小女儿之女属于转继承人

D．分配遗产时，养子应当不分或少分

[例题2] 熊某与杨某结婚后，杨某与前夫所生之子小强一直由二人抚养，熊某死亡，未立遗嘱。熊某去世前杨某孕有一对龙凤胎，于熊某死后生产，产出时男婴为死体，女婴为活体但旋即死亡。关于对熊某遗产的继承，下列哪些选项是正确的？[②]

A．杨某、小强均是第一顺位的法定继承人

B．女婴死亡后，应当发生法定的代位继承

C．为男婴保留的遗产份额由杨某、小强继承

D．为女婴保留的遗产份额由杨某继承

---

① 【答案】BCD。解析：小女儿之女不是第一顺位继承人；大女儿先于李某死亡，故其子为代位继承；小女儿继承发生后，遗产分割前死亡，故其女为转继承；养子有扶养能力却不尽扶养义务应当不分或少分遗产。

② 【答案】AD。解析：熊某与小强形成了抚养关系，故小强与杨某均是第一顺位继承人，A正确；女婴无子女，故不存在代位继承，B错误；依据民法总则关于胎儿权利能力的规定，熊某去世，杨某所怀胎儿均享有继承权，男婴出生即为死体，视为权利能力自始不存在，男婴应继承的遗产由其他继承人分割，其他继承人包括杨某、小强和女婴，故C项错误；女婴死亡后，为其保留的部分以及女婴分得的应由男婴继承的遗产，均由杨某继承，D正确。

51 | 第五十一讲
遗嘱继承

 阅读提示

　　遗嘱继承也是历年来命题的重点内容。其中，遗嘱的形式、遗嘱的效力、遗嘱的变更与撤销是最突出的考点。

一、遗嘱继承概述

（一）概念

遗嘱继承，是指按照被继承人生前所立的合法有效遗嘱继承被继承人遗产的法律制度。

（二）特征

（1）遗嘱继承的发生须以有效遗嘱的存在为前提。

（2）遗嘱继承直接体现着被继承人的意愿，是对被继承人自由处分自己财产的尊重。

（3）遗嘱继承是对法定继承的排斥，遗嘱继承不受法定继承人的继承顺序、份额的约束。

（4）遗嘱继承的效力优于法定继承。

（三）适用条件

（1）没有遗赠扶养协议。《继承法意见》第5条规定："被继承人生前与他人订有遗赠扶养协议，同时又立有遗嘱的，继承开始后，如果遗赠扶养协议与遗嘱没有抵触，遗产分别按协议和遗嘱处理；如果有抵触，按协议处理，与协议抵触的遗嘱全部或部分无效。"可见，遗赠扶养协议的效力优于遗嘱继承。

（2）被继承人生前所立遗嘱合法有效。

（3）须遗嘱指定的继承人享有继承权，即遗嘱指定的继承人未丧失也未放弃继承权。

二、遗嘱

（一）概念

遗嘱是公民生前依法处分自己的财产和安排有关事务，并于死后生效的单方民事法律行为。

（二）特征

（1）遗嘱是单方民事法律行为，只需遗嘱人一方意思表示即可成立。

（2）遗嘱是遗嘱人死后生效的民事法律行为，这是由设立遗嘱的目的决定的。

（3）遗嘱是遗嘱人独立所为的民事法律行为，遗嘱必须由遗嘱人亲自设立，不得代理。

（4）遗嘱是要式法律行为，遗嘱的形式必须符合继承法的规定。

三、遗嘱的形式

继承法规定的遗嘱形式有以下五种：

1. 公证遗嘱

公证遗嘱是指遗嘱人将其所立的自书遗嘱、代书遗嘱送交国家公证机关办理公证的遗嘱。与其他形式遗嘱相比，公证遗嘱的法律效力最高，其他形式的遗嘱不得变更、撤销公证遗嘱。

2. 自书遗嘱

自书遗嘱是指遗嘱人亲笔书写的遗嘱。继承法规定，自书遗嘱必须由遗嘱人亲笔书写，签名并注明年、月、日。

3. 代书遗嘱

代书遗嘱是指遗嘱人委托他人代为书写的遗嘱。继承法规定，代书遗嘱应当有两个以上见证人在场见证，由其中一人代书，注明年、月、日，并由代书人、其他见证人和遗嘱人签名。

4. 录音遗嘱

录音遗嘱是指用录音设备录下遗嘱人的口述遗嘱。继承法规定，以录音形式立的遗嘱，应当有两个以上见证人在场见证。见证人的见证内容应同时录制在录制遗嘱内容的录音或录像磁带上。见证人应当在封存后的录音遗嘱上签名，注明年、月、日。

5. 口头遗嘱

口头遗嘱是指遗嘱人以口头方式设立的遗嘱。设立口头遗嘱须具备两个条件：

（1）遗嘱人处于危急情况下，不能以其他方式设立遗嘱。"危急情况"一般是指遗嘱人生命垂危，突遇自然灾害、意外事故、战争等。

（2）有两个以上见证人在场见证。继承法规定，<u>危急情况解除后，遗嘱人能够用书面或者录音形式立遗嘱的，所立的口头遗嘱无效。</u>

> **特别提醒一**
>
> 　　为保证代书遗嘱、录音遗嘱和口头遗嘱的真实性，继承法要求这三种遗嘱必须有两个以上见证人在场见证，并对见证人的资格作了限制性规定，即下列人员不能作为遗嘱见证人：（1）无行为能力人、限制行为能力人；（2）继承人、受遗赠人；（3）与继承人、受遗赠人有利害关系的人，如债权人、债务人、合伙人以及继承人、受遗赠人的近亲属等。

> **特别提醒二**
>
> 　　当多份遗嘱并存时，执行最新的遗嘱；若有公证遗嘱，公证遗嘱最优先；可以通过新的公证遗嘱来推翻旧的公证遗嘱。

四、遗嘱的效力

（一）遗嘱的有效要件

（1）立遗嘱人必须有遗嘱能力，即<u>立遗嘱时必须具有完全民事行为能力</u>。

（2）遗嘱人在立遗嘱时必须意思表示真实。

（3）遗嘱内容必须合法，即遗嘱内容不得违反法律、社会公德。

（4）遗嘱的形式必须符合继承法的规定。

（二）无效的遗嘱

（1）无行为能力人或者限制行为能力人所立的遗嘱无效。

（2）受胁迫、欺骗所立的遗嘱无效。

（3）伪造的遗嘱无效。

（4）遗嘱被篡改的，篡改的内容无效。

（5）<u>继承人先于被继承人死亡的，所立的遗嘱无效。</u>

（6）处分了属于国家、集体或他人所有的财产的遗嘱无效。

（7）<u>所立的口头遗嘱，危急情况消失后，可以以其他方式订立遗嘱的，口头遗嘱无效。</u>

五、遗嘱的变更和撤销

（一）概念

遗嘱是遗嘱人的单方意思表示，因此，在遗嘱发生效力前，遗嘱人可以变更、撤销自己所立的遗嘱。

遗嘱的变更，是指遗嘱人依法改变原先所立遗嘱的部分内容。

遗嘱的撤销，是指遗嘱人取消原先所立遗嘱的全部内容。

（二）变更与撤销的方式

遗嘱的变更与撤销有两种方式：

1. 明示方式

明示方式，即另立新遗嘱，在新遗嘱中声明变更或者撤销原先所立的遗嘱。

> **🟢 特别提醒**
>
> 需要注意的是，自书、代书、录音、口头遗嘱，不得撤销、变更公证遗嘱。所以，如果被变更或者被撤销的遗嘱是公证遗嘱，那么，新遗嘱必须重新公证，否则不能发生变更、撤销效力。

2. 默示方式

默示方式，即通过行为变更、撤销原遗嘱。

（1）遗嘱人以不同形式立有数份内容相抵触的遗嘱，其中有公证遗嘱的，以最后所立公证遗嘱为准；没有公证遗嘱的，以最后所立的遗嘱为准。

（2）遗嘱人生前的行为与遗嘱的意思表示相反，而使遗嘱处分的财产在继承开始前灭失、部分灭失或所有权转移、部分转移的，遗嘱视为被撤销或部分被撤销。

（3）遗嘱人销毁原来所立遗嘱的，视为撤销遗嘱。

> **🟢 特别提醒**
>
> 这里继承法规定的撤销，实为撤回，因为遗嘱在被继承人死亡之前，并不发生效力。因此，对于故意损毁遗嘱的视为撤销，也应该从立遗嘱人试图改变遗嘱的角度进行理解。如果立下了公证遗嘱，即便对于遗嘱故意损毁，但只要没有另立新的公证遗嘱，也没有对于遗嘱所指向的财产进行法律上或事实的处分的，并不能改变公证遗嘱的内容。

[例题] 老夫妇王冬与张霞有一子王希、一女王楠，王希婚后育有一子王小力。王冬和张霞曾约定，自家的门面房和住房属于王冬所有。2012年8月9日，王冬办理了公证遗嘱，确定门面房由张霞和王希共同继承。2013年7月10日，王冬将门面房卖给他人并办理了过户手续。2013年12月，王冬去世，不久王希也去世。关于住房和出售门面房价款的继承，下列哪一说法是错误的？①

A．张霞有部分继承权

B．王楠有部分继承权

C．王小力有部分继承权

D．王小力对住房有部分继承权、对出售门面房的价款有全部继承权

---

① 【答案】D。解析：住房未立遗嘱，属于法定继承，故张霞、王楠和王希均有部分继承权，王希死后，对其继承的部分，王小力可以继承；门面房虽然办理了公证遗嘱，但是后来王冬出卖门面房的行为视为对遗嘱的撤销，故所得价款也按照法定继承进行，与住房一样，张霞、王楠和王小力均有部分继承权。

52 | 第五十二讲
遗赠予遗赠扶养协议

 阅读提示

　　学习本讲内容，重点在于相似概念的比较。弄清遗嘱与遗赠、遗赠和遗赠扶养协议之间的差异，就抓住了最核心的内容。同时，在遗赠扶养协议中，要注意区分其与附义务赠予的差别。

一、遗赠的概念、特征

（一）概念

　　遗赠是指自然人以遗嘱的方式将其个人财产赠予国家、集体或者法定继承人以外的人，并于其死后生效的民事法律行为。

（二）特征

　　遗赠具备遗嘱所具有的法律特征。除此之外，遗赠还具有以下独有的特征：

　　（1）作为受遗赠人，既可以是自然人，也可以是国家和集体，如果是自然人，该自然人为法定继承人以外的人。

　　（2）遗赠须由受遗赠人亲自接受，并明确表示接受时才发生遗赠的法律效果。

　　（3）受遗赠人无权参与遗产分配，仅能从继承人或遗嘱执行人处取得受遗赠的财产。

特别提醒

　　在《民法》中，赠予是双方法律行为，遗赠是单方行为，是一种特殊的遗嘱，只不过继承人的范围不同而已。将遗赠设定为单方行为，主要是基于公序良俗的考虑。试想被继承人，即将驾鹤西去，欲将财产赠给法定继承人之外的人，显然，是要通过遗赠实现自己最后的意愿。如果受赠人知道后，就向被继承人表示不接受，可能会使被继承人死不瞑目呢！如果遗赠的受赠人不愿意接受，等被继承人死后，保持沉默就可以了。

（三）遗赠予遗嘱继承的区别

遗赠予遗嘱继承的区别如表52-1所示。

表52-1 遗赠与遗嘱继承的区别

项　　目	遗　　嘱	遗　　赠
主体地位	法定继承人，有继承权	非法定继承人，无继承权
主体范围	只能是自然人	自然人、国家或集体组织
标的不同	承受权利和义务	只能遗赠权利
行使方式	放弃需明示，沉默视为接受	接受需明示，沉默视为放弃
可否候补	可指定候补继承人	不可指定候补受赠人

[例题] 甲死后留有房屋一间和存款若干，法定继承人为其子乙。甲生前立有遗嘱，将其存款赠予侄女丙。乙和丙被告知3个月后参与甲的遗产分割。但直到遗产分割时，乙与丙均未做出是否接受遗产的意思表示。下列哪一个说法是正确的？[①]

A．乙、丙视为放弃接受遗产　　　　B．乙视为接受继承，丙视为放弃接受遗赠

C．乙视为放弃继承，丙视为接受遗赠　　D．乙、丙均应视为接受遗产

二、遗赠扶养协议

（一）概念

遗赠扶养协议，是指由遗赠人与扶养人签订的，由扶养人对遗赠人负生养死葬的义务，遗赠人将自己财产的一部分或全部在其死后转移给扶养人所有的协议。

（二）特征

（1）遗赠扶养协议是双方、双务、诺成、有偿、要式民事法律行为。

（2）遗赠扶养协议的扶养人不限于自然人，既可以是自然人，也可以是集体所有制组织。对被继承人有法定扶养、赡养义务的人和国家机关、国有企事业单位不能作扶养人。

哪些人之间会有法定扶养、赡养义务呢？

《婚姻法》第28条　有负担能力的祖父母、外祖父母，对于父母已经死亡或父母无力抚养的未成年的孙子女、外孙子女，有抚养义务。有负担能力的孙子女、外孙子女，对于子女已经死亡或子女无力赡养的祖父母、外祖父母，有赡养的义务。

《婚姻法》第29条　有负担能力的兄、姐，对于父母已经死亡或父母无力抚养的未成年的弟、妹，有扶养的义务。由兄、姐扶养长大的有负担能力的弟、妹，对于缺乏劳动能力又缺乏生活来源的兄、姐，有扶养的义务。

据此，近亲属范围内的人，均有法律上的抚养、扶养或赡养义务。

[例题] 梁某已八十多岁，老伴和子女都已过世，年老体弱，生活拮据，欲立一份遗赠扶养协议，死后将三间房屋送给在生活和经济上照顾自己的人。梁某的外孙子女、侄子、侄

---

① 【答案】B。解析：乙是法定继承人，丙是受遗赠人，均沉默的，乙视为接受，丙视为拒绝。

女及干儿子等都争着要做扶养人。这些人中谁不应作遗赠扶养协议的扶养人？①

3. 遗赠扶养协议是生前生效与死后生效相结合的法律行为。这是因为协议的扶养人在受扶养人生前即须履行扶养义务，而其权利只有在受扶养人死亡时才能实现。

4. 遗赠扶养协议在适用上具有最优先性。

根据《继承法》的规定，遗嘱、遗赠的执行效力优先于法定继承，遗赠扶养协议的执行效力又优先于遗嘱、遗赠。所以，遗赠扶养协议是继承法规定的多种遗产转移方式中最优先适用的方式。反之，在分割遗产后，若要还债，法定继承部分最先还，不够的话，由遗嘱继承部分还债，遗赠扶养协议的受赠人没有还债义务。

（三）遗赠扶养协议与遗赠的区别

遗赠扶养协议与遗赠的区别如表 52-2 所示。

表 52-2　遗赠扶养协议与遗赠的区别

遗　赠	遗赠扶养协议
单方行为	双方行为
本质是遗嘱	本质是合同
单务、无偿	双务、有偿
死后生效	生前生效与死后生效结合

（四）遗赠扶养协议的效力

遗赠扶养协议是双务合同，双方当事人的权利义务具有对应性。其中，扶养人对受扶养人负有生养死葬的义务，受扶养人负有将其财产遗赠给扶养人的义务。

《继承法意见》第 56 条规定，遗赠扶养协议订立后，扶养人或集体组织无正当理由不履行扶养义务致协议解除的，不能享有受遗赠的权利，其支付的供养费用一般不予补偿；遗赠人无正当理由不履行致协议解除的，则应偿还扶养人或集体组织已支付的供养费用。

> **特别提醒**
>
> 要注意遗赠扶养协议与附义务赠予的区别。
>
> 如果在附义务的赠予中，也是附的生养死葬的义务，该如何将其与遗赠扶养协议相区分呢？最明显的标志是，附义务赠予是赠予人在世时就将财产给予受赠人，遗赠扶养协议是在被继承人死后才将财产给予受遗赠人。

[例题] 甲与乙签订一份协议，约定甲将其房屋赠予乙，乙承担甲生养死葬的义务。后乙拒绝扶养甲，并将房屋擅自用作经营活动，甲遂诉至法院要求乙返还房屋。下列哪一选项是正确的？②

A. 该协议是附条件的赠予合同　　　　B. 该协议在甲死亡后发生法律效力

C. 法院应判决乙返还甲房屋　　　　　D. 法院应判决乙取得房屋所有权

---

① 【答案】外孙子女，因为有法定扶养关系。
② 【答案】C. 解析：此题为附义务的赠予，不是遗赠扶养协议，赠予合同成立即生效，若不履行所附义务，则赠予人可撤销赠予。

53 | 第五十三讲
继承开始与遗产分配

阅读提示

　　本讲内容的难点是相互有继承关系的数人在同一事件中死亡时的顺序推定，重点是当多种继承方式并存时获得遗产的顺序先后，以及当按照不同继承方式进行遗产分配后，需要进行债务清偿时，清偿债务的顺序。

一、继承的开始

（一）继承开始的时间

　　继承从被继承人死亡时开始。这里的死亡包括自然死亡和宣告死亡。

　　如果互有继承权的继承人在同一事故中死亡，其死亡时间如何确定问题。

　　《继承法意见》第2条　相互有继承关系的几个人在同一事件中死亡，如不能确定死亡先后时间的，推定没有继承人的人先死亡。死亡人各自都有继承人的，如几个死亡人辈分不同，推定长辈先死亡；几个死亡人辈分相同，推定同时死亡，彼此不发生继承，由他们各自的继承人分别继承。

　　[要点总结] 推定死亡的前提是，<u>相互有继承关系的数人在同一事件中死亡</u>，不能确定时间的先后。推定规则如下：

　　（1）<u>首先，推定没有继承人的人先死</u>；（难点）

　　（2）辈分不同，推定长辈先死亡；

　　（3）几个死亡人辈分相同，推定同时死亡，彼此不发生继承，由他们各自的继承人分别继承。

　　如何理解最先要适用的"推定没有继承人的人先死"呢？既然前提是相互有继承关系的数人同一事件中死亡，又何来没有继承人的人呢？理解这一点，要再次强调<u>规范意识</u>，即要按照设定此规范所要追求的目的来理解，不可望文生义。

　　推定没有继承人的人先死，按照规范的目的，是指在案例中，几个相互有继承关系的人在同一事件中都死了，但是，<u>案例中一定还要至少有一个活着的人</u>，此人没有与那些共同死亡的人一起行动。<u>而这个活着的人，与那些共同死亡人中的有的人有继承关系，与共同死亡</u>

的人中有的人没有继承关系，此种情况下，要推定与这个活着的人没有继承关系的人先死。如果在一个案例中，所有的人都死了，根本没有人活着，就不存在推定没有继承人的人先死的问题。试看如下例题：

[例题1] 王某与李某系夫妻，二人带女儿外出旅游，发生车祸全部遇难，但无法确定死亡的先后时间。下列哪些选项是正确的？①

A. 推定王某和李某先于女儿死亡

B. 推定王某和李某同时死亡

C. 王某和李某互不继承

D. 女儿作为第一顺序继承人继承王某和李某的遗产

[例题2] 王某（男）与李某是夫妻，二人带女儿外出旅游，发生车祸全部遇难，无法确定死亡的先后时间。经查，王某还有一个弟弟在世，另无其他亲属。对此，下列选项正确的是：②

A. 推定王某和李某先于女儿死亡

B. 推定李某和女儿先于王某死亡

C. 推定李某先于女儿死亡，李某的财产由女儿和王某继承

D. 女儿所继承的财产再由王某继承

在例题1中，由于所有人都死了，没有人活着，因此，就不需要推定没有继承人的人先死。在例题2中，同一事件，死了三个，但是还有一个活着的王某的弟弟，根据题目提供的信息，此时没有其他亲属，意味着只有一个王某的弟弟在世，而当没有其他亲属时，王某的弟弟作为唯一的继承人可以继承王某的遗产，共同死亡的三个人中，王某是有继承人的，而李某和女儿，与王某的弟弟均没有继承关系，因此，就需要推定李某和女儿先死。这是推定死亡中，没有继承人的人先死的经典应用。

从法理基础分析，做出这样的设计目的在于让所有人的财产最后都过渡到与那个案例中活着的人有继承关系的人的名下，其最后死亡，可以让活着的那个人将所有的财产都继承过来。进一步说，是为了将个人的财产尽可能保留在个人手中，不被国家拿走，因为一旦死亡后没有继承人的，财产就会收归国有。因此，从根本上说，推定死亡的制度是为了维护私有财产制而设立的。

（二）确定继承开始时间的意义

确定继承开始时间的意义重大，主要表现是：关系到继承人实际取得继承权的时间、确定继承人范围的时间界限、确定被继承人遗产内容的时间界限、继承人选择是否接受继承的时间界限、继承权20年诉讼时效的起算时间，也关系到遗嘱生效的时间界限以及确定遗嘱能否执行的时间界限。

---

① 【答案】ABCD。解析：本题中没有人活着，故不需要推定没有继承人的人先死，原理分析见下述正文。
② 【答案】BCD。解析：本题中，有王某的弟弟活着，且与王某有继承关系，与李某和女儿没有继承关系，故应推定李某与女儿先于王某死亡。

二、遗产

（一）遗产的概念和特征

1．概念

遗产是自然人死亡时遗留的个人合法财产。

根据《继承法》第3条的规定，遗产包括：（1）公民的收入；（2）公民的房屋、储蓄和生活用品；（3）公民的林木、牲畜和家禽；（4）公民的文物、图书资料；（5）法律允许公民所有的生产资料；（6）公民的著作权、专利权中的财产权利；（7）公民的其他合法财产，如有价证券以及以财产为履行标的的债权等。此外，个人承包应得的个人收益也属于遗产。但是，承包经营权原则上不能作为遗产继承，但林地的承包人死亡的，继承人可以在承包期内继续承包。

2．特征

（1）时间上的特定性，遗产是公民死亡时遗留的财产。

（2）内容上的总括性，遗产既包括财产权利，也包括财产义务。

（3）范围上的限定性，遗产是死亡公民的个人财产。

（4）性质上的合法性，遗产是死亡公民遗留的合法财产。

[例题] 张某因交通事故死亡，获得20万元的赔偿金，另外，张某在婚后购买房屋一套，死亡时，留有存款15万元。经查，此部分存款均为婚后的工资所得。问题：哪些是张某的遗产？①

（二）遗产的分割

1．遗产的确定

遗产的确定，是指在分割遗产前，应将遗产与夫妻共同财产、家庭共同财产以及与其他共有财产区分开来。

《继承法》明确规定，夫妻在婚姻关系存续期间所得的共同所有的财产，除有约定外，如果分割遗产，应当先将共同所有的财产的一半分出为配偶所有，其余的为被继承人的遗产。遗产在家庭共有财产或其他共有财产之中的，遗产分割时，应当先分出他人的财产。上述规定被简称为"先析产、后继承"规则。

2．遗产的分割原则

（1）遗嘱继承的遗产分配原则

第一，尊重被继承人意思原则。在有遗嘱的情况下，首先应按照遗嘱的指定分割遗产。第二，保留必留份原则。遗嘱人未保留缺乏劳动能力又没有生活来源的继承人的遗产份额，遗产处理时，应当为该继承人留下必要的遗产，剩余部分，才可参照遗嘱确定的分配原

_____

①【答案】15万元存款与房屋各有一半是张某的遗产。

则处理。

（2）法定继承的遗产分配原则

第一，一般情况下应当均等原则。同一顺序继承人继承遗产的份额，一般应当均等。

第二，特殊情况下可以不均等原则。

在下列情况下，同一顺序继承人的继承份额可以不均等：

① 对生活有特殊困难的缺乏劳动能力的继承人，分配遗产时，应当予以照顾；

② 对被继承人尽了主要扶养义务或者与被继承人共同生活的继承人，分配遗产时可以多分；

③ 有扶养能力和有扶养条件的继承人，不尽扶养义务的，分配遗产时，应当不分或者少分；

④ 继承人协商同意的，也可以不均等。

（3）适当分配原则

《继承法》第14条规定，对继承人以外的依靠被继承人扶养的缺乏劳动能力又没有生活来源的人，或者继承人以外的对被继承人扶养较多的人，可以分给他们适当的遗产。分给他们遗产时，按具体情况可多于或少于继承人。

（4）互谅互让、协商分割原则

《继承法》第15条规定，继承人应当本着互谅互让、和睦团结的精神，协商处理继承问题。遗产分割的时间、办法和份额，由继承人协商确定。协商不成的，可以由人民调解委员会调解或者向人民法院提起诉讼。

（5）物尽其用原则

遗产分割应当从有利于生产和生活需要出发，尽量发挥遗产的效用。

（三）无人继承又无人受遗赠的遗产之处理

无人继承又无人受遗赠的遗产应按以下顺序进行处理：

（1）应酌情分给那些没有继承权，又依靠被继承人扶养，且缺乏劳动能力又没有生活来源的人或者对被继承人扶养较多的人以适当的遗产。

（2）清偿被继承人的债务。

（3）收归国家或集体所有。

一般情况下，无人继承又无人受遗赠的遗产应收归国有；若死者生前是集体所有制组织的成员，则该遗产归集体所有制组织所有。

三、被继承人债务的清偿

（一）被继承人债务的确定

被继承人债务的确定，就是明确属于被继承人个人债务的范围。

被继承人债务，亦称遗产债务，是指被继承人生前所欠的个人债务，包括生前所欠的税款、合同债务、侵权损害赔偿债务、不当得利返还债务等。

> **特别提醒**
>
> 如果以被继承人个人名义所欠的债务用于家庭共同生活，则属于家庭共同债务，其中应由被继承人承担的部分属于被继承人的个人债务。

（二）被继承人债务的清偿原则

关于被继承人债务的清偿，首先要以继承人接受遗产的继承为前提，放弃了继承的，继承人无清偿债务的法律义务。

1. 限定继承原则

《继承法》第33条第1款规定："继承遗产应当清偿被继承人依法应当缴纳的税款和债务，缴纳税款和清偿债务以他的遗产实际价值为限，超过遗产实际价值部分，继承人自愿偿还的不在此限。"

> **特别提醒**
>
> 原则上债务不在继承的范围内，但是继承人获得遗产，应当在遗产的范围内首先满足被继承人债权人的需要。所有遗产若不能满足债权人的需要，继承人没有还债的法律义务。

2. 清偿债务优先于执行遗嘱原则

《继承法》第34条规定，执行遗赠不得妨碍清偿遗赠人依法应当缴纳的税款和债务。

3. 保留必留份原则

《继承法意见》第61条规定，继承人中有缺乏劳动能力又没有生活来源的人，即使遗产不足清偿债务，也应为其保留适当遗产，然后再按继承法有关规定清偿债务。

4. 连带责任原则

继承人共同继承遗产系共同共有，各共同继承人对遗产债务应当承担连带责任。但在共同继承人内部，则应当按照各自继承遗产份额的比例分担遗产债务。

（三）被继承人债务的清偿办法

继承法没有明确规定被继承人债务的清偿办法，司法实践中一般有两种做法，一种是先清偿债务后分割遗产，另一种是先分割遗产后清偿债务。

《继承法意见》第62条规定，清偿规则如下：

（1）遗产已被分割而未清偿债务时，如有法定继承又有遗嘱继承和遗赠的，首先由法定继承人用其所得遗产清偿债务。

（2）法定继承不足以清偿时，剩余的债务由遗嘱继承人和受遗赠人按比例用所得遗产偿还；只有遗嘱继承和遗赠的，由遗嘱继承人和受遗赠人按比例用所得遗产偿还。遗赠扶养协议的受赠人无还债义务。

[例题] 张三 2004 年 5 月 1 日死亡，其遗产已予以分割，其子张东按照遗嘱继承了存款 8 万元，张南按照遗赠分得家庭影院一套（价值 4 万元），张北按照法定继承分得轿车一辆（价值 16 万元），现债权人钱某持借据主张张三生前欠其 6 万元债务。钱某的债权如何清偿？ ①

　A．由张北全部偿还　　　　　　B．张东偿还 4 万元，张南偿还 2 万元

　C．张东偿还 2 万元，张南偿还 4 万元　　D．张东张南张北按比例偿还

---

① 【答案】A。解析：首先由张北法定继承部分偿还，其获得遗产价值 16 万元，足以全部偿债，遗嘱的继承人不需要还债。

PART **VI**

第六部分

知识产权法

54 第五十四讲
知识产权概述

 阅读提示

　　本讲讲述知识产权的概念与特征、商业秘密，以及我国知识产权法与反不正当竞争法之间的关系。其中，知识产权的特征和商业秘密是重要考点。

一、知识产权的概念和特征

（一）概念

　　知识产权是指民事主体对创造性智力成果依法享有的权利的总称。知识产权有广义和狭义之分。

　　狭义的知识产权，即传统意义上的知识产权，包括著作权、专利权、商标权三个组成部分，其中的专利权与商标权合称工业产权。

　　广义的知识产权，除了狭义的界定外，还包括地理标志、商业秘密等。

　　《民法总则》第123条第2款　　知识产权是权利人依法就下列客体享有的专有的权利：（一）作品；（二）发明、实用新型、外观设计；（三）商标；（四）地理标志；（五）商业秘密；（六）集成电路布图设计；（七）植物新品种；（八）法律规定的其他客体。

　　据此，<u>我国立法对于知识产权的界定采取的是广义的概念</u>。

（二）特征

1. 专有性

　　专有性即独占性、排他性。知识产权的专有性表现在：一方面，同一智力成果之上不能有两项以上完全相同的知识产权并存；另一方面，权利主体依法享有独占使用智力成果的权利，没有法律规定或未经权利人许可，任何人不得擅自使用权利人的智力成果。同时，知识产权具有绝对权、对世权和支配权。

2. 地域性

　　知识产权的地域性是指一项知识产权只在其产生的特定国家或地区的领域内有效，不具有域外效力，其他国家没有必须给予保护的义务。权利人要想使自己的知识产权得到他国的法律保护，必须依有关国际条约、双边协议或遵循互惠原则，按照该国知识产权法的规定在该国获得知识产权。而有形财产的保护，原则上没有地域的限制。

3．时间性

时间性意味着依法产生的知识产权一般只在法律规定的期限内有效，超出知识产权的法定保护期后，该知识产权消灭，有关智力成果进入公有领域，人们可以自由使用。须强调的是，不同知识产权的时间性呈现的是不同特色，如商标权的期限届满后可通过续展依法延长保护期；少数知识产权没有时间限制，只要符合有关条件，法律就可长期予以保护，如商业秘密权、地理标志权、商号权等。

4．客体的无形性

知识产权的客体是智力成果，而智力成果是不具有物质形态的，这是知识产权与其他民事权利的重大区别。

二、我国立法对于商业秘密的保护

（一）商业秘密的含义

新修订的《反不正当竞争法》第9条第3款规定，是指不为公众所知悉，具有商业价值并经权利人采取相应保密措施的技术信息和经营信息。

商业秘密即属于广义的知识产权范畴。为法律保护的商业秘密不能与公共利益相冲突。

（二）商业秘密的构成

商业秘密具有秘密性、新颖性、实用性和经济价值性四个构成要件。

秘密性是商业秘密的核心要件，其可以从主观和客观两个方面进行考察。

主观上，商业秘密持有人须订立保密协议，建立保密制度及采取其他合理的保密措施。

客观上，商业秘密不为公众所知，一旦商业秘密泄露，不论其泄露方式是否合法，都不能再受到保护。

（三）侵犯商业秘密的情形

《反不正当竞争法》第9条第1款　经营者不得实施下列侵犯商业秘密的行为：（一）以盗窃、贿赂、欺诈、胁迫或者其他不正当手段获取权利人的商业秘密；（二）披露、使用或者允许他人使用以前项手段获取的权利人的商业秘密；(三)违反约定或者违反权利人有关保守商业秘密的要求，披露、使用或者允许他人使用其所掌握的商业秘密。

《反不正当竞争法》第9条第2款　第三人明知或者应知商业秘密权利人的员工、前员工或者其他单位、个人实施前款所列违法行为，仍获取、披露、使用或者允许他人使用该商业秘密的，视为侵犯商业秘密。

据此，侵犯商业秘密的行为可以概括为四种类型：

（1）采取不正当手段获取商业秘密的行为。条文中列举了盗窃、贿赂、欺诈、胁迫等不正当手段，但不正当手段并不仅限于此。一般认为，一切违反竞争秩序的直接获取商业秘密情报的手段都可以被认定为不正当手段。

（2）对非法获得的商业秘密的泄漏、使用和许可他人使用行为。

（3）恶意披露、转让商业秘密的行为。这一条主要针对的是保密协定的相对方违反约定，将他人的商业秘密泄露、披露以及许可他人使用的行为。

（4）第三人对第三条所述的商业秘密的获取、使用及披露行为。这一类型是沿袭第三种类型而来，将保守商业秘密的义务从保密协定的相对方延及非善意第三人。

（四）救济途径

对于侵犯商业秘密的行为，我国规定了两种救济途径：一是民事救济即损害赔偿，二是行政救济即停止违法行为、罚款。

三、我国知识产权法与反不正当竞争法的关系

知识产权法与反不正当竞争法之间有着密切关系，在推动技术创新和经济发展方面，两者是统一的。在我国，除了上述商业秘密之外，与知识产权相关的不正当竞争行为主要体现在新《反不正当竞争法》第6条的规定中，"经营者不得实施下列混淆行为，引人误认为是他人商品或者与他人存在特定联系：（一）擅自使用与他人有一定影响的商品名称、包装、装潢等相同或者近似的标识；（二）擅自使用他人有一定影响的企业名称（包括简称、字号等），社会组织名称（包括简称等），姓名（包括笔名、艺名、译名等）；（三）擅自使用他人有一定影响的域名主体部分、网站名称、网页等；（四）其他足以引人误认为是他人商品或者与他人存在特定联系的混淆行为。"

但是，知识产权权利人在市场竞争中也有可能滥用其独占权，在这个层面上，又需要反不正当竞争法保证知识产权人正当行使权利，防止滥用知识产权。

55 | 第五十五讲 著作权

一、著作权的概念和特征

著作权，也称版权，是指著作权人对文学、艺术和科学作品依法享有的各项专有权利。著作权除具有知识产权的共同特征外，还具有权利内容的双重性和权利自动产生的特点。

权利内容的双重性是指著作权包括人身权与财产权的双重内容，不过两者的保护期限不同。

权利的自动产生是指著作权基于作品的创作完成这一事实而自动产生，既不需要发表，也无须任何部门审批。

二、著作权的主体

著作权的主体即著作权人，是指依法对文学、艺术和科学作品享有著作权的人，具体类型见表 55-1。

表 55-1　著作权主体的分类

理论分类	取得方式不同	原始	在无基础权利的情形下，创作完成直接取得
		继受	通过受让、继承、受赠或法律规定的其他方式取得权利
	国籍不同		本国主体与外国主体
	权利的完整性		完整主体与部分主体
一般情形	归作者个人		创作作品的自然人 注意：不视为创作的情形 为他人创作进行组织工作；提供咨询意见、物质条件；进行其他辅助工作
	归单位享有		由单位主持，代表单位意志创作，并由单位承担责任的作品

续表

特殊情形	演绎作品	改编、翻译、注释、整理他人作品而创作的作品，归演绎者享有 注意：演绎他人作品不得侵犯原著作权人的利益
	合作作品	共同创作的作者共同享有
	汇编作品	由汇编者享有，汇编他人作品不得侵犯原著作权人的权利
	影视作品	制片者享有 注意：编剧、导演、摄影、作曲者享有署名权和获得报酬权
	职务作品	原则上有创作的个人享有著作权 例外：主要利用单位的物质技术条件创作并由单位承担责任的工程设计图、产品设计图、地图和计算机软件由单位享有
	委托作品	无约定，著作权属于受托人享有
	自传体作品	特定人物自己创作归特定人物享有权利；他人执笔，著作权也属于特定人物，执笔人可获得报酬
	美术摄影作品	作者享有 注意： 原件所有权转移，著作权依然由作者享有，展览权属于所有人

[例题] 甲提供资金，乙组织丙和丁以乡村教师戊为原型创作小说《小河弯弯》。在创作中丙写提纲，丁写初稿，丙修改，戊提供了生活素材，乙提供了一些咨询意见。其中，哪些人可以是作者？[①]

三、著作权的客体

（一）客体的概念及类型

著作权的客体即作品，是指文学、艺术、科学领域内具有独创性并能以某种有形形式复制的智力成果。具体包括：（1）文字作品。（2）口述作品，如演讲、报告、授课、法庭辩论等。（3）音乐作品、戏剧作品、曲艺作品、舞蹈作品、杂技艺术作品。（4）美术作品、建筑作品。（5）摄影作品。（6）电影作品和以类似摄制电影的方法创作的作品。（7）工程设计图、产品设计图、地图、示意图等图形作品和模型作品。（8）计算机软件。（9）法律、行政法规规定的其他作品，如民间文学艺术作品。

（二）不受著作权保护的对象

1. 著作权法不予保护的对象

法律、法规，国家机关的决议、决定、命令和其他具有立法、行政、司法性质的文件及其官方正式译文，时事新闻；历法、通用数表、通用表格和公式。

2. 侵权作品

如果抄袭别人的作品形成的新作品被法院判定为侵权，法院同时判定该新作品不得再出

---

① 【答案】丙和丁。

版发行。

[例题] 我国《著作权法》不适用下列哪些选项？①

A. 法院判决书

B. 《与贸易有关的知识产权协定》的官方中文译文

C. 尚未经我国有关部门审批的但已经完成的影视作品

D. 奥运会开幕式火炬点燃仪式的创意

四、著作权的内容

根据《著作权法》的规定，著作权包括下列人身权和财产权。

（一）人身权

1. 发表权

发表权，即决定作品是否公之于众的权利；

注意：遗作，作者生前未表示不发表，发表权由继承人或受遗赠人享有，没有继承人或受遗赠人的，由原件所有人享有。

2. 署名权

署名权，即在作品上署名以表明作者身份的权利。

3. 修改权

修改权，即修改或者授权他人修改作品的权利。

4. 保护作品完整权

保护作品完整权，即保护作品不受歪曲、篡改的权利。

（二）财产权

1. 复制权

复制权，即以印刷、复印、拓印、录音、录像、翻录、翻拍等方式将作品制作一份或者多份的权利。

2. 发行权

发行权，即以出售或者赠予方式向公众提供作品的原件或者复制件的权利。

3. 出租权

出租权，即有偿许可他人临时使用电影作品和以类似摄制电影的方法创作的作品、计算机软件的权利；计算机软件不是出租的主要标的的除外。

注意：客体的特殊性，不是所有人的作品都有出租权。如甲收购一批旧书后廉价出租给同学，就不侵犯图书作者的出租权。

---

① 【答案】ABD。解析：A 是司法文件，B 是官方译文，两者均不受著作权法的保护。D 创意本身尚不是作品，故不是著作权法保护的对象。影视作品完成即享有著作权，是否经过审批不影响著作权的取得。

4. 展览权

展览权，即公开陈列美术作品、摄影作品的原件或者复制件的权利。

注意：客体的特殊性，只有美术作品、摄影作品作者享有此权利。

5. 表演权

表演权，即公开表演作品，以及用各种手段公开播送作品的表演的权利。

注意：表演权包括现场表演与机械表演权。前者如演唱会现场演唱他人创作的歌曲；后者如酒店、飞机上播放正版录音制品供人欣赏。

6. 放映权

放映权，即通过放映机、幻灯机等技术设备公开再现美术、摄影、电影和以类似摄制电影的方法创作的作品等的权利。

7. 广播权

广播权，即以无线方式公开广播或者传播作品，以有线传播或者转播的方式向公众传播广播的作品，以及通过扩音器或者其他传送符号、声音、图像的类似工具向公众传播广播作品的权利。

8. 信息网络传播权

信息网络传播权，即以有线或者无线方式向公众提供作品，使公众可以在其个人选定的时间和地点获得作品的权利。

9. 摄制权

摄制权，即以摄制电影或者以类似摄制电影的方法将作品固定在载体上的权利。

10. 改编权

改编权，即改变作品，创做出具有独创性的新作品的权利。

11. 翻译权

翻译权，即将作品从一种语言文字转换成另一种语言文字的权利。

12. 汇编权

汇编权，即将作品或者作品的片段通过选择或者编排，汇集成新作品的权利。

（三）权利的保护期限与转让

1. 保护期限

署名权、修改权、保护作品完整权的保护期不受限制。其他权利的保护期，著作权人为自然人的为作者终生及其死亡后 50 年。

2. 转让权

对于财产权，著作权人既可以全部或者部分转让，也可以许可他人行使上述权利并依照约定或者法律规定获得报酬。著作权的转让，专指著作财产权或者经济权利的转让，即著作权人依据合同，将其依法享有的著作财产权的全部或一部分向他人转让的法律制度。通过著作权转让，受让人成为该作品部分或者全部著作财产权的新的权利人。

我国著作权的转让需订立书面合同。权利转让合同包括下列内容：

（1）作品的名称。

（2）转让的权利种类、地域范围。

（3）转让价金。

（4）交付转让价金的日期和方式。

（5）违约责任。

（6）双方认为需要约定的其他内容。

五、邻接权

（一）概念

邻接权又称作品传播者权，是指作品传播者对在传播作品过程中产生的成果依法享有的专有权利。

广义的著作权包括狭义的著作权与邻接权。两者关系极为密切，邻接权以著作权为基础；著作权合理使用的限制同样适用于邻接权。邻接权与著作权的主要区别如表55-2所示。

表 55-2 邻接权与著作权的区别

标　　准	著　作　权	邻　接　权
主体	多为自然人	多为法人或其他组织
客体	作品本身	传播过程中产生的成果
内容	通常均涉及人身权和财产权	除表演者权外，不涉及人身权

（二）主要类型

1. 出版者的权利

出版者包括图书出版社、杂志社、报社、音像出版社等出版单位。出版者享有的权利包括对版式设计的专有权和专有出版权。版式设计是指出版者对其出版的图书、期刊的版面和外观装饰所做出的设计。版式设计是出版者的创造性智力成果，出版者依法享有专有使用权。图书出版者对著作权人交付出版的作品，按照双方订立的出版合同的约定可以享有专有出版权。

2. 表演者的权利

表演者，包括演员、演出单位或者其他表演文学、艺术作品的人。表演者对其表演享有邻接权，表演者的邻接权包括人身权利和财产权利。

人身权利包括两项：一是表明表演者身份，二是保护表演形象不受歪曲。人身权利的保护期不受限制。

财产权利包括四项：一是许可他人从现场直播和公开传送其现场表演并获得报酬；二是

许可他人录音录像并获得报酬；三是许可他人复制、发行录有其表演的录音录像制品并获得报酬；四是许可他人通过信息网络向公众传播其表演并获得报酬。

被许可人以前述规定的方式使用作品，还应当取得著作权人许可并支付报酬。表演者财产权利的保护期为 50 年，截至该表演发生后第 50 年的 12 月 31 日。

 特别提醒

表演权与表演者权的区别

（1）保护的客体不同，表演者权保护的是表演者的表演活动，表演权保护的是作品；

（2）主体不同，表演者的主体是表演者，表演权的主体是作者；

（3）权利内容不同，表演者的权利既包括人身权又包括财产权，表演者权仅仅是财产权。

3．录音录像制作者的权利

录音录像制作者对其制作的录音录像制品，享有许可他人复制、发行、出租、通过信息网络向公众传播并获得报酬的权利。此种权利的保护期为 50 年，截止到该制品首次制作完成后第 50 年的 12 月 31 日。被许可人复制、发行、通过信息网络向公众传播录音录像制品，还应当取得著作权人、表演者许可并支付报酬。

4．广播电台、电视台等播放者的权利

播放者有权禁止未经其许可的下列行为：将其播放的广播、电视转播，将其播放的广播、电视录制在音像载体上以及复制音像载体。此项权利的保护期为 50 年，截止到该广播、电视首次播放后第 50 年的 12 月 31 日。

六、著作权的合理使用和法定许可

（一）著作权的合理使用

1．概念

著作权的合理使用，是指可以不经过作者同意而使用其已经发表的作品，并且不需要向其支付报酬的行为。合理使用的对象是已经发表的作品。合理使用应尊重作者的人身权利，应当指明作者姓名、作品名称，并且不得影响作品的正常利用，也不得不合理地损害著作权人的合法利益。

2．主要方式

（1）为个人学习、研究或者欣赏，使用他人已经发表的作品；

（2）为介绍、评论某一作品或者说明某一问题，在作品中适当引用他人已经发表的作品；

（3）为报道时事新闻，在报纸、期刊、广播电台、电视台等媒体中不可避免地再现或者引用已经发表的作品；

（4）报纸、期刊、广播电台、电视台等媒体刊登或者播放其他报纸、期刊、广播电台、电视台等媒体已经发表的关于政治、经济、宗教问题的时事性文章，但作者声明不许刊登、播放的除外；

（5）报纸、期刊、广播电台、电视台等媒体刊登或者播放在公众集会上发表的讲话，但作者声明不许刊登、播放的除外；

（6）为学校课堂教学或者科学研究，翻译或者少量复制已经发表的作品，供教学或者科研人员使用，但不得出版发行；

（7）国家机关为执行公务在合理范围内使用已经发表的作品；

（8）图书馆、档案馆、纪念馆、博物馆、美术馆等为陈列或者保存版本，复制本馆收藏的作品；

（9）免费表演已经发表的作品，该表演未向公众收取费用，也未向表演者支付报酬；

注意：必须双向免费方可构成合理使用。

（10）对设置或者陈列在室外公共场所的艺术作品进行临摹、绘画、摄影、录像；

（11）将中国公民、法人或者其他组织已经发表的以汉语言文字创作的作品翻译成少数民族语言文字作品在国内出版发行；

注意：将汉文翻译为少数民族的文字是合理使用，反之，将少数民族的文字翻译为汉语则不是合理使用的范围。

（12）将已经发表的作品改成盲文出版。

合理使用也适用于对邻接权人的限制。

[例题] 甲展览馆委托雕塑家叶某创作了一座巨型雕塑，将其放置在公园入口，委托创作合同中未约定版权归属。下列行为中，哪一项不属于侵犯著作权的行为？[①]

A．甲展览馆许可乙博物馆异地重建完全相同的雕塑

B．甲展览馆仿照雕塑制作小型纪念品向游客出售

C．个体户冯某仿照雕塑制作小型纪念品向游客出售

D．游客陈某未经著作权人同意对雕塑拍照纪念

（二）著作权的法定许可

1. 概念

著作权的法定许可是指依照法律的明文规定，不经著作权人同意而有偿使用他人已经发表的作品的行为。

2. 主要方式

（1）为实施九年制义务教育和国家教育规划而编写出版教科书，除作者事先声明不许使

① 【答案】D。解析：ABC 侵犯作者的复制发行权，D 项属于合理使用。

用的外，可以不经著作权人许可。在教科书中汇编已经发表的作品片段或者短小的文字作品、音乐作品或者单幅的美术作品、摄影作品，但应当按照规定支付报酬，指明作者姓名、作品名称，并且不得侵犯著作权人依照本法享有的其他权利。

（2）作品刊登后，除著作权人声明不得转载、摘编之外，其他报刊可以转载或者作为文摘、资料刊登，但应当按照规定向著作权人支付报酬。

（3）录音制作者使用他人已经合法录制为录音制品的音乐作品制作录音制品，可以不经著作权人许可，但应当按照规定支付报酬。著作权人声明不许使用的不得使用。

> **特别提醒**
>
> 何谓使用他人合法录制为录音制品的音乐作品制作录音制品？比如甲创作歌曲，请歌星乙进行演唱并制作了 CD。后来，丙再请另外一个歌星演唱该歌曲并制作 CD 发行的，即是利用已合法录制为录音制品的音乐作品制作录音制品。不是将他人的录音制品直接制作复制件，此时构成侵权。

（4）广播电台、电视台播放他人已发表的作品，可以不经著作权人许可，但应当支付报酬。

（5）广播电台、电视台播放已经出版的录音制品，可以不经著作权人许可，但应当支付报酬。当事人另有约定的除外。

[例题]甲创作了一首歌曲《红苹果》，乙唱片公司与甲签订了专有许可合同，在聘请歌星丙演唱了这首歌曲后，制作成录音制品（CD）出版发行。若某公司未经许可自聘歌手在录音棚中演唱了《红苹果》并制作成DVD销售，向甲寄送了报酬，此时，为利用已合法录制为录音制品的音乐作品制作录音制品，属于法定许可。

七、著作权的保护

侵犯著作权，是指他人未经著作权人许可又无法律上的依据，使用他人作品或行使著作权专有权的行为。视侵权行为情节的轻重及危害后果的不同，侵权者应当承担民事责任、行政责任和刑事责任中的一种或同时承担几种法律责任。

1. 侵权著作权的主要情形

（1）未经著作权人许可，发表其作品的。

（2）未经合作者许可，将与他人合作创作的作品当作自己单独创作的作品发表的。

（3）没有参加创作，为谋取个人名利，在他人作品上署名的。

（4）歪曲、篡改他人作品的。

（5）剽窃他人作品的。

（6）未经著作权人许可，以展览、摄制电影和以类似摄制电影的方法使用作品，或者以改编、翻译、注释等方式使用作品的，著作权法另有规定的除外。

（7）使用他人作品，应当支付报酬而未支付的。

（8）未经电影作品和以类似摄制电影的方法创作的作品、计算机软件、录音录像制品的著作权人或者与著作权有关的权利人许可，出租其作品或者录音录像制品的；著作权法另有规定的除外。

（9）未经出版者许可，使用其出版的图书、期刊的版式设计的。

（10）未经表演者许可，从现场直播或者公开传送其现场表演，或者录制其表演的。

（11）其他侵犯著作权以及与著作权有关的权益的行为。

2．承担民事责任的方式及主张赔偿的时效

根据《著作权法》的规定，对于上述侵权行为，应当根据情况，承担停止侵害、消除影响、赔礼道歉、赔偿损失等民事责任。

实施上述侵权行为给权利人造成损害的，侵权人应当按照权利人的实际损失给予赔偿。实际损失难以计算的，可以按照侵权人的违法所得给予赔偿。赔偿数额应当包括权利人为制止侵权行为所支付的合理开支。

侵犯著作权的诉讼时效为 3 年，自著作权人知道或者应当知道侵权行为之日起计算。

3．承担其他责任的情形

如果侵犯著作权的行为，同时损害公共利益的，还应当承担行政责任；情节严重，构成犯罪的，依法承担刑事责任。

56 | 第五十六讲
专利权

 阅读提示

　　本讲讲述专利权的概念与特征、权利主体、权利客体、权利内容、专利权的申请与授予、强制许可、不侵犯专利权情形、专利权保护等问题。其中，权利主体、客体与内容、专利的申请与不视为侵犯专利权的情形是重要考点。

一、专利权的概念和特征

　　专利权，是指发明创造的发明人、设计人或其他申请人以及上述主体的合法继受人依法享有的对某项发明创造的独占使用权。

　　专利权除具有知识产权的共同特征外，还具有公开性和行政授予性。

　　公开性是指只有将专利技术予以公开才能被授予专利权。

　　行政授予性是指专利权并非自动产生的权利，必须经专利行政部门授予才能取得。

二、专利权的主体

　　专利权的主体是专利权人，即享有专利法规定的权利并同时承担义务的人。

　　我国自然人和单位都可以依照法定程序申请专利，成为专利权的主体。外国人、外国企业或者外国其他组织也可以成为我国的专利权人。

　　专利权人取得专利权的方式分为原始取得与继受取得，两者区别如表 56-1 所示。

　　[例题] 工程师王某在甲公司的职责是研发电脑鼠标。下列哪些说法是错误的？①

　　A. 王某利用业余时间研发的新鼠标的专利申请权属于甲公司

　　B. 王某没有利用甲公司物质技术条件研发出新鼠标，其专利申请权属于王某

　　C. 王某主要利用了单位物质技术条件研发出新型手机，其专利申请权属于王某

　　D. 王某辞职后到乙公司研发出新鼠标，其专利申请权均属于乙公司

---

① 【答案】BCD。研发鼠标是工作任务 AB 项属于甲公司；C 项属于利用单位物质技术条件完成的发明创造，无约定时也属于甲公司；D 项离职后一年内做出的与原工作任务有关的发明创造也属于甲公司。

表 56-1 原始取得与继受取得的区别

原始取得	非职务发明创造	1. 申请专利权属于发明人或者设计人；申请被批准后，该发明人或者设计人为专利权人 2. 发明人或设计人是对发明创造的实质性特点做出创造性贡献的人 注意：只负责组织工作的人、为物质技术条件的利用提供方便的人或者从事其他辅助工作的人，不是发明人或者设计人 3. 合作完成的发明创造专利申请权和专利权，无约定时属于合作者共同享有 4. 委托所完成的发明创造，无约定时专利申请权和专利权属于研发的受托人 5. 两个以上的人分别就同样的发明创造申请专利，专利权授予最先申请的人
	职务发明创造	执行本单位的任务或者主要是利用本单位的物质技术条件所完成的发明创造

原始取得	职务发明创造	执行本单位工作任务	1. 在本职工作中做出的发明创造 2. 履行本单位交付的本职工作之外的任务所做出的发明创造 3. 退职、退休或者调动工作后 1 年内做出的，与其在原单位承担的本职工作或者原单位分配的任务有关的发明创造
		主要利用单位物质技术条件	物质技术条件，是指本单位的资金、设备、零部件、原材料或者不对外公开的技术资料等
		权利归属	1. 申请专利的权利属于该单位，申请被批准后，该单位为专利权人 2. 利用本单位物质技术条件完成的，有约定的从约定，无约定的归单位
继受取得			通过合同或者继承取得专利权，但不享有专属于发明人或者设计人的人身权利

三、专利权的客体

专利权的客体，是指符合专利条件的发明创造，具体包括发明、实用新型和外观设计。从民法的角度看，发明创造活动是一种事实行为，不受民事行为能力的限制。

（一）我国专利法规定的专利类型

1. 发明

对产品、方法或者其改进所提出的新的技术方案。

2. 实用新型

又称"小发明"或"小专利"，是指对产品的形状、构造或者其结合所提出的适于实用的新的技术方案。它和发明相比，范围不如发明大，不包括物品的制造方法；创造性不如发明强；审批手续比发明简单，无须进行实质审查；保护期限也不同。

3. 外观设计

外观设计是工业品外观设计的简称，是指对产品的形状、图案或者其结合以及色彩与形状、图案的结合所做出的富有美感并适于工业应用的新设计。

（二）不授予专利的情形

1. 总体要求

（1）违反法律、社会公德或者妨害公共利益的发明创造；

（2）违反法律、行政法规的规定获取或者利用遗传资源，并依赖该遗传资源完成的发明创造。

2．具体情形

（1）科学发现。

（2）智力活动的规则和方法。

（3）疾病的诊断和治疗方法。

（4）动物和植物品种，但其生产方法可以依法授予专利权。

（5）用原子核变换方法获得的物质。

（6）对平面印刷品的图案、色彩或者二者的结合做出的主要起标识作用的设计。

[例题] 关于下列成果可否获得专利权的判断，哪一选项是正确的？①

A．甲设计的新交通规则，能缓解道路拥堵，可获得方法发明专利权

B．乙设计的新型医用心脏起搏器，能迅速使心脏重新跳动，该起搏器不能被授予专利权

C．丙通过转基因方法合成一种新细菌，可过滤汽油的杂质，该细菌属动物新品种，不能被授予专利权

D．丁设计的儿童水杯，其新颖而独特的造型既富美感，又能防止杯子滑落，该水杯既可申请实用新型专利权，也可申请外观设计专利权

四、专利权的内容

（一）主要权利

1．自己实施专利的权利

2．许可他人实施专利的权利

（1）独占许可，排除包括专利权人在内的所有人；

（2）排他许可，专利权人依然可以适用；

（3）普通许可之后，专利权人依然可以许可他人使用该技术。

3．转让权

专利权人有权转让专利权和专利申请权。

专利转让与许可他人实施专利的区别在于：转让是专利所有权的转移；而在许可实施的场合，被许可人只是得到使用专利的权利，专利的所有权并没有转移。

根据《专利法》的规定，转让专利申请权或者专利权的，当事人应当订立书面合同，并向国务院专利行政部门登记，由国务院专利行政部门予以公告。专利申请权或者专利权的转

---

① 【答案】D。A 项是属于智力活动规则方法，不能授予专利；B 项是医疗器械可以获得专利；C 项细菌非动植物品种，属于改进技术的方法，可授予专利；D 项的水杯既有创新的实用价值又具有美感，故可同时申请实用新型和外观设计专利，正确。

让自登记之日起生效。

[例题] 甲研究院研制出一种新药技术，向我国有关部门申请专利后，与乙制药公司签订了专利申请权转让合同，并依法向国务院专利行政主管部门办理了登记手续。专利申请权自登记时转移。合同签订后，如果未办理登记的，合同有效，但专利申请权不转移。

4．报酬权或受奖权

职务发明创造的发明人或设计人有权得到报酬或奖励。

5．署名权和标记权

发明人或者设计人有权在专利文件中写明自己是发明人或者设计人，专利权人有权在其专利产品或包装上标明专利标识。

6．放弃专利权

专利权人还有权放弃专利权。

（二）主要义务

专利权人的义务主要是缴纳年费。

五、专利权的取得

专利权并非自动产生的权利，必须经过专利行政部门的授予才能取得。专利权的授予条件包括实体条件和程序条件。

（一）授予专利权的实体条件

1．发明和实用新型

（1）新颖性。该发明或者实用新型不属于现有技术，也没有任何单位或者个人就同样的发明或者实用新型在申请日以前向国务院专利行政部门提出过申请，并记载在申请日以后公布的专利申请文件或者公告的专利文件中。

现有技术是指申请日以前在国内外为公众所知的技术。技术公开的方式包括出版物公开、使用公开和其他方式的公开。我国在新颖性标准上采用的是绝对新颖性标准。

 特别提醒

丧失新颖性的例外

申请专利的发明创造在申请日以前6个月内，有下列情形之一的，不丧失新颖性：（一）在中国政府主办或者承认的国际展览会上首次展出的。（二）在规定的学术会议或者技术会议上首次发表的。（三）他人未经申请人同意而泄露其内容的。

（2）创造性。我国专利法对发明和实用新型的创造性要求不同。

对发明而言，必须同申请日以前已有的技术相比，<u>有突出的实质性</u>和<u>显著</u>进步。

对实用新型而言，要求同申请日以前已有的技术相比，有实质性和进步。

（3）实用性。我国专利法对实用性的要求是，发明或者实用新型能够制造或者使用，并且能够产生积极效果。

2. 外观设计

不属于现有设计，也没有任何单位或者个人就同样的外观设计在申请日以前向国务院专利行政部门提出过申请，并记载在申请日以后公告的专利文件中。

特别提醒

现有设计是指申请日以前在国内外为公众所知的设计。

授予专利权的外观设计与现有设计或者现有设计特征的组合相比，应当具有明显区别，且不得与他人在申请日以前已经取得的合法权利相冲突。

（二）授予专利权的程序条件

1. 发明

根据《专利法》规定，申请专利的，应当提交请求书等申请文件。

（1）初步审查并公布。国务院专利行政部门收到发明专利申请后，经初步审查认为符合专利法要求的，自申请日起满 18 个月即行公布，也可以根据申请人的请求提前公布。

（2）实质审查。<u>发明专利申请自申请日起 3 年内</u>，国务院专利行政部门可以根据申请人随时提出的请求，对其申请进行实质审查；国务院专利行政部门认为必要的时候，可以自行对发明专利申请进行实质审查。

（3）授权并登记公告。专利申请经实质审查没有发现驳回理由的，由国务院专利行政部门做出授予发明专利权的决定，发给发明专利证书，同时予以登记和公告。<u>发明专利权自公告之日起生效</u>。

2. 实用新型与外观设计——无实质审查

实用新型或外观设计专利申请经初步审查没有发现驳回理由的，由国务院专利行政部门做出授予实用新型专利权或者外观设计专利权的决定，发给相应的专利证书，同时予以登记和公告。<u>实用新型专利权和外观设计专利权自公告之日起生效</u>。

六、专利权的期限、无效与终止

（一）期限

专利权的期限是指专利的有效期限，即专利权受法律保护的期间。

在我国，发明专利权的期限是 20 年，实用新型和外观设计专利权的期限是 10 年，<u>均自申请日起计算</u>。

<u>申请日</u>为国务院专利行政部门收到申请文件的日期；如果申请文件是邮寄的，以寄出的邮戳日为申请日。申请人享有优先权的，申请日为在外国或者中国第一次提出专利申请日。

（二）无效

1．申请人及宣告机关

专利权的无效是指依法定程序，由国务院专利行政部门宣告某一专利权无效。自专利权被公告授予之日起<u>任何单位或个人</u>认为该专利权的授予不符合专利法规定的，都可<u>请求专利复审委员会</u>宣告该专利无效。

2．无效的原因

（1）被授予专利的发明创造不符合授予专利权的实体条件。

（2）专利申请文件不符合法律规定，如说明书披露及公开不充分；对发明、实用新型专利申请文件的修改超出了原说明书的权利要求书记载的范围，对外观设计专利申请文件的修改超出了原图片或者照片表示的范围。

（3）属于不授予专利权的范围。

（4）属于重复授权情形，违反了"同样发明创造只能被授予一项专利"之规定。

（5）违反"在先申请"原则。

3．无效的效果

宣告无效的专利权视为自始即不存在。

宣告专利权无效的决定，对在宣告专利权无效前人民法院<u>做出并已执行</u>的专利侵权的判决、调解书，<u>已经履行</u>或者强制执行的专利侵权纠纷处理决定，以及<u>已经履行</u>的专利实施许可合同和专利权转让合同，不具有追溯力。但是因专利权人的恶意给他人造成的损失，应当给予赔偿。

如果依照前述规定，专利权人或者专利权转让人不向专利侵权人、被许可实施专利人或者专利权受让人返还专利侵权赔偿金、专利使用费或者专利权转让费，明显违反公平原则，应当全部或者部分返还。

（三）终止

专利权的终止即专利权的消灭。专利权的终止原因包括：

1．自然终止

自然终止，即专利权因期限届满而终止；

2．因法定事由而终止

因法定事由而终止，即在专利权有效期限届满前因发生法律规定的事由而消灭。这些事由包括专利人没有按照规定交纳年费，专利权人以书面声明放弃其专利等。

七、专利权的强制许可和不视为侵犯专利权的行为

（一）强制许可

强制许可是指国家专利主管机关根据具体情况，不经专利权人许可，授权符合法定条件的申请人实施专利的法定制度，不适用于外观设计。

 特别提醒

> 强制许可违反专利权人的意志，又称为"非自愿许可"。强制许可与保护专利权之间是相冲突的，是专利权人利益保护与公共利益的需要之间达成妥协的结果。所以对强制许可的申请条件的规定十分严格。

1. 强制许可的类型

（1）普通强制许可。专利权是独占权，专利权人可以自由决定是否许可他人实施专利，但在有些情况下，专利权人在追求自身利益最大化时，可能会滥用这种独占权。因此，为防止专利权人滥用其专利权，法律规定可以对符合条件的专利实施强制许可。

《专利法》第48条规定　有下列情形之一的，国务院专利行政部门根据具备实施条件的单位或者个人的申请，可以给予实施发明专利或者实用新型专利的强制许可：

（一）专利权人自专利权被授予之日起满三年，且自提出专利申请之日起满四年，无正当理由未实施或者未充分实施其专利的；

（二）专利权人行使专利权的行为被依法认定为垄断行为，为消除或者减少该行为对竞争产生的不利影响的。

"未充分实施"是指专利权人及其被许可人实施其专利的方式或者规模不能满足国内对专利产品或者专利方法的需求。

（2）交叉强制许可。该制度的设计主要是为了"依存专利"的实施。"依存专利"是指后一专利的实施以前一专利的实施为前提，如不实施前一专利，则后一专利也无法实施。

《专利法》第51条规定　一项取得专利权的发明或者实用新型比前已经取得专利权的发明或者实用新型具有显著经济意义的重大技术进步，其实施又有赖于前一发明或者实用新型实施的，国务院专利行政部门根据后一专利权人的申请，可以给予实施前一发明或者实用新型的强制许可。

此类强制许可的申请一般由后一专利的专利权人提出，而前一专利的专利权人在自己的专利技术被强制许可给后一专利权人之后，还可以申请使用后一专利技术的强制许可。

（3）以公共利益为目的的强制许可

① 在国家出现紧急状态或者非常情况时，为了公共利益，国务院专利行政部门可以给予实施发明专利或者实用新型专利的强制许可。

② 为了公共健康，对取得专利权的药品，国务院专利行政部门可以给予制造并将其出口到符合我国参加的有关国际条约规定的国家或者地区的强制许可。

2．申请及准许

（1）基于公共利益的强制许可，没有时间限制，也不需要申请。

（2）申请普通强制许可中的第一类和交叉强制许可的单位或者个人必须提交书面申请书以及必要的证据，证明其以合理的条件请求专利权人许可其实施专利，但未能在合理的时间内获得许可。

（3）国务院专利行政部门给予强制许可应当根据强制许可的理由规定实施范围和时间。做出给予实施强制许可的决定，应当及时通知专利权人，并予以登记和公告。

（4）取得实施强制许可的单位或者个人<u>不享有独占实施权且无权允许他人实施</u>，同时还<u>应当付给专利权人合理的使用费</u>。

（二）不视为侵犯专利权的行为

1．专利权用尽后的使用、许诺销售、销售和进口

专利产品或者依照专利方法直接获得的产品，由专利权人或者经其许可的单位、个人售出后，使用、许诺销售、销售和进口该产品的行为不视为侵犯专利权。

2．在先使用

在专利申请日前已经制造相同产品、使用相同方法或者已经做好制造、使用的必要准备，并且仅在原有范围内继续制造、使用的行为不视为侵犯专利权。

3．临时过境的外国运输工具的使用

临时通过中国领陆、领水、领空的外国运输工具，依照其所属国同中国签订的协议或者共同参加的国际条约。或者依照互惠原则，为运输工具自身需要而在其装置和设备中使用有关专利的行为不视为侵犯专利权。

4．以科学研究为目的的使用

专为科学研究和实验而使用有关专利的行为不视为侵犯专利权。

5．以医药与医疗器械的行政审批为目的的使用。为提供行政审批所需要的信息，制造、使用、进口专利药品或者专利医疗器械的，以及专门为其制造、进口专利药品或者专利医疗器械的行为不视为侵犯专利权。

[例题] 下列行为中侵犯专利权的有：①

A．为科学研究和实验而使用有关专利的

---

① 【答案】CD。A项是科研目的的使用，B项是权利用尽的情形，均不构成侵权。C项未经许可使用他人的专利产品，虽不知情但依然构成侵权，D项不是为交通工具自身需要构成侵权。

B. 从代理商处购买专利产品后，转售该产品的

C. 因不知情而为生产经营目的制造侵害专利权产品的

D. 在临时通过中国领海的捕鲸船上使用中国专利技术加工鲸鱼产品的

八、专利权的保护

（一）保护的范围

专利权的保护首先需确定的是专利权的保护范围。根据《专利法》的规定，发明或者实用新型专利权的保护范围以其<u>权利要求的内容为准</u>，说明书及附图可以用于解释权利要求。外观设计专利权的保护范围<u>以表示在图片或者照片中的该外观设计专利产品为准</u>，简要说明可以用于解释图片或者照片所表示的该产品的外观设计。

（二）侵权情形

（1）发明和实用新型专利权被授予后，除另有规定的以外，他人未经专利权人许可，为生产经营目的制造、使用、许诺销售、销售、进口其专利产品，或者使用其专利方法以及使用、许诺销售、销售、进口依照该专利方法直接获得的产品，均构成侵权。

（2）外观设计专利权被授予后，他人未经专利权人许可，为生产经营目的制造、许诺销售、销售、进口其外观设计专利产品，同样构成侵权。

（三）救济途径

专利权人或者利害关系人在专利权受到不法侵害时，<u>可以请求专利管理机关进行处理，</u><u>也可以直接向人民法院提起诉讼。</u>

（1）专利管理机关处理时，认定侵权行为成立的，可以责令侵权人立即停止侵权行为。

（2）向人民法院起诉而法院认定侵权成立的，法院可以依法责令侵权行为人停止侵害、赔偿损失或者收缴非法制造商品。

（3）侵犯专利权的赔偿数额，按照权利人因被侵权所受到的实际损失或者侵权人因侵权所获得的利益确定；权利人的损失或者侵权人获得的利益难以确定的，参照该专利许可使用费的倍数合理确定。对假冒专利构成犯罪的行为，还应当依法追究其刑事责任。

（4）侵犯专利权的诉讼时效为3年，自专利权人或者利害关系人得知或者应当得知侵权行为之日起计算。

57 | 第五十七讲 商标权

阅读提示

本讲讲述商标权的含义，权利取得，权利内容，注册商标的无效、终止、商标权的保护等问题。其中，权利取得、权利内容、注册商标的无效是重要考点。

一、商标权概述

（一）含义

商标权，是指商标注册人对其注册商标享有的专有使用权。

商标权的客体是<u>注册商标</u>，即经商标局核准注册的商标。在我国，未经注册的商标虽然在不侵害他人注册商标的前提下可以使用，但不受法律保护，也不能取得商标专用权。

（二）类型

注册商标包括商品商标、服务商标、集体商标、证明商标。

1. 商品商标

商品商标是指用于申请人生产、制造、加工、拣选或者经销商品上的商标。

2. 服务商标

服务商标是指用于申请人提供的服务项目上的商标。

3. 集体商标

集体商标是指以团体、协会或者其他组织的名义注册，供该组织成员在商事活动中使用，以表明使用者成员资格的标志。

[例题] 河川县盛产荔枝，远近闻名。该县成立了河川县荔枝协会，申请注册了"河川"商标，核定使用在荔枝商品上，许可本协会成员使用。"河川"即为集体商标。

4. 证明商标

证明商标是指由对某种商品或者服务具有监督能力的组织所控制，而由该组织以外的单位或者个人使用于其商品或者服务，用以证明该商品或者服务的原产地、原料、制造方法、质量或者其他特定品质的标志。

例如，纯羊毛标志商标就是一个证明商标。

（三）商标的构成要素

任何能够将自然人、法人或者其他组织的商品与他人的商品区别开来的标志，包括<u>文字、图形、字母、数字、三维标志、颜色组合和声音，以及上述要素的组合</u>，均可以作为商标申请注册。申请注册的商标，应当有显著特征，便于识别，并不得与他人先取得的合法权利相冲突。

（四）不得申请的情形：一旦注册，商标权无效

（1）仅有本商品的通用名称、图形、型号的，仅直接表示商品的质量、主要原料、功能、用途、重量、数量及其他特点的，以及其他缺乏显著特征的，不得作为商标注册，但上述标志经过使用取得显著特征并便于识别的除外。

例如，"钱包"牌钱包、"豆浆"牌豆浆这些直接用商品名称作为注册商标即不可。另外，"冰凉"牌雪糕，驱蚊商品用的"敌尔蚊"文字商标，高粱酿制的白酒类商品用"红高粱"文字商标，这些都不能注册。

> **特别提醒**
>
> <u>要注意区分暗示性商标与直接表示功能的文字。</u>
>
> 暗示性商标由常用词构成，它与商品或服务虽然没有直接、明显的联系，但以隐喻、暗示的手法提示商品的属性或某一特点。比如乐器上使用的"远声"，摩托车商标"野马"等。考生要注意区分暗示性商标与直接表示商品功能的词汇，例如，"光明"可注册为灯泡的商标，因为光明意在渲染灯泡的效果，它还不是功能；"照明"就不能注册为灯泡的商标，这就属于直接表示功能的词汇了。

（2）以三维标志申请注册商标的，仅由商品自身的性质产生的形状、为获得技术效果而需要的商品形状或者使商品具有实质性价值的形状，不得注册。

二、商标权的取得

（一）申请人

申请人包括自然人、法人和其他组织。经商标局核定注册的商标为注册商标，商标注册人享有商标专用权，受法律保护。

<u>一个人可以申请两个以上的商标；两个以上的人也可申请一个商标。</u>

（二）自愿注册原则及例外

1．一般商品自愿

设计完商标之后可以先注册再使用，也可以不注册就使用，这就是自愿注册原则的实质。一般商品使用未注册商标的，可以销售。

2．特殊商品强制

国家规定必须使用注册商标的商品，必须申请商标注册，未经核准注册的，不得在市场销售。目前我国只有烟草以及烟草制品必须使用注册商标。

（三）两个以上申请人就同一商标申请时的处理规则

（1）申请在先原则；

（2）同一天申请的，初步审定并公告使用在先的商标；

（3）同日使用或者均未使用的，各申请人可以自收到商标局通知之日起30日内自行协商，并将书面协议报送商标局；不愿协商或者协商不成的，商标局通知各申请人以抽签的方式确定一个申请人，驳回其他人的注册申请。

（四）不得作为商标使用的标志：一旦注册，商标权无效

无论是注册商标还是非注册商标，均须符合合法性的要求。下列标志不得作为商标使用：

（1）同中华人民共和国的国家名称，国旗、国徽、国歌、军旗、军徽、军歌、勋章等相同或者近似的，以及同中央国家机关的名称、标志、所在地特定地点的名称或者标志性建筑物的名称、图形相同的；

例外，以前已经注册的商标，可以继续有效，例如"中南海"作为香烟的商标。

（2）同外国的国家名称，国旗、国徽，军旗等相同或者近似的，但经该国政府同意的除外。

（3）同国际组织的名称、旗帜、徽记等相同或者近似的，但经该组织同意或者不易误导公众的除外。

（4）与表明实施控制，予以保证的官方标志、检验印记相同或者近似的，但经授权的除外。

（5）同"红十字""红新月"的名称、标志相同或者近似的。

（6）带有民族歧视性的，如"印第安人洁具"。

（7）带有欺骗性，容易使公众对商品的质量、特点或者产地产生误认的，如五粮液集团曾经申请的"名扬天下"商标，就因此被驳回。

（8）有害于社会主义道德风尚或者有其他不良影响的。例如，色情的文字、图形。

（9）县级以上行政区划的地名或者公众知晓的外国地名，不得作为商标。但是，地名具有其他含义或者作为集体商标、证明商标组成部分的除外；已经注册的使用地名的商标继续

有效。

（五）驰名商标的取得、保护与限制

驰名商标，是指在中国境内为相关公众广为知晓的商标。驰名商标可以是注册商标，也可以是未注册商标，我国《商标法》对二者给予不同的保护。

1. 认定机关

驰名商标应当根据当事人的请求进行认定，驰名商标的认定主体包括商标局、商标评审委员会、人民法院。

2. 驰名商标的特殊保护

（1）就相同或者类似商品申请注册的商标是复制、摹仿或者翻译他人未在中国注册的驰名商标，容易导致混淆的，不予注册并禁止使用。一旦注册，商标权无效。

（2）就不相同或者不相类似商品申请注册的商标是复制、摹仿或者翻译他人已经在中国注册的驰名商标，误导公众，致使该驰名商标注册人的利益可能受到损害的，不予注册并禁止使用。一旦注册，商标权无效。

3. 限制

生产、经营者不得将"驰名商标"字样用于商品、商品包装或者容器上，或者广告宣传、展览以及其他商业活动。

三、商标权的内容

1. 独占使用权

商标一经注册，商标权人即对注册商标在法定范围内享有专有使用的权利，他人未经许可不得使用。否则，就构成侵权。

2. 转让权

商标权人有权依照法律规定，将商标权转让给他人。商标转让后，原商标权人的权利丧失，受让人取得商标权。

转让注册商标的，转让人和受让人应当签订转让协议，并共同向商标局提出申请。受让人应当保证使用该注册商标的商品质量。

转让注册商标的，商标注册人对其在同一种商品上注册的近似的商标，或者在类似商品上注册的相同或者近似的商标，应当一并转让。转让注册商标经核准后，予以公告。受让人自公告之日起享有商标专用权。

3. 使用许可权

商标权人有权通过签订商标使用许可合同，许可他人使用自己的注册商标。在此种情形下，商标权人可以保留自己的使用权，也可以放弃使用权，但无论哪种情况，商标权并未发生转移，仍属于许可人。

许可人应当监督被许可人使用其注册商标的商品质量。被许可人应当保证使用该注册商标的商品质量。

经许可使用他人注册商标的，必须在使用该注册商标的商品上标明被许可人的名称和商品产地。商标使用许可合同应当报商标局备案，未经备案不得对抗善意第三人。

四、注册商标的无效

（一）不当注册引起的商标权无效

这种无效可以由商标局来宣告，也可以由其他单位或者个人请求商标评审委员会来宣告，并且无时间限制，什么时候发现什么时候宣告，因为这一类无效都是因为违反了禁用标志或有欺诈行为。

1．使用了禁用标志的无效

参见上述"不得作为商标使用的标志"部分内容。

2．不得申请的情形下的无效

参见上述"不得申请的情形"。

3．商标在注册过程中采用了欺骗或其他不当手段，无效

（二）侵犯他人权益引起的商标权无效

这种无效须在5年内由在先权利人或利害关系人向商标评审委提出。

1．侵犯了驰名商标

参见上述"驰名商标的特殊保护"部分。对恶意注册的，驰名商标所有人申请无效，不受5年限制。

2．代理人侵犯被代理人权利

未经授权，代理人或者代表人以自己的名义将被代理人或者被代表人的商标进行注册，被代理人或者被代表人提出异议的，不予注册并禁止使用。

3．地理标志商标不真实

商标中有商品的地理标志，而该商品并非来源于该标志所标示的地区，误导公众的，不予注册并禁止使用；但是，已经善意取得注册的继续有效。

4．侵害他人在先权利或有影响的未注册商标

申请商标注册不得损害他人现有的在先权利，也不得以不正当手段抢先注册他人已经使用并有一定影响的商标。

（三）无效的后果

（1）依法被宣告无效的注册商标，由商标局予以公告，该注册商标专用权视为自始即不

存在。

（2）宣告注册商标无效的决定或者裁定，对宣告无效前人民法院做出并已执行的商标侵权案件的判决、裁定、调解书和工商行政管理部门做出并已执行的商标侵权案件的处理决定以及已经履行的商标转让或者使用许可合同不具有追溯力。但是因商标注册人的恶意给他人造成的损失，应当给予赔偿。

如果依照前述规定不返还商标侵权赔偿金、商标转让费、商标使用费，明显违反公平原则，应当全部或者部分返还。

五、商标权的终止

（一）注销

注销是指因商标权人自动放弃商标权或无人承继商标权而由商标主管部门注销商标。

商标权人的自动放弃行为可以是明示的，也可以是默示的，如商标权期满未申请续展。

无人承继商标权是指商标权人死亡或者终止，自死亡或者终止之日起1年期满，该注册商标没有办理移转手续。在此种情况下，任何人都可以向商标局申请注销该注册商标。

（二）撤销

撤销是指因商标权人违反法律规定而被商标主管部门强制终止商标权。

（1）商标注册人在使用注册商标的过程中，自行改变注册商标、注册人名义、地址或者其他注册事项的，由地方工商行政管理部门责令限期改正；期满不改正的，由商标局撤销其注册商标。

（2）注册商标成为其核定使用的商品的通用名称或者没有正当理由连续3年不使用的，任何单位或者个人可以向商标局申请撤销该注册商标。

被撤销的注册商标，由商标局予以公告，该注册商标专用权自公告之日起终止。

注册商标被撤销的或者期满不再续展的，自撤销或者注销之日起1年内，商标局对与该商标相同或者近似的商标注册申请，不予核准。

六、商标权的保护

（一）保护期限及续展期限

商标权是商标所有人依法对自己注册的商标享有的专用权。注册商标的专用权，以核准注册的商标和核定使用的商品为限。

注册商标的有效期为10年，自核准注册之日起计算。

期满需要继续使用的，应当在期满前12个月内办理续展手续；在此期间未能办理的，可以给予6个月的宽展期。每次续展注册的有效期为10年，自该商标上一届有效期满次日起计算。

期满未办理续展手续的，注销其注册商标。

（二）侵犯商标专用权的情形

1. 假冒侵权

未经商标注册人的许可，在同一种商品上使用与其注册商标相同的商标的。

2. 仿冒侵权

未经商标注册人的许可，在同一种商品上使用与其注册商标近似的商标，或者在类似商品上使用与其注册商标相同或者近似的商标，容易导致混淆的。

3. 销售侵权产品

销售侵犯注册商标专用权的商品的。

4. 制造、销售侵权商标

伪造、擅自制造他人注册商标标识或者销售伪造、擅自制造的注册商标标识的。

5. 反向假冒

未经商标注册人同意，更换其注册商标并将该更换商标的商品又投入市场的。

6. 帮助行为

故意为侵犯他人商标专用权行为提供便利条件，帮助他人实施侵犯商标专用权行为的。

7. 给他人的注册商标专用权造成其他损害的

例如，将他人注册商标作为企业名称或域名使用等行为。

[例题]甲公司在纸手帕等纸质产品上注册了"牡丹花"文字及图形商标。下列未经许可的行为，哪些构成侵权？[①]

A. 乙公司在其生产的纸手帕包装上突出使用"牡丹花"图形。

B. 丙商场将假冒"牡丹花"牌纸手帕作为赠品进行促销活动。

C. 丁公司长期制造牡丹花香型纸手帕，在包装上标注"牡丹花香型"。

D. 戊公司购买甲公司的"牡丹花"纸手帕后，将"牡丹花"换成"月季花"后进行销售。

（三）善意侵权

侵犯商标权给权利人造成损害的，应当承担赔偿损失的民事责任，但销售不知道是侵犯注册商标专用权的商品，能说明该商品是自己合法取得并说明提供者的，不承担赔偿责任。此时，侵权人虽然不承担赔偿责任，但应当承担停止侵权的责任。

（四）不侵权的情形

有以下三种情形之一的，商标权人无权禁止他人正当使用。

---

① 【答案】ABD。A项是假冒注册商标行为；B是销售侵权产品；C项是通用名称，非商标性使用，不侵权；D项是反向假冒侵权。

（1）注册商标中含有的本商品的通用名称、图形、型号，或者直接表示商品的质量、主要原料、功能、用途、重量、数量及其他特点，或者含有的地名。

例如，甲公司在纸手帕等纸制产品上注册了"茉莉花"文字及图形商标；丁公司长期制造茉莉花香型的纸手帕，并在包装上标注"茉莉花香型"，这就不侵权。

（2）三维标志注册商标中含有的商品自身的性质产生的形状、为获得技术效果而需要的商品形状或者使商品具有实质性价值的形状。

（3）商标注册人申请商标注册前，他人已经在同一种商品或者类似商品上先于商标注册人使用与注册商标相同或者近似并有一定影响的商标的，商标权人无权禁止该使用人在原使用范围内继续使用该商标，但可以要求其附加适当区别标识。

（五）救济方式

在商标权受到侵犯时，权利人除可以直接向侵权人请求承担侵权责任外，还可以通过以下两种公力救济方式保护商标权。

1. 向侵权人所在地县级以上工商行政管理部门要求处理

工商行政管理部门认定侵权行为成立的，有权责令侵权人立即停止侵权行为，没收、销毁侵权商品和专门用于制造侵权商品、伪造注册商标标识的工具，并可处以罚款。根据当事人的请求，进行处理的工商行政管理部门可以就侵犯商标专用权的赔偿数额进行调解。调解不成的，当事人可以依法向人民法院起诉。

2. 向人民法院提起民事诉讼

要求人民法院依法责令侵权人停止侵害，消除影响，赔偿损失。赔偿数额按照权利人因被侵权所受到的实际损失确定；实际损失难以确定的，可以按照侵权人因侵权所获得的利益确定；以上均难以确定的，参照该商标许可使用费的倍数合理确定。赔偿数额应当包括权利人为制止侵权行为所支付的合理开支。

[例题] 甲公司在汽车产品上注册了"山叶"商标，乙公司未经许可在自己生产的小轿车上也使用"山叶"商标。丙公司不知乙公司使用的商标不合法，与乙公司签订书面合同，以合理价格大量购买"山叶"小轿车后售出，获利100万元以上。下列哪一种说法是正确的？[①]

A. 乙公司的行为属于仿冒注册商标

B. 丙公司可继续销售"山叶"小轿车

C. 丙公司应赔偿甲公司损失100万元

D. 工商行政管理部门不能对丙公司进行罚款处罚

---

① 【答案】D。本题是假冒侵权不是仿冒，不得继续销售，AB错误。由于丙是善意侵权，需要停止侵权行为，不需要赔偿，工商局也不能进行处罚，C错误，D正确。